Studien zum Internationalen Wirtschaftsrecht/
Studies on International Economic Law

Herausgegeben von

Prof. Dr. Marc Bungenberg, LL.M., Universität des Saarlandes

Prof. Dr. Christoph Herrmann, LL.M., Universität Passau

Prof. Dr. Markus Krajewski, Friedrich-Alexander-Universität
Erlangen-Nürnberg

Prof. Dr. Carsten Nowak, Europa Universität Viadrina,
Frankfurt/Oder

Prof. Dr. Jörg Philipp Terhechte,
Leuphana Universität Lüneburg

Prof. Dr. Wolfgang Weiß, Deutsche Universität
für Verwaltungswissenschaften, Speyer

Band 18

Andreas Rühmkorf (Hrsg.)

Nachhaltige Entwicklung im deutschen Recht

Möglichkeiten und Grenzen der Förderung

Nomos

Die Deutsche Nationalbibliothek verzeichnet diese Publikation in der Deutschen Nationalbibliografie; detaillierte bibliografische Daten sind im Internet über http://dnb.d-nb.de abrufbar.

ISBN 978-3-8487-4644-6 (Print)
ISBN 978-3-8452-8872-7 (ePDF)

1. Auflage 2018

Vorwort

Dieser Tagungsband ist das Ergebnis eines Workshops, der am 15. September 2017 in Nürnberg gemeinsam von dem internationalen Forschungsprojekt Sustainable Market Actors for Responsible Trade (SMART) und dem Lehrstuhl für Öffentliches Recht und Völkerrecht an der Friedrich-Alexander-Universität Erlangen-Nürnberg veranstaltet wurde. Das Ziel des Workshops war es, kritisch zu diskutieren, inwiefern das deutsche Recht Möglichkeiten für die Förderung nachhaltiger Entwicklung bietet und inwiefern es hierfür Hürden aufstellt. Neben einer Analyse des bestehenden Rechts sollten Reformvorschläge für eine bessere Förderung nachhaltiger Entwicklung durch deutsches Recht unterbreitet werden.

Der Workshop bestand aus zivilrechtlichen und öffentlich-rechtlichen sowie aus interdisziplinären Beiträgen. Die Referenten haben hierbei eine Reihe sehr aktueller Fragestellungen analysiert, wie z.B. rechtliche Ansätze zur Reduzierung von Obsoleszenz, Nachhaltigkeit im Gesellschaftsrecht oder auch ein möglicher Verfassungsrang für Nachhaltigkeit. Dieser Band kann aus Platzgründen keine umfassende Analyse aller Rechtsgebiete im deutschen Recht vornehmen, die möglicherweise relevant für Fragen der nachhaltigen Entwicklung sind. Vielmehr soll an den hier besprochenen Themen beispielhaft aufgezeigt werden, inwiefern nachhaltige Entwicklung im deutschen Recht gefördert wird.

Das dem Workshop zugrundeliegende SMART-Forschungsprojekt beschäftigt sich mit der Fragestellung, welche Faktoren es den Marktteilnehmern ermöglichen, die Ziele für nachhaltige Entwicklung der Vereinten Nationen (*UN Sustainable Development Goals*) innerhalb der planetarischen Grenzen besser zu fördern und welche Schranken es hierfür gibt. Die unterschiedlichen Forschungsvorhaben in dem SMART-Projekt versuchen, mehr Politikkohärenz im Interesse einer solchen Entwicklung zu erreichen. Im Rahmen dieses Oberthemas beschäftigt sich SMART mit unterschiedlichen Regelungsebenen (z.B. der europarechtlichen Ebene) und einer Vielzahl an Themen, die die nachhaltige Entwicklung betreffen, wie z.B. die Regelung globaler Lieferketten oder der Finanzmärkte.

Obwohl die Förderung nachhaltiger Entwicklung ein internationales Thema ist, kommt nationalstaatlichem Recht wie dem deutschen Recht eine wichtige Rolle hinsichtlich der Erreichung dieses Ziels zu, nicht zuletzt bei der Umsetzung europarechtlicher Vorgaben. Darüber hinaus kann nationales Recht sowohl Best-Practice-Beispiele als auch solche Fälle zeigen, in denen die Förderung nachhaltiger Entwicklung eher behindert wird.

Die Beschäftigung mit diesem spannenden Forschungsprojekt war mir nur durch die Unterstützung mehrerer Personen und Institutionen möglich. Als Mitglied des SMART-Forschungsnetzwerkes gilt mein Dank der finanziellen Förderung für das Netzwerk durch das European Union Horizon 2020 research and innovation programme im Rahmen von Grant Agreement No 693642. SMART ist ansässig an der Universität Oslo und ich danke dort Prof. Dr. Beate Sjåfjell und Prof. Dr. Jukka Mähönen für die Ermutigung zu diesem Projekt zum deutschen Recht und ihre Hilfe im Rahmen des SMART-Netzwerkes. Ebenfalls gilt mein Dank Prof. Dr. Jean J du Plessis von der Deakin Law School, Deakin University, für die finanzielle Unterstützung des Workshops durch seinen Anneliese Maier-Forschungspreis (2013-2018) der Alexander von Humboldt Stiftung. Dieser Forschungspreis hat es ihm auch ermöglicht, an dem Workshop am 15. September 2017 teilzunehmen. Genauso gilt mein Dank Prof. Dr. Markus Krajewski und seinem Lehrstuhl für Öffentliches Recht und Völkerrecht an der Friedrich-Alexander Universität Erlangen-Nürnberg für die enge Zusammenarbeit und tatkräftige Unterstützung bei der Durchführung der Veranstaltung sowie für wertvolle Anregungen und Ideen, die maßgeblich zu dem Gelingen dieses Projektes beigetragen haben. Nicht zuletzt bin ich dankbar für die Kontaktherstellung zum Nomos Verlag, die letztendlich zur Aufnahme dieses Bandes in die Nomos-Reihe Studien zum Internationalen Wirtschaftsrecht geführt hat. Ebenfalls gilt mein Dank der Dr. German Schweiger-Stiftung der Universität Erlangen-Nürnberg für die finanzielle Unterstützung des Workshops. Ferner möchte ich mich bei den Teilnehmern des Workshops für die interessanten Vorträge und zahlreichen Diskussionsbeiträge bedanken.

Und zum Schluss möchte ich mich sehr herzlich bei Herrn Dr. Matthias Knopik und Frau Stefanie Meyer vom Nomos Verlag und dem Verlagsteam für die freundliche und geduldige Betreuung bedanken.

Sheffield, Juli 2018   *Andreas Rühmkorf*

Inhalt

Einleitung: Die Förderung nachhaltiger Entwicklung im deutschen Recht

Andreas Rühmkorf

A. *Nachhaltige Entwicklung und Nachhaltigkeit*

Den Begriffen Nachhaltigkeit und nachhaltige Entwicklung begegnet man nahezu täglich in politischen Reden, in Erklärungen von Verbänden, Unternehmen und Gewerkschaften sowie generell in öffentlichen Diskussionen. So beabsichtigen u.a. die Vereinten Nationen, die europäische Union und die Bundesregierung, mehr nachhaltige Entwicklung zu fördern. Viele Unternehmen veröffentlichen jedes Jahr einen sogenannten Nachhaltigkeitsbericht (*Sustainability report*). Nachhaltigkeit ist „Mode- und Fremdwort zugleich".[1] Dem Begriff wurde bereits „Potenzial zum Jahrhundertwort" nachgesagt.[2] Die unterschiedlichsten Gruppen sind sich also offenbar einig, dass es wichtig ist, nachhaltige Entwicklung zu fördern. Angesichts der häufigen Verwendung des Begriffes in politischen und gesellschaftlichen Diskussionen ist allerdings fraglich, ob denn auch alle Beteiligten das gleiche Verständnis über die Bedeutung von nachhaltiger Entwicklung haben.

Nachhaltigkeit ist auch in der Wissenschaft ein wichtiges Thema geworden. Es ist ein Querschnittsthema, das sich mit den verschiedensten Disziplinen überschneidet, von Naturwissenschaften bis hin zu BWL. Auch die Rechtswissenschaft spielt hierbei eine wichtige Rolle, da rechtliche Regelungen die Stärkung nachhaltiger Entwicklung fördern oder auch behindern können. Eine Nachhaltigkeitswissenschaft als eigenständige

---

1 *H-J. Menzel*, Das Konzept der „nachhaltigen Entwicklung" – Herausforderung an Rechtssetzung und Rechtsanwendung, ZRP 2001, 221, 222.
2 Siehe Rhein-Neckar-Zeitung, „2050 ist schon übermorgen: Margret Suckale, Vorstandsmitglied der BASF, sprach in Heidelberg über Nachhaltigkeit und über die Region", 01.02.2013.

Disziplin gibt es zwar nicht, wohl aber Versuche, sich dem Thema auf interdisziplinäre Weise zu nähern.[3]

Diese Einleitung hat zwei Ziele. Erstens sollen die Begriffe „nachhaltige Entwicklung" (der Titel des Tagungsbandes verwendet diesen Begriff) und „Nachhaltigkeit" analysiert werden. Dies wurde bereits ausführlich an anderer Stelle getan, auch aus rechtswissenschaftlicher Perspektive. Daher werden hier – auch aus Platzgründen – nur die wesentlichen Entwicklungslinien skizziert. Ebenfalls wird diskutiert, welche Definition diesem Band zugrunde liegt. Zweitens werden am Ende dieser Einleitung die einzelnen Kapitel dieses Bandes kurz vorgestellt.

B. Internationale, europäische und nationale Entwicklungen

Eine Diskussion über die Bedeutung von nachhaltiger Entwicklung ist bereits deshalb wichtig, weil der Begriff konkretisierungsbedürftig ist. Es ist befürchtet worden, dass er zu einer „strategischen Leerformel" verkommen könnte.[4]

Während in Deutschland der Begriff der Nachhaltigkeit verbreiteter ist, wird in internationalen Diskussionen regelmäßig von *sustainable development* gesprochen. Dies wird nach herrschender, wenn auch nicht unumstrittener, Auffassung als „nachhaltige Entwicklung" übersetzt.[5] Aus praktischen Gründen verwendet dieser Band die Begriffe Nachhaltigkeit und nachhaltige Entwicklung synonym.[6] Dies geschieht nicht zuletzt deshalb, weil das dem Band zugrundeliegende Sustainable Market Actors for Responsible Trade (SMART)-Forschungsprojekt international ausgerichtet ist und daher von *sustainable development* spricht, während die Beiträge in diesem Band aufgrund ihres Bezugs zum deutschen Recht in der Regel den Begriff der Nachhaltigkeit verwenden. Vor diesem Hintergrund sollen hier nun die wesentlichen Entwicklungslinien und Begriffsverständnisse

---

3 Siehe das Buch von *H. Heinrichs/G. Michelsen* (Hrsg.), Nachhaltigkeitswissenschaften, Heidelberg 2014.

4 *E. Richter*, Nachhaltigkeit – zeitgemäße Dimensionen eines politischen Begriffs, Leviathan Ausgabe 2/2005, S. 257.

5 Vgl. hierzu *G. Michelsen/M. Adomßent*, Nachhaltige Entwicklung: Hintergründe und Zusammenhänge, in: H. Heinrichs/G. Michelsen (Hrsg.), Nachhaltigkeitswissenschaften, Heidelberg 2014, S. 3.

6 Vgl. die Diskussion bei *P. Sieben*, Was bedeutet Nachhaltigkeit als Rechtsbegriff?, NVwZ 2003, 1173 (1176).

skizziert werden, um zu einer Definition zu gelangen, die diesem Band zu
Grunde liegt.

In der deutschsprachigen Literatur finden sich erste Hinweise auf die
Idee der Nachhaltigkeit in Beiträgen zur Forstwirtschaft aus dem 18. Jahrhundert.[7] Die Ursprünge der Nachhaltigkeit in Deutschland werden regelmäßig auf das 1713 vom sächsischen Oberhauptmann Hans Carl von Carlowitz veröffentlichte Werk „Sylvicultura Oeconomica, oder Haußwirt-
schaftliche Nachricht und Naturgemäße Anweisung zur Wilden Baum-
Zucht" zurückgeführt, in dem davon die Rede ist, dass man nur so viel
Holz schlagen solle wie durch eine Wiederaufforstung nachwachsen könne.[8] Es wird von einer „nachhaltenden Nutzung der Wälder" gesprochen.
Der Grundsatz der Forstwirtschaft kombinierte ökonomische und ökologische Aspekte.[9] Die Idee der „Substanzerhaltung"[10], also dass Ressourcen
nur in dem Maße genutzt werden, wie sie langfristig erhalten bleiben können, ist allerdings nicht erst im 18. Jahrhundert erfunden worden. Vielmehr kann man dieses Prinzip bereits in der Antike finden.[11] Es wird darauf hingewiesen, dass die übermäßige Abnutzung von Ressourcen eigentlich erst mit der Industriellen Revolution im 19. Jahrhundert begonnen hat.

Die Entwicklung des Konzepts der nachhaltigen Entwicklung soll im
folgenden zunächst auf internationaler Ebene und dann auf der nationalen
Ebene in Deutschland nachverfolgt werden. Der Grund hierfür ist, dass internationale Diskussionen in der Regel einen Einfluss auf die Debatte in
Deutschland haben.

I. Vereinte Nationen

Auf der Ebene der Vereinten Nationen wurde der Begriff der Nachhaltigkeit vor allem im Rahmen der Umweltkonferenzen geprägt. Diese finden

---

7 *E. A. Spindler*, Geschichte der Nachhaltigkeit, Vom Werden und Wirken eines beliebten Begriffes, S. 3, abrufbar unter http://www.nachhaltigkeit.info/media/13262
   79587phpeJPyvC.pdf.

8 Siehe *Spindler*, Nachhaltigkeit (Fn. 7) mit Verweis auf das Werk von Hans Carl
   von Carlowitz.

9 *Michelsen/Adomßent*, Nachhaltige Entwicklung (Fn. 5), S. 4.

10 *Richter*, Nachhaltigkeit (Fn. 4), S. 258.

11 *M. Vogt*, Prinzip Nachhaltigkeit: Ein Entwurf aus theologisch-ethischer Perspektive, München, 2009, S. 114.

seit der ersten Konferenz dieser Art in Stockholm im Jahr 1972 alle zehn Jahre statt.

Die erste UNO-Umweltkonferenz in Stockholm war die Folge eines spätestens Ende der 60er Jahre des 20. Jahrhunderts zunehmenden Bewusstseins für ökologische Fragen. Dies war vor allem in den Industrienationen der Fall. Zuvor standen soziale und ökonomische Aspekte im Mittelpunkt der gesellschaftlichen Diskussion. Es wurde klar, dass die intensive Verwendung von Ressourcen an ihre Grenzen stößt bzw. stoßen werde. Allerdings waren die Interessenlagen der Industrienationen und der Entwicklungsländer auf der Konferenz in Stockholm gegensätzlich: Den Industriestaaten ging es vor allem um eine Reduzierung der Umweltverschmutzung, während für die Entwicklungsländer in erster Linie soziale Fragen wie Armutsbekämpfung im Vordergrund standen.[12] Es wurde dennoch ein Kompromiss dergestalt gefunden, dass eine ökonomische Entwicklung nicht automatisch zu Lasten einer ökologischen Entwicklung gehen müsse.[13] Für die Frage der Förderung nachhaltiger Entwicklung ist bedeutend, dass diese Konferenz das Umweltprogramm der Vereinten Nationen gründete.

1982 fand in Nairobi die Nachfolgekonferenz der Vereinten Nationen zur Umweltkonferenz von Stockholm statt. Diese führte zu der 1983 eingesetzten Sonderkommission der Vereinten Nationen „Weltkommission für Umwelt und Entwicklung", unter der Leitung der norwegischen Ministerpräsidentin Gro Harlem Brundtland. Der 1987 veröffentlichte Abschlussbericht „Our Common Future" der sogenannten Brundtland-Kommission prägte den Begriff der nachhaltigen Entwicklung (*sustainable development*).[14] Die Kommission entwickelte die bis heute am weitesten verbreitete und bedeutendste Definition von nachhaltiger Entwicklung[15], die wie folgt lautet: „Eine Entwicklung, die die Bedürfnisse der heutigen Generationen befriedigt, ohne zu riskieren, dass künftige Generationen ihre eigenen Bedürfnisse nicht befriedigen können."[16]

---

12 Vgl. *Michelsen/Adomßent*, Nachhaltige Entwicklung (Fn. 5), S. 8.
13 Vgl. *Michelsen/Adomßent*, Nachhaltige Entwicklung (Fn. 5), S. 9.
14 Siehe *Michelsen/Adomßent*, Nachhaltige Entwicklung (Fn. 5), S. 12.
15 Siehe *Spindler*, Nachhaltigkeit (Fn. 7), S. 7.
16 Im englischsprachigen Text lautete die Definition wie folgt: „To make sustainable development – to ensure that it meets the needs of the present without compromising the ability of future generations to meet their own needs".

Die Kommission sah in diesem Zusammenhang drei Grundforderungen als entscheidend an: Bewahrung der Umwelt, Herstellung sozialer Gerechtigkeit und Gewährleistung von politischer Partizipation.[17] Nachhaltige Entwicklung wird hierbei als ein Prozess verstanden. Der Brundtland-Bericht aus dem Jahr 1987 hält für die Erreichung von nachhaltiger Entwicklung verschiedene Aspekte für wichtig. Hierzu gehören u.a. die Befriedigung der Grundbedürfnisse nach Arbeit, Nahrung, Energie, Wasser und Hygiene sowie die Erhaltung und Stärkung der Ressourcenbasis. Entscheidend hierbei sind der angestrebte Ausgleich der Interessen von Industrie- und Entwicklungsländern, sowie des globalen Norden und Südens, der Hinweis auf die Ressourcennutzung und die Bedeutung des Umweltschutzes.[18] Der Brundtland-Bericht ist nicht unumstritten, hat aber in jedem Fall das Thema der nachhaltigen Entwicklung einer breiten Öffentlichkeit zugänglich gemacht.

Die nächste wesentliche Etappe auf der internationalen politischen Ebene war die Umweltkonferenz der Vereinten Nationen von Rio de Janeiro im Jahr 1992. Die dort vertretenen Staaten verabschiedeten Dokumente, die bedeutend für die Themen Umwelt und Entwicklung sind: Die Walddeklaration, die Klimaschutz-Konvention, die Biodiversitätskonvention, die Deklaration von Rio über Umwelt und Entwicklung sowie die Agenda 21.[19] Die Deklaration von Rio über Umwelt und Entwicklung betont den Zusammenhang zwischen Ökologie und Ökonomie. Die ebenfalls in Rio verabschiedete Agenda 21 ist ein Aktionsprogramm, das Handlungsanweisungen für eine nachhaltige Nutzung der natürlichen Ressourcen enthält. Dieses Programm hebt die Gemeinsamkeiten der Staaten des globalen Nordens und Südens hinsichtlich nachhaltiger Entwicklung hervor. Spätestens seit der Rio-Konferenz wird der Begriff „nachhaltige Entwicklung" jedoch auf recht unterschiedliche Weise gebraucht.[20] Die Regierungen der Länder wurden in Rio aufgerufen, nationale Nachhaltigkeitsstrategien zu entwickeln.

Ein weiterer wesentlicher Schritt in der Diskussion über nachhaltige Entwicklung auf der internationalen Ebene war die UNO-Umweltkonferenz von Johannesburg (der Weltgipfel für nachhaltige Entwicklung) im

---

17 Vgl. *Michelsen/Adomßent*, Nachhaltige Entwicklung (Fn. 5), S. 13.
18 *G. Bachmann*, Nachhaltigkeit: Politik mit gesellschaftlicher Perspektive, in: Aus Politik und Zeitgeschichte, 2002, B 31-32, S. 8.
19 Vgl. *Michelsen/Adomßent*, Nachhaltige Entwicklung (Fn. 5), S. 15.
20 Vgl. *Michelsen/Adomßent*, Nachhaltige Entwicklung (Fn. 5), S. 3.

Jahr 2002.[21] Dieser Gipfel mündete in einer politischen Erklärung der Staats- und Regierungschefs sowie in einem Aktionsplan zur Förderung nachhaltiger Entwicklung. Der Schwerpunkt der Erklärung lag auf den „großen politischen Linien".[22] Weitere zehn Jahre später, d.h. im Jahr 2012, fand wieder eine UNO-Umweltkonferenz statt, diesmal erneut in Rio de Janeiro (die Konferenz der Vereinten Nationen über nachhaltige Entwicklung). Die Konferenz endete mit einer Abschlusserklärung, die u.a. ein Bekenntnis zu nachhaltigem Wirtschaften und zur Green Economy enthält. Allerdings kam es zu keinen verbindlichen Abmachungen für die Umsetzung der erklärten Ziele.

Trotz des ernüchternden Ergebnisses der 2012er Konferenz gibt es gleichwohl eine wichtige Entwicklung auf der Ebene der Vereinten Nationen: Die Ziele für nachhaltige Entwicklung (*Sustainable Development Goals*).[23] Der Vorläufer hierzu ist in den sogenannten Millennium-Entwicklungszielen der Vereinten Nationen (Millennium Development Goals) aus dem Jahr 2001 zu sehen. Diese enthalten acht internationale Entwicklungsziele (u.a. die Verminderung von extremer Armut und Hunger sowie die Sicherung der ökologischen Nachhaltigkeit)[24], die bis zum Jahr 2015 erreicht werden sollten. Die Ziele für nachhaltige Entwicklung haben nun die Nachfolge der Millennium-Entwicklungsziele angetreten. Sie bestehen aus 17 Zielen wie z.B. nachhaltiges Wirtschaftswachstum und menschenwürdige Arbeit für alle.

II. Europäische und nationale deutsche Ebene

Die zunehmende Bedeutung von Nachhaltigkeit zeigt sich auch auf der Ebene der Europäischen Union. So enthält Art. 3 Abs. 3 EUV (Vertrag über die Europäische Union) das Ziel einer „nachhaltigen Entwicklung

---

21 Vgl. Vgl. *Michelsen/Adomßent*, Nachhaltige Entwicklung (Fn. 5), S. 19.
22 Vgl. *Michelsen/Adomßent*, Nachhaltige Entwicklung (Fn. 5), S. 19.
23 Siehe hierzu: http://www.un.org/sustainabledevelopment/sustainable-development
   -goals/.
24 Siehe hierzu: http://www.un.org/millenniumgoals/.

Europas".[25] Diese Norm ist für ihre Adressaten rechtsverbindlich.[26] Der Grundsatz der nachhaltigen Entwicklung findet sich ebenfalls in Art. 37 der EU-Grundrechtecharta.[27] Die Bedeutung dieser Norm wird dadurch deutlich, dass nach ihrem Art. 51 die Grundrechtecharta für die Organe und Einrichtungen der Union gilt.

Auf nationaler deutscher Ebene wurde das Begriffsverständnis von nachhaltiger Entwicklung vor allem durch die Enquete-Kommission „Schutz des Menschen und der Umwelt – Ziele und Rahmenbedingungen einer nachhaltig zukunftsverträglichen Entwicklung" geprägt, die ihren Abschlussbericht im Jahr 1998 veröffentlichte.[28] Nach Ansicht der Kommission bestehe eine „nachhaltig zukunftsverträgliche Entwicklung" aus einer Integration der drei Dimensionen Ökologie, Ökonomie und Soziales.[29] Die verschiedenen Dimensionen würden sich einander gegenseitig bedingen.

Ebenfalls bedeutend in diesem Zusammenhang ist die nationale Nachhaltigkeitsstrategie in Deutschland, die es seit 2002 gibt und die seit 2004 in einem vierjährigen Abstand fortentwickelt wird.[30] Die Nachhaltigkeitsstrategie kann Zielkonflikte nicht verhindern, aber sie kann das Bewusstsein für Fragen der Nachhaltigkeit schärfen, z.B. durch integrative Betrachtungen.[31] Die Strategie verbindet die verschiedenen Dimensionen der Nachhaltigkeit.

---

25 Art. 3 Abs. 3 EUV lautet: „Die Union errichtet einen Binnenmarkt. Sie wirkt auf die nachhaltige Entwicklung Europas auf der Grundlage eines ausgewogenen Wirtschaftswachstums und von Preisstabilität, eine in hohem Maße wettbewerbsfähige soziale Marktwirtschaft, die auf Vollbeschäftigung und sozialen Fortschritt abzielt, sowie ein hohes Maß an Umweltschutz und Verbesserung der Umweltqualität hin. Sie fördert den wissenschaftlichen und technischen Fortschritt.".

26 *A. Halfmaier*, Nachhaltiges Privatrecht, AcP 2016, S. 717 (726) mit weiteren Nachweisen.

27 Art. 37 lautet: „Ein hohes Umweltschutzniveau und die Verbesserung der Umweltqualität müssen in die Politiken der Union einbezogen und nach dem Grundsatz der nachhaltigen Entwicklung sichergestellt werden.".

28 Abschlußbericht der Enquete-Kommission „Schutz des Menschen und der Umwelt – Ziele und Rahmenbedingungen einer nachhaltig zukunftsverträglichen Entwicklung", Drucksache 1311200, 1998.

29 Siehe Abschlußbericht (Fn. 28), S. 16 – S. 28.

30 Siehe hierzu: *Bundesregierung*, Deutsche Nachhaltigkeitsstrategie, Neuauflage 2016, Berlin.

31 *Bachmann*, Nachhaltigkeit (Fn. 18), S. 9.

C. Der Begriff der nachhaltigen Entwicklung in der rechtswissenschaftlichen Diskussion

Wie eingangs erwähnt, ist die Förderung nachhaltiger Entwicklung ein Thema, das aus unterschiedlichsten Fachdisziplinen erforscht werden kann. Dieser Band soll die rechtswissenschaftliche Analyse voranbringen. In diesem Zusammenhang ist es zunächst wichtig, festzustellen, dass es kein Rechtsgebiet der nachhaltigen Entwicklung gibt wie z.b. das Umweltrecht.[32] Fragen der nachhaltigen Entwicklung betreffen vielmehr alle Rechtsgebiete. Es ist daher also eine „Querschnittsmaterie".[33] Dies zeigt sich auch in diesem Band, der sowohl aus öffentlich-rechtlichen als auch privatrechtlichen Perspektiven besteht. Ferner beziehen sich die einzelnen Beiträge schwerpunktmäßig auf unterschiedliche Dimensionen der Nachhaltigkeit.

Für die rechtwissenschaftliche Auseinandersetzung mit nachhaltiger Entwicklung ist die Begriffsdefinition besonders wichtig. Es gibt kein allgemeingültiges Verständnis des Begriffs im deutschen Recht, wohl aber mehrere direkte Erwähnungen, wie z.B. in § 87 Abs. 1 S. 2 AktG. Nach dieser Vorschrift ist die Vergütungsstruktur bei börsennotierten Gesellschaften „auf eine nachhaltige Unternehmensentwicklung auszurichten". § 1 Abs. 2 Raumordnungsgesetz enthält die „Leitvorstellung" einer „nachhaltige Raumentwicklung" und erwähnt in diesem Zusammenhang, dass die „sozialen und wirtschaftlichen Ansprüche an den Raum mit seinen ökologischen Funktionen in Einklang" zu bringen sein. Diese Formulierung erwähnt zwar die drei Säulen der Nachhaltigkeit, aber es ist fraglich, ob in diesem Wortlaut nicht der ökologischen Funktion Vorrang gegeben wird, da die sozialen und wirtschaftlichen Ansprüche mit ihr in Einklang zu bringen sind.[34] Ein weiteres Beispiel der Erwähnung von Nachhaltigkeit bzw. nachhaltiger Entwicklung im Gesetzestext findet sich u.a. in § 1 Nr. 1 Bundeswaldgesetz, der das Ziel vorgibt, die „ordnungsgemäße Bewirtschaftung nachhaltig zu sichern".

Angesichts der sehr unterschiedlichen Gesetze, die auf Nachhaltigkeit hinweisen, ist es fraglich, wie der Begriff im deutschen Recht definiert werden kann. Es ist offensichtlich, dass ein Unterschied zwischen dem

---

32 *T. Schomerus*, Nachhaltigkeit aus rechtlicher Perspektive, in: H. Heinrichs/G. Michelsen (Hrsg.), Nachhaltigkeitswissenschaften, Heidelberg 2014, S. 290.
33 *Schomerus*, Nachhaltigkeit (Fn. 32), S. 290.
34 *Schomerus*, Nachhaltigkeit (Fn. 32), S. 290.

forstwirtschaftlichen Verständnis von Nachhaltigkeit im 18. Jahrhundert im Sinne der Bestandswahrung und den Dokumenten der Vereinten Nationen besteht, die das Thema mehr aus globaler Sicht betrachten. Um den Begriff der Nachhaltigkeit rechtlich anzuwenden, ist eine Konkretisierung notwendig.[35] Es ist hierbei anzudenken, dass einzelne Aspekte der nachhaltigen Entwicklung eine besondere Bedeutung haben könnten. So könnte ein Vorrang für umweltpolitische Ziele bestehen, da der Begriff der nachhaltigen Entwicklung maßgeblich auf umweltpolitischen Diskussionen beruht und auch auf umweltpolitischen Gipfeln der Vereinten Nationen geprägt wurde.[36] Hiergegen spricht jedoch, dass das Konzept in internationalen Dokumenten so verstanden wird, dass die verschiedenen Ziele der ökologischen, ökonomischen und sozialen Nachhaltigkeit in ihrer Wechselwirkung miteinander verbunden werden sollen, was einer Überbewertung der ökologischen Dimension entgegensteht.[37]

Aufbauend auf dem Brundtland-Bericht ist in der Diskussion über nachhaltige Entwicklung ein Drei-Säulen-Modell der Nachhaltigkeit vorherrschend. Es verbindet die Ziele Ökonomie, Ökologie und Soziales. An diesem verbreiteten weiten Verständnis von Nachhaltigkeit wird bemängelt, dass das Konzept mehr meint als eine „additive Dreisäuligkeit".[38] Ekardt kritisiert, dass viele Beiträge von einem rein ausgewogenen Nebeneinander der drei Säulen ausgehen, ohne hierbei die Generationen- und Globalperspektive zu betonen.[39]

Vor dem Hintergrund, dass Nachhaltigkeit sowohl im Bundeswaldgesetz als auch im Aktiengesetz erwähnt wird, könnte man den Ansatz wählen, den Begriff im Kontext seiner jeweiligen gesetzlichen Verwendung auszulegen (sogenannte *sektorale Begriffsbetrachtung*). Sieben geht davon aus, dass es im Bereich des Umweltrechts regelmäßig das Ziel sei, unter Sicherung der natürlichen Lebensgrundlagen schonend mit den natürlichen Ressourcen umzugehen.[40] Er argumentiert daher, dass der Begriff in seinem jeweiligen Regelungskontext definiert werden müsse, da „eine subsumtionsfähige Definition" angesichts der politischen Tragweite des

---

35 *Sieben*, Nachhaltigkeit (Fn. 6), S. 1175.
36 *Sieben*, Nachhaltigkeit (Fn. 6), S. 1175.
37 *Sieben*, Nachhaltigkeit (Fn. 6), S. 1175.
38 *F. Ekardt*, Nachhaltigkeit und Recht – Eine kurze Anmerkung zu Smeddinck, Tomerius/Magsig und anderen juristischen Ansätzen, ZfU 2009, 233 ff.
39 *Ekardt*, Nachhaltigkeit (Fn. 38).
40 *Sieben*, Nachhaltigkeit (Fn. 6), S. 1176.

Konzepts nicht möglich sei. Halfmaier kritisiert ebenfalls, dass eine zu weite Auslegung des Begriffs dazu führe, dass Nachhaltigkeit seine besondere Bedeutung verliere.[41] Er stimmt der oben bereits erwähnten Auffassung von Ekardt zu, dass die globalen und generationsübergreifenden Aspekte von Nachhaltigkeit bei einem reinen Nebeneinander der drei Säulen leicht aus den Blick geraten.[42] Es komme bei diesem Begriff vor allem auf die „Interaktion der Menschen mit der Umwelt" an.[43]

In dieser Diskussion ist es wichtig zu erwähnen, dass Nachhaltigkeit allgemein als ein Rechtsprinzip angesehen wird, das seine Ursprünge im Umweltrecht hat.[44] Rechtsprinzipien haben nicht immer eine eindeutige rechtliche Wirkung, wohl aber einen rechtlichen Gehalt, soweit sie in Gesetzen enthalten sind.[45] Prinzipien sind von Regeln darin zu unterscheiden, dass Regeln einen Tatbestand und eine Rechtsfolge haben, wohingegen Prinzipien allgemein Gültigkeit beanspruchen und keine bestimmte Entscheidung erfordern.[46] Es handelt sich hier um ein übergeordnetes Prinzip, das alle Rechtsbereiche vom Öffentlichen Recht bis hin zum Privatrecht erfasst. Dies wird als Stärke und Schwäche des Nachhaltigkeitsprinzips angesehen.[47] Als Rechtsprinzip kann nachhaltige Entwicklung in Ermessenserwägungen einfließen.[48]

Die bisherige rechtswissenschaftliche Auseinandersetzung mit dem Thema in Deutschland zeigt, dass die weit verbreitete Auffassung eines reinen Drei-Säulen-Modells zunehmend kritisch gesehen wird. Es geht nicht um ein reines Nebeneinander der drei Dimensionen von Nachhaltigkeit. Vielmehr ist für die Auslegung in einem Gesetz der jeweilige Kontext wichtig. Ferner muss berücksichtigt werden, dass die ökologische Dimension von Nachhaltigkeit die Basis für die moderne Diskussion über nachhaltige Entwicklung bildet. Dies bedeutet, dass ein integrativer Ansatz der drei Säulen zwar richtig ist, dieser aber nicht die überragende Bedeutung der ökologischen Dimension für die Ziele von Nachhaltigkeit hin-

---

41 *Halfmaier*, Privatrecht (Fn. 26), S. 721.
42 *Halfmaier*, Privatrecht (Fn. 26), S. 722 mit Verweis auf F. Ekardt, Theorie der Nachhaltigkeit, Baden-Baden 2011, S. 41ff.
43 *Halfmaier*, Privatrecht (Fn. 26), S. 725.
44 *E. Rehbinder*, Das deutsche Umweltrecht auf dem Weg zur Nachhaltigkeit?, NVwZ 2002, S. 657 – S. 666.
45 *Schomerus*, Nachhaltigkeit (Fn. 32), S. 293.
46 *Schomerus*, Nachhaltigkeit (Fn. 32), S. 294.
47 Rehbinder, Umweltrecht (Fn. 44), S. 657.
48 *Schomerus*, Nachhaltigkeit (Fn. 32), S. 295.

sichtlich Generationengerechtigkeit und globalem Ausgleich überlagern darf.

D. *Jenseits des Drei-Säulen-Modells: Zu einer modernen Definition*

Auch außerhalb der rechtlichen Diskussion wird das Drei-Säulen-Modell im Sinne eines reinen Nebeneinanders von Ökonomie, Ökologie und Sozialem kritisch gesehen. Spindler erwähnt daher, dass das gleichrangige Nebeneinander der drei Säulen zu einer Konkurrenzsituation führe, die „die Interpretation von Nachhaltigkeit in der Praxis oft schwierig und beliebig" mache.[49] Während weitgehend Einigkeit darüber besteht, dass eine Integration der verschiedenen Dimensionen notwendig sei, um mehr Nachhaltigkeit zu erreichen, bestehen Meinungsunterschiede darüber, wie die verschiedenen Dimensionen zu gewichten sind.[50] Es gibt etliche Stimmen, die wie bereits angedeutet, der ökologischen Dimension von nachhaltiger Entwicklung den Vorrang geben.[51] Die Mehr-Dimensionen-Modelle hingegen gehen eher von einer Gleichrangigkeit der verschiedenen Aspekte aus.[52]

Die Diskussion über den Inhalt und die praktische Ausgestaltung von Nachhaltigkeit ist nicht abgeschlossen. Wichtig ist jenseits der drei Komponenten der sozialen, ökologischen und ökonomischen Nachhaltigkeit der Fokus auf die Generationengerechtigkeit. Richter weist darauf hin, dass ein „inhaltliches Abwägen" zu einer „komplexen Reflexion" über das Zusammenwirken der sozialen, ökologischen und ökonomischen Nachhaltigkeit führt.[53] Vor allem müsse der Begriff „immer wieder neu definiert" werden, da es keine „verlässliche inhaltliche Zielbestimmung" gebe.[54] Diese kontinuierliche Annäherung an die Bedeutung von Nachhaltigkeit zeichnet den Begriff aus: Er ist nicht statisch und nicht dauerhaft zu bestimmen. Statt dessen muss er immer neu im Zusammenspiel seiner verschiedenen Komponenten erarbeitet werden.

---

49 Siehe *Spindler*, Nachhaltigkeit (Fn. 7), S. 13.
50 *Michelsen/Adomßent*, Nachhaltige Entwicklung (Fn. 5), S. 28.
51 *Michelsen/Adomßent*, Nachhaltige Entwicklung (Fn. 5), mit weiteren Nachweisen, S. 28.
52 *Michelsen/Adomßent*, Nachhaltige Entwicklung (Fn. 5), S. 29.
53 *Richter*, Nachhaltigkeit (Fn. 4), S. 269.
54 *Richter*, Nachhaltigkeit (Fn. 4), S. 269.

In den letzten Jahren hat sich die Diskussion über die Definition nachhaltiger Entwicklung weiter fortentwickelt. Einen wichtigen Einfluss in diesem Zusammenhang haben die Naturwissenschaften mit dem Konzept der planetarischen Grenzen (*planetary boundaries*) gehabt.[55] Dieser Ansatz basiert zunächst auf der Feststellung, dass sich die Erde seit 10 000 Jahren in einer stabilen Phase befindet (als Holozän bezeichnet). Diese Stabilität ist jedoch derzeit durch Umweltveränderungen gefährdet. Es wird argumentiert, dass seit dem Zeitalter der Industriellen Revolution eine neue Phase begonnen habe (als Anthropozän bezeichnet).[56] In dieser Phase sei der Mensch der wichtigste Einflussfaktor für Umweltveränderungen. Der Unterschied zwischen den beiden Phasen sei, dass im Holozän-Zustand die Erde in der Lage ist, die Lebensbedingungen für Menschen zu erhalten.

Vor diesem Hintergrund betont dieser Ansatz, dass es entscheidend sei, auf die Einhaltung der planetarischen Grenzen zu achten, da diese die Grenze für sicheres menschliches Handeln darstellen würden, welches das Erdsystem respektiert.[57] Dieser Ansatz identifiziert neun planetarische Grenzen wie z.B. Klimawandel und Ozeanversauerung. Wenn diese Grenzen überschritten werden, dann kann es geschehen, dass sich wichtige Subsysteme verändern, was wiederum starke Auswirkungen auf die Lebensbedingungen von Menschen hat. Es sei daher die große Herausforderung dieser Zeit, die sozialen Grundlagen für Menschen jetzt und in der Zukunft zu erhalten und gleichzeitig die planetarischen Grenzen nicht zu überschreiten.[58] Das bedeutende an diesem Ansatz ist die wissenschaftliche Analyse der menschlichen Störung des Erdsystems und die Betonung der Gefährdungen, die ein Überschreiten von planetarischen Grenzen hervorruft. Leah und Rockström vertreten die Auffassung, dass der Prozess des sich Entscheidens zwischen den unterschiedlichen Ergebnissen für soziale Gerechtigkeit ein sehr politischer sei. Eine neue interdisziplinäre Nachhaltig-

---

55 Siehe *J. Rockström et al.*, A safe operating space for humanity, Nature 2009.
56 Siehe *Rockström et al.*, Humanity (Fn. 55).
57 *Rockström et al.*, Humanity 2009. Die Formulierung lautet: „...we propose a framework based on 'planetary boundaries'. These boundaries define the safe operating space for humanity with respect to the Earth system and are associated with the planet's biophysical subsystems or processes.".
58 *W. Steffen et al.*, Planetary boundaries: Guiding human development on a changing planet, Science 2015, S. 736.

keitswissenschaft müsse Nachhaltigkeit als ein politisches Thema verstehen, das eine offene Diskussion verschiedener Ansichten erfordere.[59]

Griggs et al. beziehen die naturwissenschaftlichen Erkenntnisse in ihr Verständnis von nachhaltiger Entwicklung mit ein und schlagen eine neue Definition für nachhaltige Entwicklung vor, die die Rolle des Menschen für Veränderungen des Erdsystems berücksichtigt: „Eine Entwicklung, die die Bedürfnisse der Gegenwart erfüllt, während sie gleichzeitig die Lebenserhaltungssysteme der Erde schützt, von denen das Wohlergehen dieser und künftiger Generationen abhängt."[60] Das Drei-Säulen-Modell der Nachhaltigkeit müsse als ein verschachteltes Konzept verstanden werden.

Das entscheidende an den modernen Ansätzen, die auf den planetarischen Grenzen basieren, ist, dass sie die Wichtigkeit der ökologischen Dimension von Nachhaltigkeit betonen. Diese stellt die Basis dar, innerhalb dessen die soziale und ökonomische Nachhaltigkeit erreicht werden kann.

E. Struktur des Tagungsbandes

Als ein Querschnittsthema überschneidet sich Nachhaltigkeit mit einer Vielzahl von verschiedenen Rechtsgebieten. Dementsprechend enthält dieser Band sowohl privatrechtliche als auch öffentlich-rechtliche Perspektiven. Die Kapitel betreffen viele aktuelle Fragestellungen zu Nachhaltigkeit aus rechtlicher Sicht (z.B. der Nationale Aktionsplan Wirtschaft und Menschenrechte). Diese kritische Bestandsanalyse in Bezug auf gegenwärtige Themen bietet damit einen guten Überblick darüber, inwiefern das deutsche Recht bereits nachhaltige Entwicklung fördert, behindert oder durch rechtliche Reformen besser fördern könnte. Eine vollumfängliche Behandlung aller Rechtsgebiete, die Einfluss auf nachhaltige Entwicklung haben, ist aus Platzgründen nicht möglich.

Der Band ist in vier Hauptteile aufgeteilt. Zunächst werden die verfassungsrechtlichen und politischen Dimensionen der Förderung nachhaltiger Entwicklung im deutschen Recht analysiert. Hierauf folgt ein etwas umfangreicherer zweiter Hauptteil, bestehend aus vier Kapiteln, die sich mit

---

59 *M. Leach/K. Raworth/J. Rockström*, Between social and planetary boundaries: Navigating pathways in the safe and just space for humanity. World Social Science Report 2013.

60 *D. Griggs et al.*, Sustainable development goals for people and planet, Nature 2013, S. 305 (306).

nachhaltiger Entwicklung im Gesellschaftsrecht beschäftigen. Im dritten Teil geht es in erster Linie um die ökologische Dimension der Nachhaltigkeit. Hierzu werden die Themen Obsoleszenz, Stromkonsum und EU-Netzkodizes für Elektrizität besprochen. Der abschließende vierte Teil beschäftigt sich mit zwei aktuellen Fragestellungen: Erstens mit der Bebauung des Außenbereichs und zweitens mit der Vereinbarkeit privater Nachhaltigkeitsstandards mit WTO-Recht.

Der erste Hauptteil beginnt mit einem verfassungsrechtlichen Beitrag. *Patrick Merkle* geht der Frage nach, ob und in welcher Form Regelungen zur Nachhaltigkeit neu im Grundgesetz verankert werden sollten. Ausgehend von einer Annäherung an den Begriff der Nachhaltigkeit untersucht er die bestehenden Bestimmungen des Grundgesetzes, die einen Bezug zur Nachhaltigkeit aufweisen (u.a. Art 20a GG wonach der Staat auch in Verantwortung für die künftigen Generationen die natürlichen Lebensgrundlagen und die Tiere schützt). Hieran schließt sich eine Diskussion an, ob bestehende Regelungen im Grundgesetz, die einen Bezug zur Nachhaltigkeit aufweisen, geändert werden sollten und ob darüber hinaus eine allgemeiner gehaltene, neue Bestimmung zur Förderung der Nachhaltigkeit im Grundgesetz eingefügt werden sollte. Diesbezüglich werden zunächst Änderungen in der Finanzverfassung besprochen bevor auf die Frage eingegangen wird, inwiefern die Generationengerechtigkeit und die globale Verantwortung als Teil eines neu im Grundgesetz verankerten Nachhaltigkeitsgrundsatzes berücksichtigt werden können. Hierzu werden eine neue Staatszielbestimmung, ein Verfassungsauftrag, die Ausgestaltung als ein Grundrecht oder die Aufnahme in die Präambel vorgeschlagen. Merkle spricht sich für eine allgemein gehaltene Formulierung aus, die in die Präambel des Grundgesetzes aufgenommen werden sollte.

Lena Volles beschäftigt sich in ihrem Beitrag mit dem „Nationalen Aktionsplan Wirtschaft und Menschenrechte" (NAP) der Bundesregierung zur Umsetzung der gleichnamigen UN-Leitprinzipien. Der Schutz der Menschenrechte ist ein wichtiger Aspekt nachhaltiger Entwicklung und die UN-Leitprinzipien haben den Anspruch, durch die Verbesserung von Standards und Verfahrensweisen in Bezug auf Unternehmen zu einer sozial nachhaltigen Globalisierung beizutragen. Sowohl die UN-Leitprinzipien als auch der NAP sind keine materiell-rechtlichen Standards. Gleichwohl stellt der NAP eine Art Fahrplan für die nächsten Jahre auf. Er zeigt, inwiefern die Bundesregierung Gesetzesinitiativen auf diesem Gebiet plant. Volles Bewertung zum deutschen NAP fällt kritisch aus. Ihrer Meinung nach setzt er die UN-Leitprinzipien größtenteils nur im Sinne einer Minimalversion um. Die Möglichkeit zu einer ambitionierten Gestaltung des Prozesses, z.B. im öffentlichen Beschaffungswesen, werde nicht genutzt.

Der zweite Hauptteil zu gesellschaftsrechtlichen Perspektiven enthält vier Beiträge. Zunächst setzt sich *Anne-Christin Mittwoch* mit sozialem Unternehmertum auseinander. Mittwoch weist darauf hin, dass sich die Diskussion über Nachhaltigkeit im Gesellschaftsrecht regelmäßig auf die traditionell gewinnorientierten Unternehmen wie die Aktiengesellschaft bezieht. Sozialunternehmen werden in diesem Zusammenhang oft übersehen. Auch der deutsche Gesetzgeber ist bislang zu diesem Thema nicht tätig geworden. Mittwoch analysiert die Notwendigkeit eines Rechtsrahmens für Sozialunternehmen und bespricht mögliche Regelungsansätze der EU in Form eines Zertifizierungssystems und einer eigenen Rechtsform. Mittwoch stellt fest, dass die Einführung einer eigenen Rechtsform für Sozialunternehmen in der EU derzeit als wünschbar, aber wenig realistisch betrachtet wird und dass daher die Einführung eines Europäischen Zertifizierungssytems für Sozialunternehmen wahrscheinlicher ist. Für jede der beiden Lösungsoptionen stellen sich Fragen zur Gestaltung der Geschäftsleiterpflichten, die Mittwoch sodann diskutiert. Entscheidend sind hierbei u.a. die personelle Struktur des Leitungsorgans und die Durchsetzung dieser Pflichten.

Hieran schließt sich der Beitrag von *Sebastian Eickenjäger* an, der sich mit den Möglichkeiten der Förderung nachhaltiger Entwicklung durch nichtfinanzielle Berichterstattung auseinandersetzt. Eickenjäger analysiert die nationale Umsetzung der sogenannten „CSR-Richtlinie" (Richtlinie 2014/95/EU) zur nichtfinanziellen Berichterstattung. Diese sei ein Paradebeispiel für ein Zusammenspiel zwischen Fremdregulierung und Selbstregulierung. Die Pflicht zur Berichterstattung solle Impulse zur eigenständigen Evaluation von Strukturen und Aktivitäten setzen. Allerdings reize die gesetzliche Ausgestaltung in Deutschland das Potenzial eines solchen Regelungsverfahrens nicht aus. Insbesondere fehle es an einem gesetzlich vorgegebenen Monitoring. Dies würde jedoch die Möglichkeit bieten, unternehmensinterne Lernprozesse an- und einzuleiten. Vor diesem Hintergrund diskutiert Eickenjäger, inwiefern die Praxis der nichtfinanziellen Berichterstattung im Hinblick auf ein Monitoring fortentwickelt werden könnte. Die Optionen für Monitoring sind: Ein Enforcement-Verfahren, externe Prüfungen sowie das Regime der OECD-Leitsätze für multinationale Unternehmen mittels der vor den Nationalen Kontaktstellen geführten Beschwerdeverfahren.

Es folgt ein Beitrag von *Andreas Weitzell* und *Martin Lawall*, der die Regulierung der kapitalmarktrechtlichen Pflichten von Emittenten analysiert. Weitzell und Lawall fragen, ob das gegenwärtige Sanktionssystem dem Bedürfnis einer nachhaltigen Förderung des Kapitalmarkts genügt. Unter einer nachhaltigen Stärkung des Kapitalmarkts verstehen die Autoren die langfristige Sicherstellung der Marktintegrität und ein normgetreues und verantwortungsvolles unternehmerisches Handeln der Emittenten. Damit bezieht sich dieser Beitrag auf die ökonomische Dimension von Nachhaltigkeit. Weitzell und Lawall analysieren zunächst das Enforcementsystem im deutschen Kapitalmarktrecht. Sie kommen zu dem Ergebnis, dass die Möglichkeit eines effektiven privaten Enforcements vernachlässigt wird. Hierzu setzen sie sich mit einem bisher kaum diskutierten Verbesserungsvorschlag auseinander, nämlich, dass eine staatliche Aufsichtsbehörde Ansprüche der geschädigten Marktteilnehmer als eine Art „öffentlicher Kläger" geltend macht. Sie ziehen das Beispiel der australischen Finanzaufsichtsbehörde ASIC heran. Sodann wird die staatliche Sanktionierung mittels der Unternehmensgeldbuße besprochen. Weitzell und Lawall schlußfolgern, dass die gegenwärtige Regulierung von kapitalmarktrechtlichen Pflichten von Emittenten unter dem Blickwinkel der Nachhaltigkeit verbesserungswürdig ist. Die reine Verhängung einer Geldbuße halten die beiden Autoren für nicht effektiv; statt dessen sollte eine Aufwertung der Bundesanstalt für Finanzdienstleistungsaufsicht (BaFin) in Erwägung gezogen werden.

Der gesellschaftrechtliche Teil des Bandes schließt mit einem Beitrag von *Andreas Rühmkorf* und *Jean J du Plessis*. Die beiden Autoren beschäftigen sich mit der Frage, ob das Unternehmensinteresse im deutschen Aktienrecht eine Chance für die Förderung von nachhaltiger Entwicklung bietet. Ausgangspunkt dieses Beitrages ist die Beobachtung, dass Deutschland in internationalen Debatten über Corporate Governance-Systeme oft als ein Paradebeispiel für ein Stakeholder Value-System genannt wird, das im Gegensatz zu den anglo-amerikanischen Shareholder Value-Systemen stehe. Vor diesem Hintergrund analysieren Rühmkorf und du Plessis, ob das Unternehmensinteresse tatsächlich im Sinne eines Stakeholder Value-Ansatzes auszulegen ist. Die Autoren sprechen sich zwar für eine interessenspluralistische Auslegung aus, weisen aber darauf hin, dass diesbezüglich eine Klarstellung des § 76 Abs. 1 AktG notwendig sei. Die im Jahr 2009 erfolgte Ergänzung der Bestimmung 4.1.1 des Deutschen Corporate Governance Kodex reiche nicht aus. Der praktische Nutzen der interessenspluralistischen Auslegung des Unternehmensinteresses für nachhaltige

Entwicklung liegt in erster Linie in einer Schutzfunktion gegen ein Unternehmenshandeln, das einseitig am Shareholder Value-Gedanken orientiert ist. Ferner kann der Vorstand eine Entscheidung zugunsten von Stakeholder-Gruppen wie z.B. den Arbeitnehmern oder der Umwelt leichter rechtfertigen. Insofern stellt das deutsche Aktienrecht zumindest nicht die gleichen Hürden für die Förderung nachhaltiger Entwicklung auf wie z.B. das dem Shareholder Value-Gedanken folgende englische Gesellschaftsrecht.

Der dritte Hauptteil lenkt sodann den Blickwinkel vom Gesellschaftsrecht auf drei Beiträge, die sich vor allem mit der ökologischen Dimension der Nachhaltigkeit auseinandersetzen, nämlich mit Obsoleszenz, Stromkonsum und der Regulierung zur grenzüberschreitenden Stromübertragung. Der erste Beitrag in diesem Teil stammt von *Christian Dickenhorst*. Er analysiert aus rechtlicher Sicht das Phänomen der sogenannten Obsoleszenz. Unter Obsoleszenz im Kontext von Produkten versteht man allgemein, dass diese sich abnutzen und altern. Angesichts der starken Zunahmen an Elektrogeräten in den letzten Jahren hat das Thema für die ökologische Dimension von nachhaltiger Entwicklung an Bedeutung gewonnen. Dickenhorst stellt zunächst die Arten und Ursachen von Obsoleszenz dar, bevor er Obsoleszenz als ökologisches Problem analysiert. Daraufhin beschäftigt er sich mit rechtlichen Aspekten von Obsoleszenz, insbesondere damit, wie eine rechtliche Steuerung geschehen kann. Er analysiert erst zivilrechtliche Ansätze (z.B. die kaufrechtliche Gewährleistung) bevor er auf das Lauterkeitsrecht und das Prozessrecht eingeht. Sodann diskutiert Dickenhorst Ansätze im öffentlichen Recht: Die Ökodesign-Richtlinie, das Abfallrecht, das Elektro- und Elektronikgerätegesetz. Diese öffentlich-rechtlichen Instrumente hält er für effektiver als die zivilrechtlichen Ansätze, da sie vom Staat verordnet werden. Gleichwohl sind seiner Meinung nach ein Dialog und ein Zusammenwirken der verschiedenen Akteure unverzichtbar, um das Problem der Obsoleszenz zu reduzieren.

Es folgt ein interdisziplinärer Beitrag von *Katharina Gapp*. Sie analysiert politisch-rechtliche Instrumente zur Förderung des nachhaltigen Stromkonsums vor dem Hintergrund der *UN Sustainable Development Goals* und der deutschen Nachhaltigkeitsstrategie. Gapp weist darauf hin, dass obwohl es allgemein bekannt ist, dass der Energieverbrauch sinken müsse, der Stromverbrauch der europäischen Haushalte gleichzeitig kontinuierlich steigt bzw. bestenfalls stagniert. Daher sei es notwendig, bestehende politisch-rechtliche Instrumente zu überprüfen, die das Ziel haben, den Stromverbrauch zu senken. Neben dem Hintergrund der *Sustainable*

Development Goals und der Nachhaltigkeitsstrategie berücksichtigt Gapp auch die Determinanten des durchschnittlichen Stromkonsums, die durch eine empirische Analyse von Daten des statistischen Amtes der Europäischen Union ermittelt und in Bezug auf die Ziele für nachhaltige Entwicklung gesetzt wurden. Das Ziel der Untersuchung ist es, ausgehend von den *Sustainable Development Goals* Kriterien zur Bewertung von politisch-rechtlichen Instrumenten für eine Senkung des Stromverbrauchs herauszuarbeiten. Unter Berücksichtigung der Determinanten des Stromverbrauchs der europäischen Haushalte findet Gapp Interdependenzen zu neun *Sustainable Development Goals* (wie z.b. keine Armut). Diese Evaluationskriterien sollten ergänzend zum bestehenden Kriterienkatalog angewendet werden.

Der letzte Beitrag des dritten Hauptteils ist eine interdisziplinäre Auseinandersetzung von *Anna Brüning-Pfeiffer* mit dem Einfluss der EU-Netzkodizes für Elektrizität auf das deutsche Recht und auf erneuerbare Energien. Dieses Jahr beginnt nach einem jahrelangen Abstimmungsprozess auf EU-Ebene die Implementierungsphase der Europäischen Netzkodizes für Elektrizität. Diese sollen die grenzüberschreitende Stromübertragung in Europa vereinheitlichen und vorhersehbarer machen. Hierdurch gibt es erstmals europarechtlich verbindliche Regulierungen für die Harmonisierung der grenzüberschreitenden Stromübertragung. Während die juristische Literatur momentan die Beeinflussung des deutschen Rechts durch die Netzkodizes diskutiert, ist die Frage, welche Rolle die EU-Netzkodizes für erneuerbare Energien spielen, bisher weniger beachtet worden. Der Beitrag von Brüning-Pfeiffer beschäftigt sich daher mit der politischen und systemischen Gewichtung, die Netzkodizes der Integration von erneuerbaren Energien zuschreiben und der Frage, ob durch die Kodizes eine Benachteiligung der erneuerbaren Energien zu erwarten ist. Auf der Basis ihrer Analyse kommt Brüning-Pfeiffer zu dem Ergebnis, dass die Europäischen Netzkodizes in der Lage sein sollten, die Pluralisierung der Energieerzeugung und das relativ ausdifferenzierte deutsche Recht der erneuerbaren Energien und des Netzbetriebs in Deutschland zu wahren.

Der vierte und letzte Hauptteil dieses Bandes enthält zwei aktuelle Fragestellungen nachhaltiger Entwicklung. Der erste Beitrag stammt von *Christoph Mayer* und *Felix Brauckmann*. Die beiden Autoren beschäftigen sich mit dem Außenbereich als einer besonders nachhaltigkeitsrelevanten Gebietskategorie des nationalen Bauplanungsrechts. Mayer und Brauckmann gehen der Frage nach, inwiefern aktuelle gesetzgeberische Gefährdungen des bauplanungsrechtlichen Außenbereichs eine Grenze zur Förderung nachhaltiger Entwicklung darstellen. Damit betrifft auch dieser Beitrag in erster Linie die ökologische Dimension von Nachhaltigkeit. Nach einer kurzen Darstellung des Begriffs des bauplanungsrechtlichen Außenbereichs stellen die beiden Autoren außenbereichsschützende Instrumente des Bauplanungsrechts vor. Hierauf folgt eine Analyse gesetzgeberischer Beschränkungen des Außenbereichsschutzes seit dem Jahr 2014. Mayer und Brauckmann stellen fest, dass die häufige und kumulative Anwendung der Lockerungstatbestände zu einer erheblichen Steigerung der Inanspruchnahme noch vorhandener Außenbereichsflächen führt.

Mit dem letzten Beitrag dieses Bandes wird die nationale Perspektive etwas erweitert. *Sven Stumpf* diskutiert, ob und inwieweit private Nachhaltigkeitsstandards im Lebensmittelbereich eine Verletzung des Welthandelsrechts darstellen und ob und unter welchen Bedingungen sie dann zu rechtfertigen sind. Private Nachhaltigkeitsstandards sind in Zeiten globaler Lieferketten inzwischen weit verbreitet. So zeigen z.B. Labels den Konsumenten, dass ein Produkt, das aus einem anderen Teil der Welt stammt, Bedingungen erfüllt, die von dem Standard vorgegebenen werden. Insofern betreffen diese Nachhaltigkeitsstandards auch deutsche Konsumenten und Unternehmen. Stumpf skizziert zunächst die Entstehung privater Standards im Lebensmittelbereich, bevor er sie aus der Perspektive des Welthandelsrechts analysiert. Er stellt fest, dass es schwierig sei, eine allgemeine Aussage zur Rechtfertigung eines privaten Nachhaltigkeitsstandards zu treffen, da hierbei im Rahmen einer Abwägung die Zielerreichung des Standards mit der Schwere des Eingriffs in den Freihandel gegenübergestellt wird. Private Standards, die eine Marktzugangsschranke darstellen, haben wohl die höchsten Anforderungen. Die zukünftige Entwicklung hängt einerseits davon ab, ob es eine politische Einigung in der WTO gibt und andererseits von der weiteren Entwicklung der privaten Standards und ob nationale Regierungen diese inkorporieren.

F. Schlussbetrachtung

Deutschland sieht sich selbst gerne als ein führendes Land in Sachen Nachhaltigkeit. Dies mag für das deutsche Recht in einigen Bereichen durchaus zutreffen wie z.B. im Umweltschutz, im Recht der erneuerbaren Energien oder der Arbeitnehmerbeteiligung im Gesellschaftsrecht; gleichwohl zeigen die Analysen in diesem Band, dass in anderen Bereichen Reformen notwendig sind, damit rechtliche Regelungen mehr Möglichkeiten für die Förderung nachhaltiger Entwicklung bieten. Insbesondere in Bezug auf aktuelle Themen wie dem Nationalen Aktionsplan Wirtschaft und Menschenrechte, Sozialunternehmen, der Implementierung der sogenannten CSR-Richtlinie oder dem Außenbereich im Bauplanungsrecht zeigt sich, dass das deutsche Recht derzeit nicht gerade führend in Fragen nachhaltiger Entwicklung ist und durchaus Handlungsbedarf besteht.

Zwar können rechtliche Regelungen alleine nicht für mehr Nachhaltigkeit sorgen, aber sie können u.a. steuernd auf das Handeln der verschiedenen Akteure einwirken und damit einen wichtigen Beitrag leisten. Es wird in diesem Band deutlich, dass der mögliche Beitrag rechtlicher Regelungen im deutschen Recht nicht voll ausgenutzt wird. Es werden in den Kapiteln daher einige konkrete Verbesserungsvorschläge unterbreitet. Die Kapitel in diesem Band sollen Denkanstöße für die weitere Diskussion über die Regelung von nachhaltiger Entwicklung im deutschen Recht geben.

Teil I
Verfassungsrechtliche und politische Perspektiven

Nachhaltigkeit ins Grundgesetz?

*Patrick Merkle**

A. Einleitung

Der Begriff *nachhaltig* taucht im neuen Koalitionsvertrag von CDU/CSU und SPD vom 07.02.2018[1] sage und schreibe 72 Mal auf. Fast kein Politikbereich, indem nicht eine wie auch immer geartete *nachhaltige Entwicklung* beschworen wird.

Nachfolgend wird der Frage nachgegangen, ob und ggf. in welcher Form Regelungen zur Nachhaltigkeit neu im Grundgesetz verankert werden sollten. Aspekte der Nachhaltigkeit sind in der Verfassung bereits jetzt vorhanden. Gemäß Art. 20a GG schützt der Staat *auch in Verantwortung für die künftigen Generationen* die natürlichen Lebensgrundlagen und die Tiere. Auch den Regelungen zur sog. *Schuldenbremse* wird allgemein Nachhaltigkeitscharakter attestiert.

Ausgehend davon, dass der Begriff der Nachhaltigkeit generell stark wertungsbehaftet ist und mittlerweile in unterschiedlichsten Zusammenhängen auftaucht, erfolgt zunächst eine Annäherung an den angemessenen Bedeutungsgehalt des Wortes Nachhaltigkeit.[2] Dabei erfolgt auch eine kritische Auseinandersetzung mit den vorherrschenden Modellen der Nachhaltigkeit bzw. nachhaltigen Entwicklung (vgl. dazu unter B.). Danach werden einige Anwendungs- und Problembereiche der aktuellen Debatte skizziert (vgl. dazu unter C.) Sodann werden die bestehenden Bestimmungen des Grundgesetzes, die einen Bezug zur Nachhaltigkeit aufweisen, im

---

* Patrick Merkle ist Rechtsanwalt in Berlin und Partner der Kanzlei Rechtsanwälte Merkle & Rühmkorf PartG mbB. Der Autor bedankt sich bei Zeno Leonard Kaiser und Maike Reichert für die Unterstützung bei der Recherche.

1 Abrufbar unter https://www.spd.de/fileadmin/Dokumente/Koalitionsvertrag/Koaliti onsvertrag_2018.pdf.

2 *E. A. Spindler*, Geschichte der Nachhaltigkeit, Vom Werden und Wirken eines beliebten Begriffes, abrufbar unter http://www.nachhaltigkeit.info/media/1326279587 phpeJPyvC.pdf; *E. Richter*, Nachhaltigkeit – zeitgemäße Dimensionen eines politischen Begriffs, Leviathan Ausgabe 2/2005, S. 257.

Hinblick auf die genaue Ausgestaltung und ihre Wirkungsweise erläutert[3] (vgl. dazu unter D.). Abschließend wird erörtert, ob bestehende Regelungen mit Bezug zur Nachhaltigkeit geändert und darüber hinaus ergänzend eine umfassendere, dafür aber allgemeiner gehaltene Bestimmung zur Stärkung des Nachhaltigkeitsgrundsatzes in das Grundgesetz eingefügt werden sollten.[4] Insoweit werden auch die unterschiedlichen Umsetzungsmöglichkeiten diskutiert (vgl. dazu unter E.).[5]

B. Nachhaltigkeitsverständnis

Zunächst ist der Nachhaltigkeitsbegriff als solcher klärungsbedürftig. Die Auseinandersetzung mit dem eigentlichen Gehalt *nachhaltiger Entwicklung* ist schon deshalb sinnvoll, weil mittlerweile zahlreiche private wie öffentliche Zielsetzungen mit dem Wort in Verbindung gebracht werden. Zurecht wird insoweit vielfach von einem *Modewort* oder auch von einer *strategischen Leerformel* gesprochen.[6]

Aus der zweifelsohne bestehenden begrifflichen Unschärfe kann man sich nur bedingt, aber doch ein Stück weit lösen. Was nachhaltig ist, lässt sich in der Regel immer erst in einem gesellschaftlichen Diskurs klären, der insbesondere auch die mannigfaltigen internationalen Bezüge berücksichtigt.[7] Insoweit sind die vorherrschenden Kategosierungen der Nach-

---

3 *H.-J. Menzel*, Das Konzept der nachhaltigen Entwicklung – Herausforderung an Rechtssetzung und Rechtsanwendung, ZRP 2001, S. 221 (225 ff.); *W. Kahl*, Staatsziel Nachhaltigkeit und Generationengerechtigkeit, DÖV 2009, S. 2; *I. Sofiotis*, Zum Bedarf einer Garantie der Generationengerechtigkeit im Grundgesetz, VR 2012, S. 300 (301 f.); Rechtsgutachten von *J. Wieland*, abrufbar unter https://www.nachhaltigkeitsrat.de/wp-content/uploads/migration/documents/20160603_Rechtsgutachten_Verfassungsrang_fuer_Nachhaltigkeit.pdf sowie *J. Wieland*, Verfassungsrang für Nachhaltigkeit, ZUR 2016, S. 473 (474 ff.).
4 *W. Kahl*, Soziale Gerechtigkeit und Generationengerechtigkeit, ZRP 2014, S. 17 (18 ff.); *C. Calliess*, Generationengerechtigkeit im Grundgesetz: Brauchen wir einen Artikel 20b GG?, in: Berliner Online-Beiträge zum Europarecht, Nr. 1, S. 1, abrufbar unter file:///E:/SMART/Paper54---Generationengerechtigkeit-im-Grundgesetz---Brauchen-wir-einen-Artikel-20b-GG.pdf.
5 *Wieland*, Verfassungsrang (Fn. 3), S. 480 ff.
6 *Richter*, Nachhaltigkeit (Fn. 2), S. 257.
7 *Richter*, Nachhaltigkeit (Fn. 2), S. 267.

haltigkeit, Stichworte *Drei-Säulen-Modell*[8] bzw. *Magisches Dreieck*[9], nur eingeschränkt aussagekräftig. Diese suggerieren eine generelle Gleichrangigkeit von ökologischen, ökonomischen und sozialen Belangen, die angesichts der für alle Lebensbereiche existentiellen Bedeutung der Umweltbedingungen nicht sachgerecht ist. Vielmehr bildet in vielerlei Hinsicht die Ökologie das Fundament, auf dem die übrigen Säulen aufbauen.[10] Eine umfassendere Unterscheidung bietet Emanuel Richter an, der beim Nachhaltigkeitsbegriff die drei Leitkategorien *Zeit*, *Raum* und *Substanz* differenziert.[11] In zeitlicher Hinsicht wird insoweit der wohl anerkannteste generationenübergreifende Aspekt thematisiert.[12] Die räumliche Sphäre betrifft mit der Betonung grenzüberschreitender Zusammenhänge dagegen eine immer noch unterschätzte Dimension in der Nachhaltigkeitsdebatte. Dass politische Handlungszusammenhänge immer auch kontextgebunden sind, steht freilich außer Frage.[13] Eine kritische Reflexion kann insoweit nicht die enormen Unterschiede in den Lebensverhältnissen zwischen hoch entwickelten und unterentwickelten Regionen ausblenden. Emanuel Richter stellt insoweit zu Recht fest: „Betreiben die reichen Länder bislang eine Umverteilung der Kosten ihres Wohlstands auf die unterentwickelten Länder, so muss eine nachhaltige Umverteilung den Ressourcenverbrauch und seine Folgekosten in umgekehrter Richtung ansatzweise einander angleichen. Umverteilung wäre damit nicht mehr die gewohnheitsmäßige Externalisierung von Kosten des eigenen Lebensstils, sondern die unter Gesichtspunkten der Gleichheit vorangetriebene Neuverteilung von Nutzungsrechten. (…) Das im Brundtland-Bericht propagierte ‚sustainable development' bringt jedoch im Begriff ‚development' immer noch ein Verständnis von ökonomischer Dynamik und Expansion zum Ausdruck, das auf dem einseitigen Fortschrittsmodell der entwickelten Industriestaaten beruht."[14]

Ohne ein einigermaßen stimmiges Bild, welche die staatlicherseits relevanten Nachhaltigkeitsthemen sind, insbesondere im Hinblick auf Fehlent-

---

8 Dazu im Einzelnen *Spindler*, Nachhaltigkeit (Fn. 2), S. 14.

9 Dazu im Einzelnen *Spindler*, Nachhaltigkeit (Fn. 2), S. 12.

10 *Spindler*, Nachhaltigkeit (Fn. 2), S. 13 mwN.; so ansatzweise auch *K. F. Gärditz*, Verw 40 (2007), 203 (234 f.), der zumindest in Einzelfällen einen relativen Vorrang ökologischer Belange ausmacht.

11 *Richter*, Nachhaltigkeit (Fn. 2), S. 257.

12 *Richter*, Nachhaltigkeit (Fn. 2), S. 258 ff.

13 *Richter*, Nachhaltigkeit (Fn. 2), S. 265 ff.

14 *Richter*, Nachhaltigkeit (Fn. 2), S. 266 f.

wicklungen in bestimmten Politikbereichen, ist eine Diskussion über eine weitergehende Verankerung dieses Grundsatzes im Grundgesetz wenig ergiebig. Vielmehr besteht die Gefahr, dass eine mehr oder weniger leere Worthülse in die Verfassung aufgenommen wird,[15] die absehbar keinen Einfluss auf eine nachhaltigere Entwicklung haben wird. Auch wenn grundgesetzliche Bestimmungen grundsätzlich keine spezifischen Politik*inhalte* im Detail vorgeben sollen[16], ist zumindest die Identifizierung der relevanten Politik*bereiche* auch und gerade im Rahmen der verfassungsrechtlichen Nachhaltigkeitsdebatte anzustreben. Richtigerweise handelt es sich dabei um eine in Teilen schmerzhafte, aber notwendige neue Verortung der politischen Verantwortlichkeiten der Bundesrepublik Deutschland nach innen, vor allem aber auch nach außen.

C. Anwendungs- und Problembereiche

Erstaunlich ist, dass zumindest im juristischen Schrifttum hinsichtlich der Frage, ob und inwieweit der Nachhaltigkeitsgrundsatz effektiver als bislang im Grundgesetz verankert werden sollte, die internationalen Bezüge der Nachhaltigkeit fast vollständig ausgeblendet werden. Allenfalls im Rahmen der Erläuterung der Nachhaltigkeitskonzepte, Stichworte *Brundtland-Bericht*, *Drei-Säulen-Modell* und *Magisches Dreieck*, wird zuweilen noch auf die globale Dimension hingewiesen.[17] Hinsichtlich der Frage, wie der Nachhaltigkeitsgrundsatz umfassender in der Verfassung berücksichtigt werden könnte, liegt der Focus fast ausschließlich auf der innerstaatlichen Generationengerechtigkeit; naheliegender Weise noch bezüglich der Staatsverschuldung, deutlich fragwürdiger schon im Hinblick auf den Schutz der natürlichen Lebensgrundlagen. Unterschlagen wird inso-

---

15 Vgl. z.B. die Formulierung für eine neue Staatszielbestimmung bei *Wieland*, Rechtsgutachten (Fn. 3), S. 32 bzw. Verfassungsrang (Fn. 3), S. 480: „Der Staat beachtet bei seinem Handeln das Prinzip der Nachhaltigkeit".

16 So zu Recht *Wieland*, Verfassungsrang (Fn. 3), S. 478 in Bezug auf die Frage, ob aus Nachhaltigkeitsgründen im Rahmen des Sozialstaatsprinzips eine bestimmte Ausgestaltung der Finanzierung der gesetzlichen Rente geboten ist.

17 *Wieland*, Verfassungsrang (Fn. 3), S. 473, der allein im Rahmen der Definition des Nachhaltigkeitsbegriffs auf den zwischenstaatlichen Ausgleich zwischen reichen und armen Ländern hinweist sowie *Menzel*, Konzept (Fn. 3), S. 223, der allerdings zu pauschalierend behauptet, dass die Beziehung zwischen Industrie- und Entwicklungsländern das nationale Souveränitätskonzept übersteigen würde.

weit, dass nicht nur die Umweltbedingungen, sondern auch die wirtschaftliche und soziale Lage durch wechselseitige Verflechtungen und Abhängigkeiten geprägt sind, die fast immer grenzüberschreitend angelegt sind bzw. wirken. Wenngleich ein in der Formulierung allgemein gehaltenes Nachhaltigkeitsprinzip im Fall der Umsetzung auf den ersten Blick auch bei staatlichen Aktivitäten mit grenzüberschreitender Reichweite (Abschluss neuer Handelsverträge, Entwicklungshilfezusammenarbeit etc.) gelten würde, ist doch fraglich, ob bei einer in der gesetzgeberischen Befassung einseitigen Bezugnahme auf die nationalen Themen eine entsprechende grundgesetzliche Bestimmung überhaupt hinsichtlich der internationalen Aspekte rechtliche Wirkungen entfalten würde. Jedenfalls spräche dann eine historische Auslegung möglicherweise gegen eine Berücksichtigung solcher Sachverhalte. Auch der im Jahr 2006 fraktionsübergreifend eingebrachte – letztlich gescheitere – Gesetzentwurf zur Verankerung der Generationengerechtigkeit im Grundgesetz (Generationengerechtigkeitsgesetz)[18] hat die internationalen Bezüge in der Gesetzesbegründung nicht in Bezug genommen.[19]

Das verwundert umso mehr, da weitgehend unbestritten ist, dass beispielsweise die Folgen der bereits eingetretenen Klimaveränderungen, die die Bundesrepublik als führende Industrienation nennenswert mitverursacht hat, zunächst voraussichtlich andere Teile der Erde (be-)treffen. Neben den stark gefährdeten zentralafrikanischen Staaten werden absehbar zunächst Indien, Pakistan, Bangladesch und die nördlichen Philippinen die Folgen des Klimawandels zu spüren bekommen.[20] Die jüngsten Meldungen, wonach der Meeresspiegel deutlich schneller als gedacht steigt[21], verdeutlichen wiederum den enormen Handlungsdruck in diesem Bereich. Auch in anderen Zusammenhängen liegt die Externalisierung von Kosten, Umweltbelastungen etc. durch die Lebensführung, aber auch die politi-

---

18 BT-Drs. 16/3399, S. 1.

19 BT-Drs. 16/3399, S. 5 ff.

20 *J. Hirschfeld/M. Lindow*, Ergebnispapier des Stakeholderdialogs zur Klimaanpassung „Indirekte Effekte des globalen Klimawandels auf die deutsche Wirtschaft", S. 7, abrufbar unter https://www.umweltbundesamt.de/sites/default/files/medien/6 56/dokumente/ergebnispapier_indirekte_effekte_des_globalen_klimawandels_auf _die_deutsche_wirtschaft_final.pdf.

21 *R. S. Nerem, B. D. Beckley, J. T. Fasullo, B. D. Hamlington, D. Masters* und *G. T. Mitchum*, Climate-change–driven accelerated sea-level rise detected in the altimeter era, abrufbar unter http://www.pnas.org/content/early/2018/02/06/1717312115.

schen Entscheidungen in den westlichen Industriestaaten zulasten der Schwellen- und Entwicklungsländer auf der Hand.[22]

Aber auch die wirtschaftliche und soziale Lage ist ohne die internationalen Verflechtungen, bedingt insbesondere durch die weit vorangeschrittene Arbeitsteilung, schlechthin nicht denkbar. Dass der relative – im internationalen Vergleich tatsächlich enorme – materielle Wohlstand der Bundesrepublik teilweise auch auf ungerechten Handelsabkommen z.B. mit den Ländern des afrikanischen Kontinents beruht, kann ehrlicherweise nur im Hinblick auf das Ausmaß und den Umfang des notwendigen Korrekturbedarfs, nicht aber an sich in Frage gestellt werden. Der neue Koalitionsvertrag enthält insoweit immerhin eine vage gehaltene Absichtserklärung, die „Wirtschaftspartnerschaftsabkommen der EU mit den afrikanischen Staaten (…) daraufhin [zu] überprüfen, ob sie der wirtschaftlichen und sozialen Entwicklung [der afrikanischen Staaten] dienen".[23]

Auch die innenpolitischen Absichtserklärungen des Koalitionsvertrages bleiben unter Nachhaltigkeitsgesichtspunkten deutlich hinter dem vielfach verwendeten Ausdruck zurück. Nach bereits diversen Gesetzesänderungen in der 18. Legislaturperiode, die zu Mehrbelastungen für künftige Generationen führen werden (Stichworte „abschlagsfreie" Rente mit 63, Mütterrente), ist nunmehr geplant, die Rente für Mütter mit mindestens drei vor 1992 geborenen Kindern nochmals zusätzlich aufzustocken und eine Grundrente einzuführen, die 10 Prozent oberhalb der Grundsicherung liegt. Zudem wird die Rentenformel für diejenigen, die bis 2025 in Rente gehen, noch in diesem Jahr zu ihren Gunsten verändert.[24] Das mag für sich genommen unter sozialen Gesichtspunkten bzw. im Hinblick auf die Gleichbehandlung aller Mütter gerechtfertigt erscheinen. Ohne eine zusätzliche grundlegende Reform des Rentenversicherungssystems, die zweifelsohne auch eine soziale Komponente beinhalten sollte, sind die be-

---

22 *F. Ekardt*, Theorie der Nachhaltigkeit, Ethische, rechtliche, politische und transformative Zugänge – am Beispiel von Klimawandel, Ressourcenknappheit und Welthandel, 2. Aufl., Baden-Baden 2016, S. 286 (295 ff.), der dabei überzeugend den Zusammenhang von *intertemporaler* und *globaler* Gerechtigkeit erklärt.

23 Koalitionsvertrag (Fn. 1), S. 160; etwas konkreter der Folgesatz an dieser Stelle: „Darüber hinaus setzen wir uns dafür ein, dass in allen EU-Handels-, -Investitions- und Wirtschaftspartnerschaftsabkommen verbindliche soziale (u. a. ILO-Kernarbeitsnormen), menschenrechtliche und ökologische Standards und konkrete Beschwerde-, Überprüfungs- und Reaktionsmechanismen vereinbart werden.".

24 *D. Mohr* und *J. Pennekamp*, Politik für die Alten, in: FAZ Nr. 35 v. 10.02.2018, S. 21.

reits umgesetzten bzw. neu geplanten Maßnahmen vor dem Hintergrund der demografischen Entwicklung nicht generationengerecht.

Auf Drängen der SPD soll in dieser Legislaturperiode ein Kindergrundrecht im Grundgesetz verankert werden.[25] Ob damit eine nachhaltigere Politik gefördert wird, ist allerdings äußerst fraglich.[26] Positiv hervorzuheben ist der Prüfauftrag im Hinblick auf die Einführung plebiszitärer Elemente. So soll eine Expertenkommission eingesetzt werden, „die Vorschläge erarbeiten soll, ob und in welcher Form unsere bewährte parlamentarisch-repräsentative Demokratie durch weitere Elemente der Bürgerbeteiligung und direkter Demokratie ergänzt werden kann".[27] Darüber hinaus sollen auch „Vorschläge zur Stärkung demokratischer Prozesse" entwickelt werden. Abhängig von den Ergebnissen des Prüfauftrags und deren Umsetzung, besteht zumindest Anlass zu vorsichtiger Hoffnung, dass in den nächsten Jahren zumindest auf prozeduraler Ebene Grundgesetzänderungen erfolgen, die den Boden für nachhaltigere Entscheidungen bereiten könnten.

Die Tatsache, dass am Status quo in der Landwirtschaftspolitik, insbesondere in Bezug auf die Agrarsubventionen und die Massentierhaltung, bis auf (bestenfalls) kosmetische Korrekturen weiterhin festgehalten wird,[28] ist dagegen mit einer nachhaltigen Politik im nationalen, noch stärker aber im internationalen Kontext unvereinbar. Unabhängig von der ethischen Fragwürdigkeit der Tötung von Tieren[29] sind die ökologischen Folgewirkungen immens. Zum einen entstehen direkt durch die Tierhaltung Emissionen, vor allem Methan durch die Rinderhaltung. Zum anderen trägt der Fleischkonsum aufgrund des hohen Bedarfs an Soja als Futtermittel zur Rodung von Urwäldern und der Zerstörung von Ökosystemen und natürlichen Ressourcen in erheblichem Umfang bei, was wiederum zum vermehrten Ausstoß von Treibhausgasen führt. Dies ergibt sich vor allem aus dem riesigen Bedarf an Futtermittelimporten (insbesondere Soja) aus Ländern, die im Übrigen teilweise eben auf ein solches Grundnahrungsmittel angewiesen wären, um ihre eigene Bevölkerung ausreichend zu versorgen. Im Hinblick auf die damit im Zusammenhang stehenden

---

25 Koalitionsvertrag (Fn. 1), S. 21.

26 *Kahl*, Staatsziel (Fn. 3), S. 11 f.

27 Koalitionsvertrag (Fn. 1), S. 164.

28 Koalitionsvertrag (Fn. 1), S. 84, wonach insbesondere die Haushaltsausstattung auf EU-Ebene für Agrarsubventionen in vollem Umfang aufrechterhalten werden soll.

29 *P. Singer*, Praktische Ethik, 3. Auflage, Stuttgart 2013, S. 174 (184 ff.).

ökologischen Folgewirkungen hat der WWF folgende Daten ermittelt: „Der Flächenverbrauch für den Fleischkonsum in Europa ist enorm – und wird oft in andere Kontinente wie Südamerika ausgelagert. Zwischen 2008 und 2010 waren dies durchschnittlich mehr als 30 Millionen Hektar, die die EU ‚virtuell' belegt hat. Das entspricht in etwa der Fläche Ungarns, Portugals, Dänemarks und den Niederlanden zusammen. Deutschland war an diesem ‚virtuellen Landhandel' mit fast sieben Millionen Hektar beteiligt. Dies entspricht ungefähr der Größe Bayerns."[30] Insofern verschärft sich seit etlichen Jahren unbestreitbar eine zentrale Frage nachhaltiger Umwelt- und Klimapolitik, ohne dass die Regierungsparteien den offenkundigen Handlungsbedarf überhaupt erwähnen.

Andere Fragestellungen, z.B. die Haltung zur Gentechnik oder das Verhältnis von biologischer zu konventioneller Landwirtschaft, lassen sich unter Gesichtspunkten der Nachhaltigkeit aufgrund entsprechender Prognoserisiken (verstärkt in globaler Hinsicht angesichts des weltweiten Bevölkerungswachstums) dagegen mit dem heutigen Wissen nicht eindeutig beantworten.[31]

D. Bestehende Normen mit Bezug zur Nachhaltigkeit

Eine nachhaltige Entwicklung ist in mittlerweile wohl allen Politikbereichen anerkannt; auf die mannigfaltige Verwendung des Begriffs im aktuellen Koalitionsvertrag ist bereits hingewiesen worden. Auch einfachgesetzlich wird der Nachhaltigkeitsbegriff vielfach in Bezug genommen (vgl. beispielhaft nur § 1 Abs. 5 BauGB, § 8 BNatSchG oder § 1 Abs. 2, 2 Abs. 1 ROG). Als Vorbilder für die Aufnahme des Nachhaltigkeitsgrundsatzes in die Verfassungsrechtsordnung im europäischen Kontext haben vor allem die Regelungen in Frankreich und der Schweiz gedient.[32] Auf EU-Ebene geht insbesondere aus der Präambel und Art. 3 Abs. 3 des EU-Vertrages (EUV) sowie aus Art. 11 des Vertrages über die Arbeitsweise der Europäischen Union (AEUV) die Verpflichtung der Europäischen Union auf den Grundsatz einer nachhaltigen Entwicklung hervor. Diese bei-

---

30 Vgl. http://www.wwf.de/themen-projekte/landwirtschaft/ernaehrung-konsum/fleis ch/fleisch-frisst-land/.

31 Zum Entscheidungsspielraum des Gesetzgebers im Zusammenhang mit Art. 20a GG bei Fragen der Gentechnik vgl. BVerfGE 128, 1 (37 ff.).

32 *Kahl*, Staatsziel (Fn. 3), S. 5 f.

den rechtlich gleichrangigen Verträge stellen als Primärrecht das Verfassungsrecht der EU dar.[33] Die Maßstäbe definierenden Präambeln des EUV und des AEUV sind dabei gleichermaßen für die Auslegung der europäischen Verträge von Bedeutung.[34] Schon in Erwägungsgrund neun der Präambel des EUV heben die Vertragsstaaten ihren festen Willen hervor, „im Rahmen der Verwirklichung des Binnenmarkts sowie der Stärkung des Zusammenhalts und des Umweltschutzes den wirtschaftlichen und sozialen Fortschritt ihrer Völker unter Berücksichtigung des Grundsatzes der nachhaltigen Entwicklung zu fördern". Die leitenden Grundsätze der nachhaltigen Entwicklung, des Zusammenhalts, des Umweltschutzes sowie des wirtschaftlichen und sozialen Fortschritts stellen Solidarpflichten dar, die den in den Verträgen zum Ausdruck kommenden Wirtschaftsliberalismus eindämmen[35] und zu einer umfassenden Verbesserung der Lebensbedingungen (mindestens) in den Mitgliedsstaaten führen sollen[36]. In Art. 11 AEUV heißt es, dass die „Erfordernisse des Umweltschutzes (…) bei der Festlegung und Durchführung der Unionspolitiken und -maßnahmen insbesondere zur Förderung einer nachhaltigen Entwicklung einbezogen werden (müssen)." Art. 11 AEUV lässt sich als „primärrechtliches Gebot zur Durchführung einer strategischen, nicht nur auf Einzelmaßnahmen, sondern auf Politiken, Programme, Pläne und Gesetze ausgedehnten Umweltverträglichkeitsprüfung verstehen."[37] Aus der Konzeption als rechtlich verbindliche Querschnittklausel und den Ansätzen der Rio-Deklaration und der Agenda 21 aus dem Jahr 1992 folgend verlangt Art. 11 AEUV, dass der Umweltvorsorge sowie der wirtschaftlichen und sozialen Entwicklung Rechnung getragen wird.[38] Insbesondere der Gedanke der ökologischen, ressourcenschonenden Nachhaltigkeit soll beim Erlass von umweltrelevanten Rechtsakten Berücksichtigung finden.[39] Auch durch Art. 3

---

33 *M. Ruffert*, in: C. Calliess/ M. Ruffert (Hrsg.), EUV/AEUV Kommentar, 5. Auflage, München 2016, 2016, Art. 1 AEUV Rn. 8 f.
34 *J. P. Terhechte*, in: E. Grabitz/M. Hilf/M. Nettesheim (Hrsg.), Das Recht der Europäischen Union, Bd. I, 62. EL, München 2017, EUV Präambel Rn. 10.
35 *S. Kadelbach*, in: H. von der Groeben/J. Schwarze/A. Hatje, Europäisches Unionsrecht, Bd. I, 7. Auflage, Baden-Baden 2015, Präambel Rn. 15.
36 *Terhechte* (Fn. 34), EUV Präambel Rn. 35.
37 *C. Callies*, in: C. Calliess/ M. Ruffert (Hrsg.), EUV/AEUV Kommentar, 5. Auflage, München 2016, 2016, Art. 11 AEUV Rn. 13.
38 *Callies* (Fn. 37), Art. 11 AEUV Rn. 12 f.
39 *M. Nettesheim*, in: E. Grabitz/M. Hilf/M. Nettesheim (Hrsg.), Das Recht der Europäischen Union, Bd. I, 62. EL, München 2017, Art. 11 AEUV Rn. 19, 21.

Abs. 3 EUV werden die Verfassungsziele einer nachhaltigen ökonomischen Entwicklung Europas, einer sozialen Marktwirtschaft und die Erreichung eines hohen Maßes an Umweltschutz an prominenter Stelle ausgedrückt. Das in diesen Vorschriften insgesamt zum Ausdruck kommende Gebot der nachhaltigen Entwicklung soll nach zum Teil vertretener Auffassung aber auch dem *Nachholbedarf der Entwicklungs- und Schwellenländer* Rechnung tragen und zeigen, dass sich wirtschaftlicher Fortschritt, sozialer Fortschritt und Umweltschutz nicht ausschließen müssen.[40]

In so umfassender Weise ist das Nachhaltigkeitsprinzip in verfassungsrechtlicher Hinsicht in Deutschland nicht abgesichert. Freilich sind bei einzelnen Bestimmungen des Grundgesetzes Bezüge zur Nachhaltigkeit offensichtlich, bei anderen Regelungen bzw. der Grundrechtsordnung als solcher wird dieser Gesichtspunkt zumindest nach umstrittener Auffassung ebenfalls angenommen.

I. *Schutz der natürlichen Lebensgrundlagen in Art. 20a GG*

Gemäß Art. 20a GG hat der Staat die natürlichen Lebensgrundlagen und die Tiere zu schützen. Der 1994 eingeführte Art. 20a GG ist nach Entstehungsgeschichte und Wortlaut eindeutig als Staatsziel ausgestaltet. Ursprünglich wurde nur der Schutz der natürlichen Lebensgrundlagen in die Verfassung aufgenommen. 2002 wurde die Regelung um das Staatsziel Tierschutz erweitert. Das Prinzip der Nachhaltigkeit wird zuvorderst durch die Formulierung *auch in Verantwortung für die künftigen Generationen* deutlich. In der Literatur wird diesbezüglich vielfach auch von *Nachweltschutz* gesprochen. Unter den Begriff der *zukünftigen Generationen* fallen alle künftigen Menschen, also die Gesamtheit der Menschen, die in der Zukunft geboren werden.

Der Einführung des Staatsziels Umweltschutz im Jahr 1994 gingen jahrelange Kontroversen innerhalb der *Gemeinsamen Verfassungskommission* um die genaue Ausgestaltung der Regelung voraus.[41] Umstritten war vor allem, wie die Staatszielbestimmung im Einzelnen ausgestaltet werden soll. Insoweit stellte sich die grundsätzliche Frage, ob die Umwelt um ihrer selbst willen (ökozentrischer Ansatz) oder nur hinsichtlich der Be-

---

40 *Kadelbach* (Fn. 35) Präambel Rn. 15.
41 *R. Scholz*, in: T. Maunz/G. Dürig, Grundgesetz-Kommentar, Bd. III, 78. EL, München 2016, Art. 20a Rn. 1.

deutung für den Menschen (anthropozentrischer Ansatz) schützenswert sei. Darüber hinaus gab es unterschiedliche Meinungen dazu, ob das Staatsziel Umweltschutz unter einen Gesetzgebungsvorbehalt gestellt werden sollte.[42] Hinter diesem auf den ersten Blick nicht besonders bedeutsamen Gesichtspunkt verbarg sich tatsächlich ein offenkundiger Dissens über den Stellenwert des Umweltschutzes im künftigen Verfassungsgefüge. Die Befürworter eines Gesetzgebungsvorbehalts wollten auf diesem Weg eine einseitige Bevorzugung des Umweltschutzes zulasten (insbesondere) wirtschaftlicher Aspekte und entsprechender Grundrechtspositionen verhindern.[43] Die schließlich im Rahmen eines Kompromisses vorgenommene Verknüpfung der Staatszielbestimmung mit der *verfassungsmäßigen Ordnung* führt zu einem prinzipiellen Gleichrang des Umweltschutzes mit anderen Verfassungsrechtsgütern und Verfassungsprinzipien,[44] der freilich auch schon so unmittelbar aus Art. 20 Abs. 3 GG folgt. Außer Frage steht jedenfalls, dass Art. 20a GG nach Wortlaut und Entstehungsgeschichte eine anthropozentrische Ausrichtung zugrunde liegt.[45]

Gleichwohl ist der Begriff der natürlichen Lebensgrundlagen richtigerweise weit auszulegen. Umfasst sind dabei alle natürlichen Grundlagen des menschlichen, tierischen und pflanzlichen Lebens.[46] Im Hinblick auf die Tiere ist zu berücksichtigen, dass diese zunächst nicht als (einzelne) solche, sondern vielmehr nur die Tierarten im System der natürlichen Lebensgrundlagen geschützt waren.[47] Die Einbeziehung auch einzelner Tiere in den Anwendungsbereich von Art. 20a GG ist erst mit der Verfassungsnovelle im Jahr 2002 erfolgt. Der Schutz des (einzelnen) Tieres in seiner realen Existenz scheitert freilich in der Praxis immer noch an der gesellschaftlich, politisch und juristisch vorherrschenden Grundhaltung gegenüber Tieren, die letztlich (fast durchweg) durch bloße Zweckmäßigkeitserwägungen gekennzeichnet ist. Widersprüchlich ist dabei die – wohl nur kulturell bzw. gewohnheitsmäßig erklärbare – abgestufte Bedeutung einzelner Tierarten, die zu Recht unter dem Stichwort Speziesismus zusam-

---

42 *Scholz* (Fn. 41), Art. 20a Rn. 22.
43 *Scholz* (Fn. 41), Art. 20a Rn. 23.
44 *Scholz* (Fn. 41), Art. 20a Rn. 52.
45 *S. Huster, J. Rux* in: V. Epping/C. Hillgruber, Beck'scher Online-Kommentar Grundgesetz, 35. Edition, München 2017, Art. 20a Rn. 11.
46 *Huster, Rux* (Fn. 45), Art. 20a Rn. 12.
47 *Scholz* (Fn. 41), Art. 20a Rn. 60.

mengefasst wird.[48] Insoweit manifestiert sich auch bei der rechtlichen Gewichtung des Tierschutzes im Rahmen von Art. 20a der anthropozentrische Grundbezug des Grundgesetzes, der die in der Gesetzesbegründung verwendete Vokabel vom Tier als *Mitgeschöpf*[49] als bloßen Euphemismus erscheinen lässt.

Als Staatszielbestimmung gewährt Art. 20a GG keine subjektiven Rechte. Der insoweit gegebene objektiv-rechtliche Charakter verpflichtet aber die Staatsorgane, die relevanten Schutzgüter bei den anstehenden Entscheidungen zu berücksichtigen, wobei es keine klaren Vorgaben gibt, wie mögliche Konflikte mit Grundrechten Dritter oder mit anderen Verfassungsprinzipien aufzulösen sind.[50] In prozessualer Hinsicht wird vielfach angenommen, dass Art. 20a GG als objektives Verfassungsrecht nur im Rahmen von Verfahren objektiver Rechtskontrolle, wie z.B. der konkreten oder abstrakten Normenkontrolle, überprüfbar sei.[51] Richtigerweise kann Art. 20a GG durchaus auch in einem – dem subjektiven Rechtsschutz dienenden – Verfassungsbeschwerdeverfahren eine Rolle spielen. Auch wenn die Norm dabei zunächst kein tauglicher Prüfungsmaßstab ist, kann sich ein Beschwerdeführer zumindest dann auf Art. 20a GG berufen, wenn er insoweit parallel ein Grundrecht bzw. grundrechtsgleiches Recht in zulässiger Weise geltend macht.[52]

II. Schuldenbremse in Art. 109 Abs. 3 und Art. 115 Abs. 2 GG

Die sog. Schuldenbremse in Art. 109 Abs. 3 und Art. 115 Abs. 2 GG hat nach wohl einhelliger Meinung einen klaren Nachhaltigkeitsbezug.[53] Das insoweit für Bund und Länder festgeschriebene strukturelle Neuverschul-

---

48 *P. Singer*, Rassismus und Speziesismus, in: Ursula Wolf (Hrsg.), Texte zur Tierethik, Stuttgart 2008, S. 25 ff.; vgl. auch *M. Joy*, Warum wir Hunde lieben, Schweine essen und Kühe anziehen, Münster 2014, S. 11 (24 ff.), die in diesem Zusammenhang den Begriff *Karnismus* verwendet.
49 Zu dieser Begrifflichkeit *Scholz* (Fn. 41), Art. 20a Rn. 71.
50 *J. Wieland*, Verfassungsrang (Fn. 3), S. 476.
51 Zum Meinungsstand *M. Kleiber*, Der grundrechtliche Schutz künftiger Generationen, Tübingen 2014, S. 30 (32 ff. mwN.).
52 So zu Recht *Kleiber* (Fn. 51), S. 32 ff.
53 *Wieland*, Verfassungsrang (Fn. 3), S. 478 f.; *Sofiotis*, Generationengerechtigkeit (Fn. 3), S. 301.

dungsverbot[54] ist offensichtlich auf die Interessen künftiger Generationen hin ausgerichtet, auch wenn das Nachhaltigkeitsprinzip nicht ausdrücklich in der Finanzverfassung verankert ist.[55]

Bei der Schuldenbremse in seiner aktuellen Konzeption werden in mehrfacher Hinsicht Zweifel geäußert, ob die Regelungen nicht auch kontraproduktiv im Sinne der Nachhaltigkeit wirken können bzw. ob nicht wesentliche finanzwirtschaftliche Aspekte schlicht unberücksichtigt bleiben.[56] So wird kritisiert, dass das Verschuldungsverbot Fehlanreize schaffe, indem bestimmte Investitionen, z.B. für bedeutsame Infrastrukturvorhaben, aus Kostengründen privaten Akteuren überantwortet werden, von denen die Infrastruktur sodann (zurück) gemietet wird. Eine solche Praxis ist in vielen Fällen unwirtschaftlich, da Bund und Länder aufgrund Ihrer guten Bonität Kredite am Kapitalmarkt zu deutlich günstigen Konditionen erhalten als jedes private Unternehmen. Zudem wird ein privatwirtschaftlicher Vertragspartner nennenswerte Gewinnmargen bei entsprechenden Projekten kalkulieren, die mögliche Effizienzgewinne in der Auftragsplanung und -abwicklung schnell aufzehren können.

Darüber hinaus werden viele Bereiche von der Schuldenbremse definitiv oder zumindest wahrscheinlich gar nicht erfasst. Joachim Wieland fasst die Unwägbarkeiten und Defizite der Schuldenbremse nach ausführlicher Begutachtung wie folgt zusammen: „Zu klären ist, ob Verwaltungsschulden, neue Finanzierungsinstrumente, Kassenverstärkungskredite, Bürgschaften und Garantien sowie Einnahmen aus Krediten anderer Gebietskörperschaften von dem Verbot umfasst sind. Weiter ist die Behandlung haushaltsjahrübergreifender Kreditaufnahmeermächtigungen und der Kreditaufnahme bei vorläufiger Haushaltsführung zu klären. Mit Blick auf das Nachhaltigkeitsprinzip ist besonders bedeutsam, dass das Verbot der strukturellen Neuverschuldung auf implizite Staatsschulden, den Ressourcenverbrauch und Veräußerungen von Staatsvermögen kaum Auswirkungen haben kann. Es ist offensichtlich, dass eine Begrenzung der staatlichen Kreditaufnahme implizite Staatsschulden wie die Pensionsverpflichtungen für Beamte, den Verbrauch von Ressourcen, der sich vor allem aus der Abnutzung der Infrastruktur ohne entsprechende Abschreibungen und Erhaltungsinvestitionen ergibt, und schließlich die Veräußerung von Vermö-

---

54 Zu den genauen Vorgaben und offenen Auslegungsfragen *Wieland*, Rechtsgutachten (Fn. 3), S. 23 ff.
55 So auch *Wieland*, Verfassungsrang (Fn. 3), S. 479.
56 Vgl. dazu *Wieland*, Rechtsgutachten (Fn. 3), S. 29.

gen des Staates an Private vom ihrem Regelungsgehalt nicht zu erfassen vermag."[57] Insoweit ist einerseits fraglich, ob die Schuldenbremse tatsächlich die erhofften Wirkungen erzielt, da zukünftig tatsächlich eher die (weitgehend) nicht von der Schuldenbremse erfasste „implizite" Staatsverschuldung (ansteigende Pensionsverpflichtungen, Ressourcenverbrauch, Abschreibungen etc.) Kern des Problems wird. Andererseits sind aus Sicht der Nachhaltigkeit durchaus sinnvolle Investitionen denkbar, die ggf. nur deshalb unterbleiben, weil aufgrund eines hohen Anteils konsumtiver Ausgaben vor dem Hintergrund der restriktiven Schuldenbremse keine Haushaltsmittel mehr zur Verfügung stehen.

In prozessualer Hinsicht wird angemerkt, dass die Vorgaben zur Schuldengrenze verfassungsgerichtlich nicht effektiv überprüft werden könnten.[58] Da sich die Rechtswirkungen eines Haushaltsgesetzes auf den organschaftlichen Bereich des Gesetzgebers beschränken, ist insbesondere eine Verfassungsbeschwerde offensichtlich unzulässig. Das Bundesverfassungsgericht hat darüber hinaus auch eine konkrete Normenkontrolle für unzulässig erklärt.[59] Dabei wird es durchgängig an der Entscheidungserheblichkeit mangeln. Freilich besteht die Möglichkeit der abstrakten Normenkontrolle. Allerdings wird insoweit vermutet, dass die Opposition in der Regel kein ausreichendes Interesse an der Kontrolle eines Haushaltsgesetzes habe. Darüber hinaus mag auch die lange Verfahrensdauer gegen eine effektive Kontrolle eines möglicherweise verfassungswidrigen Haushaltsgesetzes sprechen.[60] Aufgrund des zeitlichen Verzugs wird sich durchweg die Frage stellen, ob das betreffende Haushaltsgesetz überhaupt noch Rechtswirkungen entfaltet. Damit sind sicherlich zwei gewichtige grundsätzliche Probleme angesprochen, die eine verfassungsgerichtliche Kontrolle erschweren bzw. unwahrscheinlicher machen. Gänzlich außer Acht lassen sollte man die Überprüfungsmöglichkeit im Rahmen einer abstrakten Normenkontrolle gleichwohl nicht. Auch wenn eine nachträgliche Feststellung eines verfassungswidrigen Haushalts durch das Bundesverfassungsgericht keine unmittelbaren Konsequenzen auf den schon vollzogenen Haushalt haben sollte, so ist der politische Imageschaden eines möglichen Urteilsspruchs für die verantwortlichen Regierungsparteien im Zweifel erheblich, so dass ein allzu leichtfertiger Umgang zumindest mit

---

57 *Wieland*, Rechtsgutachten (Fn. 3), S. 29.
58 *Kahl*, Staatsziel (Fn. 3), S. 5 mwN.
59 BVerfGE 38, 121 (121).
60 *Kahl*, Staatsziel (Fn. 3), S. 5 mwN.

strikten Vorgaben des Haushaltsrechts unwahrscheinlich ist. Umso wichtiger sind klare Vorgaben zum Anwendungsbereich der Schuldenbremse.

III. Sozialstaatsprinzip in Art. 20 Abs. 1 GG

Umstritten ist, ob aus dem in Art. 20 Abs. 1 GG verankerten Sozialstaatsprinzip eine Nachhaltigkeitsvorgabe abgeleitet werden kann.[61] Angesichts des Wortlauts und der Entstehungsgeschichte von Art. 20 Abs. 1 GG ist dies zumindest zweifelhaft. Das Sozialstaatsprinzip ist, wenngleich sich isoliert keine subjektiven Rechte ableiten lassen[62], auf die heute lebende Bevölkerung ausgerichtet. Das Bundesverfassungsgericht leitet aus Art. 1 Abs. 1 i.V.m. Art. 20 Abs. 1 GG Ansprüche auf solche Sozialleistungen ab, die für ein menschenwürdiges Leben notwendig sind.[63] In diesem Zusammenhang betont das Bundesverfassungsgericht freilich die hohe Bedeutung der Finanzierbarkeit des Sozialversicherungssystems als Ganzes.[64] Insoweit hat der Staat neben den sozial bedürftigen Menschen auch die soziale Existenz der (Gesamt-)Bevölkerung im Blick zu behalten.[65] Diese verfassungsgerichtliche Gesamtbetrachtung des Sozialstaatsprinzips ist freilich nicht mit einem umfassenden Nachhaltigkeitsgrundsatz, insbesondere auch im Hinblick auf die Interessen künftiger Generationen, gleichzusetzen.[66]

Es besteht ein schwer aufzulösendes Spannungsverhältnis zu den Ansprüchen heute lebender Menschen einerseits und den Bedürfnissen und der Leistungsfähigkeit künftiger Generationen, die den Großteil der heute entstehenden Ansprüche zu finanzieren haben. Ausgehend von der voraussichtlich weiter zunehmenden impliziten Staatsverschuldung, sind Einschnitte bei den Rentenanwartschaften und den Pensionen wohl bereits kurz- und mittelfristig unumgänglich, wobei dabei auch Gesichtspunkte der sozialen Gerechtigkeit (und Nachhaltigkeit) berücksichtigt werden sollten. Um solche grundrechtsrelevanten Vorhaben in verfassungsrechtli-

---

61 Verneinend *Sofiotis*, Generationengerechtigkeit (Fn. 3), S. 301; wohl offenlassend *Wieland*, Verfassungsrang (Fn. 3), S. 473;.
62 BVerfGE 110, 412 (445).
63 BVerfGE 123, 267 (363).
64 BVerfGE 114, 196 (248).
65 BVerfGE 28, 324 (348).
66 *Kahl*, Generationengerechtigkeit (Fn. 4), S. 19; *Sofiotis*, Generationengerechtigkeit (Fn. 3), S. 301.

cher Hinsicht überhaupt zu ermöglichen, wäre eine grundgesetzliche Bestimmung, die Generationengerechtigkeit beinhaltet, sinnvoll. Eine solche
Regelung kann die mit einer Kürzung von Rentenanwartschaften und Pensionen zweifelsohne verbundenen Grundrechtseingriffe, insbesondere bezüglich Art. 14 GG, eher rechtfertigen, als wenn bei der Güterabwägung
zur Rechtfertigung des Eingriffs allein auf die hohe Bedeutung der Finanzierbarkeit des Sozialversicherungssystems abgestellt wird.[67] Der Gesetzgeber könnte insoweit beispielsweise konkret mit aktuellen Generationenbilanzen[68] argumentieren, und nicht nur allein auf die eher abstrakten Folgen für die mittelfristige Finanzplanung abstellen. Stellt man allein auf die
Finanzierbarkeit des Sozialstaates ab, werden Einschnitte bei sozialversi-
cherungsrechtlichen Ansprüchen womöglich erst kurz vor der möglichen
Zahlungsunfähigkeit des Staates, dafür dann wahrscheinlich umso deutli-
cher, erfolgen. Unter dem Gesichtspunkt der Generationengerechtigkeit
verschiebt sich der Abwägungs- und Rechtfertigungsvorgang dagegen im
Zweifel bis auf konkrete Vergleichsparameter hinsichtlich von Be- und
Entlastungen für einzelne Geburtsjahrgänge. Das hat mit dem sehr allgemein gehaltenen Finanzierungsvorbehalt des Bundesverfassungsgerichts
im Rahmen des Sozialstaatsgebots kaum etwas gemein.

IV. Weitere Bestimmungen mit Nachhaltigkeitsbezug

Zum Teil wird auch weiteren Regelungen im Grundgesetz ein Bezug zur
Nachhaltigkeit attestiert. So wird vertreten, dass der Gleichheitssatz aus
Art. 3 Abs. 1 GG bzw. sogar die Grundrechtsordnung als solche auch der
Generationengerechtigkeit dienen soll.[69] Dabei handelt es sich aber durchweg bestenfalls um indirekte Wirkungen, die aus der Dogmatik zu den
grundrechtlichen Gesetzesvorbehalten folgen (sollen). Diskutiert wird darüber hinaus, ob die Präambel des Grundgesetzes die *Intergenerationenge-
rechtigkeit* als Staatsziel umfasst.[70] Angesichts des Wortlauts und der Ent-

---

67 *Kahl*, Generationengerechtigkeit (Fn. 4), S. 19.
68 *W. Gründinger*, Generationenbilanzen – Stellungnahme für den Landtag Schles-
    wig-Holstein, abrufbar unter https://generationengerechtigkeit.info/wp-content/upl
    oads/2014/06/pp_generationenbilanzen.pdf.
69 Zum Meinungsstand *Kahl*, Staatsziel (Fn. 3), S. 5 mwN.
70 Zum Meinungsstand *M. Herdegen*, in: T. Maunz/G. Dürig, Grundgesetz-Kommen-
    tar, Bd. I, 26. EL, München 2015, Präambel Rn. 40.

stehungsgeschichte der Präambel ist eine solche Auslegung kaum vertretbar.[71] Nach ganz überwiegender und überzeugender Meinung beziehen sich die Grundrechte wie auch die Präambel des Grundgesetzes allein auf heute lebende Menschen.[72] Eine generelle Berücksichtigung der Generationengerechtigkeit lässt sich aus ihnen nicht ableiten. Das Grundgesetz beinhaltet darüber hinaus auch kein Nachhaltigkeitsprinzip im umfassenden Sinne.[73]

E. Lösungsmöglichkeiten

Ausgehend von der aktuellen Verfassungsrechtslage wird nachfolgend dargestellt, wie der Nachhaltigkeitsgrundsatz besser und umfassender im Grundgesetz verankert werden könnte. Nicht im Einzelnen erläutert werden die grundsätzlichen Einwände gegen das Nachhaltigkeitsprinzip aus Teilen der Staatsrechtswissenschaft, die vor allem empirischer sowie verfassungsdogmatischer und rechtspolitischer Natur sind.[74] So wird angeführt, keine Generation könne trennscharf von einer anderen abgegrenzt werden, im Übrigen bestehe ein enormes Prognoseproblem und nicht zuletzt deshalb die Gefahr einer rein symbolischen Gesetzgebung. Vergleichbar unbestimmt ist freilich auch das Sozialstaatsprinzip[75], ohne dass die grundlegende Bedeutung für die Verfassungsrechtsordnung insoweit infrage gestellt würde. Grundlegende Verfassungsprinzipien und Staatszielbestimmungen haben auch eine identitätsstiftende Wirkung, die in der Debatte um die Berücksichtigung des Nachhaltigkeitsgrundsatzes im Grundgesetz nicht zu vernachlässigen ist.

Um der Komplexität des Nachhaltigkeitsgrundsatzes Rechnung zu tragen, ist im Übrigen auch auf die Notwendigkeit einer prozeduralen Umset-

---

71 *Herdegen* (Fn. 70), Präambel Rn. 40.
72 *Sofiotis*, Generationengerechtigkeit (Fn. 3), S. 301 mwN. bzw. *Herdegen* (Fn. 70), Rn. 40.
73 Vgl. *Wieland*, Verfassungsrang (Fn. 3), S. 473; *Kahl*, Generationengerechtigkeit (Fn. 4), S. 19; *Sofiotis*, Generationengerechtigkeit (Fn. 3), S. 301.
74 Vgl. z.B. *W. Kluth*, Demografischer Wandel und Generationengerechtigkeit, VVDStRL 68 (2009), 246 (251 ff.) bzw. *S. Baer*, Demografischer Wandel und Generationengerechtigkeit, VVDStRL 68 (2009), 290 (305 ff) mit zahlreichen weiteren Nachweisen.
75 So zu Recht *Calliess*, Generationengerechtigkeit (Fn. 4), S. 3.

zung hingewiesen worden.[76] Besonders der auf Christian Calliess zurück-
gehende Vorschlag, im Zusammenhang mit einer grundgesetzlichen Nach-
haltigkeitsreform einen Rat für nachhaltige Entwicklung mit Empfeh-
lungs-, Stellungnahme- und auch einem suspensiven Vetorecht einzuführen[77], ist insoweit bedenkenswert.[78] Darüber hinaus ist die (abgestufte)
Einführung plebiszitärer Elemente, die nach dem Koalitionsvertrag nunmehr auch für die Bundesebene geprüft werden soll, ein weiterer sinnvol-
ler Schritt, da nicht zuletzt Erfahrungen aus dem Ausland zeigen, dass
Nachhaltigkeitsanliegen durchgesetzt und Vorhaben mit ungewissen finanziellen Folgewirkungen tendenziell eher abgelehnt wurden.[79]

Auf eine umfassendere Darstellung prozeduraler Möglichkeiten wird,
auch wenn für die Umsetzung dieser Maßnahmen teilweise Änderungen
des Grundgesetzes notwendig sind, an dieser Stelle verzichtet. Vielmehr
soll den inhaltlichen Bezügen der Nachhaltigkeit nachgegangen werden.
Die Bestandsaufnahme hat ergeben, dass die *Schuldenbremse* teils kontraproduktiv wirkt und wichtige Bereiche der Staatsfinanzen nicht erfasst.
Darüber hinaus sind die Generationengerechtigkeit als solche und die globale Verantwortung als zentrale Aspekte der Nachhaltigkeit nicht im
Grundgesetz verankert.

I. Änderungen in der Finanzverfassung

Die Beseitigung der aufgezeigten strukturellen Schwächen der Schuldenbremse lassen sich durch konkrete Änderungen von Art. 109 Abs. 3 und
Art. 115 Abs. 2 GG zumindest teilweise beheben. Allein die Aufnahme
einer allgemein gehaltenen Nachhaltigkeitsklausel dürfte dagegen nur sehr
begrenzte Auswirkungen haben.

Im Rahmen von Art. 109 Abs. 3 und Art. 115 Abs. 2 GG sollte zunächst
der Anwendungsbereich, gerade mit Blick auf die Ausgabepositionen
(Stichworte Verwaltungsschulden, neue Finanzierungsinstrumente, Kassenverstärkungskredite, Bürgschaften und Garantien), konkretisiert werden, wobei im Sinne der Nachhaltigkeit eine möglichst umfassende Be-

---

76 *Calliess*, Generationengerechtigkeit (Fn. 4) S. 4; *Kahl*, Generationengerechtigkeit
     (Fn. 4), S. 20 mwN.
77 *Calliess*, Generationengerechtigkeit (Fn. 4) S. 4.
78 *Kahl*, Generationengerechtigkeit (Fn. 4) S. 20 mwN.
79 *Kahl*, Generationengerechtigkeit (Fn. 4) S. 21 mwN.

rücksichtigung vorzugswürdig ist. Darüber hinaus ist angesichts des (schon explizit) massiven Schuldenstandes sowohl des Bundes als auch der Länder[80] das Neuverschuldungsverbot durch konkrete Vorgaben im Sinne einer festen Zahlengröße – zum Staatsschuldenabbau zu ergänzen. Ansonsten stellt sich spätestens bei wieder steigenden Zinsen die Frage, wie der massive Schuldenberg allein der Gebietskörperschaften zu rechtfertigen ist. Allein die Einhaltung eines wie gesehen lückenhaften Neuverschuldungsverbots (bekannt auch unter dem politischen Schlagwort der *schwarzen Null*) reicht unter Nachhaltigkeitsgesichtspunkten spätestens dann nicht mehr aus.

Das noch grundlegendere Problem der durch die aktuellen Regelungen teilweise nicht erfassten impliziten Staatsverschuldung ließe sich nur dadurch beheben, eben diese Größe zunächst verbindlich im Haushaltsplan zu erfassen und sodann konkret zu begrenzen. Für Ersteres ist mit § 7a i.V.m. § 49a HGrG einfachgesetzlich bereits eine Grundlage gelegt. Durch das Gesetz zur Modernisierung des HGrG (HGrGMoG) wurde erstmals zugelassen, dass die Haushaltswirtschaft des Bundes und der Länder – alternativ zum bisherigen kameralen Rechnungswesen – nach den Grundsätzen der staatlichen doppelten Buchführung (sog. „Doppik") gestaltet werden kann. Nach § 49a HGrG haben Bund und Länder bereits ein gemeinsames Gremium eingerichtet, das zur Gewährleistung einheitlicher Verfahrens- und Datengrundlagen jeweils für Kameralistik, Doppik sowie für sog. „Produkthaushalte" Standards erarbeitet und anschließend einmal jährlich überprüft. Die Standards werden sodann jeweils durch Verwaltungsvorschriften des Bundes und der Länder umgesetzt. Die staatliche Doppik folgt gemäß § 7a HGrG diversen Einzelvorschriften des Handelsgesetzbuches (HGB) und den Grundsätzen der ordnungsmäßigen Buchführung und Bilanzierung. Die Vorschriften des HGB sind dabei an verschiedenen Stellen noch zu konkretisieren, um den Besonderheiten der öffentlichen Haushalte gerecht zu werden.[81] Aufgrund der offensichtlich be-

---

80 Im Jahr 2016 belief sich der Schuldenstand des Bundes auf über 1,7 Billionen Euro (https://www.haushaltssteuerung.de/verschuldung-bund-deutschland.html) sowie auf fast 700 Milliarden Euro für die Länder (https://www.haushaltssteuerung.de/verschuldung-gesamt-deutschland-bundeslaender.html).

81 Vgl. zum Ganzen die Beschlussvorlage des gemeinsamen Gremiums vom 29.11.2016, abrufbar unter http://www.bundesfinanzministerium.de/Content/DE/S tandardartikel/Themen/Oeffentliche_Finanzen/Standards_fuer_Haushalte/standard -staatlicher-doppik.pdf?__blob=publicationFile&v=3.

reits weit vorangeschrittenen Arbeiten des Gremiums ist davon auszugehen, dass sachgerechte Standards (auch) zur Doppik nicht mehr lange auf
sich warten lassen. Anknüpfend daran sollte die Doppik zunächst zumindest parallel, nach entsprechender Probezeit auch alternativ zur Kameralistik verfassungsrechtlich zwingend vorgeschrieben werden. Insoweit ist
nämlich wohl unbestritten, dass die Doppik insbesondere auch die staatliche (Gesamt-)Verschuldung lebensnäher und korrekter abbildet.[82] Nicht
zuletzt deshalb haben die meisten Bundesländer Ihren Kommunen bereits
die Doppik durch Änderungen zumeist der Gemeindehaushaltsverordnun-
gen vorgeschrieben.[83] Viele ungeklärte Fragen zum Anwendungsbereich
der aktuellen Schuldenbremse resultieren daraus, dass sich aus der Kameralistik (anders als bei der Doppik) bei nicht abschließend geklärten finanziellen Folgen für bestimmte Transaktionen keine Schlüsse ziehen lassen.

Sobald die Doppik auch für Bund und Länder vollumfassend eingeführt
ist, sollte – angelehnt an Art. 109 Abs. 3 und Art. 115 Abs. 2 GG – auch
bezüglich der *impliziten Staatsschuldenanteile* eine Begrenzungsvorgabe
erfolgen. Denkbar wäre z.B., zusätzliche Rückstellungen an die allgemeine wirtschaftliche Entwicklung zu koppeln. Kommt man zu dem Schluss,
dass bereits die aktuellen Rückstellungen den Finanzspielraum für die Zukunft zu weit einengen, wäre im Zweifel – analog zur expliziten Staatsverschuldung – auch hier der schrittweise Abbau von Rückstellungen vorzu-
schreiben. Ausgehend von einem korrekten Abbild der finanziellen Lage,
welche die implizite Staatsverschuldung in vollem Umfang erfasst, dürfte
letztere Variante unter Nachhaltigkeitsgesichtspunkten wohl die geeignete-
re Option sein. Darüber hinaus sollte zumindest festgeschrieben werden,
dass bei Gesetzentwürfen der vollständige Rückstellungsbedarf ausgewie-
sen werden muss.

II. Generationengerechtigkeit und globale Verantwortung

Die Generationengerechtigkeit und die globalen Zusammenhänge als zentrale Gesichtspunkte einer nachhaltigen Entwicklung sind wie gesehen nur
teilweise bzw. überhaupt nicht im Grundgesetz verankert. Wie bereits auf-

---

82 Vgl. dazu nur *S. Wagener*, Zur korrekten Erfassung der staatlichen Verschuldung,
    Wirtschaftsdienst 2005, Ausgabe 8, 522 (523 ff.), abrufbar auch unter file:///C:/
    Downloads/522-526-Wagener.pdf.
83 Vgl. dazu die Übersicht unter http://kommunalwiki.boell.de/index.php/Doppik.

gezeigt, wird das Prinzip der Nachhaltigkeit im juristischen Schrifttum zumeist (zu) stark auf den Gesichtspunkt der Generationengerechtigkeit reduziert, ohne dabei die globalen Verwicklungen ausreichend zu würdigen. Ein neu in das Grundgesetz aufzunehmender umfassender Nachhaltigkeitsgrundsatz sollte explizit beide Aspekte berücksichtigen. Anders als hinsichtlich der Staatsverschuldung sind insoweit konkretere inhaltliche Vorgaben zwar theoretisch in Teilbereichen (z.B. im Hinblick auf konkrete Reduzierungen der CO_2-Emissionen) möglich, aber in vielen Fällen allein schon aufgrund der zwar weitreichenden, aber zumeist nur mittelbaren politischen Einflussnahme abzulehnen.

Folgerichtig ist das Nachhaltigkeitsprinzip außerhalb der Finanzverfassung in nicht weiter konkretisierter Form vorzugswürdig, wobei sowohl die Generationengerechtigkeit als auch die globale Verantwortung explizit in den Wortlaut einer neuen Bestimmung aufgenommen werden sollten. Klärungsbedürftig wäre neben der eigentlichen Formulierung auch, wie genau diese beiden Grundsätze im Grundgesetz ausgestaltet werden. Neben einer neuen Staatszielbestimmung kommt auch ein eigenständiger Verfassungsauftrag, die Ausgestaltung als Grundrecht oder die Aufnahme in die Präambel in Betracht.[84]

1. Staatszielbestimmung

Die Befürworter eines umfassenderen Nachhaltigkeitsprinzips haben sich bislang – soweit ersichtlich – unisono für eine neue Staatszielbestimmung ausgesprochen, die den Grundsatz (mit oder ohne ausdrückliche Bezugnahme auf die Generationengerechtigkeit) in allgemeiner Form wiedergibt. Ausgehend von der Gesetzesinitiative im Jahr 2006 wird dabei einhellig ein neu einzuführender Art. 20b GG ins Spiel gebracht.[85] Für eine solche Lösung wird geltend gemacht, dass man sich auf die bereits gemachten Erfahrungen mit Art. 20a GG stützen könnte.[86] Die Verortung einer allgemeinen Staatzielbestimmung *Nachhaltigkeit* nach dem spezielleren Art. 20a GG ist zumindest unglücklich, wenngleich im Hinblick auf den materiellen Gehalt natürlich ohne Auswirkung. Befürwortet man, dass

---

84 *Wieland*, Verfassungsrang (Fn. 3), S. 480 ff.
85 BT-Drs. 16/3399, S. 1 ff., 3, wobei der Gesetzentwurf neben einem neuen Art. 20b GG auch eine Textänderung von Art. 109 Abs. 2 GG vorsieht.
86 *Wieland*, Verfassungsrang (Fn. 3), S. 480.

dem Nachhaltigkeitsprinzip eine wenngleich schwer fassbare, so doch grundlegende Bedeutung zukommen soll, die letztlich alle Politik- und Verfassungsbereiche durchdringt, ist die Einfügung zu Beginn des II. Abschnitts des Grundgesetzes nicht der richtige Platz für eine themenübergreifende allgemeine Bestimmung.[87]

2. *Verfassungsauftrag*

Denkbar wäre grundsätzlich auch, den Grundsatz der Nachhaltigkeit als Verfassungsauftrag auszugestalten.[88] Verfassungsaufträge sollen den Gesetzgeber veranlassen, bestimmte Sachbereiche zu regeln oder bestimmte Einrichtungen zu schaffen. Das wohl bekannteste Beispiel ist die (ursprüngliche) Verpflichtung des Gesetzgebers in Art. 6 Abs. 5 GG, „unehelichen Kindern die gleichen Bedingungen für ihre leibliche und seelische Entwicklung und ihre Stellung in der Gesellschaft zu schaffen wie den ehelichen Kindern". Dieser Verfassungsauftrag ist zum Ende der 5. Legislaturperiode abgelaufen[89] mit der Folge, dass Art. 6 Abs. 5 GG in direkter Anwendung ein Verbot der Ungleichbehandlung enthält.[90] Beim Nachhaltigkeitsprinzip handelt es sich aber wie erwähnt um einen nicht abschließend einzugrenzenden, vielmehr sich fortwährend verändernden – im gesellschaftlichen Diskurs stetig neu zu entwickelnden – Auftrag an alle Staatsorgane.[91] Insoweit lässt sich insbesondere bei Fragestellungen mit starken Prognoserisiken (Stichwort Gentechnik) nicht einmal herausarbeiten, ob bestimmte politische Entscheidungen eine nachhaltige Entwicklung eher befördern oder insoweit eher einen Rückschritt bedeuten. Vor diesem Hintergrund ist die Umsetzung in Form eines Verfassungsauftrages abzulehnen.[92]

---

87 A.A. *Wieland*, Verfassungsrang (Fn. 3), S. 480; *Kahl*, Staatsziel (Fn. 3), S. 13 mwN.
88 *Wieland*, Verfassungsrang (Fn. 3), S. 481.
89 Vgl. dazu BVerfGE 25, 167 (188).
90 BVerfGE 96, 56 (65); insoweit wird Art. 6 Abs. 5 GG mittlerweile neben einer verfassungsrechtlichen Wertentscheidung auch Grundrechtscharakter attestiert.
91 *Richter*, Nachhaltigkeit (Fn. 2), S. 270.
92 So auch *Wieland*, Verfassungsrang (Fn. 3), S. 481.

3. Grundrecht

Denkbar wäre auch, ein Grundrecht auf Nachhaltigkeit ins Grundgesetz aufzunehmen. Insoweit würden subjektive Ansprüche der Bürger geschaffen werden. Problematisch wäre allerdings, einen solchen wohl allein in Betracht kommenden grundrechtlichen Leistungsanspruch hinreichend zu konkretisieren.[93] Das ist nicht sinnvoll möglich, da das Prinzip der Nachhaltigkeit per se nicht auf Rechte einzelner Bürger, sondern gerade auf die die einzelne Person überschreitenden Interessen abstellt. Darauf ist die grundrechtliche Dogmatik nicht ausgerichtet. Daher ist auch eine solche Umsetzung nicht geeignet.

4. Aufnahme in die Präambel des Grundgesetzes

Gerade da das Prinzip der Nachhaltigkeit nach allgemeiner Auffassung das gesamte staatliche Handeln umfasst bzw. umfassen sollte, käme auch die Ergänzung der Präambel in Betracht. Auch dieser Verfassungsteil hat nach mittlerweile herrschender Meinung grundsätzlich einen alle Verfassungsorgane unmittelbar verpflichtenden rechtlichen Gehalt, wobei je nach Formulierung zu differenzieren ist.[94] So sollen die Aussagen über die verfassungsgebende Gewalt als historische Dokumentationen nach zum Teil vertretener Meinung keine rechtliche Normierung darstellen.[95] Dagegen sind die Passagen über die Wahrung der nationalen und staatlichen Einheit sowie die Absicht, als gleichberechtigtes Glied in einem vereinten Europa dem Frieden der Welt zu dienen, als Staatsziele einzuordnen.[96] Insoweit bestehen im Hinblick auf Bedeutungsgehalt und Wirkungsweise grundsätzlich keine Unterschiede zu anderen Staatszielen im nachfolgenden Verfassungstext.[97] Freilich handelt es sich bei Staatszielen, die in der Präambel verankert sind, um solche mit einer herausgehobenen Stellung. Der schwer greifbare Gottesbezug der Präambel soll zwischen den beiden

---

93 So zu Recht *Wieland*, Verfassungsrang (Fn. 3), S. 481.
94 Vgl. dazu *C. Starck*, in: v. Mangoldt/Klein/Starck, GG-Kommentar, Bd. I, 6. Aufl. 2010, Präambel Rn. 29 ff.
95 *Starck* (Fn. 94), Präambel Rn. 31.
96 *Starck* (Fn. 94), Präambel Rn. 31.
97 *Starck* (Fn. 94), Präambel Rn. 33 ff.

Polen (rechtlich verbindlich versus rechtlich unverbindlich) angesiedelt sein.[98]

Zum Teil wird die Aufnahme des Nachhaltigkeitsprinzips in die Präambel mit dem Argument abgelehnt, dass dort nur „die wirklich grundsätzlichen, für das Verständnis der Verfassung unentbehrlichen Aussagen aufzunehmen sind".[99] Begreift man dagegen ausgehend von einem umfassenden Begriffsverständnis nachhaltige Entwicklung im Verhältnis zu nachfolgenden Generationen und anderen Ländern dieser Erde als zentrale Zukunftsaufgabe und -herausforderung, erscheint es durchaus sinnvoll, das Nachhaltigkeitsprinzip als Staatsziel in Satz 1 der Präambel des Grundgesetzes aufzunehmen. Insoweit könnte der gesamtgesellschaftlich ohnehin erodierende bzw. zumindest nicht mehr allgemeingültig beschreibbare Gottesbegriff durch die beiden erwähnten Grundgedanken der nachhaltigen Entwicklung ergänzt, auf längere Sicht vielleicht auch abgelöst werden. Ob einem solchen Nachhaltigkeitsgrundsatz die aktuell einleitenden Worte der Präambel *Im Bewußtsein seiner Verantwortung vor Gott* vorangestellt werden, ist für den rechtlichen Gehalt jedenfalls kaum von Bedeutung. Allerdings könnte insoweit der Motivations- und Appellcharakter (vorläufig) noch stärker zum Ausdruck kommen, als wenn nur auf die im Hinblick auf Nachhaltigkeit entscheidendere Verantwortung vor den in der Präambel ebenfalls bereits erwähnten *Menschen* Bezug genommen wird. Mit dem Satzteil *in Verantwortung* vor *den Menschen* soll wie erwähnt nach teilweise vertretener Auffassung bereits jetzt die Berücksichtigung der Belange zukünftiger Generationen zum Ausdruck kommen. Insoweit sollten in diesem Kontext nunmehr explizit die *Interessen künftiger Generationen* erwähnt werden. Für die Berücksichtigung des globalen Aspekts ist mit dem im ersten Satz ebenfalls enthaltenen Friedensgebot ebenfalls bereits eine Verbindungslinie angelegt. Insoweit bietet sich an, die aus der gegenseitigen Abhängigkeit resultierende *Verantwortung auch gegenüber den übrigen Staaten der Welt* zu erwähnen, wobei in diesem Zusammenhang der *wirtschaftliche Nachholbedarf der Entwicklungs- und Schwellenländer* ausdrücklich anerkannt werden sollte.

---

98 *Starck* (Fn. 94), Präambel Rn. 31 (36 ff.).
99 *Wieland*, Verfassungsrang (Fn. 3), S. 481.

III. Ergebnis

Nach der hier vertretenen Auffassung sind im Rahmen der Finanzverfassung konkrete materielle Änderungen vorzugswürdig und auch praktisch umsetzbar, um den Weg zu einer nachhaltigeren Haushaltswirtschaft zu ebnen. Für die umfassende Berücksichtigung der Generationengerechtigkeit und im Hinblick auf die globalen Zusammenhänge bietet sich dagegen eine allgemein gehaltene Formulierung an, die anknüpfend an den Gottesbezug, das Verfassungsprinzip des friedlichen Zusammenlebens der Völker und die Grundentscheidung zur Einigung Europas als herausgehobene Staatszielbestimmung in die Präambel des Grundgesetzes aufzunehmen ist.

Deutschlands „Nationaler Aktionsplan Wirtschaft und Menschenrechte" – Meilenstein oder Papiertiger?

*Lena Volles**

A. Einführung

Der „Nationale Aktionsplan Wirtschaft und Menschenrechte" („NAP")
der Bundesregierung vom 21. Dezember 2016 dient der Umsetzung der
gleichnamigen UN-Leitprinzipien (Guiding Principles on Business and
Human Rights)[1]. In beiden Dokumenten geht es im umfassenden Sinne
um die Verbesserung des Menschenrechtsschutzes im Zusammenhang mit
privatwirtschaftlicher Tätigkeit. Der NAP stellt – wie auch die UN-Leitprinzipien – selbst keine materiell-rechtlichen Standards zum nachhaltigen
Menschenrechtsschutz durch Unternehmen bei deren Auslandsgeschäften
auf. Es handelt sich vielmehr um ein unverbindliches Papier, das eine Art
Fahrplan für die künftigen drei Jahre aufstellen soll, mit Hilfe dessen die
Thematik weiter begleitet wird. Der NAP beschreibt dazu jeweils den status quo und kündigt Maßnahmen an, die die Bundesregierung zu ergreifen
gedenkt, um die Durchsetzung von Menschenrechten, Arbeits-, Sozial-
und Umweltstandards entlang der Liefer- und Wertschöpfungsketten global agierender Unternehmen zu verbessern.

Gegenstand des NAP ist damit in erster Linie die soziale Komponente
der nachhaltigen Entwicklung. Betroffen ist also die Säule „People" des
Drei-Säulen-Modells der Nachhaltigkeit „People-Planet-Profit". Die Einhaltung von Umweltstandards steht nicht im Fokus, wird aber aufgrund
von Überschneidungen im NAP mehrfach erwähnt.[2]

---

* Lena Volles ist Doktorandin bei Frau Prof. Dr. Schlacke, Institut für Umwelt- und
  Planungsrecht, Westfälische Wilhelms-Universität Münster.
1 Deutsche Fassung, auf die sich jeweils die Seitenzahlen beziehen: https://www.glob
  alcompact.de/wAssets/docs/Menschenrechte/Publikationen/leitprinzipien_fuer_wirt
  schaft_und_menschenrechte.pdf.
2 Anders das französische Sorgfaltspflichtengesetz (siehe dazu näher unten), das Um-
  weltschäden mit einbezieht.

Stößt der NAP eine nachhaltige Entwicklung an? Nachhaltige Entwicklung soll für die Zwecke dieses Beitrags verstanden werden als eine „Entwicklung, die den Bedürfnissen der Gegenwart dient und dabei die Lebenserhaltungssysteme der Erde sichert, von denen das Wohlergehen dieser und künftiger Generationen abhängt".[3] Zum Wohlergehen dieser und künftiger Generationen gehört zweifellos der Schutz ihrer Menschenrechte. Die UN-Leitprinzipien haben den Anspruch zu einer sozial nachhaltigen Globalisierung beizutragen, indem sie Standards und Verfahrensweisen in Bezug auf Unternehmen und die Menschenrechte verbessern.[4]

Um die Förderung nachhaltiger Entwicklung durch den NAP zu beurteilen, muss gefragt werden, ob er seinem Ziel gerecht wird, einen ambitionierten Prozess zur Verbesserung des Menschenrechtsschutzes bei wirtschaftlicher Tätigkeit im Ausland anzustoßen. Maßstab sind dafür in erster Linie die UN-Leitprinzipien selbst, deren Umsetzung der NAP dient. Anspruch dieses Beitrags ist dabei nicht, jede einzelne Maßnahme des NAP zu bewerten. Er soll vielmehr in seiner Gesamtheit betrachtet und in den internationalen Kontext eingebettet werden. Einige besondere Schwächen werden detaillierter untersucht.

B. Entstehungsprozess des NAP

I. UN-Leitprinzipien

Die UN-Leitprinzipien Wirtschaft und Menschenrechte wurden 2011 einstimmig vom UN-Menschenrechtsrats verabschiedet[5] und jüngst bekräftigt.[6] Erarbeitet hat sie der ehemalige UN-Sonderbeauftragte zur Frage der Menschenrechte und transnationaler Unternehmen John Ruggie. Im Entstehungsprozess wurden zahlreiche staatliche Stellen, Unternehmen, internationale Organisationen, Wissenschaft und Nicht-Regierungsorganisationen (NGOs) konsultiert. Die UN-Leitprinzipien schaffen keine neuen

---

3 *D. Griggs et al.*, Policy: Sustainable development goals for people and planet, in: Nature, Ausgabe 495, 2013, S. 305 ff.

4 UN-Leitprinzipien, Allgemeine Prinzipien, S. 1.

5 Human Rights Council, Resolution vom 15. Juni 2011, A/HRC/17/L.17/Rev. 1, abrufbar unter: https://daccess-ods.un.org/TMP/367927.551269531.html.

6 Human Rights Council, Resolution vom 22. Juni 2017, A/HRC/RES/35/7, abrufbar unter: https://daccess-ods.un.org/TMP/9437551.49841309.html.

Menschenrechte oder Pflichten, sondern bauen in materieller Hinsicht auf den bestehenden menschenrechtlichen Verpflichtungen auf. Die Leitprinzipien sind nach ihrem Selbstverständnis[7] und dogmatisch als Auslegungs- und Konkretisierungshinweise und formal unverbindliche Verhaltensregeln einzuordnen.[8]

Die 31 Leitprinzipien gliedern sich in den Dreiklang „Protect – Respect – Remedy": die staatliche Schutzpflicht (state duty to protect human rights), die Verantwortung der Unternehmen zur Beachtung von Menschenrechten (corporate responsibility to respect human rights) und den Zugang zu Abhilfemaßnahmen (access to remedy).

Eine weitere völkerrechtliche Rechtsquelle stellen die OECD-Leitsätze für Multinationale Unternehmen von 1976 dar.[9] Bei deren grundlegender Überarbeitung 2011 wurde ein neues Kapitel IV eingefügt, das auf die UN-Leitprinzipien Bezug nimmt. Die OECD-Leitsätze verpflichten die Staaten, Nationale Kontaktstellen („NKS") einzurichten, die das öffentliche Bewusstsein für die OECD-Leitsätze stärken, aber auch als Beschwerdestelle fungieren soll.

Seit 2014 bemüht sich eine Arbeitsgruppe des UN-Menschenrechtsrats auch um Erarbeitung eines bindenden internationalen Vertrages, der die Aktivitäten transnationaler und anderer Unternehmen im Hinblick auf Menschenrechte regulieren soll. Die Verhandlungen verlaufen allerdings hoch kontrovers und eine Einigung ist derzeit nicht in Sicht. Auch die deutsche Bundesregierung scheint einen solchen Vertrag in den Verhandlungen nicht zu befürworten.[10]

---

7 UN-Leitprinzipien, Allgemeine Prinzipien, S. 1.

8 *R. Klinger et al*, Verankerung menschenrechtlicher Sorgfaltspflichten im deutschen Recht, Gutachten im Auftrag von Amnesty International, Brot für die Welt, Germanwatch, Oxfam Deutschland, März 2016, S. 14, abrufbar unter https://germanwatch.org/de/11970.

9 Abrufbar unter: http://dx.doi.org/10.1787/9789264122352-de. Die OECD-Leitsätze sind zwar rechtlich unverbindlich, entfalten aber dennoch eine verhaltenslenkende Wirkung und werden deshalb als „soft law" o. Ä. charakterisiert, ausführlich dazu: *K. Weidmann*, Der Beitrag der OECD-Leitsätze für multinationale Unternehmen zum Schutz der Menschenrechte, 2014, S. 333 ff.

10 Vgl. im Detail zum Treaty-Prozess und zur Kritik daran *P. Thielbörger/T. Ackermann*, A Treaty on Enforcing Human Rights Against Business - Closing the Loophole or Getting Stuck in a Loop?, IJGLS 24 (2017), S. 43 (65 ff).

II. Ablauf und Akteure der Erarbeitung des NAP

Im Koalitionsvertrag von 2013 hat die Bundesregierung angekündigt, die UN-Leitprinzipien umsetzen zu wollen.[11] Das Instrument eines Nationalen Aktionsplanes ist weder im deutschen Recht noch in den UN-Leitprinzipien selbst vorgesehen und deshalb auch mit keinerlei inhaltlichen oder verfahrensrechtlichen Vorgaben verbunden. Der Erarbeitungsprozess des deutschen NAP verlief entsprechend dem von der UN-Arbeitsgruppe Wirtschaft und Menschenrechte vorgeschlagenen Leitfaden.[12]

Der Veröffentlichung der finalen Fassung des NAP im Dezember 2016 ging ein zweijähriger Konsultationsprozess voraus. Für den Erarbeitungsprozess wurde unter Federführung des Auswärtigen Amtes eine Steuerungsgruppe eingerichtet. In dieser waren folgende Institutionen vertreten: die sechs betroffenen Bundesministerien[13], zwei Berater, nämlich das Deutsche Institut für Menschenrechte (DIMR) und das Unternehmensnetzwerk Econsense, die Wirtschaftsverbände Bundesvereinigung der Deutschen Arbeitgeberverbände (BDA), der Bundesverband der Deutschen Industrie (BDI) und der Deutsche Industrie- und Handelskammertag (DIHK) sowie der Deutsche Gewerkschaftsbund (DGB). Die Zivilgesellschaft wurde durch zwei Netzwerke von deutschen NGOs repräsentiert, nämlich durch Venro (ein Netzwerk von rund 100 NGOs in der Entwicklungszusammenarbeit, das durch Misereor vertreten wurde) sowie durch das Forum Menschenrechte (ebenfalls ein Netzwerk von rund 50 deutschen NGOs, das in der Steuerungsgruppe durch Brot für die Welt vertreten wurde).

Prozessleitendes Dokument in der Konsultationsphase war das vom Deutschen Institut für Menschenrechte erarbeitete sogenannte „National Baseline Assessment", das den status quo in Deutschland darstellen sollte und laut dem eigenen Anspruch[14] im Laufe der Konsultation Kompromisse für die Differenzen zwischen den verschiedenen Akteuren zu finden

---

11 „Deutschlands Zukunft gestalten.", Koalitionsvertrag zwischen CDU, CSU und SPD vom 27.11.2013, S. 125.

12 Guidance, Stand: November 2016, http://www.ohchr.org/Documents/Issues/Business/UNWG_NAPGuidance.pdf.

13 Auswärtiges Amt, Bundesministerium für Arbeit und Soziales, Bundesministerium der Justiz und Verbraucherschutz, Bundesministerium für Umwelt, Naturschutz, Bau und Reaktorsicherheit, Bundesministerium für Wirtschaft und Energie, Bundesministerium für wirtschaftliche Zusammenarbeit und Entwicklung.

14 *L. Bettzieche*, AnwBl 2016, S. 399 (400).

versuchte. In zwölf nicht-öffentlichen Expertenanhörungen wurden im Jahr 2015 Fachleute zu verschiedenen Schwerpunktthemen angehört, die von den Mitgliedern der Steuerungsgruppe benannt werden konnten. Zusätzlich gab es insgesamt vier Plenumskonferenzen, die auch der interessierten Öffentlichkeit zugänglich waren. Abschließend fand innerhalb eines weiteren Jahres die Ressorteinigung, Kabinettsbefassung und Verabschiedung durch die Bundesregierung statt.

III. Bewertung des Prozesses

Die Verfahrensweise wurde zumindest von Seiten der NGOs zunächst positiv bewertet. Sie würdigten die Ausgestaltung als ambitionierten, partizipativen Prozess, der die Einbindung aller Stakeholder vorsah.[15] Hingegen empfanden die Vertreter der Wirtschaftsverbände die Expertenanhörungen und Plenumskonferenzen als „entbehrliche Grabenkämpfe"[16]. Das National Baseline Assessment hielten sie für ein „Dokument vermeintlichen staatlichen Versagens" und ein „ungewichtete[s] Sammelsurium der von Einzelorganisationen geäußerten Forderungen" und kritisierten, dass es von der UN bereits abgelehnte Forderungen wieder aufgriff.[17]

Schließlich beklagten auch die NGOs, dass die Zivilgesellschaft nach Abschluss der ersten Konsultationsphase entgegen vorheriger Zusicherung nicht in die Redaktion des NAP eingebunden wurde.[18] Eine ursprünglich geplante Veröffentlichung mit Aufruf zur Kommentierung durch die Öffentlichkeit wurde nicht vorgenommen. Die zweite Konsultationsphase unterblieb, nachdem das Bundesfinanzministerium intervenierte.[19] Der Verein LobbyControl e.V. äußerte den Verdacht der Einflussnahme durch die Wirtschaft, weil der Hauptgeschäftsführer der BDA noch ein Jahr zuvor Parlamentarischer Staatssekretär dieses Ministeriums gewesen war. Einen Interessenskonflikt befürchtete LobbyControl e.V. auch bei einem

---

15 Kein Mut zu mehr Verbindlichkeit, Kommentar deutscher Nichtregierungsorganisationen zum Nationalen Aktionsplan Wirtschaft und Menschenrechte der Bundesregierung, Überarbeitete Fassung vom 06.02.2017, S. 4, https://germanwatch.org/d e/download/17288.pdf.

16 *S. Wernicke/P. Stöbener de Mora*, Kein Widerspruch – Wirtschaft und Menschenrechte, AnwBl 2016, S. 375 (377).

17 *Wernicke/Stöbener de Mora* (Fn. 16), S. 377.

18 Kommentar NRO (Fn. 15), S. 4.

19 *F. Altemeier*, AnwBl 2017, S. 611 (612).

Mitarbeiter der Firma Siemens, der für zwölf Monate an die zuständige Abteilung des federführenden Auswärtigen Amtes ausgeliehen wurde und dort beratend bei der Durchführung des Konsultationsprozesses tätig war.[20]

C. Aufbau und Kerninhalt

Nach einer Einleitung und Beschreibung dieses Erstellungsprozesses konkretisiert der NAP in Abschnitt 3 die „Erwartungshaltung der Bundesregierung an die unternehmerische Sorgfalt in der Achtung der Menschenrechte" und listet die „Kernelemente menschenrechtlicher Sorgfaltspflicht" auf. Dazu zählen die Grundsatzerklärung, die Risikoprüfung, mögliche Maßnahmen, die Berichterstattung und ein Beschwerdemechanismus. In farbig unterlegten Kästen werden schließlich – wie nach jedem Abschnitt – sogenannte „Maßnahmen" aufgelistet, die die Bundesregierung entweder von Unternehmen erwartet oder selbst zu treffen ankündigt. Hierzu zählt ein jährlicher Überprüfungsmechanismus hinsichtlich der genannten Kernelemente ab 2018. Als Ziel formuliert der NAP, dass bis 2020 mindestens 50% aller in Deutschland ansässigen Unternehmen mit über 500 Beschäftigten diese Kernelemente in ihre Unternehmensprozesse integriert haben.

Der Abschnitt 4 „Handlungsfelder" stellt den Hauptteil dar und bildet die drei Säulen der UN-Leitprinzipien „Protect, Respect and Remedy" ab: Die Bundesregierung konkretisiert, was sie unter staatlicher Schutzpflicht, Unternehmensverantwortung und Zugang zu Abhilfe versteht.

Der Abschnitt 5 „Politikkohärenz sicherstellen" enthält zunächst den – inhaltlich falsch verorteten – klarstellenden Hinweis, dass der NAP keinesfalls so ausgelegt werden könne, dass er die „Jurisdiktion eines anderen Staates oder die Zuständigkeit ausländischer und inländischer Gerichtsbarkeit begründe [...]"[21]. Hingegen enthält der Abschnitt keine Konkretisierung dahingehend, wie die versprochene Politikkohärenz sichergestellt werden soll.

---

20 *I. Dierßen*, „Nationaler Aktionsplan für Wirtschaft und Menschenrechte: Ein Lehrstück in Sachen Lobbyismus", 21.12.2016, https://www.lobbycontrol.de/2016/12/nationaler-aktionsplan-fuer-wirtschaft-und-menschenrechte-ein-lehrstueck-in-sachen-lobbyismus/.

21 NAP, S. 40.

Der letzte Abschnitt „Monitoring" sieht insbesondere die Einrichtung eines interministeriellen Ausschusses (IMA) vor, der die Maßnahmen der staatlichen Schutzpflicht überprüfen und die den Unternehmen obliegenden Sorgfaltspflichten konkretisieren soll. Das bestehende Nationale CSR-Forum[22], in das auch die bisherige NAP-Steuerungsgruppe integriert wird, soll die Umsetzung des NAP begleiten und der Bundesregierung entsprechende Handlungsempfehlungen aussprechen. Zudem kündigt die Bundesregierung an, wie die Einhaltung der Zielvorgabe des Abschnitts 3 überprüft werden soll.

D. Analyse

I. Allgemeine Beobachtungen

Der NAP ist insgesamt voll von weichen, unverbindlichen Formulierungen. Beispielsweise sind die an die Unternehmen gerichteten „Erwartungen" stets im Konjunktiv II gefasst („sollten")[23]. Rechtlich würde sich zwar durch die Verwendung des Indikativs „sollen" nichts ändern, mehr Nachdruck würde den Aufforderungen aber dennoch verliehen.

Die im NAP optisch hervorgehobenen sogenannten „Maßnahmen", die im Gegensatz zur vorherigen Beschreibung des status quo jeweils konkrete Handlungsankündigungen sein sollen, stellen tatsächlich vielfach nur weitere status quo Beschreibungen[24] dar. Manche Maßnahmen sind bloße Ankündigungen von Prüfaufträgen,[25] deren Einhaltung und Ergebnis völlig offen sind. Zum Teil enthalten sie auch Dopplungen[26], die den Maßnahmenkatalog üppiger aussehen lassen, als er tatsächlich ist. Wünschens-

---

22 Das Nationale CSR-Forum setzt sich aus Vertretern der Wirtschaft, von Gewerkschaften, NGOs, der Wissenschaft und Vertretern der beteiligten Bundesministerien zusammen und soll die Bundesregierung in Fragen der CSR beraten.

23 NAP, S. 8, 9, 11.

24 Besonders auffällig: NAP, S. 20.

25 NAP, S. 22, 23, 31.

26 NAP, S. 25, erster und letzter Punkt.

wert wäre eine kurze Zusammenfassung der geplanten Maßnahmen gewesen, wie sie etwa der niederländische[27] oder schwedische NAP[28] bietet.

Einige Maßnahmen beschränken sich auf so vage Formulierungen wie „Prozesse aktiv fördern", „Engagement gezielt verstärken", „Reformprozesse weiterhin begleiten"[29], so dass völlig offen bleibt, was Ziel und Maßstab des Regierungshandeln sein soll.

Es deutet sich also bereits die sich im Einzelnen bestätigende, unverbindliche Tendenz des NAP an.

II. Kritikpunkte

Im Folgenden sollen die wichtigsten Bestandteile des NAP kritisch analysiert werden. Sofern sie auf einzelnen UN-Leitprinzipien beruhen, soll beurteilt werden, ob der NAP diese aufgreift, übertrifft oder hinter ihnen zurückbleibt. Zunächst wird auf die staatliche Schutzpflicht eingegangen, insbesondere auf die Maßnahmen des NAP betreffend die eigene wirtschaftliche Betätigung des Staates (dazu unter 1.). Herzstück der Diskussion ist die Frage nach Sorgfaltspflichten für Unternehmen, die Säule 2 der UN-Leitprinzipien entspricht (2.). Sodann wird auf Aspekte der Abhilfe und Wiedergutmachung (3.) eingegangen.

1. Staatliche Schutzpflicht

Die staatliche Schutzpflicht bezieht sich nach den UN-Leitprinzipien in erster Linie darauf, Unternehmen so zu regulieren, dass sie ihren Sorgfaltspflichten nachkommen.[30] Ob eine solche „Pflicht zur Verpflichtung" besteht und wie sich der NAP dazu verhält, wird wie auch im NAP erst im nachfolgenden Abschnitt (2.) untersucht. Die staatliche Schutzpflicht geht

---

27 Niederländischer NAP, S. 40 ff., abrufbar unter:
    https://business-humanrights.org/sites/default/files/documents/netherlands-national-action-plan.pdf.
28 Schwedischer NAP, S. 26 ff., abrufbar unter:
    http://www.government.se/4a84f5/contentassets/822dc47952124734b60daf1865e39343/action-plan-for-business-and-human-rights.pdf.
29 NAP, S. 20.
30 Leitprinzip 3, S. 5.

aber darüber hinaus: Als erstes Handlungsfeld geht der NAP deshalb auf verschiedene Aspekte ein, die die eigene Tätigkeit des Staates betreffen.

a) Schutzpflichten im eigenen Hoheitsgebiet

Die Sinnhaftigkeit der Ausführungen zu Schutzpflichten im eigenen Hoheitsgebiet kann bezweifelt werden. Dafür spricht zwar der Grundgedanke der UN-Leitprinzipien, dass zu allererst jeder Staat selbst die Wahrung der Menschenrechte auf seinem Territorium sicherzustellen hat. Dem NAP könnte deshalb insofern eine Vorbildfunktion für Entwicklungsländer zukommen: Diesen Staaten wird durch die UN-Leitprinzipien besonders ihre Regulierungsaufgabe im eigenen Land angemahnt. Man sollte jedoch unter pragmatischen Gesichtspunkten erwägen, diesen Bereich auszuklammern. Durch die Einbeziehung bereits innerstaatlich kontrovers diskutierter Sachverhalte – etwa Lohnunterschiede zwischen den Geschlechtern oder den Missbrauch von Leiharbeit – wird der Diskurs überfrachtet. Zudem gibt der NAP hier ohnehin ausschließlich den status quo wieder.

b) Öffentliches Beschaffungswesen

Bei einem Beschaffungsvolumen der öffentlichen Hand von rund 280 Mrd. Euro pro Jahr[31] hat die Einhaltung menschenrechtlicher Sorgfaltspflichten nicht nur Leuchtturmfunktion und Ausstrahlungswirkung, sondern auch unmittelbare Wirkung. Deshalb ordnet UN-Leitprinzip 6 diesem Bereich eine herausgehobenen Stellung und einzigartige Möglichkeit zu, das Problembewusstsein für Menschenrechtsverletzungen zu schärfen.[32]

Der NAP ist hieran gemessen schwach. Das Vergabemodernisierungsgesetz 2016 hat § 97 Abs. 3 GWB bereits dahingehend geändert, dass nunmehr die Berücksichtigung sozialer und umweltbezogener Kriterien möglich ist. Die Berücksichtigung der Aspekte kann im gesamten Vergabeverfahren erfolgen, z.B. im Rahmen der Leistungsbeschreibung, bei Eignungs- und Zuschlagskriterien oder den Ausführungsbedingungen.[33] Man-

---

31 NAP, S. 21.
32 Kommentierung zu Leitprinzip 6, S. 10.
33 *G. Fehns-Böer*, in: M. Müller-Wrede (Hrsg.), GWB Vergaberecht Kommentar, 2016, § 97 Rn. 99 ff.

gels Verpflichtung zur Berücksichtigung dieser Aspekte hängt die Umsetzung allein vom Willen der Vergabestelle ab. Wie die Vergabepraxis tatsächlich aussieht, wird schwierig zu beurteilen sein, solange die Berücksichtigung von Nachhaltigkeitskriterien in der Vergabestatistik des BMWi nicht zwingend erfasst werden muss.[34] Immerhin enthält die neue Vergabestatistikverordnung[35] in § 3 Abs. 8 bereits eine Öffnungsklausel, die die Berücksichtigung dann vorsieht, wenn auch die Musterformulare Nachhaltigkeitskriterien abfragen.

Konkrete Zielvorgaben und Stufenpläne für kritische Produktgruppen, wie sie derzeit für Textilien mit dem Ziel 50 % bis 2020 erstellt werden sollen[36], könnten hier zumindest den Fortschritt leicht überprüfbar machen.

c) Staatliche Förderung

Die Bundesregierung kündigt eine Anpassung des Prüfverfahrens von Anträgen auf Übernahme von Exportkreditversicherungen, Direktinvestitionen im Ausland und Ungebundenen Finanzkrediten an. Nach der Beschreibung im status quo werden Projekte mit „erheblichen menschenrechtlichen Auswirkungen einer eingehenderen Prüfung unterzogen".[37] Als Maßnahme wird sodann die Einführung eines Human Rights Due Diligence Reports in die Prüfverfahren angekündigt – jedoch nur bei „einer hohen Wahrscheinlichkeit von schwerwiegenden menschenrechtlichen Auswirkungen".[38] Die Schwelle scheint hier also sogar eher noch höher als bei der bisherigen Voraussetzung der Erheblichkeit der menschenrecht-

---

34 Kommentar NRO (Fn. 15), S. 9.
35 Verordnung zur Statistik über die Vergabe öffentlicher Aufträge und Konzessionen vom 12. April 2016.
36 Laut Maßnahmenprogramm "Nachhaltigkeit" der Bundesregierung in der Änderungsfassung vom 24. April 2017, https://www.bundesregierung.de/Content/DE/_ Anlagen/2015/03/2015-03-30-massnahmenprogramm-nachhaltigkeit.pdf?__blob= publicationFile&v=4; der bereits in der Vorfassung angekündigte „Leitfaden für eine nachhaltige Textilbeschaffung der Bundesverwaltung" ist allerdings noch immer nicht verabschiedet.
37 NAP, S. 24.
38 NAP, S. 25, Punkt 3.

lichen Auswirkungen, die auch in den UN-Leitprinzipien vorgeschlagen wird.[39]

Zudem ist dem NAP auch an dieser Stelle im Verlauf seines Entstehungsprozesses einiges an Schlagkraft abhandengekommen: Der Entwurf sah zunächst einen Ausschluss von der Förderung für Unternehmen vor, die gegen die Sorgfaltspflichten verstoßen haben, dann immerhin noch einen Ausschluss für den Fall, dass ein Unternehmen sich einem Beschwerdeverfahren vor der NKS verweigerte.[40] In der Endfassung fehlt jede Konsequenz eines Verstoßes. Zumindest ein übergangsweiser Ausschluss bei eindeutigen Verstößen wäre erforderlich gewesen, damit der NAP hier eine eindeutige Steuerungswirkung entfalten könnte.

In diesem Aspekt wird der NAP der Forderung von UN-Leitprinzip 4 nach „zusätzlichen" Maßnahmen zum Schutz vor Menschenrechtsverletzungen durch Wirtschaftsunternehmen, die erhebliche staatliche Unterstützung erhalten, nicht gerecht. Gemeint ist mit „zusätzlich", dass an diese Unternehmen höhere Anforderungen gestellt werden sollen, als an die Privatwirtschaft.

d) Unternehmen im öffentlichen Eigentum

Dieselbe Erwartung – also zusätzliche Maßnahmen – äußern die UN-Leitprinzipien in Prinzip 4 auch für Wirtschaftsunternehmen, die sich in staatlichem Eigentum befinden oder unter staatlicher Kontrolle stehen. Unternehmen mit staatlicher Mehrheitsbeteiligung hätte bereits jetzt eine Sorgfaltspflicht auferlegt werden können.[41] Der Verweis auf ihre Grundrechtsbindung ist nicht ausreichend, weil diese nicht Menschenrechtsverletzungen durch ausländische Tochterfirmen und Zulieferer erfasst. Die bloße Bestrebung der Erhöhung[42] des Anteils der Unternehmen, die sich freiwillig der Berichtspflicht zu Menschenrechten im Deutschen Nachhaltigkeitskodex unterwirft, wirkt wenig ambitioniert. Wiederum bleibt offen, wie dies erreicht werden soll.

Insgesamt verpasst der NAP die Gelegenheit, im Bereich der Teilnahme des Staates am Wirtschaftsleben – sei es durch öffentliche Beschaffung,

---

39 Kommentierung zu Leitprinzip 4, S. 8.
40 Kommentar NRO (Fn. 15), S. 10.
41 So z.B. der Vorschlag der NGOs im Kommentar (Fn. 15), S. 11.
42 NAP, S. 27, Punkt 2.

staatliche Förderung oder die Unternehmen in öffentlicher Hand – mit gutem Beispiel voranzugehen.

2. Unternehmensebene

Hintergrund der Diskussion über die Einführung einer Sorgfaltspflicht für Unternehmen, die wirtschaftliche Beziehungen ins Ausland unterhalten, ist, dass der Menschenrechtsschutz gerade im Ausland vielfältigen Bedrohungen ausgesetzt ist. Häufig reicht in denjenigen Staaten, aus denen deutsche Unternehmen z.B. Rohstoffe oder Waren eines Zulieferers beziehen, bereits die nationale Gesetzgebung nicht aus, um dort tätige Unternehmen – lokale oder internationale – zur Einhaltung von Menschenrechten, Umwelt- und Sozialstandards zu verpflichten. Zum Teil mangelt es an der effektiven Rechtsdurchsetzung bei Verstößen. Gleichzeitig liegt häufig – z.B. wenn ein ausländisches Tochterunternehmen eines deutschen Mutterunternehmens im Ausland an Geschäften mit Menschenrechtsberührungen beteiligt ist – kein deutscher Gerichtsstand vor, [43] so dass die Verstöße auch in Deutschland nicht geahndet werden können.

a) Kernelemente der menschenrechtlichen Sorgfaltspflicht

Inhaltlich greift der NAP mit den fünf Kernelementen der menschenrechtlichen Sorgfaltspflicht grundsätzlich die entsprechenden UN-Leitprinzipien auf: die Grundsatzerklärung (Leitprinzip 16), die Risikoprüfung (Leitprinzipien 17 und 18), mögliche Maßnahmen (Leitprinzip 19), Wirksamkeitskontrolle (Leitprinzip 20) und die Berichterstattung (Leitprinzip 21). Zum Teil sind die Erläuterungen im NAP jedoch gegenüber denjenigen der UN-Leitprinzipien so ausgedünnt, dass wichtige Aspekte verloren gegangen sind. Z.B. soll nach Leitprinzip 16 die Grundsatzerklärung in menschenrechtssensiblen Konstellationen auch dem entsprechenden Vertragspartner aktiv kommuniziert werden, ebenso potenziell betroffenen Stakeholdern.[44] Diese Maßnahme, die einer Grundsatzerklärung im konkreten

---

43 *F. Boor/K. Nowrot*, Corporate Social Responsibility: Eine rechtspolitische und verfassungsrechtliche Betrachtung, in: D. Walden/A. Depping (Hrsg.), CSR und Recht, 2015, S. 39.

44 Kommentierung zu Leitprinzip 16, S. 19.

Fall deutlich mehr Sichtbarkeit und Berücksichtigung verschaffen dürfte als etwa das bloße Veröffentlichen im Internet, wird vom NAP nicht aufgegriffen.[45]

Es fällt außerdem auf, dass der NAP statt der in Leitprinzip 22 postulierten „Wiedergutmachung" lediglich einen Beschwerdemechanismus verlangt (siehe dazu auch unter a)). Die NGOs werfen der Bundesregierung deshalb vor, dass die Kernelemente menschenrechtlicher Sorgfaltspflichten keine Elemente hinsichtlich der Behebung bereits eingetretener Schäden enthalten.[46] Dies trifft zwar zu, die UN-Leitprinzipien verlangen dies aber auch nur eingeschränkt, nämlich in Bezug auf solche Schäden, die die Unternehmen selbst verursacht oder zu denen sie zumindest beigetragen haben.[47] Zu der dann entscheidenden, schwierigen Frage, wann nur eine „Verbindung" und wann bereits ein „Beitrag" vorliegt, beziehen auch die UN-Prinzipien keine Position. Insofern ist die Erwartung überzogen, dass der NAP dieses Problem lösen könnte. Jedoch wäre ein Hinweis darauf, dass auch Wiedergutmachung zumindest in Betracht kommt, wünschenswert gewesen.

Der NAP kündigt sodann Maßnahmen zur Verbesserung der Unterstützungsangebote für Unternehmen an. Hierzu zählt zunächst eine Verbesserung der Beratung von Unternehmen durch die deutschen Auslandsvertretungen. Dies bleibt aber vage und kaum strukturiert: Was mit „substantiell verstärken" und „stärker fokussieren"[48] gemeint sein soll, ist völlig offen. Der geplante Helpdesk innerhalb des Bundesministeriums für wirtschaftliche Zusammenarbeit und Entwicklung (BMZ) dürfte eher Unternehmen ansprechen, die entwicklungspolitische Förderung in Anspruch nehmen. Damit wäre aber nur ein Teil der Unternehmen erfasst, die menschenrechtlichen Beratungsbedarf haben. Schließlich machen Beratungs- und Schulungsangebote wie die des Deutschen Global Compact Netzwerks, die die Bundesregierung ausbauen möchte[49], nur dann Sinn, wenn sie auch genutzt werden. Dies scheint in der Vergangenheit aus mangelndem Interesse der Unternehmen nicht der Fall gewesen zu sein.[50]

---

45 NAP, S. 9.
46 Kommentar NRO (Fn. 15), S. 6.
47 Leitprinzip 15 lit. c und Kommentierung zu Leitprinzip 22, S. 29.
48 NAP, S. 35.
49 NAP, S. 35.
50 Kommentar NRO (Fn. 15), S. 13.

b) Zielvorgabe des NAP

Der NAP enthält das Ziel, dass mindestens die Hälfte der Unternehmen mit mehr als 500 Beschäftigten[51] die Kernelemente menschenrechtlicher Sorgfalt bis 2020 implementiert haben sollen. Das erscheint zwar als erster Schritt ausreichend, allerdings wird es durch den „Comply or Explain"-Mechanismus[52], der eigentlich Druck ausüben sollte, indem er eine Erklärung für den Fall der Nichterfüllung verlangt, eher abgeschwächt. Das Ziel ist so formuliert, dass es nach dem Wortlaut sogar erreicht wäre, wenn kein Unternehmen Maßnahmen implementiert, sondern nur darlegt, warum dies nicht geschehen ist. An die Begründung der mangelnden Umsetzung werden keinerlei Anforderungen gestellt. Zudem ist auch die Konsequenz der Nichterreichung des Ziels völlig offen, die Formulierung ist nämlich in doppelter Hinsicht vage: Angekündigt werden erstens lediglich „weitergehende Schritte *bis hin* zu gesetzlichen Maßnahmen"[53]. Zweitens wird die Bundesregierung diese auch nur „prüfen" und nicht etwa ergreifen o.Ä. Im neuen Koalitionsvertrag 2018 haben die Koalitionäre aber immerhin eine weniger vage Formulierung gewählt: „Falls die wirksame und umfassende Überprüfung des NAP 2020 zu dem Ergebnis kommt, dass die freiwillige Selbstverpflichtung der Unternehmen nicht ausreicht, werden wir national gesetzlich tätig und uns für eine EU-weite Regelung einsetzen."[54]

Die Erfüllung der unternehmerischen Sorgfaltspflicht soll laut NAP ausdrücklich „angemessen in bestehende Unternehmensprozesse integrierbar sein und keine unverhältnismäßigen bürokratischen Belastungen verursachen".[55] Der NAP stellt damit für die Unternehmen sehr niedrige Anforderungen an den „Comply or Explain-Mechanismus", indem die Rechtfertigungsschwelle tief angesetzt wird. Die Einbeziehung des Nationalen Normenkontrollrates[56] dient üblicherweise der Vermeidung von Bürokra-

---

51 Schwelle aus der CSR-Richtlinie 2014/95/EU, ebenso § 17 Abs. 1 Nr. 3 KSchG. Wie viele Unternehmen in absoluten Zahlen dies sind, konnte die Verf. nicht ermitteln.
52 NAP, S. 12.
53 NAP, S. 12 [Hervorhebung durch die Verf.].
54 Koalitionsvertrag zwischen CDU, CSU und SPD vom 12. März 2018, Zeilen 7382 ff.
55 NAP, S. 8.
56 NAP, S. 13.

tie, weswegen die NGOs hier auch eine Hintertür zulasten menschenrechtlicher Vorgaben befürchten.[57]

c) Völkerrechtliche Regulierungspflicht des Staates?

Um zu beurteilen, ob der NAP mit den genannten Maßnahmen und Zielen seiner völkerrechtlichen Pflicht zur Regulierung von Unternehmen nachkommt, ist zu prüfen, inwiefern eine solche überhaupt besteht.

Es dürfte unumstritten sein, dass Teil der staatlichen Schutzpflicht auch die Pflicht ist, nationale nicht-staatliche Akteure so zu regulieren, dass Menschenrechtsverletzungen vermieden werden. Aus der Schutzpflicht des Staates erwächst also grundsätzlich eine Regulierungspflicht.[58] Fraglich ist aber, wie weit diese Regulierungspflicht reicht – insbesondere, ob sie auch über das Territorium des regulierenden Staates hinausgeht.

Die UN-Leitprinzipien stellen dazu Folgendes fest: „Gegenwärtig verpflichten die Menschenrechte Staaten grundsätzlich nicht, die extraterritorialen Tätigkeiten in ihrem Hoheitsgebiet ansässiger und/oder ihrer Jurisdiktion unterstehender Unternehmen zu regulieren."[59]

Der UN-Sozialausschuss veröffentlichte hingegen kürzlich einen Kommentar zu staatlichen Pflichten unter dem Internationalen Pakt über wirtschaftliche, soziale und kulturelle Rechte im Kontext mit Geschäftstätigkeit von Unternehmen. Darin äußerte der Ausschuss, dass die extraterritoriale Schutzpflicht die Staaten verpflichte, notwendige Schritte zu ergreifen („extraterritorial obligation to protect *requires* States Parties to take steps to prevent and redress infringements of Covenant rights"). Der Kommentar stellt zwar eine Auslegung des für die Vertragsstaaten verbindlichen Paktes dar, ist jedoch selbst nicht rechtlich bindend. Er kann also noch keine neue völkerrechtliche Verpflichtung schaffen.[60] Es kann deshalb wohl noch nicht von einer diesbezüglichen völkerrechtlichen Pflicht zur Regulierung („duty to regulate") ausgegangen werden, wohl aber gibt

---

57 Kommentar NRO (Fn. 15), S. 6.
58 Vgl. *K. Weilert*, Transnationale Unternehmen im rechtsfreien Raum? Geltung und Reichweite völkerrechtlicher Standards, ZaöRV 2009, S. 883 (888 ff).
59 Kommentierung zu Leitprinzip Nr. 2, S. 4. vgl. zur Kritik *Klinger et al.* (Fn. 8), S. 18.
60 *Y. Tyagi*, The UN Human Rights Committee, Cambridge 2011, S. 301 ff.

es ein Recht zur Regulierung („right to regulate").[61] Von diesem Recht haben manche Staaten auch bereits Gebrauch gemacht, so z.B. die USA mit dem Alien Tort Claims Act.[62]

Man kann dem NAP deshalb nicht vorwerfen, die UN-Leitprinzipien insofern nicht umzusetzen: er befolgt gerade diese – aber auch nur diese – Aufforderung, eine Erwartung an die Unternehmen zu formulieren. Der NAP hat sich allerdings im Ergebnis für eine noch schwächere Wortwahl als die der UN-Leitprinzipien entschieden. Diese verwenden den Ausdruck „responsibility", der rein sprachlich sowohl mit eher ethischer „Verantwortung", als auch mit rechtlicher „Pflicht" übersetzt werden kann. Im NAP hingegen ist statt von Verantwortung der Unternehmen schon in der Überschrift nur von „Herausforderung"[63] die Rede. Dies verstärkt den Eindruck, dass die Bundesregierung weit davon entfernt ist, Unternehmen zur Verantwortung zu ziehen, sondern vielmehr Verständnis für menschenrechtliche „Hindernisse" zeigt, die mit einem kostengünstigen Wirtschaften im Ausland kollidieren. Dies lässt auch mehr Nachsicht als Strenge bei der Umsetzung der Maßnahmen zur Wahrnehmung unternehmerischer Verantwortung erwarten.

Zur zumindest teilweisen Einführung einer Berichts- bzw. Erklärungspflicht war der Bundesgesetzgeber zwischenzeitlich dennoch gezwungen: In Umsetzung der europäischen CSR-Richtlinie[64] hat er §§ 289b ff. HGB neu eingefügt. Die Pflicht zur Abgabe einer nichtfinanziellen Erklärung gilt für die in § 289b HGB näher definierten kapitalmarktorientierten Unternehmen von öffentlichem Interesse, worunter geschätzt 548[65] Unterneh-

---

61 Differenzierend für die Rechtslage nach dem UN-Zivilpakt, dem UN-Sozialpakt und der EMRK *S. Eickenjäger*, Menschenrechtsberichterstattung durch Unternehmen, 2017, S. 222 ff; für ein bloßes Recht zunächst auch *M. Paschke*, Extraterritoriale Sorgfaltspflichten von Außenwirtschaftsunternehmen zur Achtung von Menschenrechten ante portas?, RdTW 2016, S. 121 (123).

62 28 U. S. C. § 1350 lautet: „The district courts shall have original jurisdiction of any civil action by an alien for a tort only, committed in violation of the law of nations or a treaty of the United States." Zu den Entwicklungen in anderen Staaten vgl. am Ende dieses Beitrags.

63 NAP, S. 27.

64 Richtlinie 2014/95/EU des Europäischen Parlaments und des Rates vom 22. Oktober 2014 zur Änderung der Richtlinie 2013/34/EU im Hinblick auf die Angabe nichtfinanzieller und die Diversität betreffender Informationen durch bestimmte große Unternehmen und Gruppen, 15.11.2014, ABl. L 330/1. Vgl. dazu den Beitrag von *S. Eickenjäger* in diesem Band.

65 Gesetzesentwurf CSR-RUG, BT-Drs. 18/9982, S. 35.

men fallen werden. Die inhaltlichen Anforderungen an die Erklärung werden in § 289c HGB geregelt. Nach Abs. 2 Nr. 4 zählt zu den Mindestbestandteilen auch der Aspekt der „Achtung der Menschenrechte, wobei sich die Angaben beispielsweise auf die Vermeidung von Menschenrechtsverletzungen beziehen können". Diesbezüglich muss die Erklärung gemäß Abs. 3 das Konzept (z.B. eines Due-Diligence-Prozesses) des Unternehmens und dessen Ergebnis enthalten. Außerdem müssen wesentliche Risiken aufgezeigt werden, und zwar nicht nur der eigenen Geschäftstätigkeit, sondern auch „Risiken, die mit den Geschäftsbeziehungen der Kapitalgesellschaft, ihren Produkten und Dienstleistungen verknüpft sind und die sehr wahrscheinlich schwerwiegende negative Auswirkungen" auf die Achtung der Menschenrechte haben oder haben werden. Eingeschränkt wird die Pflicht durch den Zusatz „soweit die Angaben von Bedeutung sind und die Berichterstattung über diese Risiken verhältnismäßig ist". Ausnahmen lässt zudem § 289e HGB für künftige Entwicklungen zu, um den Geheimnisschutz zu wahren.

Es wird nun zu beobachten sein, wie sich diese neue Regelung in der Praxis bewährt. Daraus sollten dann im Rahmen des Monitoring-Prozesses zum NAP auch Rückschlüsse für eine künftige umfassende Regelung der menschenrechtlichen Sorgfaltspflicht gezogen werden.

d) Problem der inhaltlichen Konkretisierung der unternehmerischen Sorgfalt

Es stellt sich die Frage, wie unternehmerische Sorgfaltspflichten inhaltlich konkretisiert werden können und müssen, um den Anforderungen von Verhältnismäßigkeit und Bestimmtheit zu genügen. Dieses Problem adressiert der NAP nicht. Unternehmensvertreter halten die Einführung einer verbindlichen unternehmerischen Sorgfaltspflicht schon deshalb für nicht umsetzbar, weil es an praktisch handhabbaren Sorgfaltspflichtenkatalogen fehle.[66]

---

66 *Wernicke/Stöbener de Mora* (Fn. 16), S. 379.

(aa) Problemstellung

Die Einführung von Sorgfaltspflichten stellt einen Eingriff in die Grundrechte der deutschen Unternehmen dar, der selbstverständlich gerechtfertigt sein muss.[67] Der Gesetzgeber muss deshalb den ihm zukommenden Spielraum bei der Umsetzung der UN-Leitprinzipien so ausnutzen, dass den Anforderungen des Verhältnismäßigkeitsprinzips Genüge getan wird.[68] Die UN-Leitprinzipien erkennen dies mehrfach an. Nach Leitprinzip 14 können die Pflichten je nach Größe des Unternehmens, dem Sektor und operativen Umfeld sowie den Eigentumsverhältnissen, und der Schwere der menschenrechtlichen Auswirkungen unterschiedlich ausfallen. Auch Leitprinzip 17 nennt Kriterien für die Zumutbarkeit und Angemessenheit der aufzustellenden Pflichten. Allerdings betont die Kommentierung[69], dass kleine und mittlere Unternehmen nicht pauschal von Sorgfaltspflichten befreit werden können, sondern Maßnahmen jedenfalls erforderlich sind, wenn ihre Tätigkeit schwere Auswirkungen auf die Menschenrechte hat. Diese Klarstellung lässt der NAP vermissen.

Die UN-Leitprinzipien sehen den Staat in der Pflicht, den Unternehmen „wirksame Handlungsanleitungen zur Achtung der Menschenrechte in ihrer gesamten Geschäftstätigkeit bereit[zu]stellen".[70] Eine gewisse Konkretisierung der Pflichten verlangt auch das rechtsstaatliche Bestimmtheitsgebot, Art. 20 Abs. 3 GG. Die Anforderungen hängen von der Eingriffsintensität der dem Unternehmen drohenden Rechtsfolge ab.[71] Strenge Bestimmtheitsanforderungen müssen nur dort angelegt werden, wo eine Norm Strafcharakter hat, um Art. 103 Abs. 2 GG zu genügen.[72] Die Konkretisierung im Einzelnen muss branchenspezifisch vorgenommen werden. Es wird kaum gelingen, einen allgemeingültigen Pflichtenkatalog aufzustellen. Dazu kann und sollte auf bereits bestehende Dokumente zurückgegriffen werden. Als materiell-rechtliche Mindestmenschenrechtsstandards, die solche Sorgfaltspflichten schützen müssten, sehen die UN-

---

67 Ausführlich zu Berufsfreiheit und Eigentumsrecht als Grenze der gesetzgeberischen Tätigkeit: *Boor/Nowrot,* CSR (Fn. 43), S. 44 ff.

68 Vgl. dazu näher *Paschke*, Sorgfaltspflichten (Fn. 61) S. 125.

69 Kommentierung Leitprinzip 14, S. 18.

70 Leitprinzip 3 lit. c, S. 5.

71 *B. Grzeszick*, in: T. Maunz/G. Dürig, Grundgesetz-Kommentar, 80. EL Juni 2017, Art. 20 Rn. 60 m.w.N.

72 Siehe dazu die Entscheidung des französischen Verfassungsgerichts zum französischen Gesetzesentwurf, unten unter 3. a).

Leitprinzipien die Menschenrechtscharta sowie die Erklärung der Internationalen Arbeitsorganisation über die grundlegenden Prinzipien und Rechte bei der Arbeit vor.[73] Im Übrigen ist ein hohes Abstraktionsniveau aber nicht zu vermeiden. So spricht auch der Gesetzesvorschlag von NGOs (sogenanntes MSorgfaltsG), der in §§ 5 ff. Pflichten zur Risikoanalyse, Präventions- und Abhilfemaßnahmen vorschlägt, nur abstrakt von „angemessenen Maßnahmen" und „länder- und sektorspezifischen Risiken".[74]

Das Problem eines hohen Abstraktionsniveaus liegt aber in der Natur der Sache und unterscheidet sich dogmatisch nicht von Sorgfaltspflichten in anderen Bereichen, etwa den allgemeinen Verkehrspflichten im Schadensrecht. Solche Generalklauseln werden durch Rechtswissenschaft und Gerichtspraxis im Laufe der Zeit ausgefüllt. Auch die Tätigkeit der NKS kann durch ihre Entscheidung über Beschwerden zur Konkretisierung beitragen[75] – auch wenn es sich lediglich um Mediationsverfahren handelt, nicht um Ausübung staatlicher Hoheitsgewalt. Wünschenswert im Sinne der Rechtssicherheit sind möglichst eindeutige Anforderungen dennoch.[76]

Zudem würde das Problem durch Festlegung von Sorgfaltspflichten nicht neu aufkommen, sondern es besteht bereits: Die bestehenden Verhaltenspflichten für das Management von Unternehmen (z.B. §§ 43 Abs. 1 GmbHG, 93 Abs. 1 AktG) bedürfen in menschenrechtlicher Hinsicht ohnehin der Konkretisierung.[77] Insbesondere die Frage, inwiefern dem Management Maßnahmen erlaubt sind, die den Unternehmensgewinn und Shareholder Value-Interessen betreffen, zulässig sind,[78] erübrigt sich, wenn die Maßnahmen gesetzlich verpflichtend sind. Die Einführung von Sorgfaltspflichten dient damit auch der Rechtssicherheit.

---

73 Leitprinzip 12, S. 15.

74 *Klinger et al.* (Fn. 8), S. 39 f.

75 Vgl. ausführlich zum „soft case law" der deutschen NKS: *M. Krajewski/M. Bozorgzad/R. Heß*, Menschenrechtliche Pflichten von multinationalen Unternehmen in den OECD-Leitsätzen: Taking Human Rights More Seriously? ZaöRV 2016, S. 309 ff.

76 Vgl. *Paschke*, Sorgfaltspflichten (Fn. 61) S. 127.

77 Vgl. dazu *M. Saage-Maaß/M. Leifker*, Haftungsrisiken deutscher Unternehmen und ihres Managements für Menschenrechtsverletzungen im Ausland, in: BB 2015, S. 2499.

78 Ausführlicher dazu *Paschke*, Sorgfaltspflichten (Fn. 61) S. 128.

(bb) Umsetzungsbeispiel: Konfliktmineralien

Das hohe Abstraktionsniveau der dem NAP zugrundliegenden Mindestmenschenrechtsstandards steht ihrer Konkretisierung im Einzelfall aber
nicht entgegen. Ein Beispiel branchenspezifischer Umsetzung verbindlicher Sorgfaltspflichten bietet mittlerweile etwa der Bereich der Konfliktmineralien. Die entsprechenden OECD-Leitlinien "Due Diligence Guidance for Responsible Supply Chains of Minerals from Conflict-Affected
and High-Risk Areas"[79] machten hier den Anfang. Die Sorgfaltspflicht
wird durch die sogenannte „Model Supply Chain Policy"[80] mit Leben gefüllt. Das fünfseitige Papier soll Unternehmen der Branche als Muster für
ihre menschenrechtliche Selbstverpflichtung dienen und listet sehr konkret
menschenrechtlich risikoträchtige Aspekte des Handels mit Mineralien
auf.

Auch Art. 4 bis 7 der Verordnung zu Konfliktmineralien[81], die am
9. Juli 2017 in Kraft getreten ist, enthalten konkrete Sorgfaltspflichten für
diesen spezifischen Sektor. Bei den Pflichten in Bezug auf das Manage-
mentsystem (Art. 4) und den Risikomanagementpflichten (Art. 5) wird auf
die OECD-Leitlinien verwiesen. Die auch von der Bundesregierung befür-
worteten verbindlichen Regelungen[82] sind allerdings in mehrfacher Hinsicht eingeschränkt: die Sorgfaltspflichten für Unternehmen gelten erst ab
dem 1. Januar 2021 (vgl. Art. 20 Abs. 3 der Verordnung) und nur bei
Überschreitung bestimmter Schwellenwerte für bestimmte Mineralien,
vgl. Art. 1 Abs. 2 und 3 der Verordnung. Dies führt dazu, dass nur ein
Bruchteil der importierenden Unternehmen erfasst ist, z.B. treffen bezüglich Gold nur 10 % der Unternehmen die Sorgfaltspflicht. Dahinter steckt
der Versuch insbesondere für kleine und mittlere Unternehmen Verhältnismäßigkeit herzustellen und keine unnötigen bürokratischen Belastungen

---

79 www.oecd.org/corporate/mne/GuidanceEdition2.pdf.
80 Annex II, Model Supply Chain Policy for a Responsible Global Supply Chain of
Minerals from Conflict-Affected and High-Risk Areas, S. 20-24.
81 Verordnung (EU) 2017/821 des europäischen Parlaments und des Rates vom
17. Mai 2017 zur Festlegung von Pflichten zur Erfüllung der Sorgfaltspflichten in
der Lieferkette für Unionseinführer von Zinn, Tantal, Wolfram, deren Erzen und
Gold aus Konflikt- und Hochrisikogebieten, ABl L 2017/130.
82 Vgl. zur Haltung der Bundesregierung während des Prozesses auf EU-Ebene:
NAP, S. 33.

zu verursachen.[83] Begrenzt ist die Reichweite der Verordnung auch deshalb, weil sie nur Erstimporteure erfasst und die Sorgfaltspflichten speziell auf die Vermeidung der Finanzierung von Konfliktparteien zugeschnitten sind, nicht hingegen auf andere potenzielle Menschenrechtsverstöße.

Die Verordnung stellt trotz der genannten Einschränkungen ein branchenspezifisches Beispiel dar, wie verbindliche Sorgfaltspflichten konkret ausgestaltet werden können. Sie gibt allerdings keine einheitlichen Sanktionen für den Fall des Verstoßes gegen die Sorgfaltspflichten vor.[84] Wie die Bundesregierung diese ihr überantwortete Frage zu beantworten gedenkt, bleibt unklar.

Die Verordnung enthält eine Zertifizierungspflicht und Regelungen zur Anerkennung von Auditsystemen zur Erfüllung der Sorgfaltspflicht in der Lieferkette. Eine vergleichbare Institutionalisierung wäre auch für die allgemeinen Sorgfaltspflichten wünschenswert. Die Belastung für Unternehmen wäre geringer, wenn sie abschätzen können, was bei einem solchen Audit auf sie zukommt. Wenn sich dann auch Anbieter am Markt etablieren, würde die Einhaltung der Sorgfaltspflichten auch hinsichtlich der Kosten besser kalkulierbar. Die Bundesregierung kündigt diesbezüglich immerhin die Prüfung an, ob eine nationale Gewährleistungsmarke – also eine Zertifizierung der Einhaltung bestimmter Menschenrechtsstandards in der Lieferkette – eingeführt werden soll.[85]

Insgesamt zeigt das Beispiel der Regelung im Bereich der Konfliktmineralien, dass die Regelung von (branchenspezifischen) Sorgfaltspflichten durchaus möglich ist. Die Herausforderung der Konkretisierung entbindet die Bundesregierung nicht von ihrer Einführung.

Als Zwischenfazit zur Unternehmensebene kann festgehalten werden, dass der NAP hier zwar die Mindestanforderungen der UN-Leitprinzipien umsetzt, jedoch nicht über die aktuell bereits bestehenden völkerrechtlichen Verpflichtungen hinausgeht. Die Umsetzung der CSR-Richtlinie, durch die teilweise Sorgfaltspflichten eingeführt werden, kann sich die Bundesregierung nicht auf die Fahnen schreiben, weil dies ohnehin hätte geschehen müssen. Deutschland verpasst damit die Gelegenheit, bei der Verpflichtung der Unternehmen voran zu gehen.

---

83 Vgl. Erwägungsgrund 13 der Verordnung; ebenso die Bundesregierung schon im NAP, S. 33.

84 Vgl. Erwägungsgrund 20 der Verordnung.

85 NAP, S. 31.

3. Abhilfe und Wiedergutmachung

a) Nationale Schutzlücken im Prozessrecht

Um die effektive Durchsetzung von Rechten Betroffener zu gewährleisten, werden von NGOs für das deutsche Prozessrecht insbesondere die folgenden Änderungen verlangt:[86] die Einführung einer Kollektivklagemöglichkeit, wie z.b. einer Musterfeststellungsklage[87], Beweiserleichterungen, z.b. durch Offenlegungsansprüche, sowie die Erstreckung der Verjährungshemmung auf weitere Betroffene desselben Schadensereignisses bei Klage eines Betroffenen. Der NAP greift keinen dieser Punkte auf. Einzige vorgesehene allgemeine Maßnahme ist, eine mehrsprachige Informationsbroschüre, die Betroffene über Zugang zu Recht und Gerichten in Deutschland aufklären soll.[88] Der Kommentar zu den UN-Leitprinzipien[89] nennt als potenzielle Barriere für wirksamen Zugang das Fehlen von „Repräsentativverfahren (wie etwa Sammelklagen oder sonstige Kollektivverfahren". Daraus folgt also noch nicht der notwendige Schluss, dass eine Kollektivklagemöglichkeit unerlässlich ist, um wirksamen Rechtsschutz zu gewährleisten. Die Bundesregierung sollte aber zumindest begründen, warum sie eine solche für verzichtbar hält ohne den Zugang zu erschweren. Dasselbe gilt für die Einführung von Offenlegungspflichten im Verfahren, die die UN-Leitprinzipien ausdrücklich empfehlen.[90]

Im NAP wird die Formulierung aus dem Koalitionsvertrag 2013 wiederholt, wonach „Regelungen zur Sanktionierung von Unternehmen für strafrechtlich relevantes Verhalten" ausgebaut werden sollen.[91] Ein entsprechender Gesetzesentwurf ist aber bereits nach regierungsinterner Abstimmung nicht in die Ressortabstimmung gelangt,[92] so dass auch diese

---

86 Kommentar NRO (Fn. 15), S. 13.
87 Vgl. zum Stand der Diskussion *J. Habbe/K. Gieseler*, Einführung einer Musterfeststellungsklage - Kompatibilität mit zivilprozessualen Grundlagen, BB 2017, 2188 ff.
88 Dies schlagen auch die UN-Leitprinzipien als Maßnahme vor, vgl. den Kommentar zu Prinzip 25 (S. 28).
89 Kommentierung zu Leitprinzip 26, S. 34.
90 UN-Leitprinzipien, Kommentierung zu Leitprinzip 3, S. 7.
91 NAP, S. 38.
92 Regierungspressekonferenz vom 26. Juli 2017, abrufbar unter: https://www.bunde sregierung.de/Content/DE/Mitschrift/Pressekonferenzen/2017/07/2017-07-26-regp k.html.

Maßnahme leerläuft. Auch im Koalitionsvertrag 2018 wird diese Frage nicht wieder aufgegriffen.

b) Reformierung der Nationalen Kontaktstelle

Die NKS ist beim Bundesministerium für Wirtschaft und Energie angesiedelt und dient u.a. der Streitschlichtung bei Beschwerden und Hinweisen auf mögliche Verstöße deutscher Unternehmen gegen die OECD-Leitsätze. Sie wurde bereits wie im NAP angekündigt[93] als Stabsstelle direkt dem Leiter der Außenwirtschaftsabteilung im BMWi zugeordnet, mit einem eigenen Budget ausgestattet und personell verstärkt.[94]

Es stellt sich aber die Frage, ob sie in ihrer jetzigen Gestaltung den Effektivitätskriterien für außergerichtliche Beschwerdemechanismen genügt, die in Leitprinzip 31 aufgelistet und näher definiert werden, nämlich Legitimität, Zugänglichkeit, Berechenbarkeit, Ausgewogenheit und Transparenz.[95] Legitimität (lit. a) wird hiernach unter anderem dadurch begründet, dass die Stelle das Vertrauen der Stakeholder genießt. Im Fall der NKS haben die NGOs jedoch ihr Misstrauen bereits geäußert.[96] Dies begründen sie zu Recht damit, dass die Entscheidungsstrukturen innerhalb der NKS unklar sind. Insbesondere entscheidet die NKS laut NAP in Abstimmung mit dem Ressortkreis und dem Arbeitskreis[97] ohne dass das Prozedere oder die Kompetenzen deutlich würden. Hier besteht Nachbesserungsbedarf. Vorgeschlagen wird – weil ein unabhängiges Expertengremium derzeit politisch nicht durchsetzbar scheint – schon aus rechtsstaatlichen Gründen ein plural besetztes Aufsichtsgremium, das die Entscheidungen der NKS auf Verfahrensfehler hin überprüft.[98]

Es fehlt schließlich weiterhin an der Durchsetzbarkeit der Entscheidungen der NKS. Ohne Sanktionsmöglichkeiten gegenüber solchen Unternehmen, die die Teilnahme am Verfahren oder die Umsetzung einer Einigung verweigern, ist die NKS letztlich machtlos. Als Konsequenz käme etwa

---

93 NAP, S. 40.
94 https://www.bmwi.de/Redaktion/DE/Artikel/Aussenwirtschaft/oecd-leitsaetze-nationale-kontaktstelle.html.
95 UN-Leitprinzip 31, S. 38.
96 Kommentar NRO (Fn. 15), S. 15.
97 NAP, S. 39.
98 *Krajewski/Bozorgzad/Heß* (Fn. 75), S. 338.

eine Sperre für zukünftige staatliche Förderung in Betracht (siehe dazu schon oben unter 1. c).

4. Monitoring

Das geplante Monitoring für die Umsetzung in Unternehmen, das der neue interministerielle Ausschuss (IMA) durchführen soll, ist als solches nicht zu beanstanden: Es soll ab 2018 eine nach wissenschaftlichen Standards durchgeführte Erhebung erfolgen, die sich zusammensetzt aus einem quantitativen Teil (repräsentative Stichprobe über die Anzahl der Unternehmen, die die Elemente der Sorgfaltspflicht eingeführt haben) und einem qualitativen Teil (inhaltliche Tiefe und Herausforderungen bei der Umsetzung). Außerdem soll ein „aktualisierter Statusbericht" angefertigt werden, der der Vorbereitung der Überarbeitung des NAP dient.

Die Argumentation der Wirtschaftsvertreter besteht im Kern darin, dass es den Unternehmen nicht an Willen, sondern an Wissen fehle, um menschenrechtliche Standards einzuhalten.[99] Probates – und im Sinne der Verhältnismäßigkeitsprüfung einzig erforderliches – Mittel dagegen sei deshalb nur die Wissensvermittlung, nicht die Auferlegung von Pflichten. Es bleibt zu hoffen, dass der Monitoring-Prozess zum NAP zumindest aufzeigt, ob dies tatsächlich der Fall ist: Die angesprochenen Unternehmen müssten in ihren umfassenden Berichten darstellen, dass ein Informationsdefizit fortbesteht.

Der bisherige Steuerungskreis, der den NAP erarbeitet hat, soll in das Nationale CSR-Forum der Bundesregierung integriert werden. Das CSR-Forum soll die Aktivitäten des IMA begleiten und der Bundesregierung Handlungsempfehlungen aussprechen.[100] Es erhält also keine eigene Kompetenz, sondern lediglich Beratungsfunktion. Insofern erscheinen auch die Forderungen der NGOs nach einer paritätischen Besetzung, einem neuen Namen und einer neuen Governance-Struktur[101] zwar wünschenswert, aber nicht zwingend, solange auch in Zukunft alle Stakeholder an der Fortschreibung des Prozesses beteiligt werden.

---

99 *Wernicke/Stöbener de Mora* (Fn. 16), S. 379.
100 NAP, S. 42.
101 Kommentar NRO (Fn. 15), S. 16.

Insgesamt ist der Monitoring-Prozess im NAP also so angekündigt, dass er durchaus effizient gestaltet werden kann. Dies hängt aber von der konkreten Umsetzung ab.

III. Vergleich mit anderen NAP

Aktuell haben mit Deutschland bereits 21 Staaten Nationale Aktionspläne erarbeitet.[102] In 21 weiteren Staaten sind Nationale Aktionspläne in Arbeit oder die Regierungen haben die Umsetzung der UN-Leitprinzipien zumindest angekündigt.[103]

Im Folgenden werden exemplarisch einige Maßnahmen anderer Aktionspläne vorgestellt, die gegenüber dem deutschen NAP ambitionierter sind.

1. Sorgfaltspflichten

In Frankreich wurden mit Gesetz vom 27. März 2017 Vorschriften mit verbindlicher Regelung von Sorgfaltspflichten in das französische Handelsgesetzbuch eingefügt (L. 225-102-4 f. des Code de Commerce). Sie betreffen nur Unternehmen mit mehr als 5.000 Mitarbeitern in Frankreich oder 10.000 weltweit. Das Gesetz verpflichtet die Unternehmen zur Erarbeitung und Veröffentlichung eines Sorgfaltsplans („plan de vigilance"). Als Rechtsfolgen sieht das Gesetz einerseits die gerichtliche Erzwingung der Durchsetzung der Pflicht vor. Antragsberechtigt sind insbesondere Gewerkschaften, NGOs, aber auch Angestellte. Zudem kann das Unternehmen zivilrechtlich auf Schadensersatz in Anspruch genommen werden, wenn der Schaden vermieden worden wäre, wenn es seiner Pflicht nachgekommen wäre. Die zivilrechtliche Buße von bis zu 30 Mio. Euro, die das

---

102 Stand: 15.05.2018, vgl. die Dokumentation unter http://www.ohchr.org/EN/Issues/Business/Pages/NationalActionPlans.aspx; Großbritannien, Niederlande, Dänemark, Finnland, Litauen, Schweden, Norwegen, Kolumbien, Schweiz, Italien, USA, Frankreich, Polen, Spanien, Irland, Belgien, Tschechien, Chile, Georgien, Indonesien..

103 Argentinien, Australien, Aserbaidschan, Guatemala, Griechenland, Japan, Jordanien, Kenia, Lettland, Luxemburg, Malaysia, Mauritius, Mexiko, Marokko, Mosambik, Myanmar, Nicaragua, Portugal, Slowenien, Thailand, Uganda.

Gesetz ursprünglich vorsah, hat das Verfassungsgericht hingegen mangels Bestimmtheit der Sorgfaltspflichten für verfassungswidrig erklärt.[104]

Großbritannien schließt Unternehmen bei schwerem Fehlverhalten von der öffentlichen Auftragsvergabe aus.[105] Außerdem gibt es in Sec. 54 des Modern Slavery Act[106] eine Berichtspflicht über Risiken moderner Sklaverei und Menschenhandel sowie Gegenmaßnahmen. In Schweden und Finnland gibt es schon jetzt eine Pflicht für Unternehmen mit staatlicher Mehrheitsbeteiligung, die Sorgfaltspflichten einzuhalten.[107]

Es gibt also bereits mehrere Staaten, die ihren Unternehmen Pflichten verschiedener Art auferlegen und damit der deutschen Rechtslage weit voraus sind.

2. Unterstützungsmaßnahmen für Unternehmen

Auch im Bereich der Unterstützungsmaßnahmen für Unternehmen zeigen andere Staaten Bemühungen, die über diejenigen der Bundesregierung weit hinausgehen:

Das UK Foreign & Commonwealth Office bietet einen sogenannten „Overseas Business Risk Service" an.[108] Auf der Webseite sind nach Ländern sortiert Risiken aufgezeigt und jeweils mit weiterführenden Hinweisen versehen. Auch die Niederlande bietet als Unterstützungsmaßnahme einen bereits in ihrem NAP angekündigten CSR Risk Check an.[109] Es handelt sich um ein kostenloses Online-Tool, das allen Unternehmen – nicht nur niederländischen – zur Verfügung steht. Es ist auch auf Englisch verfügbar.[110] Die dänischen Botschaften im Ausland bieten dänischen Unternehmen sogar einen kostenfreien CSR-Check von lokalen Geschäftspartnern an.[111] Hierdurch werden insbesondere kleine Unternehmen entlastet, für die eigene Nachforschungen im Ausland ansonsten einen beträchtlichen Aufwand bedeuten würden.

---

104 Décision n° 2017-750 DC vom 23. März 2017, Rz. 5 ff.
105 UK NAP, S. 9.
106 http://www.legislation.gov.uk/ukpga/2015/30/section/54.
107 Schwedischer NAP, S. 23 f.; Finnischer NAP, S. 22.
108 https://www.gov.uk/government/collections/overseas-business-risk.
109 Niederländischer NAP, S. 23.
110 http://www.mvorisicochecker.nl/en.
111 Dänischer NAP, S. 11 und 27.

Einrichtungen wie diejenigen der Niederlande und Dänemarks werden von den Unternehmen als Vorbild gesehen.[112] Hier stellt sich die Frage, warum nicht Wissen, Kompetenzen und Kapazitäten zumindest der europaweiten Beratungsstellen besser gebündelt werden können. Die Schaffung und Unterhaltung einer gemeinsamen Beratungsstelle oder eines webbasierten Portals dürfte sich als deutlich effizienter gestalten als das Nebeneinander einer Vielzahl von nationalen Stellen.

E. Fazit

Der „Nationale Aktionsplan Wirtschaft und Menschenrechte" setzt die UN-Leitprinzipien größtenteils im Sinne einer Minimalversion um. Insbesondere die gesetzlich verbindliche Festlegung einer allgemeinen unternehmerischen Sorgfaltspflicht zur Achtung der Menschenrechte durch Zulieferer und Tochterfirmen im Ausland wird auch von den UN-Leitprinzipien nicht verlangt. Durch die Umsetzung der CSR-Richtlinie in §§ 289b ff. HGB gibt es nun immerhin eine Berichtspflicht für einige wenige große Unternehmen.

Die UN-Leitprinzipien regen jedoch vielfach die Implementierung von neuen Standards und Maßnahmen an, die über die derzeit bestehenden völkerrechtlichen Verpflichtungen hinausgehen. Diese Gelegenheit zu einer ambitionierten Gestaltung des Prozesses nutzt der NAP nicht. Die Bundesregierung wird damit dem eigenen Anspruch, Vorreiter zu sein, nicht gerecht.

Enttäuschend ist insbesondere, dass nicht einmal Unternehmen in öffentlicher Hand oder das öffentliche Beschaffungswesen verpflichtet werden, bei den Sorgfaltspflichten mit gutem Beispiel voran zu gehen. Die Zurückhaltung auf Bundesebene führt dazu, dass gegenläufige Gesetzesänderungen auf Landesebene möglich werden, so z.B. durch das „Entfesselungspaket I" in NRW, durch das u.a. soziale und umweltbezogene Kriterien entfallen sind, die bei der Vergabe bislang berücksichtigt werden mussten.[113]

Der NAP – vorgesehen als Fahrplan für die kommenden drei Jahre – ist insofern eher als Fahrplan einer Bimmelbahn statt eines Schnellzugs zu

---

112 *Wernicke/Stöbener de Mora* (Fn. 16), S. 379.
113 Insbesondere durch Entfallen der §§ 6,7 TVgG NRW.

bewerten. Um als prozessleitendes Dokument für die Zukunft vielversprechend zu sein, hätten klarer Konsequenzen angekündigt und Entwicklungen aufgezeigt werden müssen. Nur so hätte der NAP den für eine freiwillige Selbstverpflichtung nötigen Druck ausüben können.[114] Zu begrüßen
ist hingegen, dass im neuen Koalitionsvertrag 2018 eine gesetzliche Regelung angekündigt wird, sofern die Zielvorgaben des NAP nicht erreicht
werden.

Ein nachhaltiges – verstanden als effizient zielführendes – Verfahren
wird der NAP kaum steuern. Es bleibt abzuwarten, was der IMA der neu-
en Bundesregierung aus den angekündigten Maßnahmen macht.

---

114 Der endgültige NAP hat aber in der Wirtschaft nur geringe Resonanz erfahren,
    vgl. z.B. knappe Erwähnung in: WPg, Februar 2017, S. 97.

Teil II
Gesellschaftsrechtliche Perspektiven

Nachhaltigkeit durch Gesellschaftsrecht – auf dem Weg zu einer neuen Rechtsform?

*Anne-Christin Mittwoch**

A. Soziales Unternehmertum als Katalysator für Nachhaltigkeit durch Gesellschaftsrecht

Die seit Ausbruch der Finanzkrise immer drängender gewordene Forderung nach mehr Nachhaltigkeit im unternehmerischen Geschäftsverkehr und auf den Kapitalmärkten hat das Gesellschaftsrecht erreicht. Seit einiger Zeit wird hier die Bedeutung des Shareholder-Value-Ansatzes zunehmend in Frage gestellt[1] und rücken stattdessen die Interessen der übrigen Stakeholder wie Arbeitnehmer, Gläubiger und Kunden in den Fokus auch des Gesetzgebers. So werden derzeit in einigen Mitgliedstaaten der Europäischen Union und auf Unionsebene selbst verschiedene Legislativmaßnahmen erörtert, die die Entwicklung eines nachhaltigen Unternehmertums verbessern sollen.[2] Eine beachtliche Zahl der Mitgliedstaaten ist bereits gesetzgeberisch tätig geworden.[3] Da in Deutschland entsprechende

---

* Dr. Anne-Christin Mittwoch ist Akademische Rätin auf Zeit am Institut für Handels- und Wirtschaftsrecht der Philipps-Universität Marburg.

1 Insbesondere *L. Stout*, The Shareholder Value Myth, Oakland, Ca.: Berrett-Koehler Publishers 2012; mit Blick auf das Gruppeninteresse unlängst *A. v. Werder*, Gruppeninteresse und Stakeholderbelange, in: P. Hommelhoff/M. Lutter/C. Teichmann (Hrsg.), Corporate Governance im grenzüberschreitenden Konzern, Berlin 2017, S. 291.

2 Überblick über den Status quo bei *Europäische Kommission*, A Map of Social Enterprises and their Eco-Systems in Europe, Synthesis Report, 2014, S. 21, abrufbar unter http://ec.europa.eu/social/BlobServlet?docId=12987&langId=en; zu den Aktivitäten der Mitgliedstaaten zur Entwicklung entsprechender Rechtsakte *Esela* (European Social Enterprise Law Association), Social Enterprise in Europe, Developing Legal Systems which Support Social Enterprise Growth, abrufbar unter https://esela.eu/wp-content/uploads/2015/11/legal_mapping_publication_051015_web.pdf.

3 Die Angaben zu deren Anzahl variieren zwischen 18 und 16-20, je nach den sich insofern widersprechenden Studien, vgl. *A. Fici*, A European Study for Social and Solidarity-Based Enterprise – Study for the Juri Committee, 2017, S. 15. und An-

Instrumente noch fehlen, nimmt der Beitrag schwerpunktmäßig die europäische Perspektive in den Blick. Doch auch hier sind Instrumente mit verbindlicher Wirkung (noch) selten vorhanden.[4] Die Debatte konzentriert sich stattdessen auf die traditionell gewinnorientierten Unternehmen, die weltweit die überwiegende Mehrheit der Wirtschaftsakteure stellen,[5] und versucht hier einen Wandel herbeizuführen. Indes existiert mit den hier zu untersuchenden Sozialunternehmen eine Unternehmensform, die den Schritt zu mehr Nachhaltigkeit in Gestalt einer sozialen Zwecksetzung bereits freiwillig vollzieht und die daher in der beginnenden gesellschaftsrechtlichen Nachhaltigkeitsdebatte nicht unberücksichtigt bleiben sollte.[6] In den USA hat sich mit der „Benefit Corporation" bereits eine neue Gesellschaftsform, die speziell darauf abzielt, soziales Unternehmertum zu fördern, als recht erfolgreich erwiesen.

Der Beitrag will zeigen, dass die oft als Sozialunternehmen oder als „Profit and Purpose Gesellschaften" bezeichneten Organisationen[7] eine bedeutende Rolle für die Entwicklung von mehr Nachhaltigkeit im Gesellschaftsrecht spielen können, auch wenn oder vielleicht gerade weil die nachhaltigkeitsbezogene Ausrichtung dieser Gesellschaften nicht auf externen Vorgaben, sondern auf einer freiwilligen Entscheidung der Anteilseigner basiert. Dabei muss betont werden, dass es sich bei diesen Unter-

---

nex, abrufbar unter http://www.europarl.europa.eu/RegData/etudes/STUD/2017/58 3123/IPOL_STU(2017)583123_EN.pdf; daneben *Europäische Kommission*, A Map of Social Enterprises and Their Eco-Systems in Europe, Synthesis Report, 2014, S. vi bzw. S. 51, abrufbar unter http://ec.europa.eu/social/BlobServlet?docId=12987&l angId=en; näher *B. Momberger*, Social Entrepreneurship, Hamburg 2015, S. 233-300.

4 Die Richtlinie 2014/95/EU des Europäischen Parlaments und des Rates vom 22. Oktober 2014 zur Änderung der Richtlinie 2013/34/EU im Hinblick auf die Angabe nichtfinanzieller und die Diversität betreffender Informationen durch bestimmte große Unternehmen und Gruppen, ABl. L330/1 v. 15.11.2014 (CSR-Richtlinie) gibt teilweise die bislang vorherrschende freiwillige Natur der CSR-Maßnahmen auf und führt verpflichtende Regelungen ein.

5 Insbesondere *H. Fleischer*, Corporate Social Responsibility – Vermessung eines Forschungsfeldes aus rechtlicher Sicht, AG 2017, S. 509.

6 Soziales Unternehmertum ist dabei nicht gleichbedeutend mit nachhaltigem Unternehmertum. Indes ist die Gemeinwohlorientierung von Unternehmen ein zentraler Aspekt nachhaltigen Wirtschaftens und stellt somit einen wichtigen Bestandteil der Diskussion über die Förderung von Nachhaltigkeit mit Hilfe des Gesellschaftsrechts dar.

7 Insbesondere *K. Westaway*, Profit & Purpose: How Social Innovation is Transforming Business for Good, New Jersey et al.: Wiley 2014.

nehmen nicht um Wohltätigkeitsorganisationen, sondern um unternehmerisch tätige Marktakteure handelt. Das entscheidende Differenzierungskriterium im Verhältnis zu den bereits über eine lange Tradition verfügenden gemeinwohlorientierten Organisationen, die für gewöhnlich dem Bereich der Wohltätigkeit oder dem sog. dritten Sektor zugerechnet werden, liegt in der Kombination von sozialer Ausrichtung einerseits und Gewinnorientierung andererseits. Dabei spielt der jeweilige soziale Zweck eine zumindest gleichwertige Rolle neben dem Zweck der Gewinnerzielung. Dieser Ansatz unterscheidet sich grundlegend von der Arbeitsweise ausschließlich profitorientierter Unternehmen des ersten Sektors und stellt dadurch die Diskussion über die Entwicklung von Regularien, die Gesellschaften bislang zu einem an Nachhaltigkeitsaspekten ausgerichteten Verhalten bewegen sollen, auf andere Grundpfeiler.

Ein solcher Perspektivenwechsel ist aus drei Gründen sinnvoll: Erstens lässt sich derzeit auf den Märkten weltweit ein Anstieg der Zahl von Sozialunternehmen verzeichnen, verbunden mit einem steigenden Interesse von Investoren, in Unternehmen mit sozialer Zielsetzung zu investieren. Damit steigt schon faktisch die Nachfrage nach einer geeigneten rechtlichen Infrastruktur für die zahlreichen neuen Geschäftsmodelle mit „Hybridchrakter". Zweitens scheint deren gesellschaftsrechtliche Regulierung mit Blick auf das übergeordnete Ziel einer Verbesserung nachhaltigen Wirtschaftens auch leichter durchführbar als dies mit Blick auf Unternehmen des ersten Sektors der Fall ist, da Sozialunternehmen sich dem Nachhaltigkeitsziel bereits selbst verpflichtet haben und das Hauptpetitum insoweit im Kern bereits erfüllen.[8] Schließlich erlaubt der Perspektivenwechsel hin zum sozialen Unternehmertum möglicherweise Erkenntnisgewinne, die für die Fortentwicklung nachhaltigen Wirtschaftens durch Gesellschaftsrecht auch mit Blick auf traditionell gewinnorientierte Unternehmen von Nutzen sein können. Dabei ist zunächst zu klären, ob und inwieweit eine Regulierung von Sozialunternehmen tatsächlich erforderlich bzw. gewinnbringend ist (B). Vor diesem Hintergrund sind insbesondere

---

8 Zu dieser Differenzierung *F. Möslein/K. Sørensen*, Nudging for Corporate Long-Termism and Sustainability? Regulatory Instruments from a Comparative and Functional Perspective, Nordic & European Company Law Working Paper No. 16-24, 2017, abrufbar unter https://papers.ssrn.com/sol3/papers.cfm?abstract_id=2958655, die in der facettenreichen Nudging-Strategie eine Möglichkeit sehen, nachhaltiges Wirtschaften im Bereich traditionell gewinnorientierter Gesellschaften durch gesellschaftsrechtliche Regulierung zu verbessern.

die derzeitigen Bestrebungen des Unionsgesetzgebers zu betrachten (C). Entscheidend für die Qualität rechtlicher Regulierung von Sozialunternehmen ist schließlich die Thematik der Geschäftsleiterplichten (D). Insoweit will der Beitrag die Kernprobleme aufzeigen (E).

B. Die Notwendigkeit eines Rechtsrahmens

Im Zusammenhang mit der Regulierung von Sozialunternehmen mag man zunächst fragen, ob eine eigene rechtliche Identität vorteilhaft oder – vor dem Hintergrund der bereits bestehenden gesellschaftsrechtlichen Infrastruktur – überhaupt erforderlich ist. Die große Mehrheit sozial ausgerichteter Unternehmen in der EU bedient sich derzeit vorhandener Rechtsformen, die weder besondere Rücksicht auf ihre Belange nehmen, noch sie für den Rechtsverkehr als Sozialunternehmen besonders kennzeichnen.[9] Indes lässt sich nicht leugnen, dass sich die aktuelle Ausrichtung des wirtschaftsrechtlichen Umfelds am Shareholder-Value-Grundsatz, der der (kurzfristigen) Gewinnmaximierung zugunsten der Aktionäre Vorrang gegenüber den Interessen der übrigen Stakeholder einräumt, für die Arbeit von Sozialunternehmen aufgrund ihrer hybriden Ausrichtung als problematisch erweist.[10] Das Shareholder-Value-Prinzip hat bekanntlich insbesondere aus Praktikabilitätsgründen durchaus Berechtigung.[11] Seine Mechanismen stehen jedoch in Konflikt mit der sozialen Zielsetzung, die sich mit rein finanziellen Maßstäben nur schwerlich fassen lässt. Auch die gemeinnützigen Kapitalgesellschaften, gAG und gGmbH, entsprechen insoweit nicht den Bedürfnissen der Sozialunternehmen, da sie zwar steuerliche Vorteile gewähren, ihre Erträge jedoch gem. § 55 Nr. 1 S. 2 AO nur für

---

9 *Esela,* Developing Legal Systems (Fn. 2), S. 10.
10 Grundlegend zum Shareholder-Value-Prinzip *A. Rappaport,* Creating Shareholder Value: The New Standard for Business Performance, New York: Free Press 1986; aus deutscher Perspektive *H. Fleischer,* in: P. Hommelhoff/K. Hopt/v. Werder (Hrsg.), Handbuch Corporate Governance, 2. Aufl., Köln 2009, S. 185.
11 Näher *C. Kuhner,* Unternehmensinteresse vs. Shareholder Value als Leitmaxime kapitalmarktorientierter Aktiengesellschaften, ZGR 2004, S. 244 (258); *Fleischer,* Vornote, Rn. 31 ff.; aus betriebswirtschaftlicher Perspektive *J. Bischoff,* Das Shareholder Value-Konzept, Wiesbaden 1994.

steuerlich begünstigte Zwecke verwendet werden dürfen und solchermaßen die Erzielung von Gewinnen nicht möglich ist.[12]

Die Einführung passgenauer Regelungen für Sozialunternehmen erscheint vor diesem Hintergrund durchaus vorteilhaft. Eine eigene rechtliche Identität brächte zudem weitere Vorteile im Hinblick auf das Außenverhältnis betreffender Gesellschaften mit sich. So würde etwa die Unterscheidung „echter" Sozialunternehmen von Unternehmen, die sich lediglich weicherer oder allgemeinerer Konzepte nachhaltiger Unternehmensführung bedienen, wie etwa der Corporate Social Responsibility (CSR) oder des Social Responsible Investment (SRI)[13], insbesondere für Vertragspartner erleichtert und das Risiko des Missbrauchs in Form von greenwashing abgemildert. Umgekehrt ermöglicht ein eigener rechtlicher Status ein „Signaling" und erhöht solchermaßen auch die Glaubwürdigkeit der jeweiligen Unternehmen auf den Märkten. Außerdem ermöglicht eine eigene rechtliche Identität der Sozialunternehmen deren spezielle Berücksichtigung für weitergehende (begünstigende) Zwecke, etwa im Zusammenhang mit dem Steuerrecht, Vergabe- und Wettbewerbsrecht sowie für die Entwicklung spezifischer politischer Strategien zu ihren Gunsten.[14] Schließlich lassen sich auch Rechtsposition und Interessenwahrung der durch den Unternehmenszweck jeweils begünstigten Stakeholder besser absichern, wenn Instrumente bereitstehen, um den sozialen Zweck, auf den sich eine Gesellschaft verpflichtet, tatsächlich durchzusetzen.[15] Letztlich verändert dies die wirtschaftliche und gesellschaftliche Ausrichtung

---

12 *F. Möslein*, Reformperspektiven im Recht sozialen Unternehmertums, ZRP 2017, S. 175, (176).

13 Überblick bei *Fleischer*, Corporate Social Responsibility (Fn. 5); aus europäischer Perspektive vgl. die EU-Strategie (2011-14) für die soziale Verantwortung der Unternehmen vom 25.10.2011, KOM(2011) 681 endg., S. 5. Monografisch *S. Kapoor*, Corporate Social Responsibility – Das Leitbild der nachhaltigen Entwicklung im deutschen Aktienrecht, Baden-Baden 2016. Zum SRI vgl. *B. Richardson*, Financial markets and socially responsible investing, in: B. Sjåfell/B. Richardson (Hrsg.), Company Law and Sustainability: Legal Barriers and Opportunites, Cambridge: Cambridge University Press 2015, S. 226.

14 *Fici*, Social Enterprise (Fn. 3), S. 6.

15 Für die Einführung einer besonderen Rechtsform für Sozialunternehmen aus US-amerikanischer Perspektive *W. H. Clark/L. Vranka*, The Need And Rationale For The Benefit Corporation: Why it is the Legal Form that Best Addresses the Needs of Social Entrepreneurs, Investors, and, ultimately, The Public, Benefit Corporation White Paper 2013, abrufbar unter http://benefitcorp.net/sites/default/files/Benefit_Corporation_White_Paper.pdf.

zahlreicher Rechtsordnungen, die oft solchen Gesellschaften Wettbewerbsvorteile bieten, die gerade nicht nachhaltig agieren, anstatt denjenigen, die sich aktiv für Nachhaltigkeitsbelange einsetzen.[16]

Die genannten Aspekte zeigen, dass Sozialunternehmen nicht allein auf die bestehende gesellschaftsrechtliche Infrastruktur verwiesen werden sollten. Indes wird deutlich, dass ihre Regulierung eine ganze Reihe gesellschaftsrechtlicher Fragestellungen aufwirft. Zentral ist dabei die Suche nach gleichermaßen glaubwürdigen wie flexiblen Lösungen.[17] Glaubwürdigkeit ist im Hinblick auf die Absicherung der jeweiligen Zwecksetzung entscheidend – hier muss sichergestellt werden, dass das Unternehmen tatsächlich sozial agiert. Umgekehrt ist die Flexibilität des Regelungsregimes mit Blick auf die Attraktivität der Gesellschaftsform entscheidend. Denn sozial engagierte Unternehmer, die soziale Zwecksetzung und Gewinnerzielung in einem Geschäftsmodell zu kombinieren suchen, sollen nicht von der Wahl der zur Verfügung stehenden Rechtsformen abgeschreckt werden.

C. Die Regelungsansätze der EU: Zertifizierung versus eigene Rechtsform

I. Definition und Regelungskompetenz

Auf Unionsebene lassen sich erste Bestrebungen einer rechtlichen Regulierung sozialen Unternehmertums mithilfe des Gesellschaftsrechts im Jahr 2011 ausmachen, als die Kommission verlauten ließ, sie würde über einen Vorschlag für die Einführung eines Europäischen Statuts für Sozial-

---

16 Diesen gegenwärtigen Zustand diagnostizieren *B. Sjåfell* et al. im Rahmen ihres Sustainable Companies Project, vgl. *B. Sjåfell/B. Richardson*, The future of company law and sustainability, in: dies. (Hrsg.), Sustainability (Fn. 13), S. 312 (317).
17 *K. Sørensen/M. Neville*, Social Enterprises: How Should Company Law Balance Flexibility and Credibility?, EBOR 2014, S. 267.

unternehmen nachdenken.[18] Inzwischen geht die Kommission dabei von folgender Definition sozialen Unternehmertums aus:[19]

„Ein Sozialunternehmen ist ein Akteur der Sozialwirtschaft, dessen Hauptzweck darin besteht, gesellschaftliche Wirkungen zu erzielen, mehr noch, als Profite für ihre Eigentümer oder Aktionäre zu erreichen. Es agiert indem es den Märkten in unternehmerischer und innovativer Weise Güter und Dienstleistungen zur Verfügung stellt und nutzt seine Gewinne vorrangig dazu, soziale Zwecksetzungen zu erreichen. Es wird auf transparente und verantwortungsbewusste Weise geführt und bezieht insbesondere Arbeitnehmer, Verbraucher und andere Stakeholder mit ein, die von seinen unternehmerischen Aktivitäten betroffen sind."

Tatsächlich steht die Realisierung eines Europäischen Statuts für Sozialunternehmen derzeit noch nicht bevor. 2016 schlug die Expertengruppe der Kommission für soziales Unternehmertum (GECES) vielmehr sanfte rechtliche Maßnahmen der Union vor, um den Mitgliedstaten eine Hilfestellung zu geben, ihre eigenen Rechtsrahmen für soziales Unternehmertum zu entwickeln.[20] Insbesondere die Vorbereitung einer Empfehlung i.S.v. Art. 288 Abs. 4 AEUV wurde vorgeschlagen, die Mindestgrundsätze festlegen soll, um die Entwicklung einer rechtlichen Infrastruktur in den Mitgliedstaaten zu fördern.[21] Indes erfolgte 2013 mit der EuSEF-Verordnung die Einführung Europäischer Fonds zur Förderung sozialen Unter-

---

18 Mitteilung der Kommission an das Europäische Parlament, den Rat, den Europäischen Wirtschafts- und Sozialausschuss und den Ausschuss der Regionen, „Initiative für soziales Unternehmertum. Schaffung eines „Ökosystems" zur Förderung der Sozialunternehmen als Schlüsselakteure der Sozialwirtschaft und der sozialen Innovation", KOM(2011), 682 endg. vom 25.10.2011, S. 13.

19 Vgl. http://ec.europa.eu/growth/sectors/social-economy/enterprises_en sowie KOM(2011), 682 endg. (Fn. 18), S. 2, 3. Vergleichbare Definitionen finden sich in Art. 3 lit. d sowie Erwägungsgrund 13 der EuSEF-Verordnung (Verordnung (EU) Nr. 346/2013 des Europäischen Parlaments und des Rates vom 17. April 2013 über Europäische Fonds für soziales Unternehmertum, L. 115/18 vom 25.4.2013) und in Art. 2 Abs. 1 der VO (EU) 1296/2013 über ein Programm der Europäischen Union für Beschäftigung und soziale Innovation („EaSI"), ABl. 2013 L 347/238.

20 Bericht der Expertengruppe der Kommission für soziales Unternehmertum (GE-CES), "Social Enterprises and the Social Economy going forward", 2016, abrufbar unter http://ec.europa.eu/growth/tools-databases/newsroom/cf/itemdetail.cfm?item_id=9024&lang=de.

21 Bericht der GECES (Fn. 20), S. 31.

nehmertums[22] und hat das Europäische Parlament unlängst eine Studie zu einem Europäischen Statut für Sozialunternehmen in Auftrag gegeben, die 2017 abgeschlossen wurde und sich schwerpunktmäßig mit den Regelungsalternativen eines Zertifizierungssystems und einer eigenen Rechtsform für Sozialunternehmen befasst.[23] Diese beiden Regelungsansätze werden nicht nur vom Unionsgesetzgeber favorisiert, sondern stehen auch bei Regelgebern anderer Jurisdiktionen, wo bereits eine Regulierung sozialen Unternehmertums erfolgt ist, an erster Stelle. Da dementsprechend auf zwei verschiedenen Regelungsebenen gearbeitet wird, stellen sich Fragen im Hinblick auf die Kompetenzverteilung zwischen Union und Mitgliedstaaten. Aufgrund des Prinzips der begrenzten Einzelermächtigung (Art. 5 Abs. 1 und Abs. 2 EUV) darf die Union nur insofern tätig werden, als ihr eine entsprechende Zuständigkeit von den Mitgliedstaaten übertragen worden ist.[24]

Insoweit sticht Art. 114 AEUV hervor, der zur Rechtsangleichung aus Gründen der Binnenmarktförderung ermächtigt.[25] Das – mit Blick auf die Regulierung von Sozialunternehmen durchaus konstatierbare – Vorhandensein von Unterschieden in den nationalen Rechtsordnungen genügt insoweit nicht,[26] vielmehr bedarf es des konkreten Nachweises, dass Hemmnisse für die Grundfreiheiten bestehen bzw. deren Entstehung wahrscheinlich ist, oder aber dass spürbare Wettbewerbsverzerrungen zu befürchten sind.[27] Dies wird insbesondere bei grenzüberschreitenden Aktivitäten von Sozialunternehmen gegeben sein, eine Rechtsangleichungsmaßnahme, die dementsprechend auf große (oder sogar börsennotierte) Aktiengesellschaf-

---

22 VO (EU) 346/2013 (Fn. 19).

23 *Fici*, Social Enterprise (Fn. 3).

24 Mit Blick auf die Societas Unius Personae unlängst *S. Omlor*, Die Societas Unius Personae – eine supranationale Erweiterung der deutschen GmbH-Familie, NZG 2014, S. 1137 (1138).

25 Daneben kommt eine Kompetenz aufgrund von Art. 352 AEUV in Betracht; diese ist indes subsidiär gegenüber anderen Kompetenznormen und erfordert zudem Einstimmigkeit im Rat.

26 Bereits *K. Zweigert*, Grundsatzfragen der europäischen Rechtsangleichung, ihrer Schöpfung und Sicherung, in: E. v. Caemmerer/A. Nikisch/K. Zweigert (Hrsg.), Vom Deutschen zum Europäischen Recht. Festschrift für Hans Dölle, Bd. II, Tübingen 1963, S. 401 (405); EuGH v. 5.10.2000 – Rs. C-376/98 (*Bundesrepublik Deutschland./. Parlament und Rat*), Slg. 2000, I-8419, Rn. 83.

27 EuGH v. 10.12.2002 – Rs. C-491/01 (*British American Tobacco*), Slg. 2002, I-11453, Rn. 60; EuGH v. 12.12.2006 – Rs. C-380/03 (*Bundesrepublik Deutschland./. Parlament und Rat*), Slg. 2006, I-11573, Rn. 67.

ten beschränkt ist, stünde deshalb in Einklang mit den bisherigen Aktivitäten der europäischen Gesellschaftsrechtsharmonisierung, die sich vornehmlich auf kapitalmarktorientierte Kapitalgesellschaften konzentriert.[28] Dieser Ausrichtung folgen auch die verwandten Rechtsakte der CSR-Richtlinie und der Verordnung über Europäische Fonds für soziales Unternehmertum. Indes besteht – nicht nur mit Blick auf Sozialunternehmen – ein starkes Interesse kleiner und mittelständischer Unternehmen sowohl an der Entfaltung grenzüberschreitender Aktivitäten als auch an deren unionsrechtlicher Regulierung.[29] Diesen Perspektivenwechsel bei der Rechtsangleichung scheint nunmehr auch der Unionsgesetzgeber zu vollziehen, der hier seit einiger Zeit verschiedene Impulse setzt – etwa mit dem SPE-Vorschlag[30] sowie mit dem SUP-Projekt[31], aber auch im Rahmen des Aktionsplans Gesellschaftsrecht von 2012.[32] Daher wäre auch eine Regulierung von Sozialunternehmen in Form von KMU denkbar, auch hier freilich unter der Voraussetzung grenzüberschreitender Geschäftstätigkeit. Die auch insoweit favorisierten Regelungsansätze der Zertifizierung und der eigenen Rechtsform werden im Folgenden kurz erläutert.

II. Zertifizierung

Im Hinblick auf die Zertifizierung ist zunächst festzustellen, dass es sich dabei um keine gesellschaftsrechtliche Maßnahme handelt. Zertifizierung braucht nicht einmal auf staatlicher Rechtsetzung zu beruhen, sondern

---

28 *Möslein*, Reformperspektiven (Fn. 12), S. 176; ausführlich *S. Grundmann*, Europäisches Gesellschaftsrecht, 2. Aufl., Heidelberg 2011, S. 682-694.

29 *P. Hommelhoff*, Unternehmensleitung im grenzüberschreitenden KMU-Konzern nach dem FECG-Eckpunktepapier, in: Hommelhoff/Lutter/Teichmann (Hrsg.) (Fn. 1), S. 325 f. sowie die Nachweise dort bei Fn. 7.

30 Vorschlag für eine Verordnung des Rates über das Statut der Europäischen Privatgesellschaft, KOM(2008) 396 endg vom 25.6.2008. Die formale Rücknahme durch die Kommission erfolgte am 7.3.2015, Abl. C 80/17.

31 Vorschlag für eine Richtlinie des Europäischen Parlaments und des Rates über Gesellschaften mit beschränkter Haftung mit einem einzigen Gesellschafter, KOM(2014) 212 endg. vom 9.4.2014.

32 Aktionsplan Europäisches Gesellschaftsrecht und Corporate Governance, KOM(2012) 740 endg. vom 12.12.2012.

kann auch aufgrund privater Initiative erfolgen.[33] Für die Zertifizierung von Sozialunternehmen beurteilt eine private oder öffentliche Institution die sich bewerbenden Unternehmen und verleiht diesen – sofern sie die entsprechenden Kriterien erfüllen – das Zertifikat eines Sozialunternehmens. Auf diese Weise werden nicht „gute Produkte", sondern „gute Gesellschaften" zertifiziert.[34] Die Zertifizierung ist solchermaßen ein marktbasierter Regelungsmechanismus: Die Regeldurchsetzung erfolgt dadurch, dass Marktteilnehmer sowohl seitens der Verbraucher als auch seitens der Investoren aus ethischen Handlungsmotiven heraus zertifizierte Unternehmen gegenüber nicht-zertifizierten Unternehmen bevorzugen und dadurch für Unternehmen ein Anreiz besteht, die Zertifizierungsvoraussetzungen zu erfüllen.[35] Sie wirkt damit über den Hebel der Nachfrage verhaltenssteuernd.[36] Rechtsordnungen, die derzeit über Zertifizierungsregime verfügen, wie etwa die USA, das Vereinigte Königreich oder Dänemark, unterscheiden sich insbesondere mit Blick auf die Entscheidung, wem die Verantwortung für die Beurteilung und Kontrolle der zertifizierten Unternehmen übertragen wird – öffentlichen oder privaten Institutionen. Während in den USA entsprechend der dort überwiegenden Tradition das Gütesiegel einer *Certified B Corporation* durch eine private gemeinnützige Organisation namens *B Lab* verliehen wird,[37] vertrauen Dänemark und das Vereinigte Königreich diese Aufgabe staatlichen Behörden an.[38]

---

33 Aus US-amerikanischer Perspektive *D. Brakman Reiser*, Benefit Corporations – A Sustainable Form of Organization?, Wake Forest L. Rev. 46 (2011), S. 591 (594); *R. T. Esposito*, The Social Enterprise Revolution in Corporate Law, Wm. & Mary Bus. L. Rev. 4 (2013), S. 639 (695); aus europäischer Perspektive *F. Möslein*, Europäische Zertifizierung mitgliedstaatlichen GmbH-Rechts, ZHR 176 (2012), S. 470; *F. Möslein/A.-C. Mittwoch*, Soziales Unternehmertum im US-amerikanischen Gesellschaftsrecht, RabelsZ 80 (2016), S. 399 (406 ff.).

34 *R. Honeyman*, The B Corp Handbook, Oakland, Ca.: Berrett-Koehler Publishers 2014, S. 12.

35 Eingehend *Möslein*, Zertifizierung (Fn. 33), S. 470 ff.; näher zu Verbrauchern als Nachfrager sozialen Unternehmertums die Beiträge in *M. Micheletti* (Hrsg.), Political Virtue and Shopping, New York: Palgrave Macmillan US 2003; näher zu Investoren als Nachfrager von Sozialunternehmen als Anlagemöglichkeit *C. Clark/J. Emerson/B. Thornley,* The Impact Investor: Lessons in Leadership and Strategy for Collaborative Capitalism, New Jersey et al.: Wiley 2014.

36 *Möslein*, Zertifizierung (Fn. 33), S. 481 ff., Fn. 50, dort auch näher zu Merkmalen und Funktionsweise marktbasierter Regulierung.

37 Näher *Möslein/Mittwoch*, Soziales Unternehmertum (Fn. 33), S. 406 ff. sowie die Nachweise dort bei Fn. 27.

38 *Sørensen/Neville*, Social Enterprises (Fn. 17), S. 275.

III. Eigene Rechtsform für Sozialunternehmen

Unter Rückgriff auf die zweite Regelungsalternative haben einige Mitgliedstaaten der EU sowie einige weitere Rechtsordnungen besondere Rechtsformen für Unternehmen eingeführt, dies anstelle oder zusätzlich zur Zertifizierungsvariante.[39] Damit soll jeweils ein eigener Rechtsrahmen für Sozialunternehmen geschaffen werden, um deren Besonderheiten gerecht zu werden. In den USA hat sich die Rechtsform der *Benefit Corporation,* die den Anforderungen der Unternehmen, die soziale Zwecksetzungen und Gewinnerzielung kombinieren, eine eigene rechtliche Infrastruktur für ihre Aktivitäten zur Verfügung stellt, als recht erfolgreich erwiesen. Seit 2010 haben bereits 34 Bundesstaaten entsprechende Statuten erlassen, die sich größtenteils am Modellgesetz der Model Benefit Corporation Legislation orientieren.[40] Bei den Unternehmen, die diese Rechtsform nutzen, handelt es sich keinesfalls nur um kleine Betriebe oder Startups, sondern auch um international bekannte, mitunter börsennotierte Unternehmen wie *Patagonia* und *Plum Organics.* Kernelement der speziellen Rechtsform besteht in ihrer zwingend vorgeschriebenen und statutarisch zu fixierenden sozialen Zwecksetzung. Die Gesellschaften sind gezwungen, sich per Satzungsklausel auf einen „purpose of creating a general public benefit" zu verpflichten; zusätzlich besteht die Möglichkeit der satzungsmäßigen Festlegung einer oder mehrerer „specific public benefits".[41] Der allgemeine Zweck wird definiert als "material positive impact on society and the environment [...] from the business and operation," der an einem „third-party standard" zu messen ist,[42] während die spezifischen Zwecke durch eine exemplarische Liste von Gemeinwohlbelangen illus-

---

39 So hat beispielsweise Italien mit der Società Benefit eine Gesellschaftsform eingeführt, die sich stark am US-amerikanischen Modell orientiert. Die bereits 2006 eingeführte Impresa Sociale wurde im Juli 2017 reformiert und sieht seitdem ebenfalls die Möglichkeit einer Kombination von Gemeinwohlorientierung und Gewinnerzielung vor, näher *A. Bartolacelli,* Le società benefit: responsabilità sociale in chiaroscuro, Non profit 2017, S. 253.

40 Model Benefit Corporation Legislation (2017), abrufbar unter http://benefitcorp.net/sites/default/files/Model%20benefit%20corp%20legislation%20_4_17_17.pdf (im Folgenden MBCL). Die aktuelle Version datiert vom 17.4.2017, einige Statuten beruhen freilich auf früheren Fassungen, die in Einzelheiten von der aktuellen Fassung abweichen.

41 § 201(a) und (b) MBCL.

42 Model Benefit Corporation Legislation §§ 102, 201(a), 401-02 (2017).

triert werden, auf der sich unter anderem der Umweltschutz, die Gesundheitsvorsorge oder die Versorgung benachteiligter Individuen oder Gruppen findet.[43] Interessanterweise existieren in den USA eigene Rechtsform und Zertifizierungssystem nebeneinander, wobei dem erstgenannten Regelungsinstrument Priorität eingeräumt wird: Gesellschaften, die das Zertifikat einer *Certified B Corporation* erhalten, müssen sich innerhalb eines bestimmten Zeitraums in die Rechtsform der Benefit Corporation umwandeln.[44] Zudem ist in einigen Bundesstaaten die Rechtsform der *Benefit Corporation* zwingende Voraussetzung für die Zertifizierung als B Corp. Die Regelungsinstrumente stehen also nicht im Alternativverhältnis, sondern können parallel eingeführt werden.

IV. Bewertung

In der EU wird die Einführung einer eigenen Rechtsform für Sozialunternehmen derzeit als wünschbar aber wenig realistisch betrachtet; das bereits erwähnte Gutachten, das das Europäischen Parlament in Auftrag gegeben hat, verweist insoweit auf die derzeitige negative politische Atmosphäre im Zusammenhang mit der Rechtsangleichung durch Richtlinien sowie die Einführung neuer europäischer Gesellschaftsformen.[45] Indes ist sich die Kommission des Bedarfs an einer geeigneten Regulierung von Sozialunternehmen bewusst und favorisiert insoweit die Einführung eines Zertifizierungssystems. Für diese Präferenz sprechen mehrere Argumente.[46] Zentral ist der Umstand, dass die Zertifizierung einen Rechtsform-

---

43 § 201(a) und (b) MBCL; näher *Möslein/Mittwoch*, Soziales Unternehmertum (Fn. 33), S. 412 f.
44 Kritik an dieser Vorgehensweise mit Blick auf die bestehenden Geschäftsleiterpflichten bei *M. F. Doeringer*, Fostering Social Enterprise: A Historical and International Analysis, Duke J. Comp. & Int'l. L. 20 (2010), S. 291 (305 f.); *S. J. Haymore*, Public(ly Oriented) Companies: B Corporations and the Delaware Stakeholder Provision Dilemma, Vand. L. Rev. 64 (2011), S. 1331 (1323).
45 *Fici*, Social Enterprise (Fn. 3), S. 36.
46 Zum Folgenden *Fici*, Social Enterprise (Fn. 3), S. 21 f. In den verschiedenen Rechtsordnungen der Mitgliedstaaten lässt sich indes noch keine eindeutige Tendenz zugunsten einer der beiden Regelungsansätze erkennen. So existieren in Frankreich, Großbritannien und Italien spezielle Rechtsformen für Sozialunternehmen, während Italien und Belgien Gesellschaften verschiedener Rechtsformen den Status eines Sozialunternehmens verleihen, was dem Ansatz der Zertifizierung entspricht, vgl. die Studie von *Esela,* Developing Legal Systems (Fn. 2), S. 10.

wechsel der Unternehmen und die damit einhergehenden Transaktionskosten vermeidet. Stattdessen wird der Status eines Sozialunternehmens erworben und verloren, ohne dass sich die jeweilige Gesellschaft auflösen und in der „richtigen" Rechtsform neugründen muss. Wenn das Unternehmen die Voraussetzungen für die Qualifikation als Sozialunternehmen nicht mehr erfüllt, ist es zudem möglich, diesen Status ohne größere Schwierigkeiten wieder zu entziehen, ohne dass eine Auflösung oder Umwandlung der Gesellschaft erforderlich wird.[47] Zudem bietet ein Zertifizierungsregime den Vorteil, dass jedes Sozialunternehmen aus der Vielzahl der Rechtsformen, die in jeder Rechtsordnung angeboten werden, die jeweils am besten geeignete wählen kann, ohne dass ein Rechtsformzwang für nur eine bestimmte Gesellschaftsform bestünde und sorgt solchermaßen für verbesserte Flexibilität. Umgekehrt ist die Zertifizierung ähnlich wie eine eigene Rechtsform geeignet, eine gemeinsame Identität der Sozialunternehmen zu begründen. Vor dem Hintergrund dieser Argumente scheint die Einführung eines Europäischen Zertifizierungsregimes für Sozialunternehmen zumindest derzeit wahrscheinlicher als die Einführung einer eigenen Rechtsform vergleichbar der US-amerikanischen *Benefit Corporation*. Unabhängig davon, welche Lösung letztlich gewählt wird, stellen sich im Hinblick auf die Ausgestaltung der Regulierung ganz ähnliche Fragen. Die folgenden Ausführungen beziehen sich daher auf beide Regelungsansätze.

D. Die Bedeutung der Geschäftsleiterpflichten für die Wahrung der sozialen Zwecksetzung

Zu den Problemfeldern der Regulierung von Sozialunternehmen gehören die Definition der sozialen Zwecksetzung, die Regulierung von Gewinnausschüttung und Rechnungslegung, die Statuierung weitergehender Offenlegungs- und Berichtspflichten sowie der Geschäftsleiterpflichten.[48]

---

47 *Sørensen/Neville*, Social Enterprises (Fn. 17), S. 277 f. Freilich darf dabei nicht die Kontinuität zu Lasten der Glaubwürdigkeit der Rechtsform gemindert werden.

48 *H. Sabeti*, Fourth Sector Network Concept Working Group, The Emerging Fourth Sector – A New Sector of Organizations at the Intersection of the Public, Private, and Social Sectors, 2009, abrufbar unter: https://www.aspeninstitute.org/publications/emerging-fourth-sector-executive-summary; vgl. auch *M. Yunus*, Creating a World Without Poverty: Social Business and the Future of Capitalism, New York: PublicAffairs 2007.

Zentral sind die Letztgenannten. Denn unabhängig vom jeweils gewählten Regelungsregime spielen Geschäftsleiterpflichten eine Schlüsselrolle im Hinblick auf Beurteilung und Durchsetzung der sozialen Zwecksetzung.[49] Geschäftsleiter sind nicht nur die zentralen Entscheidungsträger eines Unternehmens, sondern auch verantwortlich für die Erfüllung der Berichtspflichten und haben – zumindest im Grundsatz – über die Gewinnverwendung zu entscheiden.[50] Hinzu kommt, dass Regeln zur Begrenzung der Gewinnausschüttung, die insbesondere aus kontinentaleuropäischer Perspektive einen wichtigen Mechanismus zur Wahrung der sozialen Zwecksetzung darstellen, infolge der Kombination von Gewinnerzielung und gemeinwohlorientierter Ausrichtung als Regelungsmechanismus nicht mehr zwingend erforderlich erscheinen. Gerade in den USA begreift man diese Kombination als Charakteristikum jenes aufstrebenden und eigenständigen vierten Wirtschaftssektors, der im Gegensatz zum karitativen, wohltätigen Engagement des sogenannten dritten Sektors[51] eine Verbindung von Profitorientierung und Gemeinwohl zulässt, ja sogar erfordert.[52] Solchermaßen kommt die US-amerikanische *Benefit Corporation* ganz ohne Regelungen zur Begrenzung der Gewinnausschüttung aus; gegenüber den traditionell gewinnorientiert arbeitenden Unternehmen bestehen insoweit keine Besonderheiten.[53] Dadurch kommt es für die Wahrung der sozialen

---

49 Zur nachhaltigkeitsorientierten Regulierung von Geschäftsleiterpflichten in traditionellen, profitorientierten Unternehmen *B. Clarke*, The role of board directors in promoting environmental sustainability, in: Sjåfell/Richardson, Sustainability (Fn. 13), S. 148.

50 Freilich sind Anteilseigner entsprechend des jeweils anwendbaren Gesellschaftsrechts an der Entscheidung zu beteiligen.

51 Näher *S. A. Jansen*, Begriffs- und Konzeptgeschichte von Sozialunternehmen. Differenztheoretische Typologisierungen, in: S. A. Jansen/R. G. Heinze/M. Beckmann (Hrsg.), Sozialunternehmen in Deutschland, Heidelberg 2013, S. 35. Speziell zum sozialethischen Gehalt der Genossenschaftsidee, *V. Beuthien*, Genossenschaftsrecht: woher – wohin? Hundert Jahre Genossenschaftsgesetz 1889-1989, Göttingen 1989, S. 12 ff.

52 Näher *J. Defourny*, Social Enterprise in an Enlarged Europe: Concept and Realities (2004), abrufbar unter http://www.ces.ulg.ac.be/uploads/Defourny_J__2004__Social_enterprise_in_a_enlarged_Europe__concepts_and_realities.pdf.

53 Kritisch *S. Munch*, Improving the Benefit Corporation: How Traditional Governance Mechanisms Can Enhance The Innovative New Business Form, 7 Northwestern Journal of Law & Social Policy 2012, S. 170 (189) und *Brakman Reiser*, Benefit Corporations (Fn. 33), S. 612.

Zwecksetzung letztlich entscheidend auf die Gestaltung der Geschäftsleiterpflichten an.

E. Die Gestaltung der Geschäftsleiterpflichten

Bei der Gestaltung der Geschäftsleiterpflichten in Sozialunternehmen bestehen zwei Problemkreise, die unmittelbar aus dem Hauptcharakteristi-
kum der Unternehmensform – "uniquely committed to simultaneously
earning profits for the shareholders and creating social and environmental
benefits" – folgen.[54] Beide ergeben sich aus einer Änderung der Pflichten-
bindung sowie einer Erweiterung der rechtlichen Verantwortung der Ge-
schäftsführer, die nicht mehr primär dafür Sorge zu tragen haben, dass das
Unternehmen Gewinne generiert, sondern zudem sicherstellen müssen,
dass die Gemeinwohlorientierung des Unternehmens auch in seiner Geschäftstätigkeit zum Ausdruck kommt und seine soziale Zwecksetzung tatsächlich erreicht wird. Schon die Messung des letzteren Aspekts kann
Schwierigkeiten bereiten. Komplexere Anforderungen ergeben sich indes
aus der Interessenpluralität, die aus den scheinbar diametral entgegenge-
setzten Interessen der Gewinnerzielung einerseits und der Gemeinwohlorientierung andererseits folgt.[55] Geht diese einher mit einem Abwägungsermessen der Geschäftsleiter, wie es für die deutsche Aktiengesellschaft seit
2005 in § 93 Abs. 1 S. 2 AktG vorgesehen ist,[56] und fehlt gleichzeitig eine
klare Priorisierung verschiedener Stakeholderinteressen, können handeln-
de Organe oft nicht sicher sein, welche Interessen sie jeweils mit welcher
Gewichtung zu berücksichtigen haben. Auch ist unklar, nach welchen
Maßstäben Gerichte entscheiden werden, wenn die Gewichtung verschie-

---

54 *Esposito*, Social Enterprise Revolution (Fn. 33), S. 681.

55 Überblicksweise *H. Fleischer*, in: Spindler/Stilz, Aktiengesetz, 3. Aufl. 2015, § 76
Rn. 34 f.; *J. Blount/K. Offei-Danso*, The Benefit Corporation: A Questionable So-
lution to a Non-Existent Problem, St. Mary's Law Journal 44 (2013), S. 617.

56 Die Transplantation der aus dem US-amerikanischen Recht stammenden Business
Judgement Rule in das deutsche Aktienrecht erfolgte anlässlich der ARAG/
Garmenbeck-Entscheidung des *BGH*, BGHZ 135, 244, dazu unlängst *A. Baur/P.
Holle*, Zur privilegierenden Wirkung der Business Judgement Rule bei Schaffung
einer angemessenen Informationsgrundlage, AG 2017, S. 597.

dener Interessen streitig ist.[57] Um diesen Konflikt abzumildern, sind verschiedene Regulierungsansätze denkbar. Einmal lassen sich spezifische Geschäftsleiterpflichten formulieren, zum anderen kann durch die personelle Zusammensetzung des Leitungsorgans Abhilfe geschaffen werden. Schließlich ist insoweit auch die Durchsetzung der Geschäftsleiterpflichten von Bedeutung.[58]

I. Spezifizierung einzelner Geschäftsleiterpflichten

Angesichts des zunächst abstrakten Konzepts der sozialen Zwecksetzung scheint fraglich, ob spezielle Pflichten für die Geschäftsleiter von Sozialunternehmen formuliert werden können und wie diese idealerweise auszusehen haben.[59] Die Problematik, dass zur Förderung des Gemeinwohls geeignete Handlungsoptionen ungleich schwieriger zu beurteilen sind als Maßnahmen zur Erzielung von Gewinnen, ist indes nicht neu, sondern aus dem Recht der Organisationen des dritten, genuin gemeinnützigen Sektors gut bekannt. Dort wird das Problem regelmäßig durch eine genaue Beschreibung der Zwecksetzung in der Satzung der jeweiligen gemeinnützigen Organisation gelöst, weniger durch die Festlegung spezifischer Einzelpflichten im Gesetz. Eine präzise satzungsmäßige Zweckbestimmung verschafft Geschäftsleitern Kenntnis darüber, an welchen Zielen sie ihre unternehmerischen Entscheidungen auszurichten haben und welche Vorgaben im Rahmen der Geschäftätigkeit zu erreichen sind.[60] Die handelnden Organe von Non-profit Organisationen sind dabei gesetzlich verpflichtet, das Hinarbeiten auf die jeweils statuierten sozialen Zwecke zu überwachen und die erfolgreiche Zweckerreichung im Rahmen der Geschäftstä-

---

57 Zu der Befürchtung im US-amerikanischen Recht, dass die Gerichte mangels hinreichend klarer Alternativen letztlich wieder auf das Primat des Aktionärsinteresses rekurrieren könnten W. *Clark/E. Babson*, How Benefit Corporations are Redefining the Purpose of Business Corporation, William Mitchell Law Review 38 (2012), S. 817 (831).

58 Für diese Schwerpunktsetzung auch *Sørensen/Neville*, Social Enterprises (Fn. 17), S. 290 ff.

59 *J. Haskell Murray*, Social Enterprise and Investment Professionals: Sacrificing Financial Interests, Seattle University Law Review 40 (2017), S. 765 (781); *B. H. McDonnell*, Benefit Corporations and Public Markets: First Experiments and Next Steps, Seattle University Law Review 40 (2017), S. 717 (731 ff.).

60 Vgl. auch *Sørensen/Neville*, Social Enterprises (Fn. 17), S. 290.

tigkeit sicherzustellen,[61] freilich in Einklang mit den geltenden rechtlichen Rahmenbedingungen.[62] Zu letzteren gehören insbesondere öffentlich-rechtliche sowie strafrechtliche Normen, auch steuerrechtliche Bestimmungen spielen eine zentrale Rolle, da Non-profit Organisationen für gewöhnlich steuerliche Vergünstigungen genießen.[63] Zudem wird die Wahrung der sozialen Zwecksetzung durch Berichtspflichten abgesichert, dies freilich in erheblich geringerem Umfang als bei gewinnorientierten Unternehmen. Bei alledem ist das Konzept der sozialen Zwecksetzung offen gehalten und dadurch flexibel. Eine allgemeine gesetzliche Definition fehlt für gewöhnlich; stattdessen sind die Organisationen in der Pflicht, ihre jeweilige Zwecksetzung zu bestimmen und in ihrer Satzung klar zu definieren. Im übrigen obliegt die Entwicklung von Konkretisierungsmaßstäben sowie von Verfahren für die konkrete Umsetzung des Organisationszwecks der Geschäftsleitung.[64] Somit bedarf es keiner gesetzlichen Verankerung spezifischer Geschäftsleiterpflichten.

Dieser Regelungsansatz macht auch im Zusammenhang mit den auf Gewinnerzielung angelegten, unternehmerisch handelnden Sozialunternehmen des vierten Sektors Sinn. Auch hier erhöht der Verzicht auf die gesetzliche Definition spezifischer Geschäftsleiterpflichten die Flexibilität des Unternehmens. Umgekehrt sorgt die gesetzliche Pflicht zur präzisen Bestimmung der sozialen Zwecksetzung in der Satzung dafür, dass die handelnden Organe daraus ihr insoweit bestehendes Pflichtenprogramm ableiten können und mildert dadurch aus dem offenen Konzept der sozia-

---

61 Dies folgt in Deutschland für allgemein als gemeinnützig anerkannte Körperschaften aus § 63 AO, zudem ist die Pflicht zur Einhaltung des Satzungswillens bei Non-Profit-Organisationen Ausfluss den sog. Legalitätsprinzips, näher *J. Stürner,* Geschäftsleitung in fremdnützigen Organisationen, Baden-Baden 2014, S. 245 ff.; für den Verein *B. Reichert,* Handbuch des Vereins- und Verbandsrechts, 12. Aufl., München 2009, Rn. 2602; für die Stiftung *A. Frhr. v. Campenhausen/A. Richter,* Stiftungsrechts-Handbuch, 4. Aufl., München 2014, § 8 S. 274 ff.

62 In Deutschlang etwa §§ 55, 56, 59 AO zur satzungsmäßigen Mittelverwendung und §§ 31, 31a BGB betreffend die Haftung von Organmitgliedern und besonderen Vertretern von Vereinen; ausführlich *Stürner,* Geschäftsleitung (Fn. 61), S. 231 ff.

63 Dies gilt in Deutschland auch für die gemeinnützigen Kapitalgesellschaften, der gAG und gGmbH, deren Erträge gem. § 55 Abs. 1 Nr. 1 S. 2 AO nur für gemeinnützige Zwecke verwendet werden dürfen.

64 Einzelheiten mit Blick auf die Stiftung bei *S. Schwintek,* Vorstandskontrolle in rechtsfähigen Stiftungen bürgerlichen Rechts, Baden-Baden 2001, S. 130 ff. Für eine Übertragung der dort genannten Grundsätze auf andere Rechtsformen der Non-Profit-Organisationen *Stürner,* Geschäftsleitung (Fn. 61), S. 246.

len Zweckbindung resultierende Unsicherheiten ab. Auch angesichts der Vielzahl denkbarer sozialer Zwecke erscheint diese Lösung vorzugswürdig.

Ganz ähnliche Überlegungen gelten im Zusammenhang mit der Problematik, wie die scheinbar gegensätzlichen Ziele Gemeinwohlförderung und Gewinnorientierung miteinander ins Gleichgewicht zu bringen sind. Dieser Interessenpluralismus birgt nämlich bei unklarem Verhältnis der verschiedenen Interessen zueinander die Gefahr, dass der konkret zulässige Handlungsspielraum für die Geschäftsleiter nicht ersichtlich ist und dass sich jedwedes Vorstandshandeln unter Berufung auf das eine oder andere Interesse rechtfertigen lässt.[65] Die US-amerikanischen Regelungen über die Benefit Corporation mildern diese Gefahr ab, indem sie normativ festlegen, dass die Geschäftsleiter bei der Einschätzung der Auswirkungen ihres Handelns die Interessen der Aktionäre, der Arbeitnehmer, der Kunden und der durch den gemeinwohlorientierten Zweck Begünstigten zu berücksichtigen haben; zudem soziale Faktoren, Auswirkungen auf die Umwelt, die kurz- und langfristigen Interessen der Gesellschaft sowie deren Fähigkeit, ihren gemeinwohlorientierten Zweck erfüllen zu können.[66] Die Berücksichtigung von Stakeholder- und statuierten Gemeinwohlinteressen neben dem Aktionärsinteresse wird also zwingend vorgeschrieben, ohne dabei eine Gewichtung festzulegen. Mit Rücksicht auf die vielfältigen Möglichkeiten der Kombination von Gewinnerzielung und Gemeinwohlbelangen im Rahmen von hybriden Geschäftsmodellen ist eine normative Vorgabe zur Gewichtung beider Interessen im Sinne einer „one size fits all" Lösung auch nicht sinnvoll. Umgekehrt kann es von Vorteil sein, den Geschäftsleitern insoweit ein gesteigertes Abwägungsermessen zuzubilligen, um ihre Flexibilität und letztlich die unternehmerische Freiheit nicht zu sehr einzuschränken.[67] Schließlich ist die Verbindung von finanzieller und sozialer Wertschöpfung nur schwer in Form einer Binärstruktur von Profit und Gemeinnutz zu erfassen, was einer präzisen rechtlich verbindli-

---

65 Zum Folgenden aus US-amerikanischer Perspektive *Möslein/Mittwoch*, Soziales Unternehmertum (Fn. 33), S. 414 ff.; ebenfalls mit Blick auf soziales Unternehmertum *Möslein*, Reformperspektiven (Fn. 12), S. 176.

66 § 301 (a) MBCL. Die Mehrheit der Staaten orientiert sich an der Formulierung des Modellgesetzes.

67 In diese Richtung *Clark/Babson*, Benefit Corporations (Fn. 57), S. 841. Kritisch aus Gründen möglichen Missbrauchs durch die Geschäftsleiter *J. Callison,* Benefit Corporations, Innovation and Statutory Design, Regent Univ. L. Rev. 26 (2013), S. 144 (156).

chen Priorisierung für alle denkbaren Fälle entgegensteht.[68] Hier zeigt sich deutlich, welche hohen Anforderungen die Regulierung von Sozialunternehmen an Regelgeber weltweit stellt. Dies mag auch daran liegen, dass das Aufstreben des vierten Sektors weit mehr Potenzial für gesellschaftliche Innovation bietet und gleichzeitig selbst weit innovativer ist als die bloße Schaffung eines neuen Geschäftsmodells.

II. Personelle Struktur des Leitungsorgans

Ein strukturelles Instrument, um die soziale Zwecksetzung im Rahmen der Geschäftsleiterpflichten abzusichern, liegt darin, eine spezifische personelle Zusammensetzung der Leitungsorgane von Sozialunternehmen normativ vorzugeben. Anders als in den USA stehen kontinentaleuropäische Regelgeber solchen strukturellen Vorgaben für Leitungsorgane von Unternehmen eher offen gegenüber, wenn es darum geht, die Wahrung bestimmter Stakeholderinteressen unternehmensverfassungsrechtlich abzusichern. So wird etwa das deutsche Mitbestimmungsrecht, das Arbeitnehmern eine formale Rolle in der Governance zugesteht, nach wie vor als Musterbeispiel für das „Stakeholdermodell" genannt, auch wenn dieses System seit einigen Jahren der Erosion ausgesetzt ist.[69] Überträgt man diesen Gedanken auf die Absicherung der Gemeinwohlorientierung des Sozialunternehmens, scheint es zunächst naheliegend, Repräsentanten der durch die soziale Zwecksetzung jeweils begünstigten Stakeholdergruppen in das Leitungsorgan der Gesellschaft aufzunehmen, um durch ihre Mitwirkung an Entscheidungsprozessen für mehr Balance zwischen den konfligierenden Zielen von Gewinnerzielung und Gemeinwohl zu sorgen. Indes kann es Schwierigkeiten bereiten, die jeweils begünstigten Stakeholder zu identifizieren, insbesondere wenn der Unternehmenszweck breiter definiert ist oder wenn die soziale Zwecksetzung mehrere Stakeholder-

---

68 *B. L. Massetti*, The social entrepreneurship matrix as a "tipping point" for economic change, Emergence: Complexity and Organization 10 (2008), S. 1.

69 Zum ersten Aspekt *J. W. Salacuse*, Corporate Governance, Culture and Convergence: Corporations American Style or with a European Touch?, 9 L. & Bus. Rev. Am. (2003), S. 33 (47); zum zweiten Aspekt *W. Bayer*, Die Erosion der deutschen Mitbestimmung, NJW 2016, S. 1930.

gruppen erfasst.[70] Vorzugswürdig scheint demgegenüber die Aufnahme unabhängiger Organe in das Leitungsgremium, die sich speziell der Wahrung der sozialen Zwecksetzung widmen. Solchermaßen sehen die US-amerikanischen Gesellschaftsrechte für Benefit Corporations mehrheitlich die Pflicht vor, einen speziellen Benefit Director zu ernennen;[71] zudem ist in einigen Staaten die Ernennung eines Benefit Officers möglich.[72] Zusätzlich zu den herkömmlichen Rechten und Pflichten eines Geschäftsleiters kommt dem Benefit Director und dem Benefit Officer eine beurteilende und überwachende Funktion im Hinblick auf den gemeinwohlorientierten Zweck zu.[73] Sie haben regelmäßige Einschätzungen darüber abzugeben, dass die Gesellschaft und ihre Vorstände in Einklang mit dem gemeinwohlorientierten Unternehmenszweck agieren,[74] was insbesondere im Rahmen des Benefit Reports relevant wird, der von der Gesellschaft zur Erfüllung ihrer Offenlegungspflichten regelmäßig abzugeben ist.[75] Falls das Unternehmen hinter seiner statuierten sozialen Zielsetzung zurückbleibt, haben Benefit Director und Benefit Officer die Gründe hierfür offenzulegen, was zweifelsohne eine bedeutende Ergänzung der herkömmlichen Berichtspflichten darstellt und deutlich über das hinausgeht, was im Rahmen der Corporate Social Responsibility von Unternehmen erwartet wird, die bislang in der Regel dem Comply or Explain Ansatz folgt.[76] Um die zur effizienten Erfüllung dieser Pflichten erforderliche Un-

---

70 *Sørensen/Neville*, Social Enterprises (Fn. 17), S. 293 mit Hinweisen auf ähnliche Probleme im Zusammenhang mit der Einführung der Community Interest Company im Vereinigten Königreich.

71 Das Modellgesetz beschränkt die Pflicht zur Ernennung des Benefit Directors auf solche Benefit Corporations, deren Anteile öffentlich gehandelt werden; im Übrigen besteht die Möglichkeit der Ernennung, § 302 (a) MBCL. Für einen Überblick über die verschiedenen Staaten *Brakman Reiser*, Benefit Corporations (Fn. 33), S. 605.

72 Dies entspricht der Regelung in § 304 (a) MBCL.

73 Näher zum Folgenden *Möslein/Mittwoch*, Soziales Unternehmertum (Fn. 33), S. 417 ff. mwN.

74 Davon erfasst sind freilich auch die Ermessensentscheidungen der Geschäftsleiter im Hinblick auf die Abwägung des gemeinwohlorientierten Zwecks mit dem Aktionärsinteresse an Gewinnmaximierung sowie der verschiedenen gemeinwohlorientierten Zwecke untereinander.

75 Vgl. etwa § 401 f. MBCL; näher *Brakman Reiser*, Benefit Corporations (Fn. 33), S. 604, auch zu den Gemeinsamkeiten und Unterschieden.

76 Zum Prinzip des Comply or Explain unlängst *P. C. Leyens*, Comply or Explain im Europäischen Privatrecht – Erfahrungen im Europäischen Gesellschaftsrecht und Entwicklungschancen des Regelungsansatzes, ZEuP 2016, S. 338. Die CSR-Richt-

abhängigkeit beider Organe zu stärken, sind Benefit Director und Benefit Officer von einer persönlichen Haftung für mögliche Verletzungen ihrer Beurteilungspflichten befreit, solange sie in gutem Glauben handeln und sich keine vorsätzliche Rechtsverletzung zu Schulden kommen lassen.[77] Insgesamt lassen sich deutliche Vorzüge des Konzepts der Aufnahme unabhängiger Organe in das Leitungsorgan ausmachen, dies ist jedenfalls einer direkten Stakeholderbeteiligung an Governancefragen vorzuziehen.

III. Durchsetzung der Geschäftsleiterpflichten

Die Regelung von Geschäftsleiterpflichten wirft schließlich die Frage nach deren Durchsetzung auf. Sanktionen für den Fall einer Pflichtverletzung können ein wichtiges Instrument sein, um die soziale Zweckbindung eines Unternehmens effektiv abzusichern. Umgekehrt sollte auch hier die Haftung nicht zu weit reichen, um Attraktivität und Flexibilität der Rechtsform nicht in Frage zu stellen.[78] Infolgedessen ist es sinnvoll, den durch die soziale Zwecksetzung begünstigten Stakeholdern kein eigenes Klagerecht zuzugestehen, solange sie nicht gleichzeitig zum Kreis der Direktoren oder Anteilseigner des Unternehmens zählen.[79] Zur Begründung kann auf die Ausführungen zur Struktur des Leitungsorgans verwiesen werden:[80] Je breiter die Definition der sozialen Zwecksetzung ist, desto schwieriger ist es, die klageberechtigten Stakeholder zu identifizieren, wodurch das Haftungsrisiko im Hinblick auf mögliche Anspruchsteller schwer überschaubar wird.[81]

---

linie (Fn. 4) gibt dieses nun teilweise auf und erstreckt die Berichtspflichten auch auf nichtfinanzielle Ziele. Kritisch hierzu *P. Hommelhoff*, Aktuelle Impulse aus dem europäischen Unternehmensrecht: Eine Herausforderung für Deutschland, NZG 2015, S. 1329 (1330 f.); teilweise zustimmend *M. Nietsch*, Nachhaltigkeitsberichterstattung im Unternehmensbereich ante portas: Der Regierungsentwurf des CSR-Richtlinie-Umsetzungsgesetzes, NZG 2016, S. 1330 (1334).

77 § 302 (e) MBCL.

78 *Sørensen/Neville*, Social Enterprises (Fn. 17), Fn. 99. mwN.

79 Mit Blick auf die US-amerikanische Benefit Corporation vgl. *D. Brakman Reiser*, Theorizing Forms for Social Enterprise, Emory Law Review 2013, S. 681.

80 Vgl. unter E. II.

81 *Sørensen/Neville*, Social Enterprises (Fn. 17), S. 295 f.; *Möslein/Mittwoch*, Soziales Unternehmertum (Fn. 33), S. 425.

Doch auch ohne eigenes Klagerecht der jeweils begünstigten Stakeholder bleiben ausreichend Haftungsinstrumente, um Fehlverhalten der Geschäftsleiter angemessen zu sanktionieren. Zunächst ist sicherlich an die Kräfte des Marktes sowie private oder öffentliche Institutionen zu denken. Letztere sind vor allem mit Blick auf die Zertifizierungsregime effektiv, zumal Gesellschaften, die die entsprechenden Zertifizierungskriterien nicht erfüllen, keine Zertifizierung als Sozialunternehmen erhalten bzw. ihnen dieses wieder entzogen wird. Aber auch im Fall der eigenen Rechtsform entfaltet das Instrument einer Sanktionierung durch Marktmechanismen Wirkung infolge der Informationen, die den Marktteilnehmern im Rahmen der Offenlegungspflichten zur Verfügung zu stellen sind. Freilich wirken solche marktbezogenen Sanktionsmechanismen nicht so unmittelbar effizient wie Klagebefugnisse gegen die Gesellschaft oder ihre Handlungsorgane. Daher ist entscheidend, inwieweit man Anteilseignern das Recht zugestehen – oder sogar die Pflicht auferlegen[82] – sollte, die Einhaltung von Geschäftsleiterpflichten und damit die Gemeinwohlorientierung von Sozialunternehmen klageweise durchzusetzen oder bei Fehlverhalten insoweit eine Haftung auszulösen. Dabei stellt sich wiederum die Frage, ob und inwieweit bestehende gesellschaftsrechtliche Haftungsregime ergänzt werden müssen, um den Besonderheiten der Sozialunternehmen Rechnung zu tragen.

Das US-amerikanische Recht verbindet hier Haftungserweiterungen mit Haftungseinschränkungen: Erweitert wird die Haftung von Benefit Corporations gegenüber rein gewinnorientierten Unternehmen dadurch, dass Aktionäre neben dem herkömmlichen Klagerecht bei pflichtwidriger Verletzung von Vermögensinteressen der Gesellschaft durch die Geschäftsleiter (sog. derivative suit)[83] über ein zusätzliches Klagerecht für den Fall verfügen, dass gegen die soziale Zwecksetzung der Gesellschaft verstoßen wird (sog. benefit enforcement proceeding).[84] Letzteres wird ausdrücklich dann

---

82 Die Diskussion über Aktionärspflichten ist derzeit noch kaum entwickelt, nach wie vor stehen Aktionärsrechte im Vordergrund des wissenschaftlichen Diskurses, vgl. jetzt aber die Beiträge in *H. Birkmose* (Hrsg.), Shareholders' Duties, Alphen aan den Rijn: Wolters Kluwer 2017.

83 Rechtsvergleichend *T. Pfeiffer*, Shareholder Derivative Suit vor deutschen Gerichten, RIW 2007, S. 580.

84 Näher *Möslein/Mittwoch*, Soziales Unternehmertum (Fn. 33), S. 424 ff.; *K. Westaway/D. Sampselle*, The Benefit Corporation: An Economic Analysis with Recommendations to Courts, Boards and Legislatures, Emory Law Journal 62 (2013), S. 999 (1033 f.) sowie etwa § 101 (c) MBCL.

gewährt, wenn der allgemeine oder ein spezifischer gemeinwohlorientierter Zweck von den Geschäftsleitern nicht in ausreichendem Maße berücksichtigt wird, sie bei ihren Entscheidungen die Interessen bestimmter, in der Satzung genannter Stakeholder nicht in ausreichendem Maße in die Abwägung einstellen oder die gesetzlichen Transparenzerfordernisse nicht erfüllen.[85] Andererseits besteht eine einschneidende Beschränkung der Haftung insofern, als Gesellschaft und Geschäftsleiter in der Regel nicht für bloße Vermögensschäden haften und dadurch das Klagerecht schwerpunktmäßig zu pflichtgemäßem Verhalten anhalten soll, anstatt im Verletzungsfall Ersatzleistungen zu fordern.[86] Dennoch steht Anteilseignern mit einem derartigen besonderen Klagerecht eine beachtliche Möglichkeit zu, die Wahrung der sozialen Zwecksetzung klageweise durchzusetzen.[87] Ein Vergleich mit weiteren Rechtsordnungen – etwa dem Vereinigten Königreich und Dänemark – zeigt, dass es auch möglich ist, auf spezielle Klagebefugnisse zu verzichten und die Anteilseigner von Sozialunternehmen auf die bestehenden Klagerechte zu verweisen. Die am besten geeignete Lösung wird letztlich von den Eigenheiten der jeweiligen Rechtsordnung abhängen. Dies steht in Einklang mit der Vorgehensweise der Kommission im Zusammenhang mit bisherigen Harmonisierungsmaßnahmen der EU: Bei der Vorgabe spezieller Rechtsbehelfe für die Durchsetzung materieller Rechtspositionen wird hier für gewöhnlich zurückhaltend agiert und stattdessen auf die mitgliedstaatlichen Rechtsordnungen verwiesen.[88] Aufgrund der hier nachgezeichneten Entwicklung sowie der Bedeutung der Regulierung von Sozialunternehmen in der Zukunft, ist insoweit auch mit weiterer mitgliedstaatlicher Regulierung zu rechnen.

---

85 Vgl. § 102 MBCL.

86 Vgl. § 305 (b) MBCL. Näher *Sørensen/Neville*, Social Enterprises (Fn. 17), S. 294 f.; *Möslein/Mittwoch*, Soziales Unternehmertum (Fn. 33), S. 426.

87 In den USA wird sogar vor Missbrauch durch exzessives Gebrauchmachen durch die Aktionäre gewarnt, so *Callison*, Benefit Corporations (Fn. 67), S. 158; anders *Westaway/Sampselle*, Benefit Corporation (Fn. 85), S. 1034.

88 Dies gilt insbesondere im Bereich des Verbraucherprivatrechts. Auch die Aktionärsrechterichtlinie verweist für die Regelung von Sanktionen für Verstöße gegen die in ihr gewährten Rechte auf die mitgliedstaatlichen Rechtsordnungen, vgl. Art. 14b der Richtlinie 2007/36/EG des Europäischen Parlaments und des Rates vom 11. Juli über die Ausübung bestimmter Rechte von Aktionären in börsennotierten Gesellschaften, zuletzt geändert durch Art. 1 ÄndRL (EU) 2017/828 vom 17.5.2017, ABl. L 132 S. 1.

G. Schlussbetrachtung

Sozialunternehmen sind durch die doppelte Zwecksetzung gekennzeichnet, sowohl Gewinne für ihre Anteilseigner zu erzielen als auch gesellschaftlich relevante Werte zu schaffen. Dadurch unternehmen sie freiwillig einen entscheidenden Schritt hin zu einer nachhaltigen Unternehmenskultur. Sie sollten nicht ausschließlich auf die bestehende gesellschaftsrechtliche Infrastruktur verwiesen werden; diese ist nicht in der Lage, die Bedürfnisse, die sich aus der Kombination von Gewinnerzielung und Gemeinwohlförderung ergeben, zu erfüllen. Die Europäische Kommission konzentriert sich insoweit auf die Regelungsansätze eines Zertifizierungsregimes sowie einer eigenen Rechtsform für Sozialunternehmen. Ersteres hält sie aus Flexibilitätsgründen wie der Vermeidung von Umwandlungskosten sowie aufgrund des Erhalts der Vorteile der Vielfalt bestehender Rechtsformen vorzugswürdig, es sprechen jedoch auch gute Gründe für die Schaffung einer eigenen Rechtsform. Der deutsche Gesetzgeber hält sich bislang zurück, hierzulande wird die Thematik sozialen Unternehmertums noch kaum erörtert. Ein Tätigwerden wäre jedoch wünschenswert, bestünde doch die Möglichkeit, innovative Regelungen zu schaffen, um die Entwicklung eines gemeinwohlorientierten Wirtschaftssektors in Deutschland zu fördern und gleichzeitig als Ideengeber für eine zu erwartende europäische Lösung zu wirken. Es bleibt jedenfalls zu hoffen, dass der hier beschriebene vierte Wirtschaftssektor in Zukunft stark an Bedeutung gewinnen wird, was einen Regelungswettbewerb mitgliedstaatlicher und europäischer Regelungen nicht ausschließt, sondern ihn vor dem Hintergrund seiner Innovationswirkung sogar vorteilhaft erscheinen lässt.

Möglichkeiten der Förderung einer nachhaltigen Entwicklung durch nichtfinanzielle Berichterstattung

*Sebastian Eickenjäger**

A. Einleitung

Corporate Social Responsibiliy (CSR) ist mittlerweile für zahlreiche Disziplinen ein Thema von zentraler Bedeutung. In der Rechtswissenschaft hat CSR zunächst mit den zunehmenden Anstrengungen an Bedeutung gewonnen, weltweit agierende Unternehmen vor Zivilgerichten wegen begangener oder der Beteiligung an Menschenrechtsverletzungen in Anspruch zu nehmen.[1] Daneben wurden in den letzten Jahrzehnten auf nationaler, internationaler oder transnationaler Ebene eine Reihe von Regelungswerken verabschiedet, welche dem so genannten *Soft Law* zuzurechnen sind und menschenrechtliche Vorgaben bzw. Anleitungen gegenüber Unternehmen formulieren. In den letzten Jahren ist zudem zu beobachten, dass sich in zunehmendem Maße Gesetzgeber mit CSR beschäftigen. Auf europäischer und nationaler Ebene wurden Gesetze verabschiedet, die im Soft Law entwickelte (überwiegend prozedurale) Vorgaben und Mechanismen aufnehmen und im jeweiligen Jurisdiktionsbereich für verbindlich erklären.[2] In der EU hat in diesem Zusammenhang die Verabschiedung der

---

* Dr. Sebastian Eickenjäger ist wissenschaftlicher Mitarbeiter am Zentrum für Europäische Rechtspolitik (ZERP) der Universität Bremen. Dieser Beitrag wurde unterstützt durch den European Research Council (ERC, European Union Horizon 2020 research and innovation programme) im Rahmen des Projektes Transnational Force of Law [ERC-2014-CoG, No. 647313-Tansnational Force of Law, Andreas Fischer-Lescano]. Er basiert teilweise auf *S. Eickenjäger*, Menschenrechtsberichterstattung durch Unternehmen, Tübingen 2017.

1 Zu den Möglichkeiten und Grenzen der Durchsetzung von Menschenrechten mittels des deutschen Zivilrechts, vor allem mittels des Deliktsrechts, siehe etwa *P. Wesche und M. Saage-Maaß*, Holding Companies Liable for Human Rights Abuses Related to Foreign Subsidiaries and Suppliers before German Civil Courts: Lessons from Jabir and Others v KiK, Human Rights Law Review 2016, S. 1.

2 In Frankreich wurde erst kürzlich ein Gesetz verabschiedet, das vorsieht, dass Unternehmen für eigene Aktivitäten und die ihrer Tochtergesellschaften und Zulieferbetriebe eine Vorsorgepflicht u. a. zur Vermeidung von Menschenrechtsverletzun-

Richtlinie 2014/95/EU zur nichtfinanziellen Berichterstattung[3] für Aufsehen gesorgt. Sie gibt den Mitgliedstaaten auf, große Unternehmen zur Offenlegung nichtfinanzieller Informationen zu verpflichten.

Die Richtlinie ist bezeichnend für die CSR-Strategie der Europäischen Union. Die Europäische Kommission versteht CSR mittlerweile als „die Verantwortung von Unternehmen für ihre Auswirkungen auf die Gesellschaft".[4] Regulative Maßnahmen zur Umsetzung der CSR sollen dabei grds. nicht ausgeschlossen sein; allerdings sollen Unternehmen weiterhin die treibenden Kräfte im Bereich der CSR bleiben:

> „Behörden sollten eine unterstützende Rolle spielen und dabei eine intelligente Kombination aus freiwilligen Maßnahmen und nötigenfalls ergänzenden Vorschriften einsetzen, die etwa zur Förderung der Transparenz und zur Schaffung von Marktanreizen für verantwortliches unternehmerisches Handeln beitragen und die Rechenschaftspflicht von Unternehmen sicherstellen sollen."[5]

Bei der Richtlinie 2014/95/EU handelt es sich um ein Paradebeispiel für eine „intelligente Kombination" aus Regulierung und dem Setzen auf Freiwilligkeit. Denn mit ihr wird zwar die Verpflichtung zur Berichterstattung eingeführt. Allerdings bleiben Unternehmen im Hinblick auf den Berichterstattungsprozess und die Umsetzung dessen, worüber berichtet wird, weiterhin Spielräume.[6]

---

gen sowie eine damit zusammenhängende Veröffentlichungspflicht auferlegt werden soll (siehe hierzu *S. Cossart, J. Chaplier und T. Beau De Lomenie*, The French Law on Duty of Care: A Historic Step Towards Making Globalization Work for All, Business and Human Rights Journal 2017, S. 317). Siehe zudem den vom Vereinigten Königreich verabschiedeten Modern Slavery Act 2015, Part 6, Section 54, (4).

3 *Europäisches Parlament und Rat der Europäischen Union*, Richtlinie 2014/95/EU des Europäischen Parlaments und des Rates vom 22. Oktober 2014 zur Änderung der Richtlinie 2013/34/EU im Hinblick auf die Angabe nichtfinanzieller und die Diversität betreffender Informationen durch bestimmte große Unternehmen und Gruppen, 15.11.2014, ABl. L 330/1.

4 *Europäische Kommission*, Mitteilung der Kommission an das Europäische Parlament, den Rat, den Wirtschafts- und Sozialausschuss und den Ausschuss der Regionen – Eine neue EU-Strategie (2011-14) für die soziale Verantwortung der Unternehmen (CSR), 25.10.2011, KOM(2011) 681 endgültig, S. 7.

5 *Europäische Kommission*, Fn. (4), S. 9. Vgl. auch *Europäische Kommission*, Handel für alle: Hin zu einer verantwortungsbewussteren Handels- und Investitionspolitik, 14.10.2015, KOM(2015) 497 endgültig, S. 27.

6 Siehe hierzu unten B.

Der vorliegende Beitrag geht der Frage nach, inwiefern Berichtspflichten Nachhaltigkeitsaspekte, insbesondere Menschenrechte, fördern können und welche Grenzen und Fortentwicklungsmöglichkeiten (im Hinblick auf die Umsetzung der CSR-Richtlinie in Deutschland) bestehen. In einem ersten Schritt soll dazu die Umsetzung der Richtlinie in deutsches Recht dargestellt werden (B.). In einem zweiten Schritt soll der Frage nachgegangen werden, welche Rolle nichtfinanzielle Berichterstattung im Verhältnis zu anderen auf den Schutz von Menschenrechten ausgerichteten Mechanismen aufweist (C.). Hiervon ausgehend wird in einem letzten Schritt untersucht, auf welche Grenzen die bisherige Ausgestaltung nichtfinanzieller Berichterstattung stößt und welche Möglichkeiten nichtfinanzielle Berichterstattung zur Durchsetzung von Menschenrechten bereithält (D.).

B. *Nichtfinanzielle Berichterstattung in Deutschland*

Bisher handelte es sich bei der nichtfinanziellen Berichterstattung in Deutschland um eine gänzlich auf Freiwilligkeit beruhende Praxis. Der Bundestag hat am 09.03.2017 ein Gesetz zur Umsetzung der Richtlinie 2014/95/EU verabschiedet, mit dem nichtfinanzielle Berichterstattung in Deutschland nunmehr für große Unternehmen verbindlich ist.[7] Das Gesetz sieht eine weitgehende 1:1-Umsetzung der Richtlinie vor. Hierzu wird mit dem Gesetz eine Änderung der Regelungen des HGB zum Lagebericht und Konzernlagebericht vorgenommen. In der Folge soll ein kurzer Überblick über die gesetzliche Implementierung nichtfinanzieller Berichterstattung gegeben werden.[8]

Schon während der Verhandlungen um die Richtlinie war die Frage nach dem persönlichen Anwendungsbereich der Berichtspflicht ein wesentlicher Streitpunkt.[9] Streitig war vor allem, ob die Berichtspflicht nur

---

7 Das „Gesetz zur Stärkung der nichtfinanziellen Berichterstattung der Unternehmen in ihren Lage- und Konzernlageberichten (CSR-Richtlinie-Umsetzungsgesetz)" wurde in der Fassung des Ausschusses für Recht und Verbraucherschutz (BT-Drs. 18/11450 v. 08.03.2017) vom Bundestag angenommen und Anfang April 2017 verkündet (BGBl. I 2017 S. 802).

8 Siehe hierzu nur *P. Kajüter*, Nichtfinanzielle Berichterstattung nach dem CSR-Richtlinie-Umsetzungsgesetz, Der Betrieb 2017, S. 617.

9 Siehe hierzu *D. Kinderman*, Corporate Social Responsibility – Der Kampf um die EU-Richtlinie, WSI Mitteilungen 2015, S. 613.

für große Unternehmen oder auch für kleine und mittlere Unternehmen gelten soll. Sowohl nach der Richtlinie als auch nach der deutschen Umsetzung werden kleine und mittlere Unternehmen nicht von der Berichtspflicht erfasst. Demgemäß müssen laut § 289b Abs. 1 S. 1 HGB nur Kapitalgesellschaften (einschließlich haftungsbeschränkter Personengesellschaften) bzw. nach § 315b Abs. 1 S. 1 HBG Kapitalgesellschaften, die Mutterunternehmen sind, ihren Lagebericht bzw. Konzernlagebericht um eine nichtfinanzielle Erklärung erweitern, wenn sie kapitalmarktorientiert im Sinne des § 264d HBG sind, im Jahresdurchschnitt mehr als 500 Arbeitnehmer_innen beschäftigen und entweder eine Bilanzsumme von 20.000.000 Euro oder in den zwölf Monaten vor dem Abschlussstichtag Umsatzerlöse von 40.000.000 Euro aufweisen.[10] Danach sind nur kapitalmarktorientierte Kapitalgesellschaften, haftungsbeschränkte Personengesellschaften, Kreditinstitute und Versicherungsunternehmen von der Berichtspflicht umfasst. Im Gesetzgebungsverfahren wurde diesbezüglich vor allem kritisiert, dass einige große und global agierende nicht-kapitalmarktorientierte Unternehmen von der Pflicht ausgenommen sind, obwohl im Hinblick auf deren Größe und Aktivitäten keine wesentlichen Unterschiede zu den umfassten Unternehmen bestehen würden.[11]

In inhaltlicher Hinsicht werden Unternehmen gemäß § 289c Abs. 2 HBG verpflichtet, über Umweltbelange, Arbeitnehmer_innenbelange, Sozialbelange, die Achtung der Menschenrechte und die Bekämpfung von Bestechung und Korruption zu berichten. § 289 Abs. 3 HGB gibt nähere Anweisungen für die Berichterstattung zu diesen Aspekten. Dort heißt es, dass diesbezüglich in der nichtfinanziellen Erklärung diejenigen Angaben

---

10 Über die Verweise in § 340 Abs. 1a und 340a Abs. 1a HGB sind auch Kreditinstitute und Versicherungsunternehmen, die die oben genannten Kriterien erfüllen, berichtspflichtig.

11 *Germanwatch*, Stellungnahme zum Regierungsentwurf eines Gesetzes zur Stärkung der nichtfinanziellen Berichterstattung der Unternehmen in ihren Lage- und Konzernlageberichten (CSR-Richtlinie-Umsetzungsgesetz) vom 21.9.2016, 2016, S. 4; *C. Felber*, Stellungnahme zum Entwurf des Gesetzes zur Stärkung der nichtfinanziellen Berichterstattung der Unternehmen in ihren Lage- und Konzernlageberichten („CSR-Richtlinie-Umsetzungsgesetz"), 2016, S. 1; *Fraktion BÜNDNIS 90/DIE GRÜNEN et al.*, Antrag Zukunftsfähige Unternehmensverantwortung – Nachhaltigkeitsberichte wirksam und aussagekräftig ausgestalten – Umsetzung der CSR-Richtlinie, 19.10.2016, BT Drs. 18/10030, S. 4. Zur mittelbaren Ausweitung der Berichtspflicht auf mittlere und kleine Unternehmen sowie Unternehmen in der Lieferkette siehe *B. Spießhofer*, Unternehmerische Verantwortung: Zur Entstehung einer globalen Wirtschaftsordnung, Baden-Baden 2017, S. 386, 408 f.

zu machen sind, die für das Verständnis des Geschäftsverlaufs, des Geschäftsergebnisses, der Lage der Kapitalgesellschaft sowie der Auswirkungen ihrer Tätigkeit auf die in Absatz 2 genannten Aspekte erforderlich sind. Im Einzelnen werden diese Anforderungen in Abs. 3 Nr. 1 bis 6 nochmals wie folgt konkretisiert. Erforderlich ist danach die Beschreibung

1. der von der Kapitalgesellschaft verfolgten Konzepte, einschließlich der von der Kapitalgesellschaft angewandten Due-Diligence-Prozesse,
2. der Ergebnisse der Konzepte nach Nummer 1,
3. der wesentlichen Risiken, die mit der eigenen Geschäftstätigkeit der Kapitalgesellschaft verknüpft sind und die sehr wahrscheinlich schwerwiegende negative Auswirkungen auf die in Absatz 2 genannten Aspekte haben oder haben werden, sowie die Handhabung dieser Risiken durch die Kapitalgesellschaft,
4. der wesentlichen Risiken, die mit den Geschäftsbeziehungen der Kapitalgesellschaft, ihren Produkten und Dienstleistungen verknüpft sind und die sehr wahrscheinlich schwerwiegende negative Auswirkungen auf die in Absatz 2 genannten Aspekte haben oder haben werden, soweit die Angaben von Bedeutung sind und die Berichterstattung über diese Risiken verhältnismäßig ist, sowie die Handhabung dieser Risiken durch die Kapitalgesellschaft,
5. der bedeutsamsten nichtfinanziellen Leistungsindikatoren, die für die Geschäftstätigkeit der Kapitalgesellschaft von Bedeutung sind,
6. von, soweit es für das Verständnis erforderlich ist, Hinweisen auf im Jahresabschluss ausgewiesene Beträge und zusätzliche Erläuterungen dazu.[12]

Die inhaltlichen Vorgaben zur Berichtspflicht geben zwar vor, welche Informationen offenzulegen sind. Eine detaillierte Anleitung für die Erfassung und Präsentation der Informationen ist den Vorgaben indes nicht zu entnehmen. § 289d HBG weist diesbezüglich darauf hin, dass Unternehmen für die Erstellung der nichtfinanziellen Erklärung nationale, europäische oder internationale Rahmenwerke nutzen können und angeben müssen, welches Rahmenwerk sie benutzt haben. Die Regelung geht damit nicht über die der Richtlinie hinaus. Allerdings hat die Europäische Kom-

---

12 Kritisch zum Wortlaut der gesetzlichen Ausgestaltung: *Bundesrat*, Stellungnahme des Bundesrates zum Entwurf des CSR-Richtlinie-Umsetzungsgesetzes, 04.11.2016, Drs. 547/16; Fraktion BÜNDNIS 90/DIE GRÜNEN et al. (Fn. 11), S. 5.; *Germanwatch* (Fn. 11), S. 3.

mission gemäß des Art. 2 der Richtlinie 2014/95/EU im Juni 2017 so genannte *Guidelines on non-financial reporting* veröffentlicht, die zwar rechtlich unverbindlich sind, jedoch für Unternehmen als eine Hilfestellung zur vorgabenkonformen Berichterstattung dienen sollen.[13] Da letztlich jedoch kein verbindlicher Berichtsstandard bestimmt worden ist und sich die bestehenden Standards erheblich unterscheiden, ist eine Harmonisierung und Vergleichbarkeit der Berichterstattung in Europa nicht zu erwarten.[14]

In der Richtlinie und der deutschen Umsetzung sind Ausnahmen von der Pflicht zur Berichterstattung vorgesehen. Zum einen sieht das Umsetzungsgesetz die schon in der Richtlinie angelegte „Report or Explain"-Regelung vor. Danach gilt für den Fall, dass ein Unternehmen in Bezug auf einen oder mehrere der soeben benannten Belange kein Konzept verfolgt, dass die nichtfinanzielle Erklärung gemäß § 289c Abs. 4 HBG dies anstelle der auf den jeweiligen Aspekt bezogenen Angaben in der nichtfinanziellen Erklärung klar und begründet zu erläutern hat.[15] Das Unternehmen muss also erklären, warum es insgesamt oder zu einzelnen Punkten keine Informationen vorgelegt hat.

Zum anderen sieht § 289e Abs. 1 HGB für bestimmte „sensible" Informationen eine Ausnahme von der Berichtspflicht vor. In die nichtfinanzielle Erklärung müssen ausnahmsweise keine Angaben zu künftigen Entwicklungen oder Belangen, über die Verhandlungen geführt werden, aufgenommen werden, wenn die Angaben nach vernünftiger kaufmännischer Beurteilung der Mitglieder des vertretungsberechtigten Organs des Unternehmens geeignet sind, dem Unternehmen einen erheblichen Nachteil zuzufügen.[16] Einschränkend gilt diesbezüglich, dass das Weglassen der Angaben ein den tatsächlichen Verhältnissen entsprechendes und ausgewoge-

---

13 Siehe *European Commission*, Communication from the Commission: Guidelines on non-financial reporting (methodology for reporting non-financial information), 26.06.2017, C(2017) 4234 final.

14 *B. Spießhofer*, Die neue europäische Richtlinie über die Offenlegung nichtfinanzieller Informationen – Paradigmenwechsel oder Papiertiger?, NZG 2014, S. 1281 (1285); *B. Roth-Mingram*, Corporate Social Responsibility (CSR) durch eine Ausweitung der nichtfinanziellen Informationen von Unternehmen, NZG 2015, S. 1341 (1343).

15 Siehe zudem die in § 289b Abs. 2 und § 315b Abs. 2 HBG vorgesehen Ausnahmen.

16 In Art. 19a Abs. 1 UAbs. 4 und Art. 29a Abs. 1 UAbs. 4 BilanzRL heisst es, dass eine „ordnungsgemäß begründete Einschätzung der Mitglieder der Verwaltungs-,

nes Verständnis des Geschäftsverlaufs, des Geschäftsergebnisses, der Lage des Unternehmens und der Auswirkungen seiner Tätigkeit nicht verhindern darf.[17]

An dieser Regelung wird zu Recht kritisiert, dass sie zu unbestimmt ist, den Entscheider_innen zu viel Spielraum überlässt und zudem wie ein Wesentlichtlichkeitsfilter wirken kann, wonach Informationen zu den geforderten Aspekten nicht offengelegt werden müssen, wenn die Informationen nach Ansicht des Unternehmens keinen Einfluss auf die Situation des Unternehmens haben.[18]

Streitig ist zudem, wie weit die Regelungen zur so genannten externen Prüfung reichen sollen. Bei der externen Prüfung handelt es sich um ein Verfahren zur Validierung der Berichterstattung durch private externe Prüfer_innen oder Prüfungsgesellschaften. Das Umsetzungsgesetz sieht eine entsprechende Prüfungspflicht grds. nicht vor. Wenn aber eine externe Prüfung freiwillig durchgeführt wurde, sind die Ergebnisse gemäß § 289b Abs. 4 HGB zu veröffentlichen.[19]

Auf der einen Seite wird an dieser Regelung zu Recht kritisiert, dass Informationen nur verlässlich und glaubwürdig sind, wenn sie unabhängig geprüft wurden; im Anschluss daran wurde daher eine Pflicht zur Durchführung externer Prüfungen gefordert.[20] Auf der anderen Seite wird vertreten, dass die im Gesetzesentwurf vorgesehene Veröffentlichungspflicht letztlich Unternehmen eher davon abhalten wird, ihre Berichte prüfen zu lassen.[21] Es wurde zudem darauf hingewiesen, dass die internen Berichtsprozesse und Systeme oftmals noch nicht in ausreichendem Maße auf die

---

Leitungs- und Aufsichtsorgane" vorliegen muss. Erforderlich ist hiernach jedenfalls, dass in entsprechenden Fällen tatsächlich eine begründete Erklärung über die Nichtvorlage bestimmter Informationen vorgelegt werden muss. Wird eine Information aus berechtigten Gründen zurückgehalten, muss in der nichtfinanziellen Erklärung oder dem gesonderten Bericht ein Hinweis darauf enthalten sein, der die Gründe der Nichtveröffentlichung angibt und den Gehalt der Informationen so konkret wie möglich skizziert.

17 Gemäß § 289e Abs. 2 HGB sind die Angaben in die darauffolgende nichtfinanzielle Erklärung aufzunehmen, wenn die Gründe für die Nichtaufnahme der Angaben nach der Veröffentlichung der nichtfinanziellen Erklärung entfallen.

18 *Germanwatch* (Fn. 11), S. 7 f.

19 Diese Regelung tritt allerdings erst am 01.01.2019 in Kraft (Art. 12, BT-Drs. 18/11450 v. 08.03.2017).

20 *Germanwatch* (Fn. 11), S. 6 f.

21 *Institut der Wirtschaftsprüfer in Deutschland (IDW)*, Stellungnahme zu dem Regierungsentwurf eines Gesetzes zur Stärkung der nichtfinanziellen Berichterstat-

Berichtsprozesse im Bereich der nichtfinanziellen Berichterstattung einge-stellt sind.[22]

Im Hinblick auf die Form und den Zeitpunkt der Berichterstattung sieht das Umsetzungsgesetz vor, dass die nichtfinanzielle Erklärung entweder als Teil des (konsolidierten) Lageberichts (§ 289b Abs. 1 HGB) oder als separate Erklärung zusammen mit dem Lagebericht oder spätestens vier Monate nach dem Abschlussstichtag auf der Homepage des Unternehmens (§ 289b Abs. 3 HGB) veröffentlicht werden soll.

Kritisiert wird diesbezüglich, dass diese Regelung konträr zum Ansatz des sog. Integrated Reporting stehe, dessen Ausgangspunkt die Annahme ist, dass sich erst aus der Gesamtschau der finanziellen, ökologischen und sozialen Bilanz eines Unternehmens eine Einschätzung über den Ge-schäftsverlauf, das Geschäftsergebnis und die Lage eines Unternehmens vornehmen lässt.[23] Mit der Praxis des Integrated Reporting würde zudem eine Steigerung der Relevanz nichtfinanzieller Berichterstattung einherge-hen.[24]

C. *Verhältnis nichtfinanzieller Berichterstattung zu anderen Vorgaben im Bereich Wirtschaft & Menschenrechte*

In den folgenden Abschnitten soll der Frage nachgegangen werden, inwie-weit nichtfinanzielle Berichterstattung zu einem nachhaltigeren Handeln von Unternehmen bzw. zur Einhaltung menschenrechtlicher Standards und Vorgaben beiträgt. Es liegt auf der Hand, dass es durch die Erstellung ei-

---

tung der Unternehmen in ihren Lage- und Konzernlageberichten, Düsseldorf 2016, S. 2. In diesem Zusammenhang weist die *Human Rights Reporting and Assurance Frameworks Initiative (RAFI)* darauf hin, dass es für solche Unternehmen, die sich in einer Startphase der Berichterstattung und Implementierung von menschen-rechtsorientierten Mechanismen befinden, sinnvoll sein kann, den Fokus auf inter-ne Prüfungen zu legen oder externe Prüfer_innen zu beauftragen, ohne eine öffent-liche Kommunikation zu vereinbaren (*RAFI*, Visions for Human Rights Assuran-ce, 2015, S. 4.).

22 *Institut der Wirtschaftsprüfer in Deutschland e.V.*, Konzept zur Umsetzung der CSR-Richtlinie – Reform des Lageberichts, Düsseldorf 2015, S. 1 f., 8 f.; *Deut-scher Genossenschafts- und Raiffeisenverband e.V.*, Stellungnahme zum BMJV-Konzept zur Umsetzung der CSR-Richtlinie – Reform des Lageberichts, 2015, S. 3.

23 Siehe etwa *Fraktion BÜNDNIS 90/DIE GRÜNEN et al.* (Fn. 11), S. 5.

24 *Spießhofer* (Fn. 11), S. 406.

nes Nachhaltigkeitsberichts in jedem Fall zu einer mehr oder weniger tiefen und bewusst wahrgenommenen Bestandsaufnahme der eigenen unternehmerischen Praxis kommt. Insofern trägt nichtfinanzielle Berichterstattung dazu bei, dass sich ein Unternehmen mit Nachhaltigkeitsaspekten auseinandersetzt.

Die Rolle und die Bedeutung nichtfinanzieller Berichterstattung wird aber erst deutlich, wenn man eine Einordung des Instruments im Verhältnis zu anderen menschenrechtlichen Instrumenten im Bereich Wirtschaft & Menschenrechte vornimmt, wie sie in den in der Praxis bedeutsamen menschenrechtliche Regelungswerken – z.B. den UN Guiding Principles on Business and Human Rights (UNGP)[25] oder den OECD Leitsätzen für multinationale Unternehmen (OECD-Leitsätze) – verankert sind. Es fällt dabei zunächst auf, dass die UNGP und die OECD-Leitsätze selbst keine materiell-rechtlichen Vorgaben formulieren, sondern diesbezüglich auf die im internationalen Recht an Staaten gerichteten menschenrechtlichen Normen verweisen. Ihr Regelungsgehalt ist vielmehr prozeduraler Natur und darauf ausgerichtet, Menschenrechte in die Strukturen von Unternehmen zu implementieren und diese zu einem „core business concern"[26] zu machen. In diesem Sinne enthalten die Regelungswerke prozedurale Instrumente, insbesondere Vorgaben zur Durchführung von Due Diligence-Prozessen, Menschenrechtsverträglichkeitsprüfungen (Impact Assessments) und Anforderungen zur Erstellung einer Strategie zur Implementierung von Menschenrechten (Policy Commitment). Diese Instrumente zielen darauf ab, die Ausgangssituation im Unternehmen zu evaluieren und davon ausgehend (schrittweise) die internen Strukturen und laufenden Aktivitäten auf Menschenrechte einzustellen. Im Verhältnis zu den anderen in den UNGP genannten Instrumenten soll nichtfinanzielle Berichterstattung (in den UNGP in 16 lit. (d), 17 Satz 2 und 21 vorgesehen) sicherstellen, dass diese umgesetzt bzw. implementiert werden. Nichtfinanzielle Berichter-

---

25 *UN Special Representative of the Secretary-General on the Issue of Human Rights and Transnational Corporations and Other Business Enterprises (John Ruggie)*, Guiding Principles on Business and Human Rights: Implementing the United Nations "Protect, Respect and Remedy" Framework, Report of the Special Representative of the Secretary-General on the Issue of Human Rights and Transnational Corporations and other Business Enterprises, 21.03.2011, UN Doc. A/HRC/17/31.

26 So *D. Augenstein*, Study of the Legal Framework on Human Rights and the Environment Applicable to European Enterprises Operating Outside the European Union, Edinburgh 2011, S. 75., Rn. 232 zur Zielrichtung nichtfinanzieller Berichterstattung.

stattung ist damit ebenso ein prozedurales Instrument, jedoch gleichzeitig darauf ausgerichtet, die Umsetzung der übrigen prozeduralen Instrumente sicherzustellen. In diesem Sinne verlangt die deutsche Umsetzung der Richtlinie 2014/95/EU in § 289c Abs. 3 HBG insbesondere eine Darstellung der von dem berichtenden Unternehmen verfolgten Konzepte, einschließlich der von der Kapitalgesellschaft angewandten Due-Diligence-Prozesse und einen Bericht über die Ergebnisse der Konzepte.

Wenn also die Frage gestellt wird, welches Potential nichtfinanzielle Berichterstattung im Hinblick auf die Förderung von Menschenrechten in sich trägt, so geht es dabei konkret um die Frage, inwiefern es gelingt, im Rahmen nichtfinanzieller Berichterstattung die Umsetzung der übrigen Vorgaben sicherzustellen bzw. möglichst intensiv auf die Einhaltung und Umsetzung übriger Vorgaben hinzuwirken.

D. Durchsetzung nichtfinanzieller Berichterstattung

Eine Möglichkeit der Sicherstellung der Umsetzung entsprechender Vorgaben ist die Einrichtung von Durchsetzungs- bzw. Monitoringverfahren. Auf der Ebene der Durchsetzung nichtfinanzieller Berichterstattung ist zwischen drei verschiedenen Ausrichtungen der Durchsetzung bzw. eines Monitorings zu unterscheiden: Neben der Durchsetzung der Berichtspflicht als solcher kommt zweitens die Durchsetzung richtiger und vorgabenkonformer Berichterstattung in Betracht. Drittens soll hier auch dann von Durchsetzung die Rede sein, wenn es darum geht, im Rahmen nichtfinanzieller Berichterstattung ein Monitoring der Umsetzung sonstiger menschenrechtlicher Vorgaben vorzunehmen, mithin eine Evaluierung der Umsetzung menschenrechtlicher Vorgaben vorzunehmen.

I. Durchsetzung der Berichtspflicht und richtiger Berichterstattung

Die Durchsetzung der Berichtspflicht und richtiger bzw. umfassender Berichterstattung soll mit den im HBG vorgesehenen Sanktionsmöglichkeiten sichergestellt werden. Diese greifen in den Fällen, in denen eine nichtfinanzielle Erklärung oder ein gesonderter Bericht nicht bzw. verspätet abgegeben wurde oder eine unrichtige Darstellung der bereitgestellten Informationen erfolgt ist.[27] Gemäß § 170 Abs. 1 S. 3 AktG sind nunmehr zudem auch der (Konzern)Lagebericht inklusive der nichtfinanziellen Erklärung bzw. der gesondert erstellte nichtfinanzielle Bericht vom Vorstand dem Aufsichtsrat vorzulegen. Mit dem neu eingefügten § 171 Abs. 1 S. 4 AktG erstreckt sich die Prüfungspflicht des Aufsichtsrats auch auf die nichtfinanzielle Erklärung als Teil des (Konzern)Lageberichts sowie den gesondert erstellten nichtfinanziellen Bericht.[28]

Außerdem werden aktuell verschiedene Möglichkeiten des „private Enforcement", d.h. der Durchsetzung richtiger und vorgabenkonformer Berichterstattung durch private Akteur_innen diskutiert.[29] In diesem Zusammenhang sind insbesondere die Frage der Haftung für unwahre Aussagen über Nachhaltigkeitskodizes im Rahmen des Kaufrechts,[30] die Möglichkeit der Anfechtbarkeit von Hauptversammlungsbeschlüssen[31] und die wettbewerbsrechtlichen Verbandsklagemöglichkeiten nach dem UWG[32] von besonderem Interesse. Eine Umsetzung des in ErwG 10 der Richtlinie 2014/95/EU formulierten Vorschlags, Verfahren einzurichten, die „allen natürlichen und juristischen Personen offenstehen (sollten), die gemäß nationalem Recht ein berechtigtes Interesse daran haben, dass sichergestellt wird, dass die Bestimmungen dieser Richtlinie eingehalten werden", ist

---

27 Hierzu ausführlich *C. H. Seibt,* CSR-Richtlinie-Umsetzungsgesetz: Berichterstattung über nichtfinanzielle Aspekte der Geschäftstätigkeit – Neues Element des Corporate Reputation Management, Der Betrieb 2016, S. 2707 (2714); *N. Kumm und R. M. Woodtli*, Nachhaltigkeitsberichterstattung: Die Umsetzung der Ergänzungen der Bilanzrichtlinie um die Pflicht zu nichtfinanziellen Angaben im RefE eines CSR-Richtlinie-Umsetzungsgesetzes, DER KONZERN 2016, S. 218 (229 ff.).

28 Ausführlich hierzu *J. Hennrichs und M. Pöschke*, Die Pflicht des Aufsichtsrats zur Prüfung des "CSR-Berichts", NZG 2017, S. 121; *Kumm und Woodtli* (Fn. 27), S. 228 f. Siehe auch folgende kritische Stellungnahme: *Arbeitskreis Bilanzrecht Hochschullehrer Rechtswissenschaft*, Stellungnahme zum Regierungsentwurf eines Gesetzes zur Stärkung der nichtfinanziellen Berichterstattung der Unternehmen in ihren Lage- und Konzernlageberichten (CSR-Richtlinie-Umsetzungsgesetz), NZG 2016, S. 1337.

29 Siehe hierzu ausführlich die Beiträge von *B. Brunck, J. Horst* und *S. Segger*, in: Krajewski/Saage-Maaß (Hrsg.), Die Durchsetzung menschenrechtlicher Sorgfaltspflichten von Unternehmen, Baden-Baden 2018.

30 Siehe hierzu *S. Asmussen*, NJW 2017, S. 118.

31 Siehe hierzu *J. Horst* (Fn. 29).

32 Siehe hierzu *Burckhardt*, Die Schönfärberei der Discounter: Klage gegen Lidl's irreführende Werbung, Wuppertal 2010.

bisher nicht erfolgt. Hierzu müssten einschlägige NGOs mit einem umfassenden Verbandsklagerecht ausgestattet werden.

II. *Nichtfinanzielle Berichterstattung als Ausgangspunkt für Selbstregulierung*

Verfahren zur Durchsetzung bzw. für ein Monitoring dessen, worüber berichtet wird, sind gesetzlich bisher nicht vorgegeben. Nichtfinanzielle Berichterstattung trägt damit derzeit nur mittelbar zur Umsetzung sonstiger menschenrechtlicher Vorgaben bei, indem Unternehmen dazu angeregt werden, im Rahmen der Berichtspflicht Risiken und menschenrechtsrelevante Praktiken zu identifizieren und über die berichtsrelevanten Strategien und Aktivitäten zu berichten. Eine Pflicht zur Umsetzung von Due Diligence-Prozessen geht damit nicht einher.[33]

In diesem Sinne ist der aktuelle Stand der gesetzlichen Vorgaben im Bereich der CSR bezeichnend für die oben beschriebene CSR-Strategie der EU, deren Basis eine „intelligente Kombination" aus Fremd- und Selbstregulierung darstellt. Grundlage dieser Strategie ist die Annahme, dass nachhaltiges Wirtschaften im Interesse von Unternehmen ist und letztlich wirtschaftliche Vorteile und wirtschaftlichen Vorsprung mit sich bringt. Dementsprechend spielen im Zusammenhang mit der Richtlinie und anderen CSR-Maßnahmen der EU die Interessen von Konsument_innen und Investor_innen eine besondere Rolle. Es wird davon ausgegangen, dass der Druck dieser Gruppen maßgeblichen Einfluss auf das Verhalten von Unternehmen hat bzw. haben wird:

> "Greater transparency is expected to make companies [...] more resilient and perform better, both in financial and non-financial terms. Over time this will lead to more robust growth and employment and increased trust among stake-

---

33 Versuche, entsprechende prozedurale Vorgaben gesetzlich zu regeln, sind in Deutschland bisher gescheitert (siehe den gescheiterten Antrag u. a. der Fraktion BÜNDNIS 90/DIE GRÜNEN vom 09.11.2016 (BT Drs. 18/1055) sowie folgende Gutachten: *R. Klinger, M. Krajewski, D. Krebs, et al.*, Verankerung menschenrechtlicher Sorgfaltspflichten von Unternehmen im deutschen Recht, 2016; *R. Grabosch und C. Scheper*, Die menschenrechtliche Sorgfaltspflicht von Unternehmen: Politische und rechtliche Gestaltungsansätze, 2015).

holders, including investors and consumers. Transparent business management is also consistent with longer-term investment."[34]

Fraglich bleibt hierbei, ob und inwieweit das Setzen auf Freiwilligkeit zur Förderung der Umsetzung entsprechender nicht-verpflichtender Vorgaben geeignet ist.

In diesem Zusammenhang ist völlig unstreitig, dass die Abstimmung unternehmerischer Aktivitäten auf Nachhaltigkeitsbelange zunächst Kosten verursacht. Gleichzeitig wird jedoch immer wieder betont, dass trotz anfänglich hoher Kosten das Betreiben von CSR mittelbar und auf lange Sicht wirtschaftliche Vorteile verspricht, mithin von einem *Business Case for CSR* auszugehen sei.[35] Der Business Case for CSR-Ansatz erscheint in diesem Sinne als die Auflösung des Konflikts zwischen neoliberalen Ansätzen, die darauf abstellen, dass es die einzige soziale Verantwortung von Unternehmen sei, Profite zu generieren,[36] und auf Moral setzenden Ansätzen, die fordern, dass Unternehmen aus eigenem moralischen Antrieb heraus (trotz Gewinnausfällen) sozial verantwortlich handeln sollten.[37]

Streitig ist allerdings, ob und inwieweit diese Vorteile tatsächlich durch CSR-Maßnahmen gefördert bzw. erreicht werden können.[38] Für eine skeptische Einschätzung spricht eine 2016 von der Wirtschaftskanzlei *Eversheds* veröffentlichte Studie[39], wonach nur 31% der insgesamt 5000 befragten Unternehmen Fortschritte bei der Umsetzung der UNGP machen würden. 43% der befragten Personen (general counsel, board directors und hu-

---

34 *European Commission*, Communication from the Commission: Guidelines on non-financial reporting (methodology for reporting non-financial information), 26.06.2017, C(2017) 4234 final, S. 2.

35 *A. H. J. Nijhof und R. J. M. Jeurissen*, The Glass Ceiling of Corporate Social Responsibility – Consequences of a Business Case Approach Towards CSR, International Journal of Sociology and Social Policy 2010, S. 618 (620).

36 Siehe etwa *M. Friedman*, Capitalism and Freedom, Chicago [u.a.] 1982 (explizit zu den negativen Auswirkungen von Konzepten der sozialen Verantwortung von Unternehmen siehe S. 112 ff.).

37 *Nijhof und Jeurissen* (Fn.35), S. 621.

38 Siehe hierzu *M. Weber*, The Business Case for Corporate Social Responsibility: A Company-Level Measurement Approach for CSR, European Management Journal 2008, S. 247 (248 ff.). und *A. Martinuzzi und B. Krumay*, The Good, the Bad, and the Successful – How Corporate Social Responsibility Leads to Competitive Advantage and Organizational Transformation, Journal of Change Management 2013, S. 424 (427), m.w.N.

39 *Eversheds*, On the Right Path: Human Rights at Work 2016 Report, 2016.

man resource directors) bescheinigten der Unternehmensführung ein mangelndes Engagement in Sachen Menschenrechten.

In der Literatur wird die Effektivität des Business Case for CSR-Ansatzes für den Menschenrechtsschutz mit der Annahme infrage gestellt, dass es sich bei CSR um eine neoliberale Konzeption handelt, die darauf gerichtet ist, wirtschaftliche Freiräume zu sichern, statt zu begrenzen.[40] Zweifel bzgl. der Wirksamkeit des Business Case for CSR-Ansatzes bestehen daneben derzeit vor allem im Hinblick auf die Frage, wie weit der durch CSR vermeintlich gesetzte wirtschaftliche Anreiz reicht. Das wesentliche Hindernis, das einer umfassenden und angemessenen Analyse dieses Problems aktuell entgegensteht, ist, dass die Maßstäbe, an denen diese Fragen zu beurteilen wären, noch nicht präzise genug formuliert sind und kein einheitlicher rechtlich verbindlicher Standard vorgegeben wird. Bei den UNGP handelt es sich z.B. einerseits nicht um ein rechtlich verpflichtendes universelles Rahmenwerk und andererseits bestehen insbesondere aufgrund eines Mangels an Beschwerdemechanismen erhebliche Unsicherheiten bzgl. der Frage, wie diese Anforderungen im Einzelfall umzusetzen sind. In diesem Sinne bestehen für Unternehmen derzeit noch große Unsicherheiten bzgl. der genauen Anforderungen von Menschenrechten an die interne Organisation eines Unternehmens. Dies hat zur Folge, dass die möglichen Praktiken und Strategien in hohem Maße divergieren und es für Investor_innen und Konsument_innen mangels eines belastbaren (Vergleichs-)Maßstabs nur schwer zu beurteilen ist, welche Strategie oder Praxis positiv zu bewerten ist. Für den Business Case for CSR-Ansatz bedeutet dies, dass die wirtschaftliche Honorierung von speziellen Praktiken und Strategien häufig nicht gewährleistet ist, was wiederum mangels konkreter Profiterwartungen und Wettbewerbsvorteile dazu führt, dass die genaue Ausformung und Umsetzung von CSR-Strategien und Praktiken und die Frage der internen Umsetzung oftmals von nachrangiger Bedeutung bleiben. Die Priorität liegt im Zweifel darauf, überhaupt die „mainstream" CSR-Strategien und -Praktiken zu implementieren, vor allem gut kommunizierbare und öffentlich darstellbare Strategien zu entwickeln und insgesamt die eigenen CSR-Aktivitäten öffentlichkeitswirksam zu präsentieren.

---

40 Siehe hierzu *S. Eickenjäger*, Menschenrechtsberichterstattung durch Unternehmen, Tübingen 2017, S. 89 ff.

Das Setzen auf den Business Case for CSR-Ansatz und Selbstregulierung weist danach erhebliche Schwachstellen im Hinblick auf die nachhaltige Implementierung dessen auf, worüber berichtet wird. Mit der Umsetzung der Richtlinie 2014/95/EU wurden mithin zwar neue und wichtige Impulse zur Förderung von Nachhaltigkeitsbelangen in Unternehmen gesetzt. Es bestehen allerdings keine effektiven Mechanismen, die ein Monitoring dessen erlauben, worüber berichtet wird und es ermöglichen, den Stand der Umsetzung von Due Diligence-Prozessen etc. zu prüfen bzw. zu evaluieren.[41]

III. Monitoring nichtfinanzieller Berichterstattung

Es stellt sich somit die Frage, welches Potential ein Monitoring des Inhalts der Berichterstattung mit sich bringen würde. Die meisten Stimmen in der Literatur scheinen sich mit der derzeitigen Rolle nichtfinanzieller Berichterstattung zu begnügen. *Mehra und Blackwell* resümieren in einem Beitrag zur aktuellen Praxis nichtfinanzieller Berichterstattung wie folgt:

"A critical lesson is, no matter the form, reporting is not accountability. Rather, reporting empowers stakeholders, both internal and external to the company, with a valuable process and information about how the company addresses human rights. Reporting therefore has the power to enable accountability. But it can only improve human rights outcomes for businesses and for affected individuals and communities through careful and thoughtful procedures whereby companies seek to 'know' the human rights impacts of their operations and then 'show' what these impacts are in ways that inform the company's own policies, processes and thinking, and empower stakeholders to use that information to assess the company's respect for human rights. With this in mind, [...] the benefits of reporting can be unlocked for internal and external stakeholders alike."[42]

---

41 *A. P. Ewing*, Mandatory Human Rights Reporting, in: D. Baumann-Pauly und J. Nolan (Hrsg.), Business and Human Rights: From Principles to Practice, New York 2016, S. 284 (293).

42 *A. Mehra und S. Blackwell*, The Rise of Non-financial Disclosure: Reporting on Respect for Human Rights, in: D. Baumann-Pauly und J. Nolan (Hrsg.) (Fn. 41), S. 276 (282).

Dieser Ansatz scheint für externe Stakeholder oder Akteur_innen lediglich eine Position außerhalb der Prozesse der nichtfinanziellen Berichterstattung und der Implementierung von Menschenrechten in Unternehmen vorzusehen. Eine aktive Begleitung und Evaluation der Berichterstattungspraxis im Rahmen eines Verfahrens, wie sie z.B. im Rahmen der staatlichen Menschenrechtsberichterstattung vor den UN-Vertragsorganen[43] stattfindet, wird nicht in Betracht gezogen. Den Unternehmen verbleibt hier mit dem Setzen auf Selbstregulierung die maßgebliche Kontrolle über die Problembewältigung.[44] Politische Auseinandersetzungen um die strukturellen Verhältnisse in Unternehmen finden im Rahmen des Prozesses der Berichterstattung nicht statt. Betroffene bleiben ohne direkten Einfluss auf die strukturellen Verhältnisse im Unternehmen, die (auch sie betreffenden) Entscheidungsprozesse und die „Art der Veränderung"[45].

Wichtige Erkenntnisse für das Potential von auf Berichterstattung setzenden Verfahren liefert hingegen die Praxis der staatlichen Berichterstattung vor den UN-Menschenrechtsorganen. Hier zeigt sich, dass erst durch die externe Evaluierung die Stärken der Berichterstattung abgerufen werden können. Im Rahmen der UN-Menschenrechtsberichterstattungsverfahren sind Staaten verpflichtet, periodische Berichte vorzulegen, die von den UN-Vertragsorganen unter Einbeziehung der Zivilgesellschaft[46] ausgewertet und evaluiert werden. Am Ende jedes Berichtszyklus werden von den Organen so genannte Abschließende Bemerkungen (Concluding Observations) veröffentlicht, in denen positive und negative Entwicklungen mit

---

43 Zur Praxis der Berichtsverfahren siehe die Beiträge in *C. Gusy*, Grundrechtsmonitoring: Chancen und Grenzen außergerichtlichen Menschenrechtsschutzes, Baden-Baden 2011.

44 Grds. kritisch hierzu *R. Shamir*, Economy and Society 2008, S. 1 (7).

45 Vgl. hierzu *M. Savevska*, Corporate Social Responsibility: A Promising Social Innovation or a Neoliberal Strategie in Disguise?, Romanian Journal of European Affairs 2014, S. 63 (70 f.). mit Verweis auf *K. Polanyi*, The Great Transformation – Politische und ökonomische Ursprünge von Gesellschaften und Wirtschaftssystemen, Frankfurt a.M. 2011, S. 63 ff. Vgl. auch *R. B. Lipschutz*, Power, Politics and Global Civil Society, Millennium: Journal of International Studies 2005, S. 747 (763 f.).

46 Zivilgesellschaftliche Akteur_innen können in der Form so genannter Schattenberichte (shadow reports) auf Missstände hinweisen und werden ggf. im Rahmen der Anhörungen vor den Ausschüssen angehört. Siehe hierzu *R. Brett*, The Role of NGOs – An Overview, in: G. Alfredsson, J. Grimheden, B. J. Ramcharan, et al. (Hrsg.), International Human Rights Monitoring Mechanisms, Leiden/Boston 2009, S. 673.

Aufforderungen oder Vorschlägen zur Ausräumung von Missständen festgehalten werden. Es werden konkrete Menschenrechtsverletzungen und strukturelle menschenrechtliche Problemlagen, wie z.B. Mängel in der Verwaltungsorganisation oder unzureichende legislative Maßnahmen bearbeitet. Dabei werden die menschenrechtlichen Anforderungen der jeweiligen Verträge anhand der Praxis der Vertragsstaaten konkretisiert. Im jeweils nächsten Berichtszyklus werden die zuvor identifizierten Problemlagen im Rahmen des so genannten Follow Up-Verfahrens wieder aufgegriffen. Insofern sind die Verfahren durch einen fortlaufenden, von den Vertragsorganen geführten dialogischen Prozess der Ein- und Anleitung von Lernprozessen charakterisiert.

Eine Übertragung dieses Modells auf den Bereich der nichtfinanziellen Berichterstattung würde die Eigenheiten des Verhältnisses von Wirtschaft & Menschenrechten nicht angemessen berücksichtigen. Allein schon die Vielzahl an berichtenden Unternehmen macht die Durchführung eines Berichtsverfahrens für jedes Unternehmen unmöglich. Andererseits bietet die Ansiedlung eines Berichtsverfahrens auf staatlicher Ebene deutlich mehr Durchsetzungsmöglichkeiten als ein Verfahren vor UN-Organen.

Die Verfahren vor den UN-Organen zeigen jedenfalls Stärken auf, die bei der Fortentwicklung nichtfinanzieller Berichterstattung berücksichtigt werden sollten. Hierbei handelt es sich zunächst um die Einzelfallunabhängigkeit der Verfahren, die es ermöglicht, strukturelle Missstände bei der Implementierung von Menschenrechten und strukturelle Menschenrechtsproblemlagen in den Blick zu nehmen. Darüber hinaus können im Rahmen der Verfahren anhand der Praxis einer Organisation menschenrechtliche Anforderungen konkretisiert werden. Der fortlaufende Charakter ermöglicht ein Follow Up bzgl. der Umsetzung von Maßnahmen, die auf die Ausräumung festgestellter Missstände gerichtet sind. In der Folge soll der Frage nachgegangen werden, ob, inwiefern und in welchem Kontext diese Stärken in der Praxis der nichtfinanziellen Berichterstattung aufgenommen werden könnten, bzw. wo Möglichkeiten bestehen, die Praxis der nichtfinanziellen Berichterstattung im Hinblick auf ein Monitoring der Berichte fortzuentwickeln.

1. Monitoring im Rahmen des Enforcement-Verfahrens

Institutionelle Strukturen hält zunächst das *Enforcement-Verfahren* im Bereich der finanziellen Berichterstattung bereit.[47] Das Enforcement-Verfahren erstreckt sich seit der Umsetzung der Richtlinie 2014/95/EU auch auf die nichtfinanzielle Erklärung bzw. den gesonderten nichtfinanziellen Bericht. Ein ausdrücklicher Ausschluss der nichtfinanziellen Berichterstattung von der Prüfung im Rahmen des Enforcement-Verfahrens wurde nicht vorgenommen und auch der Referentenentwurf und der Gesetzesentwurf der Bundesregierung verhalten sich hierzu nicht. In der Literatur wird demgegenüber darauf verwiesen, dass die Prüfung im Rahmen des Verfahrens systematisch auf die externe Prüfung der Berichte aufbaue und sich deshalb die Prüfung ebenfalls auf das Vorliegen einer Erklärung bzw. eines Berichts beschränken würde.[48]

Das Enforcement-Verfahren erweist sich zunächst im Hinblick auf die prozeduralen Eigenheiten als geeignet für ein Monitoring nichtfinanzieller Berichterstattung. Das Verfahren ist zweistufig aufgebaut. Auf der ersten Stufe nimmt der privatrechtlich organisierte Verein Deutsche Prüfstelle für Rechnungslegung DPR e.V. (DPR) eine Prüfung der Berichterstattung vor. Sollte es erforderlich sein, kann die Bundesanstalt für Finanzdienstleistungsaufsicht (BaFin) – auf der zweiten Stufe – über Sanktionen und sonstige Anordnungen zur Durchsetzung richtiger und umfassender Berichterstattung entscheiden. Das Verfahren wird gemäß § 342b Abs. 2 Satz 3 HGB nur dann eingeleitet, wenn konkrete Anhaltspunkte für einen Verstoß gegen Rechnungslegungsvorschriften vorliegen (Nr. 1), wenn die Bundesanstalt für Finanzdienstleistungsaufsicht (BaFin) die Prüfung verlangt (Nr. 2) oder auch ohne besonderen Anlass im Rahmen einer stichprobenhaften Prüfung (Nr. 3). Hierdurch wird eine Überlastung der Monitoringinstanzen vermieden und durch die anlassbezogene und stichprobenartige Prüfung gleichzeitig gewährleistet, dass Unternehmen im Falle unzureichender oder fehlerhafter Berichterstattung mit einer Überprüfung rechnen müssen.

Allerdings erscheint das Verfahren im Hinblick auf den Prüfungsgegenstand des Verfahrens nicht geeignet für ein Monitoring nichtfinanzieller

---

47 Siehe hierzu *R. Bockmann*, Internationale Koordinierung nationaler Enforcement-Aktivitäten: Eine kritische Analyse unter besonderer Berücksichtigung der Deutschen Prüfstelle für Rechnungslegung, Wiesbaden 2012.

48 *Kumm und Woodtli* (Fn. 27), S. 231 f.; Seibt (Fn. 27), S. 2714.

Berichterstattung. Eine wesentliche Schwachstelle besteht darin, dass das Verfahren vor der DPR und der BaFin nicht darauf ausgerichtet ist, einen fortlaufenden Evaluationsprozess zu ermöglichen. Denn die Prüfung beschränkt sich auf die Korrektheit und Vollständigkeit der Berichterstattung. Gegenstand der Prüfung ist es also nicht, ob die unternehmerische Praxis menschenrechtlichen Vorgaben entspricht und wie die Praxis in diesem Bereich verbessert werden kann, sondern nur, ob die Anforderungen an nichtfinanzielle Berichterstattung erfüllt werden, d. h., ob die abgefragten Informationen (korrekt) bereitgestellt werden. Eine umfassende Bewertung der unternehmerischen Praktiken und des Verhaltens eines Unternehmens im Einzelfall und eine damit einhergehende Ein- und Anleitung von Lernprozessen ist damit nicht gewährleistet.

2. Monitoring im Rahmen externer Prüfungen

Daneben besteht schon jetzt die Möglichkeit, ein Monitoring nichtfinanzieller Berichterstattung im Rahmen der Praxis der Externen Prüfung durch Wirtschaftsprüfer_innen oder Wirtschaftsprüfungsgesellschaften durchzuführen. Die externe Prüfung von Berichten verfolgt grds. das Ziel, einen bestimmten Gegenstand der Unternehmenspraxis oder bestimmte Informationen am Maßstab festgelegter Kriterien einer Bewertung bzw. Evaluation zu unterziehen und anschließend die Ergebnisse dieser Auswertung zu kommunizieren. In diesem Sinne stellen sich die Phasen eines „Auditing" generell so dar, dass auf die Planung und Durchführung des Auditing ein (oftmals mit dem eigentlichen Bericht veröffentlichter) Bericht über das durchgeführte Auditing sowie ein Feedback an den/die Auftraggeber_in folgt.[49] Ein Trend, der in der Praxis zunehmend an Bedeutung gewinnt, ist der Versuch, Stakeholder, wie z. B. Zulieferer_innen, Konsument_innen, Investor_innen und NGOs, aktiv in den Auditprozess einzubeziehen. Dies soll etwa durch die Einrichtung von so genannten *Stakeholder Panels* geschehen, denen insb. die Aufgabe zukommt, darüber zu entscheiden, welche Informationen und Angaben besonders prüfbedürftig sind und ob alle

---

[49] Zur Praxis der externen Prüfung siehe *Global Reporting Initiative (GRI)*, The External Assurance of Sustainability Reporting, 2013.

relevanten Informationen und Themen in der nötigen Tiefe abgedeckt sind.[50]

Kernproblem eines Monitorings im Rahmen externer Prüfungen ist – ebenso wie bei den Enforcement-Verfahren – der Gegenstand eines Audits. Denn im Gegensatz zur finanziellen Berichterstattung geht es den Leser_innen von nichtfinanziellen Berichten um mehr als um Geschäftsdaten. Im Bereich der Berichterstattung über menschenrechtliche Aspekte ist es von besonderem Interesse, ob und inwieweit das Unternehmen z. B. Due Diligence-Prozesse und Impact Assessments durchführt, zu welchen Ergebnissen solche Prozesse in aktuellen und evtl. kritischen Fällen gekommen sind, wie das Unternehmen mit von Projekten betroffenen Individuen und Gruppen kommuniziert und ob und inwieweit es sich mit diesen oder Interessenvertreter_innen abstimmt oder in Kommunikation steht. In diesem Sinne geht es bei der nichtfinanziellen Berichterstattung maßgeblich um Stakeholder-Responsivität und Lernprozesse, die auf die Verbesserung der menschenrechtlichen Praxis eines Unternehmens gerichtet sind.[51]

Es wird in diesem Zusammenhang kritisiert, dass Auditberichte zwar angeben, dass Menschenrechtsmechanismen bestehen und auch weiterentwickelt wurden, jedoch selten Aufschluss darüber geben, ob diese auch tatsächlich effektiv sind.[52] Problematisch wäre hierbei vor allem, dass Prüfer_innen nicht nur die genauen Abläufe und Strukturen in den Blick nehmen, sondern auch ein umfassendes Urteil über die Effektivität der Mechanismen abgeben müssten (ggf. untermauert mit Empfehlungen und Verbesserungsvorschlägen), um den Anforderungen eines menschenrechtsorientierten Audits gerecht zu werden.

Ein maßgeblicher Kritikpunkt besteht in diesem Zusammenhang darin, dass allein die Unternehmen bestimmen, was Gegenstand der Prüfung sein soll. Da die Prüfer_innen vertraglich mit den Unternehmen den Umfang der Prüfung bestimmen, besteht für sie nicht die Möglichkeit, nicht umfasste Themen und Sachverhalte in den Blick zu nehmen. Sie können le-

---

50 *B. O'Dwyer*, The Case of Sustainability Assurance: Constructing a New Assurance Service, Contemporary Accounting Research 2011, S. 1230 (1256).

51 *N. Dando und T. Swift*, Transparency and Assurance. Minding the Credibility Gap, Journal of Business Ethics 2003, S. 195 (198).

52 *Human Rights Reporting and Assurance Frameworks Initiative (RAFI)*, Visions for Human Rights Assurance, 2015, S. 4.

diglich auf den begrenzten Umfang oder das Ausklammern von Themenbereichen hinweisen.

Darüber hinaus wird am Konzept der externen Prüfung kritisiert, dass Prüfer_innen in einem wirtschaftlichen Abhängigkeitsverhältnis zu den zu prüfenden Unternehmen stehen würden, da sie ein wirtschaftliches Interesse daran haben, auch zukünftig mit der Durchführung von Audits beauftragt zu werden. Damit sinke die Wahrscheinlichkeit, dass Prüfer_innen auch tatsächlich alle Auffälligkeiten und Ungenauigkeiten offensiv ansprechen.[53] Dem kann zwar entgegengehalten werden, dass wiederum aus wirtschaftlichen Gründen Prüfer_innen ein hohes Interesse daran haben, ihr Image als unabhängige Dienstleister_innen zu wahren, um auch künftig Aufträge zu generieren. Ob hiermit die beschriebenen Bedenken vollständig ausgeräumt sind, ist jedoch zu bezweifeln. Denn es wird sich in der Regel bzw. in den meisten Fällen nicht um eine Form der Beeinflussung handeln, bei der es um offensichtliche Falschbekundungen geht, sondern eher um subtilere Formen, wie z. B. die Frage, wie tief und präzise die Prüfungsberichte ausgestaltet sind und wie konkret die darin geäußerte Kritik ausfällt.[54]

Potenzial weisen externe Prüfungen hingegen vor allem dann auf, wenn nicht nur Prüfer_ innen und Unternehmen an dem Berichtsprüfungsprozess beteiligt sind, sondern dieser auch für externe Akteur_innen offensteht. Die Einrichtung eines Stakeholder Panels in Unternehmen bietet die Möglichkeit, aus diesem heraus die Praxis des Unternehmens zu beobachten. Zudem können kritische Impulse von außen an die Unternehmensführung herangetragen werden. Es bestünde der Vorteil, dass die Arbeit eines solchen Panels ausschließlich auf die Praxis eines Unternehmens ausgerichtet wäre. Interne Abläufe könnten kritisch begleitet werden und Stakeholder hätten die Möglichkeit, diese am Maßstab bestehender Modelle, Praktiken und rechtlicher Vorgaben zu beurteilen. Stakeholder stehen zudem zum einen oftmals nicht in einem wirtschaftlichen Abhängigkeitsver-

---

53 *J. Smith, R. Haniffa und J. Fairbrass*, A Conceptual Framework for Investigating 'Capture' in Corporate Sustainability Reporting Assurance, Journal of Business Ethics 2011, S. 425 (429), m.w.N.

54 Eine Möglichkeit, die Gefahr der Einflussnahme zu mindern, sieht RAFI darin, gerade für Unternehmen, die sich in einer Startphase der Berichterstattung und Implementierung von menschenrechtsorientierten Mechanismen befinden, den Fokus auf interne Audits zu legen oder externe Prüfer_innen zu beauftragen, ohne eine öffentliche Kommunikation zu vereinbaren (RAFI (Fn. 52), S. 4).

hältnis zu den berichtenden Unternehmen und zum anderen können sie durch ihre jeweiligen Arbeitsschwerpunkte mit der Praxis der Unternehmen verbundene soziale Belange, Themen und Problemlagen ansprechen, auf die Prüfer_innen unter Umständen selbst nicht aufmerksam geworden wären. Aktuelle Problemlagen können so direkt in den Prüfungsprozess eingeführt werden. Dies setzt jedoch wiederum voraus, dass sich Unternehmen für diese Form der Prüfung öffnen. Und auch hier wird das Problem sichtbar, dass die Unternehmen selbst die Herr_innen der Verfahren sind. Im Hinblick auf den Aspekt der Repräsentation wird deshalb kritisiert, dass Unternehmen durch die Auswahl der teilnehmenden Stakeholder schon im Vorfeld des Prozesses selektiv die vertretenen Interessen bestimmen. Zudem kann nicht ausgeschlossen werden, dass Vertreter_innen aufgrund der von ihnen geäußerten Kritik zukünftig von dem Prozess exkludiert werden und sie sich deshalb schon im Vorfeld zurückhaltender verhalten. Die Möglichkeiten ihrer Einflussnahme werden zusätzlich dadurch eingeschränkt, dass das Unternehmen den Gegenstand der „Verhandlung" bestimmt und nicht Rechenschaft darüber ablegen muss, ob und inwieweit Impulse aufgenommen oder verworfen wurden.[55] Ein anderer Streitpunkt wäre zuletzt die Frage, wie offen und zugänglich die unternehmensinternen Strukturen, Abläufe sowie Due Diligence- und Risk bzw. Impact Assessment-Strategien für diese Panels wären.[56]

3. Monitoring im Rahmen des Regimes der OECD-Leitsätze

Zuletzt besteht die Möglichkeit, nichtfinanzielle Berichterstattung stärker in bestehende Verfahren zur Durchsetzung von Menschenrechten gegenüber Unternehmen einzubeziehen. Neben Verfahren vor Zivilgerichten spielen in der Praxis die auf der Grundlage der *OECD-Leitsätze* vor den so genannten *Nationalen Kontaktstellen (NKS)* geführten Beschwerdeverfahren eine besondere Rolle. Bei den OECD-Leitsätzen handelt es sich um unverbindliche Empfehlungen der OECD an multinationale Unternehmen. Sie enthalten Prinzipien und Vorgaben in den Bereichen Arbeitsbedingungen, Menschenrechte, Umweltschutz, Transparenz, Korruption und Kon-

---

55 Vgl. *I. Thomson und J. Bebbington*, Social and Environmental Reporting in the UK: A Pedagogic Evaluation, Critical Perspectives on Accounting 2005, S. 507 (525).
56 Vgl. O'Dwyer (Fn. 50), S. 1258.

sument_innenschutz.[57] In prozeduraler Hinsicht sehen sie u.a. vor, dass die Mitgliedstaaten NKS einzurichten haben, die mit der Bearbeitung von Beschwerdeverfahren betraut sein sollen.[58] Die Beschwerdeverfahren[59] sind nicht als Klageverfahren, sondern eher als Diskussionsplattform ausgestaltet und darauf ausgerichtet, zwischen den Verfahrensbeteiligten zu vermitteln. In der „Verfahrensordnung" der OECD heißt es dementsprechend, dass „[t]he NCP will offer a forum for discussion and assist the business community, worker organisations, other non-governmental organisations, and other interested parties concerned to deal with the issues raised in an efficient and timely manner and in accordance with applicable law"[60].

Im Sinne der UNGP können die Verfahren vor den NKS als „state-based non-judicial grievance mechanisms" (Prinzip 27) eingeordnet werden. Die UNGP gehen davon aus, dass selbst in Staaten, die über ein funktionierendes und effektives Rechtsschutzsystem verfügen, „nicht-juristische" Mechanismen oftmals eine geeignete Alternative zur Durchsetzung von Menschenrechten darstellen können.[61] Als Kriterien für die Effektivität solcher Verfahren gelten gemäß Prinzip 31 lit. (f) und (g) UNGP u.a. die Kompatibilität der Verfahren mit menschenrechtlichen Bestimmungen und die Ermöglichung von Lerneffekten.

---

57 Eine Übersicht zur Entstehungsgeschichte, zur Ausgestaltung, zum aktuellen Stand nach der Neufassung der OECD-Leitsätze im Jahr 2011 und zu den Perspektiven liefern *B. Huarte Melgar, K. Nowrot und W. Yuan*, The 2011 Update of the OECD Guidelines for Multinational Enterprises: Balanced Outcome or an Opportunity Missed?, Beiträge zum transnationalen Wirtschaftsrecht 2011, S. 76.

58 *Organisation for Economic Co-operation and Development (OECD)*, OECD Guidelines for Multinational Enterprises – Procedural Guidance for NCPs, 2011, S. 68.

59 Wichtige Hinweise zum Ablauf des Verfahrens liefern die Verfahrensordnung (ebenda), die Kommentierung hierzu (*OECD*, OECD Guidelines for Multinational Enterprises – Commentary on the Procedural Guidance for NCPs, 2011) sowie die Verfahrensordnungen der einzelnen NKS (siehe etwa die der deutschen NKS: *Bundesministerium für Wirtschaft und Energie*, Leitfaden zum Verfahren in besonderen Fällen („Beschwerde") bei der deutschen Nationalen Kontaktstelle für die OECD-Leitsätze für multinationale Unternehmen, Berlin). Ausführlich hierzu mit Bezugnahme auf die Praxis der Nationalen Kontaktstellen: *K. Weidmann*, Der Beitrag der OECD-Leitsätze für multinationale Unternehmen zum Schutz der Menschenrechte, Berlin 2014, S. 237-242.

60 OECD (Fn. 58), S. 72.

61 *UN Special Representative of the Secretary-General on the Issue of Human Rights and Transnational Corporations and Other Business Enterprises (John Ruggie)* (Fn. 25), Commentary Principle 27.

Die Umsetzung des Kriteriums der Ermöglichung von Lerneffekten gelingt bisher nur ansatzweise, könnte indes durch die Aufnahme von Mechanismen, die im Rahmen von auf Berichterstattung setzenden Verfahren
entwickelt wurden, weiter vorangetrieben werden. Die sorgfaltspflichtbe-
zogenen Vorgaben der OECD-Leitsätze (oder auch der UNGP) erfordern
in der Regel einen längerfristigen Umsetzungs- und Implementierungspro-
zess. Soweit es in Beschwerdeverfahren um Missstände bzgl. der Umsetzung entsprechender Vorgaben (dies ist tatsächlich regelmäßig der Fall)
oder um Missstände in Bezug auf komplexe Sachverhalte (z.B. Großpro-
jekte im Bereich des Rohstoffabbaus oder Lieferketten im Bereich Textil-
industrie) geht, erscheint es sinnvoll, die Umsetzung der ggf. in den Verfahren erarbeiteten Maßnahmen einer langfristigen Begleitung zu unterziehen. In den staatenbezogenen Berichtsverfahren wird in vergleichbaren
Zusammenhängen regelmäßig das so genannte Follow Up-Verfahren genutzt, um die Umsetzung von Empfehlungen zu begleiten. Eine entsprechende Vorgehensweise ist zwar auch ausdrücklich im Leitfaden für die
Verfahren vor der deutschen Kontaktstelle vorgesehen, allerdings nur für
den Fall, dass beide Parteien ein solches Monitoring wünschen.[62] U.a. aus
diesem Grund bietet es sich daher an, dass die NKS in Fällen, in denen
eine Partei keine Kooperationsbereitschaft zeigt oder eine Einigung zwischen den Parteien nicht erzielt werden kann, die Kompetenz haben sollten, eine Untersuchung des Sachverhalts vorzunehmen, im Rahmen der
abschließenden Erklärung eine abschließende Bemerkung darüber abzugeben, ob eine Verletzung der OECD-Leitsätze vorliegt und ggf. ein Follow
Up zur Begleitung der Umsetzung von Maßnahmen durchzuführen.[63] Dies
entspreche laut *Ochoa-Sanchez* den Aufgaben der NKS, die Effektivität
der OECD-Leitsätze voranzutreiben und ergebe sich aus dem Recht betroffener Personen und Personengruppen auf effektiven Rechtsschutz.[64] In
diesem Sinne könnten die NKS als Monitoringstelle fungieren, vor der im
Rahmen eines ggf. fortlaufenden Verfahrens Lernprozesse in Unternehmen im Rahmen eines von der Monitoringstelle geleiteten dialogischen
Prozesses unter Beteiligung der Zivilgesellschaft an- und eingeleitet wer-

---

62 *Bundesministerium für Wirtschaft und Energie* (Fn. 59), S. 5.
63 Vgl. hierzu *J. Ochoa Sanchez*, The Roles and Powers of the OECD National Con-
    tact Points Regarding Complaints on an Alleged Breach of the OECD Guidelines
    for Multinational Enterprises by a Transnational Corporation, Nordic Journal of
    International Law 2015, S. 89 (108 ff.).
64 Ebenda.

den können. Nichtfinanzielle Berichte könnten Informationen zur Ausgangssituation des Verfahrens liefern und die Fortschritte bzgl. des Fortgangs des Verfahrens dokumentieren.

Im Vergleich zur Praxis staatlicher Menschenrechtsberichterstattung bringen die Verfahren vor den NKS zudem den Vorteil mit sich, dass hier grundsätzlich weitergehende nationalstaatliche Durchsetzungs- und Sanktionsmechanismen eingerichtet werden können. Da hiermit ein Eingriff in die Grundrechte betroffener Unternehmen einhergehen würde, müsste diesbezüglich freilich der Gesetzesvorbehalt gewahrt bleiben.[65] Im Gesetzgebungsverfahren zur Umsetzung der Richtlinie 2014/95/EU hat *Felber* (Mitbegründer des Wirtschaftsmodells „Gemeinwohl-Ökonomie") in diesem Zusammenhang folgende Druckmittel bzw. Bevorzugungsmöglichkeiten aufgeführt, die im Rahmen der Verfahren angeordnet oder eingeleitet werden könnten:

- Sanktionen (Geldstrafen)
- Vorteile/Nachteile bei Subventions- oder sonstigen Unterstützungsleistungen
- Vorrang/Nachrang in der öffentlichen Beschaffung
- Differenzieren bei Steuersätzen
- Differenzieren bei Marktzugangsschwellen (z. B. Zölle)
- Differenzieren bei Kreditkonditionen (ethische Bonität)

E. Fazit

Abschließend lässt sich festhalten, dass die Richtlinie zur nichtfinanziellen Berichterstattung ein Paradebeispiel für die CSR-Strategie der EU, d.h. für ein Zusammenspiel zwischen Fremdregulierung und Selbstregulierung, darstellt. Mit der Pflicht zur Berichterstattung sollen Impulse zur eigenständigen Evaluation von Strukturen und Aktivitäten gesetzt werden. Zudem zeichnet sich die Praxis nichtfinanzieller Berichterstattung durch ihre Interlegalität aus, indem zwar eine gesetzlich bestimmte Berichtspflicht eingeführt wurde, für den Prozess der Berichterstattung (und die Prüfung der Berichterstattung) jedoch auf unverbindliche national, international oder transnational gesetzte Standards verwiesen wird.

---

65 Siehe hierzu *Eickenjäger* (Fn. 40), S. 228 ff.

Die derzeitige gesetzliche Ausgestaltung reizt jedoch das Potential eines auf Berichterstattung setzenden Verfahrens nicht aus. Ein Monitoring dessen, worüber berichtet wird, würde die Möglichkeit bereithalten, (beim Vorliegen von Missständen oder Streitigkeiten bzgl. der Umsetzung menschenrechtlicher Vorgaben) unternehmensinterne Lernprozesse an- und einzuleiten. Ohne ein solches Monitoring liegt es allein an den Unternehmen, Due Diligence-Prozesse etc. einzuführen und umzusetzen.

Neben der Praxis der externen Prüfung von Berichten halten insbesondere die Beschwerdeverfahren vor den nach den OECD-Leitsätzen eingerichteten NKS die Möglichkeit bereit, interne Lernprozesse in einem fortlaufenden Verfahren an- und einzuleiten. Im Rahmen solcher Verfahren besteht die Möglichkeit, auf die Durchführung von Lernprozessen gerichtete Pressionen auszuüben. Gleichzeitig können menschenrechtliche Anforderungen anhand konkreter Missstände konkretisiert werden. Die Öffnung des Prozesses der Berichterstattung bietet zudem einen Anknüpfungspunkt für Stakeholder und staatliche Institutionen, um Einfluss auf Unternehmensstrukturen und Entscheidungsprozesse zu nehmen und damit den Schutz sozialer Belange gegenüber wirtschaftlichen Akteur_innen dem politischen Bereich zuzuführen.

Die Regulierung von kapitalmarktrechtlichen Pflichten von Emittenten – Genügt das gegenwärtige Sanktionsregime dem Bedürfnis einer nachhaltigen Stärkung des Kapitalmarkts?

Andreas Weitzell und Martin Lawall[*]

A. Einleitung

Funktionstüchtige Kapitalmärkte haben für moderne Volkswirtschaften eine elementare Bedeutung.[1] Die Regulierung von Kapitalmärkten ist nach heute überwiegender Auffassung ein Eckpfeiler zur Erhaltung ihrer Funktionstüchtigkeit.[2] Regulierung ist aber wenig effektiv, wenn ihre materiellen Regelungen nicht durchgesetzt werden können.[3] Aus diesem Grund verwundert es nicht, dass im Rahmen der letzten Regulierungswelle auf europäischer und deutscher Ebene die Rechtsdurchsetzung vermehrt in den Blick gerückt ist.

Das am 3. Juli 2016 in Kraft getretene und die Marktmissbrauchsverordnung (VO (EU) Nr. 596/2014)[4] und Marktmissbrauchsrichtlinie

---

[*] Dr. Andreas Weitzell ist Rechtsanwalt bei GRUB BRUGGER Partnerschaft von Rechtsanwälten mbB am Standort München, Martin Lawall ist Doktorand bei Prof. Dr. Philipp Maume am Lehrstuhl für Corporate Governance und Capital Markets Law der TU München und Rechtsanwalt bei Beiten Burkhardt am Münchner Standort.

[1] Dazu eingehender unter II.2.

[2] Vgl. zusammenfassend zur Diskussion über die Notwendigkeit von Regulierung im Bereich der Kapitalmärkte *Maume*, Staatliche Rechtsdurchsetzung im deutschen Kapitalmarktrecht: eine kritische Bestandsaufnahme, (2016) 180 ZHR, 358, 360 f.

[3] *Bhattacharya/Daouk*, The World Price of Insider Trading, 57 Journal of Finance (2002), 75; *dies.*, When No Law is Better Than a Good Law, 13 Review of Finance (2009), 577.

[4] Verordnung (EU) Nr. 596/2014 des Europäischen Parlaments und des Rates vom 16. April 2014 über Marktmissbrauch (Marktmissbrauchsverordnung) und zur Aufhebung der Richtlinie 2003/6/EG des Europäischen Parlaments und des Rates und der Richtlinien 2003/124/EG, 2003/125/EG und 2004/72/EG der Kommission.

(RL 2014/57/EU)[5] in deutsches Recht implementierende Erste Finanzmarktnovellierungsgesetz (1.FiMaNoG)[6] konzentriert sich neben der weiteren Regulierung und Harmonisierung materieller Emittentenpflichten insbesondere auch auf die Sanktionsebene. Zum ersten Mal gibt es einen einheitlichen Mindeststandardsatz an verwaltungsrechtlichen und strafrechtlichen Sanktionen im europäischen Kapitalmarktrecht. Trotz erster Harmonisierungsbestrebungen liegt die Verantwortung für die Ausgestaltung der Rechtsdurchsetzung noch im Wesentlichen bei den Mitgliedsstaaten.[7]

Der vorliegende Beitrag befasst sich mit dem deutschen Sanktionsregime gegenüber Emittenten unter dem besonderen Blickwinkel der Nachhaltigkeit.

B. Sanktion und Nachhaltigkeit im Rahmen der Kapitalmarktregulierung: Zwei Seiten einer Medaille - eine (regulierungs-)theoretische Einordnung

Was ist der Zusammenhang zwischen der Sanktionierung und der nachhaltigen Stärkung des Kapitalmarkts? Um diese Frage zu beantworten, müssen zunächst die Begriffe der *Sanktion* und der *Nachhaltigkeit* geklärt werden. Im Anschluss daran kann dann der bestehende Zusammenhang zwischen Sanktionen und einer nachhaltigen Stärkung des Kapitalmarkts aufgezeigt werden.

I. Sanktionen: Teil des Enforcements

Eine Sanktion ist eine Maßnahme, welche der Erzwingung des geltenden Rechts dient. Die Sanktion ist demnach Teil der Rechtsdurchsetzung, welche im (internationalen) Rahmen der Wirtschaftsregulierung zumeist mit

---

5 Richtlinie 2014/57/EU des europäischen Parlaments und des Rates vom 16.04.2014 über strafrechtliche Sanktionen bei Marktmanipulation (Marktmissbrauchsrichtlinie).
6 BT-Drucks. 18/7482.
7 *Maume* (Fn. 2), (2016) 180 ZHR, 358 f.

dem englischen Begriff *Enforcement* bezeichnet wird.[8] Allgemeines Ziel des Enforcements im Rahmen der Wirtschaftsregulierung ist es, ein Verhalten der Marktteilnehmer sicherzustellen, welches die aufgestellten Ge- und Verbote beachtet.[9]

Innerhalb des Enforcements unterscheidet man traditionell zwischen dem *Public Enforcement*, also der Rechtsdurchsetzung durch den Staat mittels Verwaltungs- oder Strafrecht, und dem *Private Enforcement*, also der Rechtsdurchsetzung durch Private mit Hilfe des Zivilrechts samt Zivilverfahrensrechts.[10]

Darüber hinaus gibt es eine dritte Form des Enforcements, bei welcher sich der Staat zivilrechtlicher Instrumente bedient. Als Beispiel kann die Befugnis der australischen *Securities and Investments Commission* (ASIC) angeführt werden, zu Gunsten geschädigter Anleger mit Hilfe einer Representative Proceeding (ASIC) die Wiedergutmachung des Schadens zu verlangen. Diese Form des Enforcements ist staatlich initiiert *(Public Enforcement)* und dient seiner Zielrichtung nach insbesondere auch dem öffentlichen Interesse.[11]

II. Der nachhaltige Kapitalmarkt

Was aber versteht man unter einem *„nachhaltigen Kapitalmarkt"*? An dieser Stelle sollte man sich zunächst noch einmal die Besonderheiten und Funktionen des Kapitalmarkts vergegenwärtigen. Der Kapitalmarkt ist Teil der Finanzmärkte. Im Gegensatz zu klassischen Warenmärkten werden an einem Kapitalmarkt Kapitalgüter gehandelt, vor allem Wertpapiere wie

---

8 Vgl. im Kontext der Kapitalmarktregulierung International Organization of Securities Commissions (IOSCO) -Paper ´Credible Deterrence In The Enforcement Of Securities Regulation´, Juni 2015, abrufbar unter https://www.iosco.org/library/pubdocs/pdf/IOSCOPD490.pdf.

9 *Maume/Walker*, Enforcing Financial Markets Law in New Zealand, [2013] New Zealand Law Review 263, 269.

10 *Wundenberg,* Perspektiven der privaten Rechtsdurchsetzung im europäischen Kapitalmarktrecht, ZGR 2015, 124, 127ff.; eine ausführliche und kritische Bestandsaufnahme zum staatlichen und privaten Enforcement in Deutschland findet sich bei *Maume* (Fn. 2), (2016) 180 ZHR, 358.

11 Vgl. etwa Section 50 Australian Securities and Investments Commission Act, der den ´Public Interest´ tatbestandlich voraussetzt; vgl. zur Abgrenzung zum privaten Enforcement auch *Wundenberg* (Fn. 10), ZGR 2015, 124, 128.

beispielsweise Aktien, Schuldverschreibungen, Genuss- und Optionsscheine oder Anteilsscheine von Investmentgesellschaften. Die Besonderheit bei dem Handel mit Kapitalgütern ist, dass Geld gegen in der Zukunft liegende Gewinnerwartungen getauscht wird.[12] Kapitalmarktprodukte sind Vertrauensgüter, der Kapitalmarkt ein Markt, in welchem es in besonderem Maße auf das Vertrauen der Marktteilnehmer in die Integrität des Marktes ankommt.[13]

Ein integrer Kapitalmarkt weist für moderne Volkswirtschaften vielfältige Funktionen auf. In der Wissenschaft wird zumeist die Allokationsfunktion betont, wonach über den Kapitalmarkt die Ressource Kapital genau dahin geleitet wird, wo sie am dringendsten benötigt wird.[14] Eine weitere wichtige Funktion ist die Transformation von Sparkapital in Investitionskapital zum Wohle der volkswirtschaftlichen Entwicklung.[15] Darüber hinaus gewinnt der Kapitalmarkt als Finanzierungs- und Anlagequelle für die öffentliche Hand, private Unternehmen und private Anleger zunehmend an Bedeutung.[16]

Doch nicht nur aus ökonomischer Perspektive hat der Kapitalmarkt eine wichtige Bedeutung. Kapitalmärkte haben Einfluss auf die *Corporate Governance* von börsennotierten Unternehmen, da sie als externe Kontrollinstanz der Emittenten fungieren.[17] Gemäß § 161 AktG muss beispielsweise jedes börsennotierte Unternehmen in Deutschland eine sog. Entsprechenserklärung abgeben, ob es den Empfehlungen des deutschen Corporate Governance Kodexes über gute und verantwortungsvolle Unternehmensführung folgt oder davon abweichen will. Das Anlegerpublikum kann mit einer positiven Anlageentscheidung, welche den Börsenwert des Unternehmens steigert, über den Kapitalmarkt eine verantwortungsvolle Unternehmensführung belohnen. Umgekehrt kann eine unzureichende Unternehmensführung aus Sicht der Anleger über eine negative Anlageentscheidung auch bestraft werden.

---

12 *Fleischer,* Gutachten F zum 64. DJT, S.F 23.

13 Ebd.; zu den besonderen Eigenschaften des Kapitalmarkts aus dem internationalen Schrifttum *Black,* The Legal and Institutional Preconditions for a Strong Securities Market, (2001) 48 University of California Law Review 781.

14 *Buck-Heeb,* Kapitalmarktrecht, 8. Auflage 2016, Heidelberg, § 1 Rn. 10; *Veil,* in: Veil, Europäisches Kapitalmarktrecht, 2. Auflage 2014, Tübingen, § 2 Rn. 3 ff.

15 *Loistl,* Kapitalmarkttheorie, 3. Auflage 1994, München u.a., S. 30.

16 *Buck-Heeb* (Fn. 14), § 1 Rn. 2.

17 Ausführlich dazu *Assmann,* FS Kümpel, Berlin, 2003, 1.

Darüber hinaus findet unternehmerisches Handeln bei börsennotierten Unternehmen in besonderem Maße unter den Augen der Öffentlichkeit statt. Emittenten müssen verschiedenste gesetzliche Folgepflichten eines Börsengangs wie die Pflicht zur Veröffentlichung einer Ad-hoc-Mitteilung oder bestimmte Finanzberichtspflichten erfüllen. Die (externe) Berichterstattung über das Unternehmenshandeln und die Erfüllung von Emittentenpflichten wird durch die Öffentlichkeit bewertet und schlägt sich im Börsenwert des Unternehmens nieder.[18] Der Kapitalmarkt kann demnach zumindest mittelbar zum Vehikel für eine breite Öffentlichkeit werden, um das Handeln von Unternehmen zu beeinflussen.

Aus seiner Funktion und Besonderheit als Vertrauensmarkt lässt sich ableiten, was unter einem nachhaltigen Kapitalmarkt verstanden werden kann. Ein nachhaltiger Kapitalmarkt ist zunächst einmal ein Markt, welchem die Marktteilnehmer ein besonderes Vertrauen entgegenbringen. Der Kapitalmarkt muss eine besondere Integrität aufweisen, um seine vielschichtigen Funktionen zu erfüllen. Hierbei kommt den Emittenten eine wichtige Funktion zu. Ein normgetreues Verhalten aller Marktteilnehmer und mithin auch der Emittenten stärkt das langfristige Vertrauen in die Funktionstüchtigkeit des Kapitalmarkts. Umgekehrt zerstören kapitalmarktbezogene Unternehmensskandale das Vertrauen in die Integrität des Marktes und rufen zur Wiederherstellung des Vertrauens gesetzgeberische Reaktionen hervor.[19] Insofern bezieht sich ein nachhaltiger Kapitalmarkt in erster Linie auf die ökonomische Dimension des Nachhaltigkeitsbegriffs.

Nachhaltigkeit am Kapitalmarkt bedeutet aber auch, dass Investitionskapital in Projekte fließt, welche neben ökonomischen auch soziale und ökologische Aspekte berücksichtigen. Daher sind die soziale und ökologische Seite des Nachhaltigkeitsbegriffs auch betroffen. Anleger können über die Nachfrage nach solchen Investitionsmöglichkeiten nachhaltiges Wirtschaften fördern. Emittenten können über den Kapitalmarkt zu ökono-

---

18 Vgl. etwa *Armour/Mayer/Polo*, Regulatory Sanctions and Reputational Damage in Financial Markets, Oxford Legal Studies Research Paper No. 62/2010, die bezogen auf das Vereinigte Königreich festgestellt haben, dass der Verlust des Börsenwertes eines Unternehmens auf Grund des Reputationsverlustes die staatliche Sanktion um etwa das Neunfache übersteigt, abrufbar unter https://ssrn.com/abstract=1678028.

19 Aus der jüngeren Vergangenheit sei beispielsweise an den sog. Enron- oder Libor (London Interbank Offered Rate)-Skandal erinnert.

misch nachhaltigerem Handeln angehalten werden. Eine langfristige In-
vestitionsstrategie, die Berücksichtigung sozialer und ökologischer Aspekte, all dies kann das Vertrauen der Öffentlichkeit in die Emittenten und damit auch in den Kapitalmarkt stärken.

Zusammengefasst bedeutet eine nachhaltige Stärkung des Kapitalmarkts aus Sicht der Bearbeiter und für die Zwecke des vorliegenden Beitrags

- die langfristige Sicherstellung der Marktintegrität
- durch die Schaffung von Vertrauen der (Anleger-)Öffentlichkeit in ein
  normgetreues und verantwortungsvolles unternehmerisches Handeln
  der Emittenten.

Wie dies durch Sanktionen, sprich durch das Enforcement gefördert werden kann, ist gleichzeitig auch die Antwort auf die Frage nach dem Zusammenhang zwischen Sanktionen und der nachhaltigen Stärkung des Kapitalmarkts und Gegenstand des folgenden Abschnitts.

III. Nachhaltige Stärkung des Kapitalmarkts durch Sanktionen?

Sanktionen haben eine verhaltenssteuernde Wirkung. Als Teil des Enforcements sollen sie das Wohlverhalten der Emittenten sicherstellen.
Wohlverhalten fördert das Vertrauen in den Markt, welcher somit erst in
der Lage ist, seine volkswirtschaftlichen Aufgaben bestmöglich zu erfüllen. Nach den Empfehlungen der International Organization of Securities
Commissions (IOSCO), dem Zusammenschluss maßgeblicher Finanzauf-
sichtsbehörden auf internationaler Ebene, müssen Sanktionen daher glaub-
haft und abschreckend auf die Marktteilnehmer wirken, um ihre verhaltenssteuernde Wirkung zu entfalten.[20] Im Mittelpunkt steht dabei die
Überlegung, dass sich die Verletzung kapitalmarktrechtlicher Pflichten für
die jeweiligen Emittenten nicht lohnen darf.[21] Wichtiger Aspekt eines ef-

---

20 IOSCO, Credible Deterrence In The Enforcement Of Securities Regulation, S. 2,
    Rn. 17e, S. 31, Rn. 86-90.
21 ebd., S. 31, Rn. 86; dieser Enforcementansatz geht auf die Vertreter der Law &
    Economics These zurück, wonach der rationale Adressat einer Rechtsvorschrift
    sich dann an letztere hält, wenn die Kosten einer Überschreitung den Nutzen über-
    steigen, vgl. grundlegend *Becker*, Crime and Punishment: An Economic Ap-
    proach, 76 Journal of Political Economy (1968), 169.

fektiven Sanktionsregimes ist dabei, dass auf ein breites Arsenal an Sanktionen zurückgegriffen werden kann.[22] Insbesondere das Zusammenspiel zwischen staatlichem und privatem Enforcement macht ein Sanktionsregime und damit die Rechtsdurchsetzung besonders erfolgreich.[23]

Das Enforcement erfolgt in Deutschland zumeist durch die Bundesanstalt für Finanzdienstleistungsaufsicht (BaFin) und die Staatsanwaltschaften gegenüber den Emittenten mittels verwaltungs- und ordnungswidrigkeitsrechtlicher Sanktionen, insbesondere dem ordnungswidrigkeitsrechtlichen Bußgeld.[24] Dagegen existiert in Deutschland nur eine rudimentäre Möglichkeit der Anleger, ihr Recht effektiv durchzusetzen. Darüber hinaus ist auch die gezielte Vornahme von Handlungen durch die BaFin zum Schutz der einzelnen Anleger in Deutschland nicht vorgesehen.[25] Dies ist vor dem Hintergrund eines möglichst effektiven Sanktionsregimes und der folgenden Überlegungen bedauerlich:

Zum einen ist seit den freilich nicht unumstrittenen, aber vielbeachteten Arbeiten von *La Porta, Lopez-de-Silanes* und *Shleifer* ein wichtiger Zusammenhang zwischen der Integrität eines Kapitalmarktes und der privaten Rechtsdurchsetzung anerkannt.[26] Können Anleger ihr Recht effektiv durchsetzen, gewinnt der Kapitalmarkt nachhaltig an Liquidität und Integrität.[27] Das Fehlen effektiver privater Rechtsdurchsetzungsmöglichkeiten kann sich nachteilig auf die Erfüllung der Aufgaben des Kapitalmarktes auswirken und schwächt seine nachhaltige Stärkung und Entwicklung.

Zum anderen waren nach Auffassung der von der Europäischen Kommission beauftragten Expertengruppe unter dem Vorsitz von *Jacques de Larosière* zur Ausarbeitung der zukünftigen europäischen Kapitalmarktregulierung als Reaktion auf die letzte globale Finanzkrise Regulierungsdif-

---

22 IOSCO, Credible Deterrence In The Enforcement Of Securities Regulation, S. 31, Rn. 87b, c.

23 *Möllers/Pregler*, Zivilrechtliche Rechtsdurchsetzung und kollektiver Rechtsschutz im Wirtschaftsrecht, (2012) 176 ZHR, 144, 182.

24 *Canzler/Hammermaier*, Die Verfolgung und Ahndung wertpapierrechtlicher Delinquenz durch die Wertpapieraufsicht der BaFin: Das kapitalmarktrechtliche Bußgeldverfahren, AG 2014, 57.

25 *Vogel,* in: Assmann/Schneider, WpHG, 6. Auflage 2012, Köln, § 4 Rn. 65 ff; vgl. auch die Entscheidungen Wella I und II des OLG Frankfurt, OLG Frankfurt DB 2003, 1373, 1374; OLG Frankfurt ZIP 2003, 1392, 1393.

26 *La Porta/Lopez-de-Silanes/Shleifer*, What Works in Securities Laws?, 61 Journal of Finance (2006), 1.

27 ebd.

ferenzen im Bereich der Sanktionierung mitverantwortlich für die Entstehung und Tragweite der Verwerfungen auf den Finanzmärkten.[28] Die Expertengruppe mahnte deshalb an, dass alle Aufsichtsbehörden über „konvergente, strenge und abschreckende Sanktionsmöglichkeiten verfügen" müssen.[29] Als Reaktion auf die Vorschläge der Experten wurden im Rahmen der Marktmissbrauchsverordnung (VO (EU) Nr. 596/2014) und der Marktmissbrauchsrichtlinie (RL 2014/57/EU) erstmalig ein Mindeststandardsatz an verwaltungsrechtlichen- und strafrechtlichen Sanktionen erlassen. Trotz dieser ersten Harmonisierungsschritte unterliegt das Enforcement als Teil der Kapitalmarktregulierung weiterhin weitestgehend den Vorstellungen der Mitgliedstaaten.[30] Die Nachhaltigkeit im Sinne der Integrität des deutschen Kapitalmarkts, hängt daher davon ab, inwieweit das deutsche Recht ein umfassendes Sanktionsregime bereithält.

Nachhaltigkeit und Sanktionierung kann darüber hinaus aber auch an bereits bestehenden Sanktionen festgemacht werden. Hier stellt sich im Rahmen der Unternehmensgeldbuße die Frage, inwieweit diese Aspekte der Nachhaltigkeit gerecht werden. Gibt es im Zusammenhang mit der Unternehmensgeldbuße einen Anreiz für Emittenten, ein nachhaltiges und normgetreues Handeln zukünftig sicherzustellen? Und ist die derzeitige Form der Sanktion, die Zahlung eines monetären Betrages an die Staatskasse, unter Nachhaltigkeitsgesichtspunkten wirklich zielführend? Auch zu diesem Aspekt möchte der Beitrag Stellung beziehen.

C. Enforcement im deutschen Kapitalmarktrecht

Das Kapitalmarktrecht in Deutschland stützt sich vor allem auf das staatliche Enforcement. Zivilrechtliche Sanktionen für die Verletzung kapitalmarktrechtlicher Pflichten des Emittenten sind nur rudimentär geregelt. Dies gilt sowohl für die materiellen Anspruchsgrundlagen als auch für die prozessuale Durchsetzung von Ansprüchen. Gerade letzteres ist nachteilig für ein umfassendes und effektives Sanktionsregime und Gegenstand nachfolgender Ausführungen.

---

28 *De Larosière,* The High-Level Group on Financial Supervision in the EU, Report vom 25.02.2009, Rn. 83 ff., 201.
29 ebd, Rn. 201.
30 *Veil,* in: Veil (Fn. 14), § 12 Rn. 2; *Maume* (Fn. 2), (2016) 180 ZHR, 358, 360.

I. Durchsetzung der Anspruchsgrundlagen

Die private Rechtsdurchsetzung erfolgt in Deutschland nach dem Zivilprozessrecht. Dieses ist vor dem Hintergrund der allgemein anerkannten Schwächen des *Private Enforcement* im Kapitalmarktrecht nicht in der Lage, diese Schwächen auszugleichen.

1. Schwächen des privaten Enforcement

Schäden durch delinquentes Emittentenverhalten betreffen zumeist eine Vielzahl von Anlegern. Man spricht von sog. Streuschäden.[31] Hinzu kommt, dass die einzelnen Anleger oft nur geringe Schäden geltend machen können. Als Beispiel kann die Haftung des Emittenten im Zusammenhang mit der Ad-Hoc-Publizität genannt werden. Hier kann der geschädigte Anleger, falls er die Kausalität zwischen Verstoß und Anlageentscheidung, für welche keine Beweislastumkehr gilt, nicht nachweisen kann, nur den Differenzschaden als Mindestschaden verlangen.[32] Dieser beträgt selten mehr als 5.000 Euro.[33] Demgegenüber stehen hohe Rechtsverfolgungskosten, welche der Komplexität, Länge und dementsprechenden Anwaltskosten geschuldet sind.[34]

Dazu kommt, dass das Kapitalmarktrecht von Informationsasymmetrien geprägt ist.[35] Die Informationsasymmetrien zwischen einem Emittenten und einem Anleger spielen auch im Rahmen der Rechtsdurchsetzung eine gewichtige Rolle. So hat ein Emittent Wissen und Unterlagen, welche der Beweisführung des Anlegers in Schadensersatzprozessen dienlich wären, letzterer über diese aber eben nicht verfügt.[36]

---

31 *Veil,* in: Veil (Fn. 14), § 12 Rn. 3; siehe zu Streuschäden auch *Kredel/Brückner,* Sammelklagen – das richtige Instrument für den Umgang mit kartellrechtlichen (Streu-)Schäden?, BB 2015, 2947.

32 BGHZ 192, 90, 109 ff. Rn. 47 ff., 60; BGHZ 192, 90, 115 f. Rn. 61 ff., (jeweils „IKB").

33 *Veil,* in: Veil (Fn. 14), § 12 Fn. 8.

34 ebd, § 12 Rn. 3; vgl. auch *Maume* (Fn. 2), welcher zudem auf die fehlenden Klageanreize durch niedrige Anwaltshonorare und der Abwesenheit von Strafschadensersatz im deutschen Recht verweist, (2016) 180 ZHR, 358, 368.

35 Vgl. dazu *Hirte/Heinrich,* in: Hirte/Möllers, KK-WpHG, 2. Auflage 2014, München, Einl. Rn. 17.

36 In diese Richtung Maume (Fn. 2), (2016) 180 ZHR, 358, 368.

Mangelnde Ressourcen, komplexe Sachverhalte und eine schwierige Beweislage auf Seiten der Anleger führen zu dem Ergebnis, dass letztlich nur wenige Anleger ihr Recht, sofern es eine materielle Anspruchsgrundlage gibt, auch durchsetzen.[37] Diese auch als *rationale Apathie*[38] der Anleger bezeichnete Problematik steht einer nachhaltigen Stärkung des Vertrauens in den Kapitalmarkt entgegen.

2. Das deutsche Zivilprozessrecht als Lösung?

Um beurteilen zu können, ob das deutsche Zivilprozessrecht die private Durchsetzung des Kapitalmarktrechts und somit ein die Nachhaltigkeit förderndes umfassendes Sanktionsregime erleichtert, vergegenwärtigt man sich am besten noch einmal die Schwächen der privaten Rechtsdurchsetzung im Zusammenhang mit dem Kapitalmarktrecht. Diese wären insbesondere

- Beweisschwierigkeiten auf Grund von Informationsasymmetrien zwischen Emittent und Anleger, sowie
- die Problematik der rationalen Apathie geschädigter Anleger auf Grund hoher Rechtsverfolgungskosten bei gleichzeitig bestehenden fehlenden Klageanreizen.

Wesentlicher Grundsatz im deutschen Zivilprozess ist der Beibringungsgrundsatz. Die Beibringung des Tatsachenstoffs, welcher die Grundlage der gerichtlichen Entscheidung und Wahrheitsfindung sein soll, muss durch die Parteien in den Prozess eingeführt werden.[39] Das Gericht ist an den Parteivortrag gebunden.[40] Die Wahrheit von Tatsachenbehauptungen stellt es nur fest, wenn eine Partei diese bestreitet und erhebt zum Zwecke der Feststellung der Wahrheit einer Tatsachenbehauptung nur dann einen Beweis, wenn dieser von der beweispflichtigen Partei angeboten wurde.[41]

---

37 *Möllers/Pregler* (Fn. 23) sprechen von maximal 5 % der geschädigten Anleger, (2012) 176 ZHR, 144, 148 Fn. 18, mwN; zu den Schwierigkeiten der privaten Rechtsdurchsetzung durch die Anleger vgl. auch *Koch*, Sammelklage und Justizstandorte im internationalen Wettbewerb, JZ 2011, 438.

38 Vgl. statt aller *Veil*, in: Veil (Fn. 14), § 12 Rn. 3.

39 *Reichold*, in: Thomas/Putzo, ZPO, 38. Auflage 2017, München, Einl I Rn. 1, 2; *Prütting*, in: Prütting/Gehrlein, ZPO, 9. Auflage 2017, München, Einl. Rn. 28.

40 *Prütting*, in: Prütting/Gehrlein (Fn. 39), Einl. Rn. 28.

41 *Reichold*, in: Thomas/Putzo (Fn. 39), Einl. I Rn. 2.

Die Grundregel des zivilprozessualen Beweisrechts lautet dabei, dass jede Partei die Behauptungs- und Beweislast dafür trägt, dass der Tatbestand der für ihn günstigen Rechtsnorm erfüllt ist.[42] Folglich hat ein geschädigter Anleger die anspruchsbegründenden Tatsachen zu behaupten und vor allem zu beweisen. Auf Grund der bestehenden Informationsasymmetrien ist dies in komplexen kapitalmarktrechtlichen Fällen ein Erschwernis bei der Rechtsdurchsetzung. Erschwerend kommt hinzu, dass ein Anleger sich die nötigen Informationen und Beweise nicht ohne weiteres beschaffen kann. Im Gegensatz etwa zum US-amerikanischen Zivilprozess, welcher eine sog. *pre-trial-discovery* samt der Möglichkeit der Informations- und Beweisbeschaffung bei der Gegenpartei kennt, gilt in Deutschland das Ausforschungsverbot.[43] So ist die Beweisaufnahme im deutschen Recht unmittelbar vor dem erkennenden Gericht durchzuführen (Unmittelbarkeitsgrundsatz). Die Einbeziehung eines Beweises setzt einen zulässigen Beweisantrag voraus. Ein ausforschender Beweisantrag, durch welchen sich eine Partei erst die Grundlage für den konkreten Tatsachenvortrag schaffen will, ist dabei unzulässig.[44] Zwar kann das Gericht gemäß § 142 ZPO die Urkundenvorlegung anordnen. Voraussetzung ist aber zumindest ein Anhaltspunkt über die Existenz einer bestimmten Urkunde. Die Einsichtnahme in alle Unterlagen der anderen Partei ist keinesfalls von § 142 ZPO umfasst.[45]

Zur Milderung der oben umschriebenen Problematik arbeitet das Kapitalmarktrecht teilweise mit einer Beweislastumkehr. So sieht § 21 WpPG beispielsweise vor, dass der Emittent und Anspruchsgegner die haftungsbegründende Kausalität zwischen dem Wertpapiererwerb und dem fehlerhaften Prospekt widerlegen muss, da diese gesetzlich vermutet wird. Dagegen kommen dem geschädigten Anleger im Rahmen der Ansprüche nach §§ 37 b, c WpHG nach überwiegender Auffassung keine Beweiser-

---

42 ebd, vor § 284 Rn. 23.

43 *Prütting,* in: Prütting/Gehrlein (Fn. 39), § 142 Rn. 8; zur Rechtslage in den USA und der *Pre-Trial-Discovery* sowie der Möglichkeit einer damit zusammenhängenden *Subpoena* vgl. *Möllers/Pregler (*Fn. 23), (2012) 176 ZHR 144, 151ff.; *Maume* (Fn. 2), (2016) 180 ZHR 358, 368.

44 *Reichold,* in: Thomas/Putzo (Fn. 39), § 284 Rn. 3; *Prütting,* in: Prütting/Gehrlein, ZPO (Fn. 39), § 142 Rn. 8.

45 *Prütting,* in: Prütting/Gehrlein (Fn. 39), § 142 Rn. 8.

leichterungen zugute.[46] Selbst wenn das Gesetz eine Beweiserleichterung im Rahmen eines materiellen Anspruchs vorsieht, entbehrt das nicht von der Notwendigkeit des Anlegers, die Pflichtverletzung und seinen Schaden nachzuweisen.[47]

Darüber hinaus kennt das deutsche Prozessrecht auch den Grundsatz der sekundären Darlegungslast. Kann ein Darlegungspflichtiger danach einen Sachverhalt von sich aus nicht ermitteln, die Gegenseite die Informationen jedoch leicht beschaffen, so genügt einfaches Bestreiten durch Letztere nicht.[48] Die Gegenpartei muss im Einzelnen darlegen, warum eine aufgestellte Behauptung unrichtig ist. Allerdings entbehrt die sekundäre Darlegungslast nicht von dem Erfordernis der beweispflichtigen Partei, im Anschluss daran den Beweis für die Richtigkeit der eigenen Behauptung zu erbringen.[49]

Auch geht die Rechtsprechung teilweise dazu über, aus Gründen der Billigkeit die Beweislast danach zu verteilen, in wessen ausschließlicher Einflusssphäre sich die entscheidenden Tatsachen befinden.[50] Doch auch hier gilt weiter, dass der Gläubiger, der geschädigte Anleger, die Pflichtverletzung des Emittenten nachweisen muss.[51]

Es bleibt letztlich festzuhalten, dass die Beweisschwierigkeiten auf Grund der im Kapitalmarktrecht typischen Informationsasymmetrien durch das deutsche Zivilprozessrecht nicht wesentlich beseitigt werden. Ein möglicher Ansatzpunkt für geschädigte Anleger, Informationsasymmetrien abzubauen, kann dagegen ein Antrag auf Akteneinsicht bei der BaFin nach dem Informationsfreiheitsgesetz (IFG) sein.[52] Nach § 1 Abs. 1 IFG ist auf Antrag von den Bundesbehörden, und damit auch von der BaFin, ein freier Informationszugang zu gewähren. Geschädigte Anleger könnten sich auf diesem Wege Informationen beschaffen, welche die BaFin im Rahmen des staatlichen Enforcements bereits ermittelt hat. Al-

---

46 Dazu *Buck-Heeb* (Fn. 14), § 6 Rn. 437; im Rahmen der Kausalität wenigstens eine Beweiserleichterung durch Anerkennung der Figur der „allgemeinen Anlagestimmung" befürwortend *Möllers*, Der Weg zu einer Haftung für Kapitalmarktinformationen, JZ 2005, 75, 78.
47 *Maume* (Fn. 2), (2016) 180 ZHR, 358, 368.
48 *Reichold,* in: Thomas/Putzo (Fn. 39), vor § 284 Rn. 18.
49 ebd, vor § 284 Rn. 18, mwN.
50 *Grüneberg,* in: Palandt, BGB, 76. Auflage 2017, München, § 280 Rn. 37.
51 ebd, § 280 Rn. 37.
52 *Möllers/Pregler* (Fn. 23), (2012) 176 ZHR, 144, 158ff.; *Buck-Heeb* (Fn. 14), § 17 Rn. 1014.

lerdings gibt es eine entscheidende Einschränkung. Gemäß § 3 IFG kann die BaFin jegliche Auskunft verweigern, wenn es beispielsweise um vertrauliche Informationen wie Berufs- und Geschäftsgeheimnisse der Emittenten geht.[53] Da dies regelmäßig der Fall ist, ist der Abbau von Informationsasymmetrien nach dem IFG zwar möglich, aber nicht immer gesichert und somit unzureichend.[54]

Nicht anders steht es um die Problematik der „rationalen Apathie" der Anleger. Um dieser vorzubeugen und die Rechtsdurchsetzung der Anleger zu erleichtern, wird die Bedeutung von kollektivem Rechtsschutz, in den USA bekannt als *class actions,* betont.[55] Zwar gibt es in Deutschland keine dem US-Recht vergleichbare Möglichkeit einer *class action,* jedoch kennt das deutsche (Kapitalmarkt-)Recht mit dem Gesetz über Musterverfahren in kapitalmarktrechtlichen Streitigkeiten (KapMuG) eine Möglichkeit, in einem Musterverfahren Tatsachen- und Rechtsfragen, die sich in gleicher Weise in mindestens zehn individuellen Schadensersatzprozessen stellen, zu bündeln.[56] Zu unterscheiden ist zwischen dem Vorlageverfahren, dem eigentlichen Musterverfahren und der Fortsetzung des Ausgangsverfahrens selbst.[57]

Voraussetzung ist zunächst, dass bei dem zuständigen Prozessgericht (Landgericht) ein Musterfeststellungsantrag eingereicht wird, über welchen das Gericht zu entscheiden hat, §§ 2 Abs. 1, 3 Abs. 1 KapMuG. Hält es den Antrag für zulässig, hat es diesen in das öffentliche Klageregister des elektronischen Bundesanzeigers einzustellen, § 3 Abs. 2 KapMuG. Es erfolgt gemäß § 249 ZPO eine Unterbrechung des Prozesses, § 5 KapMuG. Innerhalb von sechs Monaten nach der Veröffentlichung des Musterfeststellungsantrags im Klageregister müssen neun weitere, gleichlautende Musterfeststellungsanträge gestellt werden. Wird dieses Quorum erreicht, ist durch einen Vorlagebeschluss des Prozessgerichts, bei dem der erste bekannt gemachte Musterverfahrensantrag gestellt wurde, eine Ent-

---

53 VGH, WM 2015, 1750 ff. Rn. 33 ff.

54 In diese Richtung auch *Möllers/Pregler* (Fn. 23), (2012) 176 ZHR, 144, 158 ff.

55 *Maume* (Fn. 2) (2016) 180 ZHR, 358, 369; *Möller/Pregler* (Fn. 23), (2012) 176 ZHR, 144, 146 f; siehe auch *Buck-Heeb* (Fn. 14), § 21 Rn. 1037.

56 Gesetz über Musterverfahren in kapitalmarktrechtlichen Streitigkeiten vom 16. August 2005, BGBl. I, S. 2437 ff; vgl. zur *class action* in den USA aus dem deutschen Schrifttum *Hess,* in: Hess/Reuschle/Rimmelspacher, KK-KapMuG, 2. Auflage 2014, Köln, München u.a., Einl. Rn. 34 ff.

57 Guter Überblick bei *Hess,* in: Hess/Reuschle/Rimmelspacher (Fn. 56), Einl. Rn. 27 ff.

scheidung des Oberlandesgerichts (OLG) über die Feststellungsziele herbeizuführen, § 6 Abs. 1 KapMuG. Als Feststellungsziel kommt die Feststellung über das (Nicht-)Vorliegen von anspruchsbegründenden oder –ausschließenden Tatsachen in Betracht wie die Klärung von Rechtsfragen, § 2 Abs. 1 S. 1 KapMuG.[58] Mit Bekanntmachung des Vorlagebeschlusses im Klageregister setzt das Prozessgericht von Amts wegen alle anhängigen oder noch anhängig werdenden Verfahren bis zur rechtskräftigen Entscheidung über das Feststellungsziel aus, § 8 Abs. 1 KapMuG. Fehlt es an dem Quorum, setzt das ursprüngliche Prozessgericht das Verfahren fort, § 6 Abs. 5 KapMuG.

Im Rahmen des eigentlichen Musterverfahrens entscheidet das OLG mit Bindungswirkung für sämtliche Prozessgerichte über das Feststellungsziel, § 22 Abs. 1, 3 KapMuG. Die Bindungswirkung erstreckt sich auf den vom OLG bestimmten Musterkläger sowie gemäß § 22 Abs. 3 KapMuG auf die beigeladenen Parallelkläger (§ 9 Abs. 3 KapMuG). Parallelkläger, deren Verfahren noch nicht gemäß § 8 KapMuG durch das LG ausgesetzt wurde, können gemäß § 79 ZPO Nebenintervenient sein.[59] Von der Bindungswirkung umfasst ist der Tenor und dessen tatsächliche und rechtliche Grundlage.[60] Durch die Bekanntmachung des Musterverfahrens im Klageregister des elektronischen Bundesanzeigers (§ 10 Abs. 1 KapMuG) können auch andere betroffene Anleger erkennen, ob ein gleichgelagertes Verfahren anhängig ist. Sie können, ohne selbst Klage erheben zu müssen, innerhalb von sechs Monaten nach der Bekanntmachung des Musterverfahrens im Klageregister ihre Ansprüche schriftlich beim OLG anmelden, § 10 Abs. 2 S. 1 KapMuG. Allerdings hat die Anmeldung rechtlich nur eine verjährungshemmende Wirkung hinsichtlich ihres Anspruchs, § 204 Abs. 1 Nr. 6a BGB.[61] Eine Bindungswirkung hat die Entscheidung im Musterverfahren nicht.[62]

Das KapMuG soll nach der Intention des Gesetzgebers den Anlegerschutz durch die Stärkung der privaten Rechtsdurchsetzung verbessern. Dies gelingt allerdings nur unvollständig. Es setzt die Klageerhebung eines jeden Anlegers voraus, der von der Bindungswirkung des Musterentscheids profitieren will. Die Rechtswirkung der einfachen Anmeldung von

---

58 Ausführlich *Kruis,* in: Hess/Reuschle/Rimmelspacher (Fn. 57), § 2 Rn. 29 ff.
59 *Hess,* in: Hess/Reuschle/Rimmelspacher (Fn. 57), Einl. Rn. 29.
60 ebd, § 22 Rn. 11 ff.
61 ebd, Einl. Rn. 31.
62 Vgl. § 10 Abs. 2 KapMuG.

Ansprüchen beim OLG durch einen Anleger erschöpft sich in der Verjährungshemmung.[63] Die Durchsetzung des Anspruchs hängt von der individuellen Klageerhebung ab. Die Notwendigkeit der eigenen Klage geht einher mit den Beweisschwierigkeiten auf Grund der oben angesprochenen Informationsasymmetrien sowie mit dem Prozesskostenrisiko. Gemäß § 24 Abs. 1 KapMuG gelten die dem Musterkläger und den Beigeladenen entstandenen Kosten des Musterverfahrens als Kosten ihres individuellen Ausgangsverfahrens, wo in Abwesenheit einer speziellen Regelung die §§ 91 ff ZPO zur Anwendung kommen.[64] Das KapMuG führt zwar zu einer Bündelung von verallgemeinerungsfähigen Tatsachen- und Rechtsfragen, wobei anspruchsbegründende und anspruchsausschließende Voraussetzungen einheitlich entschieden werden können.[65] Individuelle Gegebenheiten wie Kausalität und Schaden müssen für jeden Anleger aber selbst festgestellt werden.[66] Das KapMuG als Musterverfahren kann durch die Bündelung von sich in einer Vielzahl von Fällen stellenden Tatsachen- und Rechtsfragen zwar die Gerichte entlasten und somit allenfalls eine prozessökonomische Wirkung entfalten.[67] Die Vereinfachung der privaten Rechtsdurchsetzung vor dem Hintergrund der Problemkreise „Beweisschwierigkeiten und rationale Apathie" erfolgt nicht.

II. Zusammenfassung

Das deutsche Kapitalmarktrecht vernachlässigt die Möglichkeit eines effektiven privaten Enforcements als Baustein eines umfassenden Sanktionsregimes, welches die nachhaltige Entwicklung von Kapitalmärkten und

---

63 Allerdings kommt dem Musterentscheid wohl eine faktische Bindungswirkung zu, vgl. *Hess,* in: Hess/Reuschle/Rimmelspacher (Fn. 57), Einl. Rn. 31.

64 *Kruis,* in: Hess/Reuschle/Rimmelspacher (Fn. 57), § 24 Rn. 1.

65 *Maume* (Fn. 2), (2016) 180 ZHR, 358, 370; *Buck-Heeb* (Fn. 14), § 21 Rn. 1038.

66 *Stackmann,* Kein Kindergeburtstag - Fünf Jahre Kapitalanleger-Musterverfahrensgesetz, NJW 2010, 3185, 3186.

67 Die Entstehungsgeschichte des KapMuG wurzelt gerade auch in der Prozessflut im Verfahren gegen die Deutsche Telekom AG, vgl. *Maier-Reimer/Wilsing,* Das Gesetz über Musterverfahren in kapitalmarktrechtlichen Streitigkeiten, ZGR 2006, 79; die prozessökonomische Wirkung auf Grund des komplizierten Weges bis zur Eintragung des Vorlagebeschlusses und der Rechte der Beigeladenen im Musterverfahren stark anzweifelnd *Stackmann* (Fn. 67), NJW 2010, 3185, 3189 („nicht mehr manövrierbares Monster"); ausführlich zu den Rechten eines Beigeladenen *Reuschle,* in: Hess/Reuschle/Rimmelspacher (Fn. 57), § 14 Rn. 17 ff.

der in ihnen operierenden Emittenten fördern kann. Insbesondere bedarf es eines Durchsetzungsmechanismus, welcher die Schwächen der privaten Sanktionierung abbaut. Ein Verbesserungsvorschlag wird nachfolgend vorgestellt.

III. Die BaFin als Kläger – eine Möglichkeit zur Stärkung der Durchsetzung privater Ansprüche?

Die Verbesserung der privaten Rechtsdurchsetzung ist Gegenstand unterschiedlicher Diskussionen.[68] Im vorliegenden Beitrag soll ein bisher wenig diskutierter Verbesserungsvorschlag unterbreitet werden, welcher bereits oben (II.1.) angedeutet wurde. Es geht um die Möglichkeit der staatlichen Aufsichtsbehörde, Ansprüche der geschädigten Marktteilnehmer als eine Art „öffentlicher Kläger" geltend zu machen.[69] Die Durchsetzung privater Ansprüche durch eine staatliche Behörde aus öffentlichem wie privatem Interesse ist ein Instrument des Enforcements, welches sich in anderen Rechtsordnungen bereits erprobt hat. Als Beispiel soll nachfolgend und stellvertretend die sog. *Representative Proceeding* der australischen Finanzaufsichtsbehörde ASIC kurz vorgestellt werden.

1. Representative Proceeding nach australischem Recht

Gemäß section 50 ASIC Act kann die australische Finanzaufsichtsbehörde ASIC Ansprüche von privaten Dritten geltend machen, insbesondere auch Schadensersatz verlangen.[70] Section 50 ASIC Act liest sich dabei wie folgt:

---

68 Vgl. etwa *Maume* (Fn. 2), (2016) 180 ZHR, 358, 366ff; *Möllers/Pregler* (Fn. 23), (2012) 176 ZHR, 144.

69 Vgl. schon *Stackmann* (Fn. 67), NJW 2010, 3185, 3189, der einen Kläger und Anspruchsverwalter vergleichbar einem Insolvenzverwalter vorschlägt.

70 Zur Representative Proceeding im Zusammenhang mit Organhaftungsansprüchen vgl. *du Plessis/Cordes*, Claiming Damages from Members of Management Boards in Germany: Time for a Radical Rethink and Possible Lessons from Down Under?, 36 The Company Lawyer (2015), 335, 346 ff.; siehe allgemein ASIC Information Sheet 180, abrufbar unter http://www.asic.gov.au/about-asic/asic-investigations-and-enforcement/asic-s-approach-to-involvement-in-private-court-proceedings/;.

ASIC may cause civil proceeding to be begun

Where, as a result of an investigation or from a record of an examination (being an investigation or examination conducted under this Part), it appears to ASIC to be in the public interest for a person to begin and carry on a proceeding for:

(a) the recovery of damages for fraud, negligence, default, breach of duty, or other misconduct, committed in connection with a matter to which the investigation or examination related; or

(b) recovery of property of the person;
  ASIC:

(c) if the person is a company--may cause; or

(d) otherwise--may, with the person's written consent, cause;
  such a proceeding to be begun and carried on in the person's name.

Die ASIC hat die Befugnis private Ansprüche durchzusetzen, wenn dies nach ihrem behördlichen Ermessen im öffentlichen Interesse ist. Voraussetzung ist allerdings, dass der Anspruchsinhaber sein Einverständnis erteilt. Als Partei des Rechtsstreits hat die Behörde alle Rechte und Befugnisse, welche ein „normaler Kläger" im Rahmen der Prozessführung für sich in Anspruch nehmen könnte.[71] Unter anderem ist es ihr daher auch möglich, sich mit einem Beklagten zu vergleichen.

2. Übertragbarkeit auf die BaFin und Vorteile bei der privaten Rechtsdurchsetzung

Fraglich ist, ob und gegebenenfalls wie der BaFin eine der section 50 ASIC Act ähnelnde Befugnis eingeräumt werden könnte. Folgender Ansatz ist denkbar:

Zunächst gilt es festzuhalten, dass die BaFin ihre Aufgaben nur im öffentlichen Interesse wahrnimmt, § 4 Abs. 4 FinDAG. Eine dieser Aufgaben besteht in der Wahrnehmung des kollektiven Verbraucherschutzes.[72] Nach § 4 Abs. 1a S. 2 FinDAG kann die BaFin Anordnungen gegenüber

---

71 Australian Securities and Investments Commission Act 2010 (Cth), section 12GO (2).

72 Zum kollektiven Verbraucherschutz vgl. Informationen der BaFin auf ihrer Website, abrufbar unter https://www.bafin.de/DE/Verbraucher/BaFinVerbraucherschutz z/bafin_node.html.

Unternehmen treffen, die einen verbraucherschutzrelevanten Missstand beseitigen oder verhindern. Die Wahrnehmung kollektiver Verbraucherschutzinteressen könnte dergestalt erweitert werden, dass die BaFin auch kollektive Interessen geschädigter Anleger sowohl im öffentlichen als auch im privaten Anlegerinteresse als öffentlicher Kläger wahrnimmt.

Dabei soll das Erfordernis des öffentlichen Interesses beibehalten werden. Rechtstechnisch könnte man an ein von der BaFin im Anschluss an ein staatliches Enforcementverfahren einzurichtendes und öffentlich einsehbares Klageregister denken, in welches private Anleger ihre Forderungen anmelden können. Erst ab einer gewissen Anzahl von Anmeldungen, welche gesetzlich festzulegen ist, wäre die Tatbestandsvoraussetzung des öffentlichen Interesses erfüllt. Die zu fordernde Zahl der Anmeldungen sollte jedenfalls die vom KapMuG vorgesehenen zehn gleichlautenden Klagen übersteigen, da eine bloße Anmeldung in ein Klageregister bei der BaFin mit keinerlei Prozess- und Kostenrisiko einhergeht. Die Information der Öffentlichkeit über den Abschluss eines staatlichen Enforcementverfahrens und die Möglichkeit einer sog. *„Follow-on-Klage"*[73] durch die BaFin wäre durch das nunmehr verpflichtende *Naming and Shaming,* der Veröffentlichung von Sanktionen und Verwaltungsmaßnahmen (vgl. etwa § 40c WpHG oder Art. 34 Abs. 1, 3 MAR), gewährleistet. Wie auch die Europäische Kommission nach Abschluss eines kartellrechtlichen Enforcementverfahrens könnte die BaFin zusätzlich auf die Möglichkeit der privaten Schadensersatzklage hinweisen.[74]

Die verfahrenstechnische Ausgestaltung sollte sich an den Regelungen des KapMuG orientieren. Die BaFin würde als gesetzlicher Prozessstandschafter, ähnlich einem Insolvenzverwalter gemäß § 93 InsO, im eigenen Namen über die angemeldeten Forderungen der Anleger einen Prozess über die anspruchsbegründenden bzw. anspruchsausschließenden Voraussetzungen sowie Rechtsfragen führen.[75] Verallgemeinerungsfähige Tatsa-

---

73 Der Begriff der *„Follow-on-Klage"* kommt aus dem Kartellrecht und beschreibt die private Ahndung von Wettbewerbsverstößen im Anschluss an die behördliche Rechtsdurchsetzung; vgl. dazu *Hempel,* Private Follow-on-Klagen im Kartellrecht, WuW 2005, 137, 142, 145 f.

74 Vgl. etwa Pressemitteilung vom 19.07.2016 bzgl. des LKW-Kartells und der in diesem Zusammenhang verhängten Geldbuße iHv 2,93 Milliarden Euro, abrufbar unter https://ec.europa.eu/germany/news/eu-kommission-verh%C3%A4ngt-rekord geldbu%C3%9Fe-von-293-milliarden-euro-gegen-lkw-kartell_de.

75 Zur gesetzlichen Prozessstandschaft siehe *Hüßtege,* in: Thomas/Putzo (Fn. 39), § 51 Rn. 19 ff.

chen- und Rechtsfragen könnten wie im Rahmen des KapMuG gebündelt und einheitlich entschieden werden. Die Bindungswirkung der Entscheidung erstreckt sich anschließend auf alle Anleger, die bei der BaFin eine Forderung angemeldet haben. Dabei würde es sich anbieten, am Sitz der Behörde einen ausschließlichen Gerichtsstand gesetzlich festzulegen, welcher sich auf kapitalmarktrechtliche Streitigkeiten spezialisiert. Anschließend müsste dann jeder Anleger in einem eigenen Prozess individuell betreffende Fragen wie Kausalität und Schaden feststellen lassen.

Der Vorteil der oben skizzierten Lösung liegt darin, dass die Rechtsstreitigkeit zwischen der BaFin und dem Emittenten sich in die individualistisch geprägte deutsche Zivilprozessordnung problemlos einfügen lässt. Das Verfahren wäre eben keine Sammelklage. Der besondere Vorteil gegenüber der bestehenden Rechtslage und dem KapMuG ist, dass die BaFin auf ihre Ermittlungsergebnisse und besonderen Kenntnisse bzgl. der Emittenten zurückgreifen kann. Das Problem der Informationsasymmetrien und Beweisschwierigkeiten wäre entschärft. Staatliches und privates Enforcement würden einander ergänzen. Darüber hinaus würde die BaFin zunächst einmal das Prozesskostenrisiko tragen, womit der rationalen Anlegerapathie begegnet werden würde. Anleger müssten ihre Forderungen bei der BaFin nur anmelden, eine Klageerhebung ist zur Erlangung der Bindungswirkung im Gegensatz zum KapMuG zunächst einmal nicht notwendig. Da sich die Bindungswirkung im Anschluss an eine positive Entscheidung auf alle Anleger erstreckt, welche ihre Forderung angemeldet haben, wird der Beklagte voraussichtlich bereit sein, sich mit der BaFin zu vergleichen. Die Vergleichssumme könnte anschließend an die Anleger verteilt werden. Doch selbst wenn es nicht zu einem Vergleichsschluss kommt, werden Anleger eher gewillt sein, ihre Forderung gegen den Emittent gerichtlich geltend zu machen. Schließlich besteht für sie eine positive Bindungswirkung des Musterentscheids hinsichtlich der anspruchsbegründenden Tatsachen und Rechtsfragen.

Problematisch an dem oben skizzierten Ansatz ist sicherlich, dass das Prozesskostenrisiko zunächst der öffentlichen Hand aufgebürdet würde. Dem könnte man dadurch entgegentreten, dass die BaFin einen Teilbetrag einer jeden erfolgreich durchgesetzten Schadensersatzforderung einbehalten darf. Weiterhin ist problematisch, dass die Möglichkeit des privaten Enforcements durch die BaFin im Anschluss an das staatliche Enforcement eine vertrauensvolle Zusammenarbeit zwischen der Behörde und den

Unternehmen erschweren könnte.[76] Hier wird man der BaFin einen Ermessensspielraum eingestehen müssen, dass trotz des Erreichens des festgelegten Quorums von Anmeldungen im Klageregister und des damit einhergehenden grundsätzlichen Vorliegens eines öffentlichen Interesses von der Geltendmachung privater Ansprüche abgesehen werden kann. Unabdingbar wäre zudem die Erweiterung der finanziellen und personellen Ressourcen der BaFin, damit diese die ihr neu eingeräumte Befugnis effektiv wahrnehmen kann.

Die Möglichkeit, die Befugnisse der BaFin um eine Art „Representative Proceeding" zu erweitern, wäre ein Ansatz, die Durchsetzung privater Ansprüche zu erleichtern. Dadurch würde das Vertrauen der Anleger in den Kapitalmarkt steigen, welcher seine wichtigen Funktionen, gerade auch im Hinblick auf eine nachhaltige Entwicklung, besser erfüllen könnte.

D. Staatliche Sanktionierung – die Unternehmensgeldbuße

I. Einführung in §§ 30, 130 OWiG

Begehen Organe oder vertretungsberechtigte Mitarbeiter eines Emittenten oder für die Überwachung der Geschäftsführung oder für die sonstige Kontrolle verantwortliche Personen („Repräsentanten") eine Straftat oder Ordnungswidrigkeit, durch die den Emittenten treffende kapitalmarktrechtliche Pflichten verletzt wurden oder durch die der Emittent bereichert werden sollte, kann nach § 30 OWiG gegen den Emittenten selbst eine Geldbuße verhängt werden. Als Anknüpfungstat für eine Unternehmensgeldbuße kommt auch eine Organisations- und Aufsichtspflichtverletzung nach § 130 OWiG in Betracht.

---

76 Zum Problemkreis im Rahmen des Enforcements im Kapitalmarktrecht vgl. bereits *Möllers/Pregler* (Fn. 23), (2012) 176 ZHR, 144, 160 f.

Im Einzelnen:

II. Bußgeld gegenüber Emittenten

1. Bußgeldtatbestände

§ 30 OWiG ermöglicht grundsätzlich die Verhängung einer Geldbuße gegen juristische Personen (Kapitalgesellschaften, Körperschaften) und Personenvereinigungen (Personengesellschaften).[77] Rechtstechnisch wird den Kapital- und Personengesellschaften die Straftat oder Ordnungswidrigkeit ihrer Repräsentanten so zugerechnet, als ob sie selbst gehandelt hätten.[78] Ahnbar sind somit insbesondere die in diesem Beitrag im Fokus stehenden Emittenten.[79] Die Ordnungswidrigkeiten nach § 39 WpHG sind ausnahmslos Anknüpfungstaten i.S.d. § 30 OWiG, weil sie Verstöße gegen betriebsbezogene Pflichten des Emittenten betreffen.[80] Hierunter fallen insbesondere ein Verstoß gegen das Verbot der Marktmanipulation gem. Art. 15 MAR (§ 39 Abs. 3d Nr. 2 WpHG), die Pflicht zur rechtmäßigen Veröffentlichung einer Insiderinformation gem. Art. 17 MAR (§ 39 Abs. 3d Nr. 11 WpHG), die Pflicht zur rechtmäßigen Führung von Insiderlisten gem. Art. 18 MAR (§ 39 Abs. 3d Nr. 12 bis 16 WpHG) sowie die Pflicht zur rechtmäßigen Meldung von Director Dealings gem. Art. 19 Abs. 3 MAR (§ 39 Abs. 3d Nr. 18 WpHG).

Die Vorschrift des § 30 OWiG steht in unmittelbarem Zusammenhang mit § 130 OWiG. Während in § 30 OWiG das Unternehmen bzw. der Emittent für seine Vertreter haftet, haftet bei § 130 OWiG der Inhaber/Geschäftsführer für das Unternehmen bzw. den Emittenten. § 30 OWiG enthält selbst keinen Ahndungstatbestand, sondern überträgt das Delikt einer natürlichen Person auf die Gesellschaft, als hätte diese das Delikt begangen.[81]

---

77 *Rogall*, in: KK-OWiG, 4. Auflage 2014, München, § 30 Rdn. 33.
78 *Eggers*, in: Park, Kapitalmarktstrafrecht, Baden-Baden, 4. Auflage 2017, Kap. 13.13, Rdn. 2; *Rettenmaier/Palm*, Das Ordnungswidrigkeitenrecht und die Aufsichtspflicht von Unternehmensverantwortlichen, NJOZ 2010, 1414.
79 *Eggers*, in: Park (Fn. 79), Kap. 13.13, Rdn. 3.
80 *Altenhain*, in: KK-WpHG, Köln, 2. Auflage 2014, § 39 Rdn. 5; *Vogel*, in: Assmann/Schneider (Fn. 26), § 39 Rdn. 77.
81 Bohnert/Krenberger/Krumm, OWiG, 4. Auflage, § 30 Rdn. 5.

Zusätzliche Voraussetzung ist, dass die Anknüpfungstat von einem der in § 30 Nr. 1-5 OWiG genannten Repräsentanten des Emittenten begangen worden ist. Ein Emittent hat demnach einzustehen für Taten seiner Unternehmensführung (Vorstand bei einer AG), aber auch für Generalbevollmächtigte oder in leitender Stellung als Prokurist oder Handlungsbevollmächtigte tätige Personen (Nr. 4). Nach Nr. 5 sind auch Personen mit Überwachungs- und Kontrollbefugnissen erfasst. Dabei muss der Betreffende aufgrund einer Befugnis zur Überwachung eine Führungsposition innerhalb des Emittenten innehaben.[82] Bei mangelhafter Compliance-Organisiation ist hier auch die Anknüpfung an den Compliance-Manager des Emittenten nicht ausgeschlossen.[83]

Weil auch die Verletzung der Aufsichtspflicht der Betriebsinhaber nach § 130 OWiG eine taugliche Anknüpfungstat für § 30 OWiG darstellt, können faktisch auch Taten anderer Personen, insb. Angestellter von Emittenten erfasst werden.[84]

Keine zwingende Voraussetzung ist, dass die Straftat bzw. Ordnungswidrigkeit des Repräsentanten geahndet werden muss bzw. bereits geahndet wurde (sog. Anonyme Verbandsbuße). § 30 Abs. 4 S. 1 OWiG eröffnet die Möglichkeit, die Geldbuße in einem selbstständigen Verfahren festzusetzen. An dieser Stelle sei auf eine durch das 1. FiMaNoG in Kraft getretene Strafschärfung hingewiesen, wonach gem. § 38 Abs. 5 Nr. 2 WpHG n.F. mit Freiheitsstrafe von einem Jahr bis zu zehn Jahren bestraft wird, wer „in Ausübung seiner Tätigkeit für eine inländische Finanzaufsichtsbehörde, ein Wertpapierdienstleistungsunternehmen, eine Börse oder einen Betreiber eines Handelsplatzes" gegen des Verbot der Marktmanipulation gemäß Art. 15 MAR verstößt. Die Qualifizierung als Verbrechen (§ 12 Abs. 1 StGB) hat zur Folge, des eine Einstellung gemäß §§ 153 ff. StPO wegen Geringfügigkeit oder unter Auflagen und Weisungen, die in der Strafverfolgungspraxis sonst von erheblicher Bedeutung sind, nicht mehr möglich ist. Der Bundesrat[85] hatte sich im Gesetzgebungsverfahren für die Fälle des § 38 Abs. 5 Nr. 2 WpHG aus Gründen der Verhältnismäßigkeit für eine Reduzierung der Strafandrohung auf Freiheitsstrafe zwischen

---

82 *Rogall*, in: KK-OWiG, § 30 Rdn. 68b.
83 *Ebd.*
84 *Eggers*, in: Park (Fn. 79), Kap. 13.13, Rdn. 5; *Altenhain*, in: KK-WpHG (Fn. 81), § 39 Rdn. 5; *Vogel*, in: Assmann/Schneider (Fn. 26), § 39 Rdn. 77.
85 BRat-Drs. 813/16; Gegenäußerung Bundesregierung zur Stellungnahme des Bundesrates, BT-Drs. 18/10936.

sechs Monaten und zehn Jahren ausgesprochen, was eine Einordnung als Vergehen bedeutet hätte. Stattdessen wurde vom Bundestag für entsprechende Sachverhalte lediglich die Möglichkeit einer Bestrafung als „minder schwerer Fall" mit Freiheitsstrafe zwischen sechs Monaten und fünf Jahren beschlossen. Eine Bestrafung nach diesem reduzierten Strafmaß erfordert eine außergewöhnlich gelagerte Fallgestaltung, die in erheblichem Maße vom Durchschnitt der üblicherweise vorkommenden Fälle von Marktmanipulation im Sinne des § 38 Abs. 5 Nr. 2 WpHG abweicht.

Dadurch ist es bei der Qualifizierung dieser Fälle als Verbrechen geblieben, auch wenn ein minder schwerer Fall vorliegt.

2. Bußgeldhöhe

Die Geldbuße kann im Falle einer vorsätzlichen Straftat bis zu 10 Mio. € betragen, § 30 Abs. 2 Nr. 1 OWiG. Das Höchstmaß der Unternehmensgeldbuße richtet sich bei Ordnungswidrigkeiten gem. § 30 Abs. 2 S. 2 OWiG nach der Geldbuße, die für die Anknüpfungstat vorgesehen ist. Bei den Ordnungswidrigkeiten nach § 39 WpHG also nach dessen Abs. 4 ff. Dabei sind auch die Zumessungskriterien des § 17 Abs. 3 OWiG anzuwenden. Demnach sind als Grundlage für die Zumessung der Geldbuße die Bedeutung der Ordnungswidrigkeit und der Vorwurf, der den Täter trifft, heranzuziehen. Auch die wirtschaftlichen Verhältnisse des Täters werden bei der Bemessung der Geldbuße berücksichtigt; bei geringfügigen Ordnungswidrigkeiten bleiben sie jedoch in der Regel unberücksichtigt.

Neben der Festsetzung eines Sanktionsanteils ist nach § 30 Abs. 3 i.V.m. § 17 Abs. 4 OWiG bei Bemessung der Geldbuße der dem Unternehmen entstandene wirtschaftliche Vorteil abzuschöpfen. Dies führt in der Praxis dazu, dass auch Geldbußen in einem dreistelligen Millionenbereich verhängt werden können.[86]

Im Februar des Jahres 2017 hat die BaFin eine ergänzende Fassung ihrer Bußgeldleitlinien zum Wertpapierhandelsgesetz (WpHG-Bußgeldleitlinien II) veröffentlicht. Hintergrund sind das Umsetzungsgesetz zur Transparenzrichtlinie-Änderungsrichtlinie und das Erste Finanzmarktnovellierungsgesetz, die – beruhend auf europäischen Vorgaben – die Rege-

---

86 OLG Düsseldorf, VI-4 Kart-2-6/10 (OWi): Geldbuße iHv 244 Mio. EUR.

lungen des WpHG zur Bußgeldzumessung deutlich umgestaltet und verschärft haben.[87]

In den Bußgeldleitlinien II macht die BaFin genaue Angaben für Verstöße bei Ad-hoc-Mitteilungen, Stimmrechtsmeldungen und der Finanzberichterstattung. Empfindlich hoch können die Strafen ausfallen, weil die BaFin die maximale Summe auf drei verschiedenen Wegen kalkuliert und dabei den höchsten Wert heranzieht.

Sie orientiert sich

1. an einem pauschalen Höchstsatz,
2. an einem Mehrfachen des wirtschaftlichen Vorteils, denen der Verstoß nach sich gezogen hat – und
3. an einem Prozentsatz des Jahresumsatzes, was vor allem große Adressen träfe.

Verstößt beispielsweise ein Konzern mit einem Jahresumsatz von 50 Milliarden € gegen Verpflichtungen in der Finanzberichterstattung oder zu Stimmrechtsmeldungen, greift als Höchstmaß ein Satz von 5 %, also 2,5 Milliarden €. Allerdings fallen in der Praxis die Bußgelder je nach Schwere des Vergehens, des Verhaltens der Akteure und der wirtschaftlichen Lage der Firma oftmals geringer aus. Daneben veröffentlicht die BaFin die Namen der betroffenen Unternehmen und wendet so das aus dem US-amerikanischen Recht bekannte Prinzip „naming and shaming" an.

Als Bußgeld-Grundsätze für Emittenen lassen sich zusammenfassen:

- Verstöße bei Stimmrechtsmeldungen und der Finanzberichterstattung: 10 Mio. €, das zweifache des wirtschaftlichen Vorteils des Fehlverhaltens oder 5 % des Jahresumsatzes;
- Bei Ad-hoc-Mitteilungen liegen die Sätze bei 2,5 Mio. €, dem dreifachen eines etwaigen aus der OWiG erzielten wirtschaftlichen Vorteils oder bei 2 % des (Konzern-)Gesamtumsatzes;
- Bei Managers Transactions Meldungen sowie Insiderlisten 1 Mio. € oder das Dreifache eines etwaigen aus der OWi erzielten wirtschaftlichen Vorteils;
- Als Höchstgrenze gilt der höchste Betrag, der sich auf diese Weise ermitteln lässt;
- Die tatsächlicher Höhe hängt von Schwere des Vergehens, dem Verhalten der Akteure und der wirtschaftlichen Lage der Firma ab.

---

87 Bafin Journal März 2017, S. 15.

Auch eine einvernehmliche Verfahrensbeendigung (Settlement) in einem zweiten Schritt kann das Bußgeld reduzieren. Nach der Praxis der BaFin ist ein Abschlag von bis zu 30 % möglich. Die Höhe des Abschlags hängt maßgeblich davon ab, in welchem Stadium des Verfahrens das Settlement zu Stande kommt. Grundlage für ein Settlement ist das Opportunitätsprinzip: Die Verwaltungsbehörde hat das Ordnungswidrigkeitenverfahren nach pflichtgemäßen Ermessen zu führen. Für die BaFin liegen die Vorteile eines Settlements hauptsächlich darin, dass das Bußgeldverfahren zügiger endet.

Empfänger der Geldbuße ist bekanntlich der Staat, dessen Haushalt diese Mittel zu Gute kommen.

III. Berücksichtigung von Nachhaltigkeitsaspekten im Rahmen Unternehmensgeldbuße

Wirft man einen Blick in den anglo-amerikanischen Rechtskreis so stellt man fest, dass dort die Einrichtung einer Compliance-Funktion auch haftungsmildernd oder -ausschließend wirken kann. In Deutschland gibt es Beiträge in der Wissenschaft, die vergleichbare Regelungen auch für das inländische Rechtssystem für zielführend und wünschenswert erachten.[88] Die BaFin stand dem Ansinnen bislang ablehnend gegenüber[89] und eröffnet den Emittenten auch in den WpHG-Bußgeldleitlinien II keine derartige Möglichkeit. Hauptargument der Aufsichtsbehörde ist dabei, dass die Befolgung zwingender gesetzlicher Vorgaben nicht als Milderungsgrund berücksichtigt werden könne. Dem ist jedoch zu entgegnen, dass die Einhaltung von Compliance-Pflichten lediglich in § 33 Abs. 1 S. 2 Nr. 1 WpHG normiert ist. Gemäß § 33 Abs. 1 S. 1 WpHG treffen diese Organisationspflichten nur Wertpapierdienstleistungsunternehmen. Gemäß § 2 Abs. 4

---

88 *Moosmeyer*, Modethema oder Pflichtprogramm guter Unternehmensführung – Zehn Thesen zu Compliance, NJW 2012, 3013, 3017; Lösler, Das moderne Verständnis von Compliance im Finanzmarktrecht, NZG 2005, 104, 105; Beulke/ Moosmeyer, Der Reformvorschlag des Bundesverbandes der Unternehmensjuristen zu den §§ 30, 130 OWiG – Plädoyer für ein modernes Unternehmenssanktionsrecht, CCZ 2014, 146, 147 ff.; *Becker/Canzler*, Die WpHG-Bußgeldleitlinien der BaFin – Eine Übersicht unter Berücksichtigung erster praktischer Erfahrungen, NZG 2014, 1090, 1095.
89 *Veil*, Sanktionsrisiken für Emittenten und Geschäftsleiter im Kapitalmarktrecht, ZGR 2016, 305, 327.

WpHG sind Wertpapierdienstleistungsunternehmen Kreditinstitute, Finanzdienstleistungsinstitute und nach § 53 Abs. 1 S. 1 des Kreditwesengesetz tätige Unternehmen, die Wertpapierdienstleistungen allein oder zusammen mit Wertpapiernebendienstleistungen gewerbsmäßig oder in einem Umfang erbringen, der einen in kaufmännischer Weise eingerichteten Geschäftsbetrieb erfordert. Daraus folgt, dass die in § 33 WpHG normierten Organisationspflichten auf „gewöhnliche" Emittenten nicht anwendbar sind. Die Einhaltung der im Corporate Governance Kodex niedergelegten Grundsätze guter Unternehmensführung ist für börsennotierte Gesellschaften ebenso wenig verpflichtend. § 161 Aktiengesetz verlangt lediglich, dass Vorstand und Aufsichtsrat einer börsennotierten Gesellschaft jährlich erklären, dass den Grundsätzen entsprochen wurde und wird oder welche Empfehlungen nicht angewendet wurden oder werden und warum nicht (§ 161 Abs. 1 S. 1 AktG).[90]

Die MAD verpflichtet in Art. 31 Abs. 1 lit. g) die Mitgliedstaaten im Hinblick der Wahrnehmung der Aufsichtsbefugnisse und Verhängung von Sanktionen lediglich, dass die zuständigen Behörden bei der Bestimmung der Art und der Höhe der verwaltungsrechtlichen Sanktionen alle relevanten Umstände zu berücksichtigen haben, darunter gegebenenfalls *„die Maßnahmen, die von der für den Verstoß verantwortlichen Person ergriffen wurden, um zu verhindern, dass sich der Verstoß wiederholt".* Dies zeigt, dass das neue Marktmissbrauchsrecht die Berücksichtigung von Compliance-Maßnahmen im Zuge der Sanktionierung als berücksichtigungsfähig qualifiziert.

Dennoch erscheint es geboten, zukünftig nicht erst bei der Bestimmung der Art und der Höhe der verwaltungsrechtlichen Sanktionen, sondern bereits bei der Beantwortung der Frage der Begehung einer Straftat bzw. Ordnungswidrigkeit die Implementierung und Beachtung von Compliance Programmen stärker zu berücksichtigen und bei Vorliegen eines rechtmäßigen und mit den einschlägigen inländischen Bestimmungen (MaComp) in Einklang stehenden Compliance Systems die Bejahung eines an sich zu sanktionierenden Pflichtverstoßes zu verneinen. Dies würde die Emittenten verstärkt dazu anhalten, entsprechende Systeme zu installieren. Damit ginge eine nachhaltige Stärkung der Integrität der Emittenten, mithin des gesamten Kapitalmarktes einher.

---

90 Zur den möglichen Rechtsfolgen einer fehlenden oder fehlerhaften Entsprechenserklärung vgl. *Goette*, in: MüKo AktG, München, 3. Auflage 2013, § 161 Rdn. 82-114.

Unter dem Blickwinkel der nachhaltigen Stärkung der Integrität des inländischen Kapitalmarktes wird die Bußgeldpraxis der BaFin kritisch gesehen. Durch die Verhängung eines Bußgeldes im Rahmen von 10-15 % des letzten Jahres-Konzernumsatzes wird die wirtschaftliche Substanz eines Emittenten in nicht unerheblichem Maße geschmälert. Die Autoren verkennen nicht, dass bei Regelverstößen die Verhängung einer Sanktion unerlässlich ist, jedoch sollte der Fokus stärker auf verpflichtender Implementierung von Maßnahmen liegen, anstelle notwendiges Investitionskapital bei den Emittenten abzuziehen, um dieses der Staatskasse zuzuführen. Anzudenken ist hier etwa die Einzahlung eines gewissen Betrages in einen Investitionsfonds, dessen Mittel alleine für zukunftsgerichtete Investitionen verwendet werden dürfen. Im Bereich des Kapitalmarktrechts ist hier an die Entwicklung und Finanzierung von nachhaltigen Anlagemodellen- und Produkten zu denken. Da im gegenwärtigen Ordnungswidrigkeitenrecht keine Auflagen möglich sind, sollte im WpHG eine spezialgesetzliche Bestimmung aufgenommen werden, dass anstelle der Entrichtung eines Bußgeldes an die Staatskasse der Emittent eine Zahlung unter Genehmigung der BaFin in vorgenannte nachhaltige Projekte leisten kann.

Als weitere Maßnahme wird von den Verfassern vorgeschlagen, den Emittenten bei einem Verstoß gegen kapitalmarktrechtliche Pflichten für einen gewissen Zeitraum unter Aufsicht zu stellen. Die Marktmissbrauchs-RL (RL 2014/57/EU) nennt als fakultative Sanktion in Art. 9 Buchst. c) die „Unterstellung unter richterlicher Aufsicht" um sicherzustellen, dass gegen eine verantwortliche juristische Person wirksame, verhältnismäßige und abschreckende Sanktionen verhängt werden. Im US-amerikanischen Rechtskreis ist die Installation eines sog. „Monitors" bereits seit längerem gängige Praxis, wenngleich es auch dort an einer formalgesetzlichen Grundlage für den Einsatz eines Monitors fehlt.[91]

Anzudenken wäre, im OWiG als weitere Sanktionsmöglichkeit neben der klassischen Geldbuße den Einsatz einer unabhängigen Aufsicht einzuführen, um etwa ein Compliance- und Ethik-Programm mit bestimmten Mindestelementen bei dem verantwortlichen Emittenten zu implementieren bzw. ein bereits vorhandenes Programm zu verbessern. Die Konzentration sollte dabei immer auf der Vermeidung von einschlägigen, in Bezug genommenen Wiederholungstaten liegen. Bei der Auswahl der Besetzung

---

91 vgl. ausführlich zum amerikanischen Monitor im deutschen Unternehmen Waltenberg, Unter Beobachtung – Der amerikanische Monitor im deutschen Unternehmen, CCZ, 2017, 146 ff.

der unabhängigen Aufsicht muss nicht zwangsläufig an eine natürliche Person, einen sogenannten Monitor, angeknüpft werden, sondern man könnte auch diese Aufgabe der BaFin als Institution übertragen, da damit zugleich etwaige Diskussionen über die Unabhängigkeit und mögliche Interessenkonflikte des Monitors begegnet werden könnte. Die Dauer einer von der BaFin durchgeführten Aufsicht (Monitorship) sollte sich danach richten, welche Probleme in Bezug auf einen Emittenten festgestellt und welche Abhilfemaßnahmen notwendig sind, damit der Emittent eine nachhaltige Verbesserung seiner Unternehmensabläufe herbeiführen kann. Dabei sollte auch die Möglichkeit einer früheren Beendigung, aber auch die der Verlängerung vorgesehen werden. Im Ergebnis wird vorliegend ein Zeitraum zwischen 1 bis max. 5 Jahren als zielführend und absolut ausreichend erachtet. Sollte die BaFin im Rahmen des Monitorship dann feststellen, dass der Emittent mit der Umsetzung und Implementierung von Maßnahmen zur Vermeidung von einschlägigen Wiederholungstaten nicht vorankommt, sollte die Erhöhung der Geldbuße möglich sein.

E. Schluss

Im Ergebnis ist festzuhalten, dass die gegenwärtige Regulierung von kapitalmarktrechtlichen Pflichten von Emittenten insbesondere unter dem Blickwinkel der Nachhaltigkeit verbesserungsbedürftig ist. Die schlichte Verhängung einer Geldbuße wird von den Verfassern als wenig effektiv angesehen, um die Integrität des Kapitalmarkts und das Vertrauen der Anleger nachhaltig zu stärken. Vielmehr wurde aufgezeigt, dass insbesondere die Aufwertung der BaFin von dem deutschen Gesetzgeber ernsthaft in Erwägung gezogen werden sollte.

Die Verfasser halten folgende vier Reformen für erstrebenswert:

1. Die BaFin sollte die Kompetenz übertragen bekommen, als öffentlicher Kläger zivilrechtliche Schadensersatzansprüche geschädigter Anleger gebündelt geltend zu machen.
2. Die Implementierung und Einhaltung von Compliance-Programmen sollte im Rahmen der Beurteilung des Vorliegens eines Pflichtenverstoßes und somit bei der Frage der Verhängung einer Geldbuße gegen einen Emittenten bereits auf Tatbestandsebene Berücksichtigung finden.

3. Im WpHG sollte eine spezialgesetzliche Bestimmung aufgenommen werden, dass anstelle der Entrichtung eines Bußgeldes an die Staatskasse der Emittent eine Zahlung unter Genehmigung der BaFin in einen Investitionsfonds zur Entwicklung und Finanzierung von nachhaltigen Anlagemodellen- und Produkten leisten kann.

4. Im OWiG sollte als weitere Sanktionsmöglichkeit der Einsatz einer unabhängigen Aufsicht aufgenommen werden. Diese sollte von der BaFin zu dem verantwortlichen Emittenten gesandt werden können und primär der Implementierung eines Compliance- und Ethik-Programms mit bestimmten Mindestelementen bei dem verantwortlichen Emittenten dienen.

Das Unternehmensinteresse im deutschen Aktienrecht – eine Chance für die Förderung nachhaltiger Entwicklung?

*Andreas Rühmkorf und Jean J. du Plessis**

A. Einleitung

In internationalen Debatten über die Zielsetzung von Corporate Governance wird Deutschland oft als ein Paradebeispiel für ein Stakeholder Value-System genannt, also ein System, in dem Vorstände nicht den Gewinn der Aktionäre priorisieren müssen, sondern sich an den Interessen verschiedener durch vom Unternehmenshandeln betroffener Gruppen orientieren dürfen.[1] Damit steht es vor allem im Gegensatz zu den anglo-amerikanischen Corporate Governance-Systemen, die – in verschiedenen Ausprägungen – dem Shareholder Value-System folgen.[2] Im deutschen Aktiengesetz fokussiert sich die Debatte über die Leitmaxime des

* Dr. Andreas Rühmkorf ist Lecturer in Commercial Law an der School of Law, University of Sheffield;
  Professor Jean J du Plessis ist Professor (Corporate Law) an der Deakin Law School, Deakin University.
  Als Mitglied des Sustainable Market Actors for Responsible Trade (SMART) (smart.uio.no) Forschungsnetzwerks bedankt sich Andreas Rühmkorf für die finanzielle Unterstützung für das Netzwerk durch das European Union Horizon 2020 research and innovation programme im Rahmen von Grant Agreement No 693642. Professor Jean J du Plessis bedankt sich für die finanzielle Unterstützung durch den Anneliese Maier-Forschungspreis (2013-2018) der Alexander von Humboldt Stiftung. Diese finanzielle Unterstützung hat es ihm ermöglicht, an dem Workshop am 15. September 2017 teilzunehmen. Ferner bedanken sich die Autoren bei den Teilnehmern des diesen Tagungsbands zugrunde liegenden Workshops an der Friedrich-Alexander Universität Erlangen-Nürnberg am 15. September 2017 sowie bei Max Kolter und Philipp Pauschinger für hilfreiche Diskussionen.
1 Siehe u.a. *A. Keay*, The Enlightened Shareholder Value Principle and Corporate Governance, Abingdon: Routledge 2013, S. 42.
2 Siehe für eine Einführung in das Shareholder Value-Model: *R. Pillay*, The Changing Nature of Corporate Social Responsibility: CSR and Development in Context – The Case of Mauritius, Abingdon: Routledge 2015, S. 31 – S. 67.

Vorstandshandelns dabei auf die Frage des sogenannten Unternehmensinteresses in § 76 Abs. 1 AktG.

Der Gesetzeswortlaut selbst schweigt hierzu. In der Literatur ist jedoch die Debatte über die Auslegung des Unternehmensinteresses nicht neu. In jüngster Zeit hat das Thema im Zuge der globalen Finanz- und Wirtschaftskrise neue Aktualität gewonnen. Vor dem Hintergrund der zunehmenden Internationalisierung deutscher Unternehmen stellt sich die Frage, ob nicht schleichend ein Wandel der Ausprägung des Unternehmensinteresses im deutschen Aktienrecht hin zu einer stärkeren Ausrichtung am Aktionärsinteresse zu beobachten ist. Gleichzeitig legt eine Änderung des Deutschen Corporate Governance Kodex aus dem Jahr 2009 eine Auslegung nahe, die dem Stakeholder Value-Gedanken als entscheidend für das Unternehmensinteresse ansieht.

Dieses Kapitel untersucht zwei miteinander verbundene Fragen. Zunächst wird diskutiert, ob das Unternehmensinteresse im deutschen Aktienrecht tatsächlich im Sinne des Stakeholder Value-Prinzips zu verstehen ist. Es wird hier vertreten, dass Deutschland ein Stakeholder Value-System ist. Zweitens analysieren wir, in welchem Maße eine solche Auslegung des Unternehmensinteresses Möglichkeiten für die Förderung nachhaltiger Entwicklung im deutschen Recht bietet. Die zweite Frage bezieht sich damit direkt auf die dem Tagungsband zugrundeliegende Fragestellung.

Das Kapitel ordnet zunächst die Analyse des Unternehmensinteresses in internationale Debatten über die Ausrichtung von Corporate Governance-Systemen ein (B). Hierauf folgt eine Analyse, inwiefern das Unternehmensinteresse im deutschen Recht im Sinne eines Stakeholder Value-Konzepts oder Shareholder Value-Ansatzes auszulegen ist (C). Danach wird die hier vertretene interessenspluralistische Stakeholder Value-Auslegung hinsichtlich ihrer praktischen Auswirkung auf die Förderung nachhaltiger Entwicklung durch Aktiengesellschaften untersucht (D).

Ausgehend von dem diesem Band zugrundeliegenden Nachhaltigkeitsbegriff von Griggs u.a. bezieht sich die Diskussion in diesem Kapitel auf die verschiedenen Komponenten dieses Begriffs im Sinne sozialer, ökonomischer und ökologischer Nachhaltigkeit. Generell ist festzustellen, dass Debatten über das Unternehmensinteresse im deutschen Aktienrecht kaum etwas zu dem Thema der nachhaltigen Entwicklung sagen. Vereinzelt wird im Zusammenhang mit Diskussionen über das Unternehmensinteresse auf

Corporate Social Responsibility (CSR) eingegangen.[3] Dieser Begriff über-schneidet sich inhaltlich mit Nachhaltigkeit und wird in der Unterneh-menspraxis oft synonym verwendet, ist aber nicht identisch.[4]

B. Der internationale Kontext: Das Ende der Geschichte des Gesellschaftsrechts?

Die Frage, ob Vorstände deutscher Aktiengesellschaften dem Stakeholder Value-Gedanken oder dem Shareholder Value-Ansatz verpflichtet sind, ge-winnt besonders vor dem Hintergrund internationaler Debatten über Cor-porate Governance an Bedeutung. Der Beitrag 'The end of history for cor-porate law' von Henry Hansmann und Reinier Kraakman aus dem Jahr 2001 löste mit seiner Konvergenz-These eine breite Diskussion aus.[5] Die Autoren argumentieren, dass sich alle unterschiedlichen Corporate Governance-Systeme weltweit nach und nach dem Shareholder Value-Sys-tem annähern würden und es letztlich zu einem Ende der Geschichte des Gesellschaftsrechts kommen würde.

Die Stellung des deutschen Aktienrechts und des deutschen Corporate Governance-Systems sind vor dem Hintergrund dieser Diskussion sehr in-teressant, nicht zuletzt, weil Deutschland – wie eingangs erwähnt – in in-ternationalen Diskussionen oft als ein Paradebeispiel für Stakeholder Va-lue angesehen wird.[6] Meist geschieht dies jedoch ohne nähere Erklärung. Regelmäßig wird in diesem Zusammenhang auf das dualistische System

---

3 Siehe *B. Wehrmann*, CSR im Kontext von Nachhaltigkeit und Menschenrechten: In-ternationaler Rahmen durch verbindliches Recht und freiwillige Leitlinien, in: D. Waelden und A. Depping (Hrsg.), CSR und Recht: Juristische Aspekte nachhaltiger Unternehmensführung erkennen und verstehen, Heidelberg 2015, S. 57.

4 Siehe für eine Diskussion der verschiedenen Definitionen für CSR: *A. Rühmkorf*, Corporate Social Responsibility, Private Law and Global Supply Chains, Chelten-ham: Edward Elgar 2015, S. 10 – S. 13.

5 *H. Hansmann/R. Kraakman*, The end of history for corporate law, Georgetown Law Journal 2001, S. 439.

6 Weitere Beispiele sind: *D. Fisher*, The enlightened shareholder – leaving stakehold-ers in the dark: will section 172(1) of the Companies Act 2006 make directors con-sider the impact of their decisions on third parties?, International Company and Commercial Law Review 2009, S. 10 (14); *S. Kiarie*, At crossroads: shareholder value, stakeholder value and enlightened shareholder value: Which road should the United Kingdom take?, International Company and Commercial Law Review 2006, S. 329 (333).

der Unternehmensmitbestimmung und der damit verbundenen bedeuten-
den Stellung von Arbeitnehmern hingewiesen.[7] Insofern soll in diesem
Beitrag zunächst der Frage nachgegangen werden, inwiefern es zutreffend
ist, Deutschland als ein Stakeholder Value-System zu klassifizieren. Hierzu werden zunächst die beiden Ansätze – Shareholder Value und Stakeholder Value – in ihrer theoretischen Form gegenübergestellt, bevor darauf
aufbauend eine Bewertung des deutschen Corporate Governance-Systems
erfolgt.

Das Shareholder Value-Prinzip, dem allgemein gesagt anglo-amerikanische Corporate Governance-Systeme folgen, basiert maßgeblich auf der
Idee eines „agency"-Modells.[8] Dieses Modell hält die Geschäftsleiter (*directors*) für die Vertreter (*agents*) der Aktionäre, die deren Auftraggeber /
Geschäftsherren *(principals)* sind.[9] Diese Prinzipal-Agent-Theorie geht
auf die sogenannte Berle-Dodd Debatte aus den 1930er Jahren in den USA
über die Ausrichtung von modernen Unternehmen zurück.[10] In dieser Debatte argumentierten Berle und Means, dass es eine Trennung zwischen
den Eigentümern der Gesellschaften und denjenigen gebe, die die Kontrolle ausüben (*separation of ownership and control*). Diese Trennung von Eigentum und Kontrolle innerhalb von Gesellschaften, verbunden mit einer
zunehmenden Zersplitterung der Aktionäre, würde dazu führen, dass die
Geschäftsleiter die tatsächliche Kontrolle über das Unternehmen ausüben.
Es bestünde die Gefahr, dass die Geschäftsleiter ihr Entscheidungsermes-
sen und die ihnen anvertraute Stellung ausnutzen. Daher sei es notwendig,
ihnen eine klare Handlungsanweisung vorzugeben, nämlich dass sie ihre
Entscheidungen unter das Gebot der Maximierung der Wertschöpfung für
die Anteilseigner stellen müssten. Es wird argumentiert, dass dieses Mo-

---

7 So auch die beiden Beiträge in Fußnote 6. Siehe zur Unternehmensmitbestimmung: *O. Sandrock/J.J. du Plessis*, The German System of Supervisory Codeter-
mination by Employees, in: J.J. du Plessis (Hrsg.), German Corporate Governance
in International and European Context, Heidelberg 2017, S. 167 – S. 242.

8 Siehe nur: *M. Jensen/W. Meckling*, Theory of the Firm: Managerial Behaviour,
Agency Costs, and Ownership Structure, Journal of Financial Economics 1976,
S. 305; *F. Easterbrook & D. Fischel*, The Economic Structure of Company Law,
Cambridge, Massachusetts: Harvard University Press 1991.

9 *E. Fama*, Agency problems and the theory of the firm, Journal of Political Economy 1980, S. 288.

10 *A. Berle/G. Means*, The Modern Corporation and Private Property, Transaction
Publishers 1991, ursprünglich gedruckt 1932; *E. Dodd*, For whom are corporate
managers trustees, Harvard Law Review 1932, S. 1145.

dell einen klaren Mechanismus für Rechenschaft (*accountability*) der Geschäftsleiter vorgebe.[11] Die Verpflichtung auf die Maximierung des Gewinns für die Anteilseigner würde das Risiko minimieren, dass die Geschäftsleiter in eigenem Interesse arbeiten.

Als weitere Begründung für den Shareholder Value-Ansatz wird oft auch das Argument der vertraglichen Verbindungen im Unternehmen vorgetragen (*nexus of contracts*).[12] Hierunter versteht man die Idee, dass die verschiedenen Stakeholder alle durch Verträge mit dem Unternehmen verbunden sind. Die meisten Gruppen wie z.B. die Arbeitnehmer, Zulieferer oder die Kunden hätten alle Verträge mit einem vertraglich abgesicherten festen Anspruch (*fixed claim*). Die einzige Gruppe, die jedoch keinen festen Anspruch habe, seien die Aktionäre. Sie würden mittels der Dividendenausschüttung nur das erhalten, was nach Erfüllung aller anderen festen Ansprüche übriggeblieben ist (*residual earnings*).[13] Vor dem Hintergrund, dass sie aber die Anteilseigner sind, sei es daher notwendig, ihnen im Vorstandshandeln Priorität zu geben, so dass ihr variabler Anspruch nicht zu klein ausfällt.

Vor diesem Hintergrund ist für gesellschaftliche Zwecke im Vorstandshandeln in einem Shareholder Value-System kaum Spielraum. Die Verfolgung entsprechender Ziele – wie z.B. die Förderung nachhaltiger Entwicklung – ist nur insoweit möglich, als dass diese letztendlich den Unternehmensgewinn fördert, z.B. durch eine Steigerung von Verkaufszahlen infolge eines besseren Rufs des Unternehmens bei Kunden (der sogenannte „business case").[14] Dies bedeutet, dass Nachhaltigkeit in Entscheidungen des Vorstandes allenfalls dann eine Rolle spielt, wenn es sich positiv auf den Unternehmensgewinn auswirkt.

Es gibt Unterschiede in der Ausgestaltung von Shareholder Value-Systemen. So folgt Großbritannien seit der Einführung des Companies Act 2006 dem Enlightened Shareholder Value-Prinzip, einem sogenannten aufgeklärten Shareholder Value-System.[15] Dies wurde seinerzeit im Gesetz-

---

11 *Hansmann/Kraakman*, The end of history (Fn. 5), S. 448.

12 *W. Allen*, Contracts and communities in corporation law, Washington & Lee Law Review 1993, S. 1395 (1400).

13 *Easterbrook/Fischel*, Economic Structure (Fn. 8), S. 25.

14 *E. C. Kurucz et al.*, The Business Case for Corporate Social Responsibility, in: A. Crane et al. (Hrsg.), The Oxford Handbook of Corporate Social Responsibility, Oxford, Oxford University Press 2008, S. 83.

15 Siehe nur *Keay*, The Enlightened Shareholder Value Principle (Fn. 1).

gebungsprozess als der „dritte Weg" zwischen einem reinen Shareholder Value-System und einem interessenspluralistischen System bezeichnet.[16] Dieses aufgeklärte Shareholder Value-Prinzip findet seine Kodifizierung in den Geschäftsleiterpflichten in section 172 Companies Act 2006 (*Duty to promote the success of the company*).[17] Nach dieser Vorschrift müssen die Geschäftsleiter den Unternehmenserfolg zugunsten der Anteilseigner in ihrer Gesamtheit fördern („promote the success of the company for the benefit of its members as a whole"). Die „members" sind im Gesetz definiert als gegenwärtige und zukünftige Anteilseigner.[18] Während sich die Geschäftsleiter am Aktionärsinteresse ausrichten, sollen sie die Interessen von einer nicht-abschließend aufgezählten Liste von Stakeholdern berücksichtigen („have regard to").[19] Diese Berücksichtigung von Nicht-Aktionärsinteressen ist der Grund dafür, dass das englische System als ein aufgeklärtes Shareholder Value-System bezeichnet wird. Allerdings ist in der Literatur sehr umstritten, inwiefern dieses System tatsächlich als aufgeklärt angesehen werden kann, da die Interessen der unterschiedlichen Stakeholder-Gruppen letztendlich der Maximierung des Aktionärsgewinns untergeordnet sind.[20] Eine Berücksichtigung der Stakeholder-Interessen ist insofern leicht erfüllt bzw. es ist schwer infrage zu stellen, ob der Vorstand dies nicht getan hat.

Demgegenüber steht das Stakeholder Value-Prinzip, das auch als interessenspluralistisches Prinzip oder als Koalitionsmodell (*produktive coalition model*) bezeichnet wird.[21] Nach dieser Theorie soll ein Unternehmen im Interesse aller Stakeholder geführt werden und nicht nur im Interesse

---

16 Siehe *D. Millon*, Enlightened shareholder value, social responsibility and the re-definition of corporate purpose without law, in: P M Vasudev & S Watson (Hrsg.), Corporate Governance after the Financial Crisis, Cheltenham, Edward Elgar 2012, S. 69.

17 *A. Keay*, The duty to promote the success of the company: Is it fit for purpose in a post-financial crisis world?, in: J Loughrey (Hrsg.), Directors' Duties and Shareholder Litigation in the Wake of the Financial Crisis, Cheltenham, Edward Elgar 2013, S. 50.

18 Section 112 UK Companies Act 2006.

19 Section 172 (1) UK Companies Act 2006.

20 *A. Keay*, Good faith and directors' duty to promote the success of their company, Company Lawyer 2011, S. 138.

21 *M. Blair/L. Stout*, A team production theory of corporate law, Virginia Law Review 1999, S. 247.

der Anteilseigner.[22] Charakteristisch für dieses Prinzip ist die Tatsache, dass die Interessen der verschiedenen Stakeholder-Gruppen prinzipiell gleichwertig sind und dass den Aktionären nicht automatisch der Vorrang gegeben wird.[23]

Begründet wird dieses Prinzip unter anderem mit Hinweis daraus, dass die verschiedenen Stakeholder eines Unternehmens miteinander verbunden sind, nicht nur durch Vertrag.[24] Die Geschäftsleiter sind in diesem Modell die Treuhänder der Vermögenswerte des Unternehmens, die sie mehren. Nach diesem Modell ist es die Aufgabe der Geschäftsleiter, den Wohlstand insgesamt anstatt nur die Gewinne zugunsten der Aktionäre zu fördern.[25] Blair und Stout argumentieren in diesem Zusammenhang, dass eine Aktiengesellschaft aus einem Team von Personen bestehe, die für den gemeinschaftlichen Nutzen arbeiten.[26] Als Treuhänder würden die Geschäftsleiter in einer „vermittelnden Hierarchie" operieren (*mediating hierarchs*).[27] Mit diesem interessenspluralistischen Ansatz bietet der Stakeholder Value-Ansatz zumindest theoretisch viel Raum für die Förderung nachhaltiger Entwicklung in seinen drei Komponenten der sozialen, ökonomischen und ökologischen Nachhaltigkeit. Geschäftsleiter sind jedenfalls nicht verpflichtet, den Gewinn der Anteilseigner zu priorisieren. Unabhängig von deren direkten Auswirkung auf den Unternehmensgewinn können sie dementsprechend auch Nachhaltigkeitsziele verfolgen.

C. Das deutsche Aktienrecht in der Stakeholder-Shareholder Debatte

Fraglich ist allerdings, ob die Einordnung des deutschen Corporate Governance-Systems als dem Stakeholder Value-Ansatz folgend, die man regelmäßig in der Literatur findet, angesichts der vorstehenden Beschreibung dieser Theorie zutreffend ist. Diese Frage gewinnt an Bedeutung vor

---

22 *R. Freeman*, Strategic Management: A Stakeholder Approach, Pitman/Balinger 1984.

23 *J. Dean*, Stakeholding and company law, Company Lawyer 2001, S. 66 (69).

24 *D. Millon*, Communitarians, contractarians, and the crisis in corporate law, Washington & Lee Law Review 1993, S. 1373 (1382).

25 *J. Kay/A. Silberston*, Corporate governance, abrufbar unter http://www.johnkay.com.

26 *Blair/Stout*, A team production (Fn. 21), S. 278.

27 *Blair/Stout*, A team production (Fn. 21), S. 278.

dem Hintergrund, dass ein Stakeholder Value-System mehr Raum für die Förderung nachhaltiger Entwicklung bietet.

In diesem Zusammenhang ist es ebenfalls wichtig zu berücksichtigen, dass die Charakterisierung des deutschen Corporate Governance-Systems als Stakeholder-orientiert auch mit der Differenzierung verschiedener Kapitalismussysteme in der interdisziplinären Literatur zu Varietäten des Kapitalismus korrespondiert.[28] Diese Literatur unterscheidet zwischen koordinierten und liberalen Marktwirtschaftssystemen. Hiernach ist Deutschland ein klassisches Beispiel für eine koordinierte Marktwirtschaft. Nach dieser Theorie verfolgen Unternehmen in Deutschland eine Vielzahl an Zielen. Zu diesen gehören neben der Profitabilität auch der Marktanteil und die Arbeitsplatzsicherheit, wohingegen für Unternehmen in einer liberalen Marktwirtschaft nur das Ziel der Profitabilität besteht.[29]

I. Das Unternehmensinteresse in § 76 Abs. 1 AktG

Für die Frage, ob Deutschland tatsächlich dem Stakeholder Value-Prinzip folgt, ist es notwendig zu untersuchen, in wessen Interesse Aktiengesellschaften zu führen sind. Das Aktiengesetz (AktG) selbst sagt zu dieser Frage kaum etwas. Es gibt keine Geschäftsleiterpflicht, die in ihrem Wortlaut eine Befolgung des Stakeholder Value-Prinzips ausdrücklich vorschreibt. Der einschlägige § 76 Abs. 1 AktG bestimmt nur folgendes:

> Der Vorstand hat unter eigener Verantwortung die Gesellschaft zu leiten.

Diese Formulierung ist sehr kurz und allgemein gehalten und enthält keine ausdrückliche Zielbestimmung.[30] Nach seinem Wortlaut schreibt § 76 Abs. 1 AktG nur vor, dass die Geschäftsleiter das Unternehmen zu leiten haben. Es wird damit zwischen den Funktionen des Vorstandes und anderen Organen wie dem Aufsichtsrat unterschieden. Die Formulierung „in eigener Verantwortung" heißt dabei, dass die Geschäftsleiter frei von Weisungen handeln. Sie sind nur an die Satzung, etwaige Beschlüsse der Hauptversammlung und Zustimmung des Aufsichtsrates sowie die Ge-

---

28 *P. Hall/D. Soskice* (Hrsg.), Varieties of Capitalism: The Institutional Foundations of Comparative Advantage, Oxford: Oxford University Press 2001.

29 *Hall/Soskice* (Hrsg.), Varieties of Capitalism (Fn. 28) Introduction.

30 *I. Saenger*, Gesellschaftsrecht, 2. Aufl., München 2013, Rn. 574.

schäftsordnung gebunden.[31] Das Ermessen, das die Geschäftsleiter bei der Leitung der Gesellschaft haben, ist nach herrschender Meinung am Unternehmensinteresse auszurichten.[32] Es ist umstritten, wie dieses Unternehmensinteresse auszulegen ist. Zum Teil wird kritisch gesehen, ob es rechtsverbindlich ist.[33]

Im Aktiengesetz wird das Unternehmensinteresse nicht erwähnt und es finden sich auch keine Hinweise zu seiner Auslegung.[34] Die herrschende Meinung geht hierbei von einer Auslegung im Sinne des Stakeholder Value-Konzepts aus.[35] Diese Interpretation ist jedoch nicht unumstritten und es gibt zunehmend Auslegungen, die einen Shareholder Value-Ansatz bevorzugen, jedenfalls im Sinne des oben beschriebenen aufgeklärten (auch als „moderat" bezeichnet) Shareholder Value-Prinzips.[36] Vertreter der herrschenden Meinung verweisen in der Regel auf den historischen Gesetzgeber und die Vorgängernorm des heutigen § 76 Abs. 1 AktG. Diese Vorgängernorm war § 70 Abs. 1 im Aktiengesetz aus dem Jahr 1937. Diese enthielt eine ausdrückliche Berücksichtigung der Interessen der Arbeitnehmer und des öffentlichen Interesses:

---

31 Siehe *C. Windbichler*, Gesellschaftsrecht, 24. Aufl., München 2017, § 27, Rn. 22.

32 Die Begriffe Gesellschaftsinteresse und Unternehmensinteresse werden oft synonym verwendet, siehe *M. Weber* in: W. Hölters (Hrsg.), Aktiengesetz: AktG: Kommentar, 3. Aufl., München 2017, § 76, Rn. 23ff. Siehe zum Verhältnis der beiden Begriffe: *C. Kuhner*, Unternehmensinteresse vs. Shareholder Value als Leitmaxime kapitalmarktorientierter Aktiengesellschaften, ZGR 2004, S. 244.

33 Siehe *P. Mülbert*, Shareholder Value aus rechtlicher Sicht, ZGR 1997, S. 129 (142f.).

34 *Windbichler*, Gesellschaftsrecht (Fn. 31), § 27, Rn. 24.

35 Siehe u.a. *H-J. Mertens/A. Cahn*, in: W. Zöllner und U. Noack (Hrsg.), Kölner Kommentar zum Aktiengesetz, 3. Aufl., Köln 2010, § 76, Rn. 15ff; *J. Koch*, in J. Koch (Hrsg.), Hüffer/Koch, Aktiengesetz, 12. Aufl., München 2016, § 76, Rn. 28; *B. Dauner-Lieb*, in: M. Henssler/L. Strohn, Gesellschaftsrecht, 3. Aufl., München 2016.

36 Siehe u.a. *Weber* in: W. Hölters (Hrsg.), Aktiengesetz (Fn. 32), Rn. 22; W. Zöllner, Unternehmensinnenrecht – Gibt es das?, AG 2003, S. 2; *Windbichler*, Gesellschaftsrecht (Fn. 31), § 27, Rn. 24; *K.C. Vedder*, in: H.C. Grigoleit (Hrsg.), Aktiengesetz: Kommentar, 1. Aufl., München 2013, § 76, Rn. 15 ff; *H. Fleischer*, in: G. Spindler/E. Stilz (Hrsg.), Kommentar zum Aktiengesetz: AktG, 3. Aufl., München 2015, § 76, Rn. 37ff; *H. Fleischer*, in: H. Fleischer (Hrsg.), Handbuch des Vorstandsrechts, 1. Aufl., München 2006, § 1 Leitungsaufgabe des Vorstands, Rn. 29 ff.; *C. Seibt*, in: K. Schmidt und M. Lutter (Hrsg.), AktG: Kommentar, 3. Aufl., Köln 2015, § 76, Rn. 23.

> Der Vorstand hat unter eigener Verantwortung die Gesellschaft so zu leiten, wie das Wohl des Betriebes und seiner Gefolgschaft und der gemeine Nutzen von Volk und Reich es fordern.

Dieser Gesetzeswortlaut aus dem Jahr 1937 ist mit dem Hinweis auf „Volk und Reich" von der NS-Ideologie beeinflusst.[37] Gleichwohl ist es falsch, hierin lediglich eine Entwicklung aus der NS-Zeit zu sehen, denn die Diskussionen über die Rolle und Aufgaben von Aktiengesellschaften gehen weiter zurück auf Reformbemühungen aus der Weimarer Republik.[38] Unabhängig von dem Verweis auf „Volk und Reich" ist ein wichtiger Bestandteil der Hinweis auf den Gemeinnutzen, der auch nach Streichung der von der NS-Ideologie geprägten Wortwahl übrig bleibt.[39] Daher wurde vor Einführung des Aktiengesetzes 1965 in der Kommentierung auch darauf hingewiesen, dass die Regelung aus dem Jahr 1937 nicht ohne weiteres nach Ende des zweiten Weltkrieges außer Kraft getreten ist.[40] Ebenfalls ist auffällig, dass in dem Wortlaut zwar der Betrieb und die Arbeitnehmer erwähnt werden, nicht aber die Anteilseigner.

In dem Gesetzgebungsprozess für das Aktiengesetz 1965 wurde diskutiert, ob – nach Streichung der NS-Wortwahl – wiederum eine Gemeinwohlklausel für das Vorstandshandeln im Gesetzeswortlaut statuiert werden sollte.[41] Der Referentenentwurf enthielt folgende Fassung:

> Der Vorstand hat unter eigener Verantwortung die Gesellschaft so zu leiten, wie das Wohl des Unternehmens, seiner Arbeitnehmer und Aktionäre, sowie das Wohl der Allgemeinheit es erfordern.[42]

---

37 Siehe u.a. *C. Ritter*, in: C. Ritter/J. Ritter (Hrsg.), Aktiengesetz, 2. Auflage, Berlin, München 1939, § 70; F. Schlegelberger/L. Quassowski/G. Herbig/E. Geßler/W. Hefermehl (Hrsg.), Aktiengesetz vom 30. Januar 1937, 3. Auflage, Berlin 1939, § 70, Rn. 6 ff.

38 *H.-U. Dettling*, Die Entstehungsgeschichte des Konzernrechts im Aktiengesetz von 1965, Tübingen 1997, S. 75.

39 Siehe *R. F.v.Godin* in: R. F.v.Godin/H. Wilhelmi (Hrsg.), Gesetz über Aktiengesellschaften und Kommanditgesellschaften auf Aktien (Aktiengesetz) vom 30. Januar 1937: Kommentar, 2. Aufl., Berlin 1950, § 70, Anm. 3.

40 Siehe u.a. *A. Hueck* in: A Hueck, Aktiengesetz: Kommentar, 12. Aufl., München 1964, 1. Buch, AG, 4. Teil. Verfassung der AG.

41 Siehe zu den Diskussionen im Ausschuss: *B. Kropff*, Aktiengesetz: Textausgabe des Aktiengesetzes vom 6.9.1965, Düsseldorf 1965, § 76, Ausschussbericht.

42 § 71, Abs. 1 RefE 1958.

Dieser Wortlaut ist mit dem ausdrücklichen Hinweis auf die Arbeitnehmer, die Aktionäre, die Allgemeinheit sowie das Unternehmen interessenspluralistisch formuliert. Allerdings fand sich diese Fassung nicht im Regierungsentwurf wieder, der statt dessen den kurzen und allgemeinen Wortlaut des heutigen § 76 Abs. 1 AktG enthielt. Es wurde argumentiert, dass es nicht notwendig sei, das Gemeinwohl ausdrücklich in § 76 Abs. 1 AktG zu erwähnen, da dies ohnehin selbstverständlich sei.[43] Eine solche Auffassung wird auch in der Kommentierung vertreten, die nach dem Aktiengesetz aus dem Jahr 1965 veröffentlicht wurde. So findet sich unter anderem der Hinweis, dass eine Befürchtung, dass der Vorstand nicht mehr wie bisher das öffentliche Wohl und das Wohl der Arbeitnehmer zu beachten habe, „fehl am Platze" sei.[44] Jede Aktiengesellschaft müsse sich schon bereits wegen der Regelung in § 396 AktG (dieser Paragraph regelt die Voraussetzungen der gerichtlichen Auflösung von Aktiengesellschaften und erwähnt unter anderem die Gefährdung des Gemeinwohls) „in die Gesamtwirtschaft und in die Interessen der Allgemeinheit einfügen".[45] Die Interessen der Gesellschaft, des Aktionärs, der Arbeitnehmer und der Allgemeinheit seien „in gleicher Weise zu berücksichtigen".[46]

Vor dem Hintergrund dieser Ausschussdiskussionen wird in der herrschenden Literaturmeinung von einer stillschweigenden Fortgeltung der Gemeinwohlklausel ausgegangen und das Unternehmensinteresse in § 76 Abs. 1 AktG im Sinne des Stakeholder Value-Konzepts ausgelegt. Interessanterweise wurde im Ausschuss gegen den Referentenentwurf der Einwand vorgetragen, dass die Aufzählung der verschiedenen Interessen dazu führen könnte, dass Unklarheit herrsche, welches Interesse im Einzelfall den Vorrang genieße.[47] Diesbezüglich sei es problematisch, dass ein Interesse in der Aufzählung vor den anderen stünde, was zu der Idee einer Rangordnung der Interessen nach Reihenfolge in der Aufzählung führen könnte. Daher hielt die Ausschussmehrheit die heutige allgemeine Wortwahl für vorzugswürdig, gerade auch vor dem Hintergrund des Arguments, dass eine Gemeinwohlbindung „selbstverständlich" sei und damit

---

43 Vgl. *Kropff* (Fn. 41).
44 *S. Wilhelmi* in: F.v.Godin/H. Wilhelmi (Hrsg.), Aktiengesetz vom 6. September 1965: Kommentar, 4. Aufl., Berlin – New York 1971, § 76, Anm. 5.
45 *Wilhelmi* (Fn. 44), § 76, Anm. 5.
46 *Wilhelmi* (Fn. 44), § 76, Anm. 6.
47 *Wilhelmi* (Fn. 44), § 76, Anm. 6.

die Formulierung aus 1937 (nach Streichung der NS-Ideologie) still-schweigend fortgelten würde.

Demgegenüber steht die oben erwähnte Gegenauffassung, die eine interessenspluralistische Auslegung des Unternehmensinteresses im Sinne des Stakeholder Value-Ansatzes ablehnt. Diese Meinung argumentiert zumeist für ein aufgeklärtes Shareholder Value-Konzept, d.h. dass der Vorstand bei seinen Entscheidungen die Interessen der Anteilseigner priorisieren muss, gleichzeitig aber auch die Interessen anderer Interessensgruppen berücksichtigen darf.[48] Für diese Auffassung spricht, dass der Gesetzeswortlaut des § 76 Abs. 1 AktG allgemein gehalten ist[49] und sich darüber hinaus seit den 60er Jahren des 20. Jahrhunderts das operative Umfeld von Unternehmen und das gesellschaftliche Verständnis über ihre Rolle geändert hat. Während man unter anderem berücksichtigen muss, dass die Diskussionen in den 60er Jahren sicherlich auch – zumindest teilweise – durch die katholischen Soziallehre geprägt waren, so sind deutsche Unternehmen insbesondere seit den 1990er Jahren in starkem Maße dem globalen Wettbewerb ausgesetzt.[50] Hierdurch ist es zum Wandel der traditionellen Aktionärsstruktur gekommen, die sich besonders dadurch auszeichnete, dass sie inländisch geprägt und auf einige wenige Aktionäre (sogenannte Großaktionäre) konzentriert war.[51] Inzwischen gibt es eine teilweise sehr hohe Anzahl an ausländischen Anlegern und eine deutliche breitere Streuung der Aktien. So sind inzwischen u.a. bei Linde, Adidas und Bayer die Aktien zu über 70 Prozent im ausländischen Besitz.[52] Vor allem die ausländischen Aktionäre und Investmentfonds sind oftmals sehr an das anglo-amerikanische System gewöhnt, das dem Shareholder Value-Ansatz folgt.

Aufgrund dieser strukturellen Veränderungen sind die Rechte der Aktionäre und die Orientierung am Shareholder Value-Ansatz ein sehr aktuel-

---

48 Siehe nur *H. Fleischer*, in: G. Spindler/E. Stilz (Hrsg.), Kommentar zum Aktiengesetz: AktG, 3. Aufl., München 2015, § 76, Rn. 37ff.

49 Siehe *K.C. Vedder*, in: H.C. Grigoleit (Hrsg.), Aktiengesetz: Kommentar, 1. Aufl., München 2013, § 76, Rn. 15 ff.

50 Siehe *Kuhner* (Fn. 32), S. 247.

51 Siehe *Hall/Soskice* (Hrsg.), Varieties of Capitalism (Fn. 28) Introduction.

52 *A. Reimann*, 'Wie mächtige Fonds den Dax dominieren', WirtschaftsWoche, 24.05.2016.

les Thema.[53] Der sich hieraus ergebende Druck auf die Vorstände, stärker die Interessen der Anleger zu berücksichtigen (vor allem mittels Gewinnausschüttung durch Dividenden), stellt die traditionelle Auslegung des Unternehmensinteresses im Sinne eines Stakeholder Value-Konzepts zunehmend in Frage. In rechtlicher Sicht sind in diesem Zusammenhang auch die Reformen des Gesetzes zur Kontrolle und Transparenz im Unternehmensbereich (KonTraG) aus dem Jahr 1998 zu berücksichtigen, durch die die Aktionärsrechte gestärkt wurden.

II. Interessenspluralistische Formulierung im Deutschen Corporate Governance Kodex

Trotz dieser strukturellen Änderungen und auch der rechtlichen Stärkung von Aktionären Ende der 1990er Jahre ist in diesem Zusammenhang eine Änderung im Deutschen Corporate Governance Kodex aus dem Jahr 2009 sehr relevant, die im Zuge der globalen Finanz- und Wirtschaftskrise erlassen wurde.[54] Kodex-Bestimmung 4.1.1 zu den Aufgaben des Vorstandes lautet seitdem wie folgt:

> Der Vorstand leitet das Unternehmen in eigener Verantwortung im Unternehmensinteresse, also unter Berücksichtigung der Belange der Aktionäre, seiner Arbeitnehmer und der sonstigen dem Unternehmen verbundenen Gruppen (Stakeholder) mit dem Ziel nachhaltiger Wertschöpfung.

Diese Formulierung im Kodex gewinnt dadurch an Bedeutung, dass sie im Indikativ verfasst ist. Die Bestimmungen des Corporate Governance Kodex sind nämlich entweder Empfehlungen (gekennzeichnet durch das Wort „soll"), Anregungen (gekennzeichnet durch das Wort „sollte") oder Wiedergaben von Gesetzen und Vorschriften.[55] Da die Bestimmung in 4.1.1 weder mit dem Wort „sollte" noch mit dem Wort „soll" verbunden

---

53 Dies zeigt sich auch in der öffentlichen Diskussion, siehe z.B. *F. W. Wagner*, Gastbeitrag: Glück und Heuchelei im Paradies, Frankfurter Allgemeine Zeitung, 21.11.2017.

54 Siehe für den Hintergrund der Formulierung in 4.1.1: *A. v. Werder*, in: T. Kremer/G. Bachmann/M. Lutter/A. v.Werder (Hrsg.), Deutscher Corporate Governance Kodex: Kodex-Kommentar, 6. Aufl., München 2016, 4.1.1, Rn. 802ff.

55 *G. Bachmann*, in: T. Kremer/G. Bachmann/M. Lutter/A. Werder (Hrsg.), Deutscher Corporate Governance Kodex: Kodex-Kommentar, 6. Aufl., München 2016, Vorbemerkung, Rn. 43 ff.

ist, handelt es sich hierbei um eine Wiedergabe des Gesetzeswortlautes. Angesichts der allgemeinen Fassung von § 76 Abs. 1 AktG und des Meinungsstreits um die Auslegung des Unternehmensinteresses ist diese Änderung im Kodex allerdings nicht unproblematisch, da der Wortlaut der Bestimmung 4.1.1 über den Wortlaut von § 76 Abs. 1 AktG hinausgeht.[56] Man kann die Änderung im Kodex gewissermaßen als Präzisierung des Unternehmensinteresses im Sinne eines „moderaten Stakeholder-Ansatzes" ansehen.[57]

Die Formulierung „mit dem Ziel nachhaltiger Wertschöpfung" in dieser Kodex-Bestimmung ist vor dem Hintergrund des diesem Kapitels zugrunde liegenden Themas der Förderung nachhaltiger Entwicklung interessant. Dieser Begriff weist starke Bezüge zu dem Hinweis in § 87 Abs. 1 S. 2 AktG auf, dass die Vergütungsstruktur bei börsennotierten Gesellschaften auf eine nachhaltige Unternehmensentwicklung auszurichten ist.[58] Die Kommentierung argumentiert, dass eine nachhaltige Wertschöpfung voraussetzt, dass den Belangen jeder Stakeholdergruppe in angemessenem Ausmaß Rechnung getragen wird.[59] Allerdings findet sich diese Formulierung nicht in § 76 Abs. 1 AktG. Deswegen wird an dieser Stelle nicht näher darauf eingegangen.

III. Rechtsprechung

Die Rechtsprechung hat sich bislang kaum mit dem Begriff des Unternehmensintereses auseinandergesetzt. Soweit ersichtlich gibt es bislang kein Fallrecht zu einer Verletzung des Unternehmensinteresses in § 76 Abs. 1 AktG, was auf eine eingeschränkte praktische Bedeutung der Streitfrage über die Auslegung des Begriffs hinweist. Es findet sich in der Rechtsprechung keine Definition des Begriffs.[60] Der Begriff wird in einem Urteil des Bundesgerichtshofs aus den siebziger Jahren zur Verschwiegenheit der

---

56 *Windbichler*, Gesellschaftsrecht (Fn. 31), § 27, Rn. 24.
57 *v.Werder* (Fn. 54), 4.1.1 Rn. 803.
58 *v.Werder* (Fn. 54), 4.1.1 Rn. 805.
59 *v.Werder* (Fn. 54), 4.1.1 Rn. 806. Siehe für eine Analyse des Nachhaltigkeitsbegriffs in § 87 Abs. 1 S. 2 AktG: *C. Louven/M. Ingwersen*, Wie nachhaltig muss die Vorstandsvergütung sein?, Betriebs Berater 2013, S. 1219; *N. Röttgen/H.-G. Kluge*, Nachhaltigkeit bei Vorstandsvergütungen, NJW 2013, S. 900.
60 *T. Bürgers*, in: T. Bürgers/T. Körber (Hrsg.), Aktiengesetz, 4. Aufl., Heidelberg 2017, § 76, Rn. 13.

Aufsichtsratsmitglieder erwähnt.[61] Der Bundesgerichtshof sagte in dem Urteil allerdings nichts zu der Frage der Auslegung des Begriffs. Er erwähnte lediglich, dass das Interesse des Unternehmens maßgeblich für die Aufsichtsratsmitglieder sei.

In einem Urteil des Bundesverfassungsgerichts zur verfassungsrechtlichen Vereinbarkeit des Mitbestimmungsgesetzes einige Jahre später wurde der Begriff des Unternehmensinteresses erwähnt.[62] Das Bundesverfassungsgericht sagte diesbezüglich, dass der Vorstand die Wahrung von Interessen wahrzunehmen hätte, „die nicht notwendig diejenigen der Anteilseigner sein müssen".

Vor dem Hintergrund dieser bloßen Erwähnung des Begriffs ohne Konkretisierung des Inhalts ergeben sich aus der Rechtsprechung keine weiteren Ansatzpunkte für die Auslegung des Begriffs des Unternehmensinteresses.

IV. Zusammenfassende Wertung

Die Analyse des Gesetzgebungsprozesses für das Aktiengesetz 1965 und die Änderung des Deutschen Corporate Governance Kodex aus dem Jahr 2009 zeigen, dass das deutsche Aktienrecht weiterhin am Stakeholder Value-Gedanken orientiert ist. Für diese interessenspluralistische Auslegung des Unternehmensinteresses spricht auch die institutionell verankerte starke Stellung von Arbeitnehmern durch die Unternehmensmitbestimmung. Allerdings besteht diese institutionelle Stellung nicht für andere Stakeholder-Gruppen wie z.B. die Kunden, örtliche Gemeinden (die z.B. Sitz einer Fabrik des Unternehmens sind), die Lieferanten oder die Umwelt. Die Änderung in der Kodex-Bestimmung 4.1.1 im Jahr 2009 kann als Bestätigung des Verständnisses der herrschenden Meinung angesehen werden.

Gleichwohl ist festzustellen, dass die hier in Übereinstimmung mit der herrschenden Meinung vertretene Auffassung nicht unumstritten ist. Ein sogenanntes aufgeklärtes (moderates) Shareholder Value-Verständnis des Unternehmensinteresses wird zunehmend vertreten. Eine solche Auslegung des Unternehmensinteresses wird hier jedoch abgelehnt, gerade vor

---

61 BGHZ 64, 325, 329.
62 BVerfGE 50, 290.

dem Hintergrund der praktischen Umsetzung dieser Theorie in Großbritannien, die, wie zuvor gezeigt, letztendlich die Maximierung des Gewinns der Anteilseigner als oberste Maxime für das Handeln der Geschäftsleiter ansieht. Insofern wirkt der aufgeklärte Shareholder Value-Ansatz nur auf den ersten Blick moderater als die klassische Shareholder Value-Theorie. Ein wirklicher Mittelweg ist hierin aufgrund der Unterordnung der Stakeholder-Interessen unter die der Aktionäre nicht zu sehen.

Die Änderung der Bestimmung 4.1.1 des Corporate Governance Kodex kann zwar als Bestätigung der interessenspluralistischen Auslegung des Unternehmensinteresses angesehen werden, aber es bleibt die Aufgabe des Gesetzgebers, eine solche Klärung vorzunehmen. Eine Reform des Corporate Governance Kodex ersetzt keinen Gesetzeswortlaut. Daher ist eine Ergänzung des § 76 Abs. 1 AktG im Sinne der Formulierung des 4.1.1 des Deutschen Corporate Governance Kodex notwendig, um die Unsicherheit hinsichtlich der Auslegung des Unternehmensinteresses zu beenden. Ohne eine solche Änderung des Gesetzeswortlauts ist davon auszugehen, dass angesichts einer steigenden Zahl an ausländischen Aktionären (von denen einige vom anglo-amerikanischen Shareholder Value-Ansatz geprägt sind) der Druck auf Vorstände deutscher Aktiengesellschaften zunehmen wird, ihre Entscheidungen daran auszurichten, dass die Rendite für Aktionäre möglichst hoch ist.

D. Das Unternehmensinteresse im Stakeholder Value-Verständnis: Möglichkeiten und Grenzen für die Förderung nachhaltiger Entwicklung?

Ausgehend von dem Verständnis des Unternehmensinteresses im Sinne des Stakeholder Value-Ansatzes, stellt sich die Frage, welche praktische Auswirkung diese Auslegung für die Förderung nachhaltiger Entwicklung durch Vorstandsentscheidungen hat.

I. Eine Richtlinie, die ausgestaltet werden muss

Zunächst ist festzustellen, dass § 76 Abs. 1 AktG eine Richtlinie für das Vorstandshandeln vorgibt, nicht mehr. Die Vorstandsmitglieder haben einen weiten Ermessensspielraum dahingehend, wie sie das Unternehmensinteresse in ihren Entscheidungen berücksichtigen.[63]

In diesem Zusammenhang ist das generelle Ermessen zu erwähnen, das Geschäftsleiter bei ihren Entscheidungen haben. So regelt § 93 Abs. 1 S. 1 AktG die Sorgfaltspflicht für Geschäftsleiter, dass diese „bei ihrer Geschäftsführung die Sorgfalt eines ordentlichen und gewissenhaften Geschäftsleiters" anzuwenden haben. Hierbei haben Sie einen weiten Ermessensspielraum, nicht zuletzt aufgrund der Regelung des § 93 Abs. 1 S. 2 AktG mit der Kodifizierung der Business Judgement Rule:

> Eine Pflichtverletzung liegt nicht vor, wenn das Vorstandsmitglied bei einer unternehmerischen Entscheidung vernünftigerweise annehmen durfte, auf der Grundlage angemessener Information zum Wohle der Gesellschaft zu handeln.

Die Geschäftsleiter sind also grundsätzlich relativ frei in ihren Entscheidung, so auch bei der Augestaltung des Unternehmensinteresses im Einzelfall. Es ist ferner zu beachten, dass der Begriff des Unternehmensinteresses abstrakt ist. Es gibt bislang keine Konkretisierung dahingehend, wie dieser Begriff im Einzelfall praktisch auszufüllen ist.[64] Es wird in Frage gestellt, ob eine solche Operationalisierung überhaupt möglich ist.[65] Die praktische Ausgestaltung erfolgt daher durch den Vorstand, der die Interessen der verschiedenen Anspruchsgruppen abwägt.[66] Es gibt keine Vorgabe, wie das Stakeholder Value-Konzept zu berücksichtigen ist und welchem Stakeholder-Interesse im Einzelfall der Vorrang zu geben ist.

Ein einfaches Beispiel hierfür ist, dass eine Entscheidung, die positiv für die Arbeitnehmer ist, gleichzeitig negativ für die lokale Gemeinde an der Produktionsstätte des Unternehmens oder schädlich für die Umwelt sein kann. In so einem Fall gibt es keine Vorgabe, wie das Unternehmensinteresse auszulegen ist. Daher sind es die Geschäftsleiter, die die Entscheidung über die praktische Ausgestaltung treffen. Ferner ist es aufgrund des Ermessens der Vorstandsmitglieder schwer, die darin getroffene Abwägung der unterschiedlichen Interessen *ex post* zu hinterfragen.

---

63 *H v.Ooy/M.Oltmanns* in: T. Heidel (Hrsg.), Aktienrecht und Kapitalmarktrecht, 4. Auflage, München 2014, § 76, Rn. 7.
64 *v.Werder* (Fn. 54), 4.1.1 Rn. 802.
65 *v.Werder* (Fn. 54), 4.1.1 Rn. 802.
66 Siehe *Kuhner* (Fn. 32), S. 245 – S. 257.

In der Realität haben damit die Vorstandsmitglieder die Herrschaft über die Auslegung des Unternehmensinteresses. Das Stakeholder Value-Verständnis des Begriffs hat somit bereits aus diesem Grund kaum mehr als den Status einer Richtlinie, die im Einzelfall ausgestaltet werden muss. Es obliegt dem Vorstand, inwiefern er sein Ermessen in der praktischen Auslegung des Unternehmensintereses für die Förderung nachhaltiger Entwicklung in Form der drei Dimensionen der Nachhaltigkeit nutzt. Die praktische Wirkung der theoretischen Diskussion um die Auslegung des Begriffs ist damit begrenzt.

II. Grenze zu reinem Shareholder Value, aber Rentabilität muss beachtet werden

In der Ausübung ihres Ermesses bei der Ausgestaltung des Unternehmensinteresses können die Geschäftsleiter bei einer Entscheidung auch den Interessen der Anteilseigner Vorrang gewähren.[67] Dies ist von einer Stakeholder Value-Auslegung des Unternehmensinteresses gedeckt, da die Aktionäre auch eine der Stakeholder-Gruppen der Aktiengesellschaft sind.[68]

Nicht gedeckt ist jedoch eine ausschließliche Ausrichtung des Vorstandshandelns am Shareholder Value, d.h. es darf nicht alleinige Grundlage der Entscheidungen des Vorstandes sein, nur die Aktionärsrendite zu maximieren. Eine solche Unternehmenspolitik würde gegen das Unternehmensinteresse verstoßen.[69]

Während also einzelne Entscheidungen durchaus den Anteilseignern Vorrang geben dürfen, so kann in der Stakeholder Value-Auslegung des Unternehmensinteresses in erster Linie ein Schutz gegen ein reines Shareholder Value-Prinzip gesehen werden, d.h. Unternehmen dürfen sich nicht ausschließlich und systematisch am Shareholder Value-Gedanken ausrichten. Somit kommt der Diskussion über das Unternehmensinteresse in jedem Fall in praktischer Hinsicht die Bedeutung eines Schutzmechanis-

---

67 Siehe für eine grundsätzliche Analyse des Shareholder Value-Konzepts in Bezug auf Aktiengesellschaften: *Mülbert*, Shareholder Value (Fn. 33).

68 Siehe *I Saenger*, The Best Interests of the Corporation, Procedural Questions of Enforcing Individual and Corporate Rights and Legal Actions against Board Members, EBLR 2015, S. 13 (16). .

69 *Kuhner* (Fn. 32), S. 270 – S. 272.

musses gegen eine einseitige Orientierung von Aktiengesellschaften am Aktionärsinteresse zu.

Neben dem Schutzmechanismus bedeutet die Stakeholder Value-Auslegung zugleich, dass die Geschäftsleiter die rechtliche Möglichkeit haben, im Einzelfall andere Ziele als das der Gewinnmaximierung zugunsten der Aktionärsrendite zu priorisieren. Sie müssen eine solche Entscheidung nicht mit dem sogenannten business case rechtfertigen.

Es gibt daher zwar kein „muss" zur Förderung nachhaltiger Entwicklung, aber es besteht zumindest die Möglichkeit hierzu, ohne dass die Geschäftsleiter gegen ihre Pflichten verstoßen. Im internationalen Vergleich sind dieser Schutzmechanismus gegen ein reines Shareholder Value und die Möglichkeit, Stakeholder-Interessen einfacher zu fördern, bereits eine wichtige Chance, die das deutsche Aktienrecht bietet. Es besteht daher zumindest theoretisch Spielraum für die Förderung von mehr Nachhaltigkeit im Vorstandshandeln. Ob der vorhandene Ermessensspielraum jedoch in dieser Hinsicht genutzt wird, ist fraglich und obliegt mangels Verpflichtung hierzu den Geschäftsleitern.

Eine bedeutende Schranke für die freie Ermessensausübung ist in diesem Zusammenhang, dass der Vorstand für die langfristige Rentabilität und damit für den Bestand des Unternehmens sorgen muss.[70] Diese Aufgabe ist vorranging und wirkt damit ermessenslenkend in der praktischen Ausgestaltung des Unternehmensinteresses.[71] Entscheidungen des Vorstandes sind daher an dem allgemeinen Ziel ausgerichtet, dass das Unternehmen profitabel ist. Diese Vorgabe bedeutet somit, dass der Vorstand in der Praxis sein Ermessen nur insofern zugunsten einzelner Stakeholder-Gruppen ausüben darf, als dass hierdurch nicht das oberste Ziel der langfristigen Rentabilität des Unternehmens gefährdet wird. In jedem Fall muss der Vorstand das erwerbswirtschaftliche Interesse der Gesellschaft wahren.[72]

---

70 OLG Hamm AG 1995, 512; *C. Windbichler*, Gesellschaftsrecht (Fn. 31), § 27, Rn. 23; *H v.Ooy/M.Oltmanns*, Aktien- und Kapitalmarktrecht (Fn. 63), § 76, Rn. 8.
71 *J. Eckert*, in: T. Wachter (Hrsg.), AktG: Kommentar, 1. Aufl., Köln 2012, § 76, Rn. 11.
72 *G. Spindler*, in: W. Goette/B. Gach/M. Habersack/G. Spindler/S. Kalss (Hrsg.), Münchener Kommentar zum Aktiengesetz, 3. Auflage, München 2008, § 76, Rn. 73.

III. Mangelnde Durchsetzbarkeit

Die praktische Auswirkung einer am Stakeholder Value-Konzept orientierten Auslegung des Unternehmensinteresses ist ferner dadurch eingeschränkt, dass die verschiedenen Stakeholder-Gruppen wie die Arbeitnehmer keine Möglichkeit haben, gerichtlich gegen einen vermeintlichen Verstoß gegen das Unternehmensinteresse vorzugehen.[73] Die Geschäftsleiterpflichten bestehen gegenüber der Gesellschaft. Insofern ist die Durchsetzbarkeit des § 76 Abs. 1 AktG in der Praxis stark eingeschränkt. Eine ähnliche Situation liegt im englischen Recht vor, wobei anzumerken ist, dass dort die Durchsetzung ferner dadurch erschwert wird, dass die einschlägige Geschäftsleiterpflicht in section 172 UK Companies Act 2006 die Interessen verschiedener Stakeholder-Gruppen ausdrücklich der Handlungsmaxime des Shareholder Value unterordnet.[74]

Es ist in diesem Zusammenhang fraglich, ob eine solche Klagemöglichkeit für Stakeholder überhaupt in das bestehende Gefüge des deutschen Aktienrechts mit seinem dualistischen System passen würde.[75] Unabhängig von dieser Frage ist festzuhalten, dass die fehlenden Klagemöglichkeit die praktische Auswirkung einer am Stakeholder Value orientierten Interpretation des Unternehmensinteresses weiter einschränkt.

IV. Chancen für die Förderung nachhaltiger Entwicklung?

Aufgrund der mangelnden Durchsetzbarkeit des § 76 Abs. 1 AktG durch die verschiedenen Stakeholder gewinnt die institutionell verankerte starke Stellung der Arbeitnehmer im deutschen Corporate Governance-System an Bedeutung für die Förderung nachhaltiger Entwicklung. Man kann erwarten, dass die Position der Arbeitnehmer in der Praxis eher gehört wird als die anderer Stakeholder-Gruppen, die nicht institutionell im Unternehmen vertreten sind, wie z.B. lokale Gemeinden oder die Umwelt.

Vor diesem Hintegrund kann man zumindest überlegen, ob die starke Stellung der Arbeitnehmer durch ihre Vertretung im Aufsichtsrat nicht zumindest theoretisch einige Chancen für die Förderung von nachhaltiger

---

73 *H. Fleischer*, Gesetzliche Unternehmenszielbestimmungen im Aktienrecht, ZGR 2017, S. 411 (423).
74 *Rühmkorf*, Corporate Social Responsibility (Fn. 4), S. 49 – S. 50.
75 *Fleischer*, Gesetzliche Unternehmenszielbestimmungen (Fn. 73), S. 425.

Entwicklung bietet. Hierzu ist zunächst festzustellen, dass die Aufgabenteilung zwischen Vorstand und Aufsichtsrat im Aktiengesetz eindeutig ist. Während der Vorstand das Unternehmen leitet (§ 76 AktG), ist es Aufgabe des Aufsichtsrates, die Geschäftsführung zu überwachen (§ 111 AktG).[76] Der Aufsichtsrat überprüft im Rahmen seiner Überwachungsfunktion auch die Einhaltung des Unternehmensinteresses. Inwiefern der Aufsichtsrat die Entscheidungen des Unternehmens beeinflusst, kann in der rechtlichen Analyse von außen nicht beurteilt werden und daher sind die folgenden Ausführungen spekulativer Natur. Dies trifft umso mehr zu, als es sich bei der Förderung nachhaltiger Entwicklung nicht um ein Thema handelt, das in erster Linie den wirtschaftlichen Erfolg des Unternehmens betrifft. Empirische Befunde zur strategischen Überwachung des Vorstandes durch den Aufsichtsrat haben gezeigt, dass Aufsichtsräte vor allem durch Stellungnahmen und Beanstandungen Einfluss auf die Entscheidungen des Vorstandes nehmen.[77]

Vor dem Hintergrund der Aufsichtsfunktion des Aufsichtsrates besteht zumindest die theoretische Möglichkeit, dass der mitbestimmte Aufsichtsrat in den Bereichen hinsichtlich einer stärkeren Beachtung von Nachhaltigkeitsaspekten auf das Vorstandshandeln Einfluss nimmt, in denen sich das Konzept der nachhaltigen Entwicklung mit den Interessen der Arbeitnehmer überschneidet. Man kann eine übereinstimmende Interessenslage zunächst in der ökonomischen Dimension der Nachhaltigkeit sehen.[78] Die ökonomische Säule von nachhaltiger Entwicklung ist vor allem in wirtschaftlichem Handeln zu sehen, das auf Langzeit und Dauerhaftigkeit angelegt ist und nicht nur auf kurzfristige Gewinnmaximierung.[79] Arbeitnehmer, aber auch die Arbeitgebervertreter im Aufsichtsrat, müssen darauf achten, dass das Unternehmen langfristig profitabel ist. Insofern besteht für diese Säule der Nachhaltigkeit eine gute Chance, dass sie durch den Einfluss des mitbestimmten Aufsichtsrates stärker gefördert wird.

Hinsichtlich der anderen Säulen von Nachhaltigkeit in Form der ökologischen und sozialen Entwicklung besteht zumindest eine teilweise Über-

---

76 *Saenger*, Gesellschaftsrecht (Fn. 30), Rn. 595.
77 *M. Welge/M. Eulerich*, Corporate-Governance-Management: Theorie und Praxis der guten Unternehmensführung, 2. Aufl., Wiesbaden 2014, S. 168.
78 *G. Michelsen/M. Adomßent*, Nachhaltige Entwicklung: Hintergründe und Zusammenhänge, in: H. Heinrichs/G. Michelsen (Hrsg.), Nachhaltigkeitswissenschaften, Heidelberg 2014, S. 31.
79 *Michelsen/Adomßent*, Nachhaltige Entwicklung (Fn. 78), S. 31.

schneidung mit den Interessen der Arbeitnehmer. Die soziale Säule der Nachhaltigkeit überschneidet sich z.b. dort mit den eigenen Interessen der Arbeitnehmer, wo es um Themen geht, die auch ihre eigene Situation betreffen, z.b. Mindestlohn oder soziale Sicherung.[80] In anderen Bereichen, besonders denen mit einer globaleren Dimension wie Menschenrechten in der Lieferkette, besteht nicht unbedingt eine direkte Überschneidung. Hier können sogar unter Umständen sich widersprechende Interessenlagen bestehen, z.b. wenn es um die möglichst kostengünstige Anschaffung von Rohstoffen für die Produktion geht, die die Wettbewerbsfähigkeit des Unternehmens erhöhen oder wenn Lieferanten in Konkurrenz zu betrieblichen Arbeitsplätzen stehen. Die Tatsache, dass trotz des deutschen Systems der Unternehmensmitbestimmung die Berichte über Verletzungen von Menschenrechten in den globalen Lieferketten führender deutscher Unternehmen nicht nachlassen[81], unterstreicht die hier geäußerten Zweifel an den positiven Effekten der Unternehmensmitbestimmung für die soziale Säule der nachhaltigen Entwicklung.

Hinsichtlich der ökologischen Dimension von Nachhaltigkeit – des Umweltschutzes – gibt es Überschneidungen mit den Interessen der Arbeitnehmer, aber auch mögliche Spannungen.[82] Die Interessen der Arbeitnehmer überschneiden sich dort mit denen der ökologischen Nachhaltigkeit, wo es um die langfristige Sicherung von Ressourcen geht, die die Grundlage der Produktion und Dauerhaftigkeit des Unternehmens sind. Es kann aber zu widersprechenden Interessen kommen, wo z.B. eine Flussvertiefung wichtig für eine Werft ist, aber aus Umweltgesichtspunkten kritisch gesehen wird.

Insofern bietet das dualistische deutsche System mit der Mitbestimmung zumindest theoretisch einige Möglichkeiten für die Förderung von mehr Nachhaltigkeit. Diese stehen jedoch unter dem doppelten Vorbehalt, dass erstens die Arbeitnehmer „nur" durch ihre Vertreter im Aufsichtsrat sitzen und es Aufgabe des Aufsichtsrats ist, den Vorstand bei der Leitung des Unternehmens regelmäßig zu beraten und zu überwachen.

---

80 *Michelsen/Adomßent*, Nachhaltige Entwicklung (Fn. 78), S. 31.
81 Siehe u.a. *Germanwatch und Misereor*, Bericht 2017: Globale Energiewirtschaft und Menschenrechte: Deutsche Unternehmen und Politik auf dem Prüfstand, Aachen – Berlin 2017.
82 *Michelsen/Adomßent*, Nachhaltige Entwicklung (Fn. 78), S. 31.

E. Schlussbetrachtung

Die Auslegung des Unternehmensinteresses in § 76 Abs. 1 AktG ist seit langem ein umstrittenes Thema, das immer wieder neu in der Diskussion aufkommt. Aktuell gewinnt es an Relevanz im Rahmen von Diskussionen darüber, inwiefern Aktiengesellschaften zur Förderung nachhaltiger Entwicklung beitragen können.

Während Deutschland oft in internationalen Diskussionen über Corporate Governance-Systeme als klassisches Beispiel eines Stakeholder Value-Systems angesehen wird, so hat dieses Kapitel gezeigt, dass man diesbezüglich zwischen der theoretischen Diskussion und seinen praktischen Auswirkungen unterscheiden muss. Es wird hier vertreten, dass die historische Analyse des Gesetzgebungsprozesses zum Aktiengesetz 1965 dafür spricht, dass das Unternehmensinteresse nach § 76 Abs. 1 AktG im Sinne des Stakeholder Value-Ansatzes zu verstehen ist. Diese Auffassung wird bestärkt durch die Änderung der Bestimmung 4.1.1 des Deutschen Corporate Governance Kodex zu den Aufgaben des Vorstandes aus dem Jahr 2009 und durch die institutionell verankerte starke Stellung der Arbeitnehmer im Rahmen der Unternehmensmitbestimmung.

Diese Auslegung bedeutet zunächst, dass das im Jahr 2001 von Hansmann und Kraakman angekündigte „Ende der Geschichte des Gesellschaftsrechts" noch nicht eingetreten ist und auch nicht in naher Zukunft eintreten wird. Deutschland hat sich jedenfalls noch nicht an das angloamerikanische Shareholder Value-System angepasst. Das inzwischen immer mehr vertretene aufgeklärte Shareholder Value-Konzept wird nach hier vertretener Auffassung als Richtlinie für das Unternehmensinteresse abgelehnt. Eine Betrachtung der praktischen Ausgestaltung dieser Theorie im englischen Recht zeigt, dass dieser Ansatz in der Realität kaum Raum für Stakeholder-Interessen lässt, da es letztlich die Interessen der Aktionäre denen der anderen Stakeholder-Gruppen überordnet.

Gleichwohl sind die praktischen Auswirkungen dieser interessenspluralistischen Auslegung für die Förderung nachhaltiger Entwicklung eher begrenzt. Deutsche Aktiengesellschaften sind in ihrem Handeln nicht so interessenspluralistisch wie in internationalen Diskussionen oft gerne angenommen wird. Die Gründe hierfür liegen vor allem in dem breiten Handlungsermessen, das der Vorstand bei seinen Entscheidungen hat und in den fehlenden Durchsetzungsmöglichkeiten der Stakeholder. Darüber hinaus muss der Vorstand die langfristige Rentabilität des Unternehmens bei seinen Entscheidungen im Blick haben. Dies begrenzt die Ausübung des Ermessens. Daher sind die Möglichkeiten begrenzt, die das Unternehmensinteresse für mehr Nachhaltigkeit bietet.

Aus dem Blickwinkel der Nachhaltigkeit ist der praktische Nutzen der interessenspluralistischen Konzeption des Unternehmensinteresses im deutschen Aktientrecht somit in erster Linie in einem Schutz gegen ein Vorstandshandeln zu sehen, das systematisch und einseitig am Shareholder Value-Gedanken orientiert ist. Ein solches Handeln ist nicht vom Unternehmensinteresse gedeckt. Insofern stellt das deutsche Aktienrecht anders als das dem aufgeklärten Shareholder Value-Gedanken folgende englische Recht jedenfalls keine direkte Hürde für die Förderung nachhaltiger Entwicklung durch den Vorstand auf. Ferner ist positiv hervorzuheben, dass der Vorstand keine Entscheidung zugunsten von Stakeholder-Gruppen wie der lokalen Gemeinde oder der Umwelt als ein Fall des „business case" rechtfertigen muss. Auch dies bietet in gewissem Umfang Möglichkeiten für mehr nachhaltiges Wirtschaften.

Die Diskussion in diesem Kapitel hat gezeigt, dass der Gesetzgeber gefragt ist, die bestehende Unsicherheit über die genaue Auslegung des Unternehmensinteresses zu beenden und entsprechend der 2009er Reform von Kodex-Bestimmung 4.1.1 die interessenspluralistische Auslegung des Unternehmensinteresses im Gesetzestext in § 76 Abs. 1 AktG statuieren sollte. Dies würde Klarheit im Gesetzestext schaffen und vor allem die Diskussion beenden, ob nicht der Wille des historischen Gesetzgebers aus den 60er Jahren des 20. Jahrhunderts inzwischen im Zuge der Globalisierung „verblasst" ist. Insbesondere Faktoren wie die Internationalisierung der Finanzmärkte und eine damit einhergehende stärkere Zersplitterung der Aktionärsstruktur führen dazu, dass zunehmend Aktionäre auf das deutsche Corporate Governance-System treffen, die das anglo-amerikanische Shareholder Value-System gewohnt sind.

Eine solche Klarstellung hätte aber in erster Linie eine „aufklärende" Funktion. Es ist nicht zu erwarten, dass sich hierdurch in der Unternehmenspraxis große Möglichkeiten für mehr Nachhaltigkeit ergeben werden. Zwar hat der Vorstand ein breites Ermessen in seinen Handlungen, allerdings ist seine Aufgabe, für die langfristige Rentabilität des Unternehmens zu sorgen, was eine Schranke für die freie Ermessensausübung darstellt. Gleichwohl würde eine solche Klarstellung verdeutlichen, dass die interessenspluralistische Konzeption des Unternehmensinteresses dem Vorstand Spielräume für nachhaltiges Handel bietet.

Aufgrund der institutionell starken Stellung der Arbeitnehmer im mitbestimmten dualistischen deutschen System kann man davon ausgehen, dass ihre Positionen besonders berücksichtigt werden. Man könnte sogar die These vertreten, dass das Stakeholder Value-Prinzip im deutschen Aktienrecht eher in der Form eines *Employee Value-Systems* vorliegt. Vermutlich besteht im deutschen Corporate Governance-System am ehesten eine Chance für die Förderung von mehr nachhaltiger Entwicklung für die Bereiche, in denen sich das Konzept der Nachhaltigkeit mit den Interessen der Arbeitnehmer überschneidet, wie z.B. die Sicherung der langfristigen Profitabilität des Unternehmens (ökonomische Nachhaltigkeit).

Teil III
Die ökologische Dimension der Nachhaltigkeit

Gegen Obsoleszenz – mit Recht

*Christian Dickenhorst**

A. Einleitung

Seit einigen Jahren hat der Begriff „Obsoleszenz" in Deutschland eine ebenso plakative wie medienwirksame Bedeutung erlangt. Tatsächlich könnte man hier sogar von einer Renaissance sprechen; immerhin taucht der Begriff bereits in den 1930er Jahren in der englischsprachigen Literatur auf.[1] Von der ursprünglichen Bedeutung her beschreibt Obsoleszenz zunächst einmal ein Phänomen, das Sachen bzw. Gegenstände ebenso betrifft, wie Tiere und Menschen: sie altern.[2] Lebewesen sterben schlussendlich, Sachen vergilben, werden brüchig, usw. – kurzum: sie „gehen kaputt". Große Unterschiede gibt es bei der Lebensdauer, die wir gemeinhin unseren Alltagsgegenständen zuschreiben. Bei einer neu angeschafften Immobilie (Haus oder Wohnung) gehen wir zumeist von einigen Jahrzehnten aus, bei einem Neuwagen wenigstens von 5-10 Jahren. Ähnlich verhält es sich bei Elektrogroßgeräten, wie z.B. Waschmaschinen oder Fernsehern. Kleinere Elektrogeräte, wie Smartphones (bzw. Handys) oder Laptops (Tablets) verbleiben oftmals nur wenige Jahre, manchmal sogar nur einige Monate bei uns. Die Gründe dafür sind vielschichtig: das Gerät funktioniert nicht mehr, eine Reparatur lohnt sich nicht mehr, ein leistungsfähigeres Nachfolgemodell ist auf den Markt gekommen, das Gerät gefällt nicht mehr, es ist zu langsam, der Akku wird schnell leer, etc.[3]

An sich sollte die Obsoleszenz also kein Problem darstellen, spiegelt es doch lediglich den unvermeidlichen „Lauf der Zeit" wieder. Zwei Faktoren haben in den letzten Jahren jedoch zu einem Wandel dieser Sichtweise

---

* Der Autor ist externer Doktorand an der Leuphana Universität Lüneburg. Dortiger Erstbetreuer ist Prof. Thomas Schomerus; die Zweitbetreuung erfolgt durch Prof. Tobias Brönneke von der Hochschule in Pforzheim. Der Arbeitstitel der Dissertation lautet „Steuerungsmöglichkeiten des Produkt- und Abfallrechts zur nachhaltigen Verlängerung der Nutzungsdauer bei Elektrogeräten".
1 *B. London*, Ending the Depression Through Planned Obsolescence (1932).
2 Lateinisch „obsolescere" = altern, sich abnutzen, Ansehen verlieren.
3 Zu den verschiedenen Arten von Obsoleszenz: siehe Kapitel B.

geführt: a) die starke Zunahme der Anzahl an Elektrokleingeräten[4] und b) die kürzer werdende Nutzungsdauer[5] dieser Geräte. Als Folge des Zusammenspiels dieser beiden Faktoren ergibt sich ein gestiegener Verbrauch an Ressourcen und Energie bei der Produktion, sowie eine große Menge an „Elektroschrott".[6]

Der Begriff „Nutzungsdauer" meint diejenige Zeitspanne zwischen dem Erwerb des Produkts und der Außerdienststellung durch den Konsumenten. Unter „Lebensdauer" wird die Zeitspanne verstanden, in der ein Produkt die zum Erwerbszeitpunkt maßgeblichen Funktionen technisch abzugeben in der Lage ist, einschließlich der Lebensverlängerungsspanne durch (ökonomisch verhältnismäßige) Reparaturen.

Das Themenfeld „Obsoleszenz" lebt vielfach von Mythen und Geschichten. Zu großer Berühmtheit hat es beispielsweise das „Phoebus-Kartell"[7] in den 1920er Jahren in den USA gebracht. Dieses legte fest, dass die Brenndauer einer Glühlampe künstlich begrenzt werden sollte, namentlich von 2.000 Stunden auf nicht mehr als 1.000 Stunden. Verstöße gegen diese Abmachung (in der Form, dass die Glühlampen eines Herstellers mehr als 1.000 Stunden brannten) führten zu kartellinternen Strafen. Das Kartell flog jedoch auf und die beteiligten Firmen wurden empfindlich bestraft. Hier führte die Reduzierung der Lebensdauer von Glühlampen auf die Hälfte der (offensichtlich) technisch möglichen Lebensdauer zu einer annähernden Verdopplung des Umsatzes – zu Lasten der Käufer und der Umwelt. Im Bereich der Elektrokleingeräte machte die Firma Apple anfangs der 2000er Jahre negativ von sich reden[8]. Im iPod classic waren minderwertige Akkus fest in den Geräten verbaut worden. Die Akkus zeigten bereits nach kurzer Zeit deutliche Ermüdungserscheinungen, so dass sie durch leistungsfähigere Akkus ersetzt werden mussten. Ein se-

---

4 Beispiel Handys: in Deutschland sind nach Schätzungen des Statistischen Bundesamtes derzeit 120 Millionen Handys / Smartphones etc. „im Umlauf" (zum Teil als Zweitgerät), vor 10 Jahren waren es noch ca. 45 Millionen.

5 Vgl. Deutscher Bundestag, Parlamentarischer Beirat für nachhaltige Entwicklung, Ausschussdrucksache 18(23)76-2.

6 Die durch Obsoleszenz auftretenden ökologischen Probleme werden noch in Kapitel C. genauer betrachtet.

7 *J. Reuß / C. Dannoritzer*, Kaufen für die Müllhalde. Das Prinzip der geplanten Obsoleszenz, Freiburg 2013, S. 13 (13 ff.).

8 *C. Kreiß*, Geplanter Verschleiß. Wie die Industrie uns zu immer mehr und immer schnellerem Konsum antreibt, Wien / Berlin / München 2014, S. 37 (41).

parater Austausch des Akkus war aber nicht möglich[9], so dass die Kunden gezwungen waren, das ganze Gerät zu tauschen oder sich ein neues Gerät zu kaufen. Apple verglich sich außergerichtlich mit den klagenden Kunden und kam damit höchstwahrscheinlich einer Verurteilung zuvor. Auch die im Jahre 2009 von der deutschen Bundesregierung ausgelobte „Umweltprämie"[10] (auch „Abwrackprämie" genannt) ist im Zusammenhang mit dem Thema Obsoleszenz zu nennen. Durch die Umweltprämie sollten die Halter älterer Kraftfahrzeuge einen finanziellen Anreiz erhalten, sich einen (verbrauchsärmeren) Neuwagen zu kaufen. Aus ökologischer Sicht ist zu bemängeln, dass für den Erhalt der Prämie der Nachweis der Verschrottung des alten Kfz gefordert wurde; offenbar fahrtaugliche Autos wurden so zerstört. In der Gegenwart wird (zumeist im Internet[11]) eher vereinzelt und anekdotenhaft über vorzeitige Defekte bei Elektrogeräten berichtet, hinter denen ein kalkuliertes Vorgehen der Hersteller vermutet wird. Bewiesen werden konnte diese sog. „geplante Obsoleszenz" bislang jedoch nicht.

Die genannten Beispiele zeigen, dass das Phänomen der Obsoleszenz nicht auf Elektro(klein)geräte beschränkt ist. Da diese Geräte (z.B. Handys, Smartphones, Drucker) in unserer Gesellschaft aber einen hohen Stellenwert haben und zudem nahezu allgegenwärtig sind, liegt der Fokus in diesem Beitrag auf eben solchen Geräten. Die Erkenntnisse dürften aber ohne Weiteres auf andere Produkte übertragbar sein.

Ob das vollständige Verbrauchen von Rohstoffen ohne Alternativmöglichkeiten für das Wohlergehen künftiger Generationen entscheidend ist – darüber mag man diskutieren dürfen. Die zunehmende Belastung von Luft, Boden und Wasser mit Chemikalien und Schadstoffen ist hingegen unstreitig Bestandteil des Lebenserhaltungssystems der Erde. Das Wohl und Wehe künftiger Generationen hängt maßgeblich davon ab. Besonders der Aspekt der Entstehung und weiteren Behandlung von Abfall (Elektroschrott) ist damit als ein echtes und ernst zu nehmendes Problem der Nachhaltigkeit anzusehen.

---

9 § 4 Abs. 1 des Elektro- und Elektronikgerätegesetzes (ElektroG) regelt nunmehr diese Problematik.

10 Als Einstieg in die Thematik und für einen ersten Überblick: *S.Ebers*, Die Umweltprämie und ihre Auswirkungen auf den Automobilhandel, München 2010.

11 www.murks-nein-danke.de.

B. Arten und Ursachen von Obsoleszenz

In der Literatur findet man eine (nicht einheitliche) Unterteilung der Arten von Obsoleszenz. Eng mit den verschiedenen Erscheinungsformen der Obsoleszenz ist dann auch die Frage verbunden, welche Ursachen es für dieses Phänomen geben könnte.

I. Arten von Obsoleszenz

Eine der denkbaren Klassifizierungen von Obsoleszenz-Arten entstammt aus einem Bericht des Umweltbundesamtes aus dem Jahr 2015[12]:

a) Die *werkstoffliche Obsoleszenz* wird durch die mangelnde Leistungsfähigkeit von Materialien und Komponenten begründet. Eine typische Erscheinungsform ist das Brechen eines Materials, wie z.B. Metall, Glas oder insbesondere Plastik.

b) Für die *funktionale Obsoleszenz* ist v.a. die zeitlich begrenzte Kompatibilität von Software ursächlich. Dies betrifft sowohl das Gerät selbst, als auch das Zusammenspiel mit anderen Geräten (z.B. Drucker).

c) Bei der *psychologischen Obsoleszenz* ist das Gerät an sich noch voll funktionsfähig; es liegt also kein Fall von a) oder b) vor. Aufgrund von Moden, neuen technischen Trends oder Konsummustern wünschen sich die Nutzer jedoch ein neues, „besseres" Gerät. Das bisher genutzte Gerät wird entweder verkauft, verschenkt, in Zahlung gegeben (sofern dies angeboten wird), als Reserve behalten, oder in irgendeiner Form entsorgt.

d) Bei der *ökonomischen Obsoleszenz* sind die Kosten für die Neubeschaffung eines Gerätes niedriger als die Kosten für eine Instandhaltung oder eine Instandsetzung (Reparatur). Unter den Begriff „Kosten" fallen hierbei nicht nur die monetären Aufwendungen, sondern auch andere Umstände, wie beispielsweise die Verfügbarkeit von Ersatzteilen oder die Dauer einer möglichen Reparatur.

---

12 *Umweltbundesamt* (Hrsg.), Einfluss der Nutzungsdauer von Produkten auf ihre Umweltwirkung: Schaffung einer Informationsgrundlage und Entwicklung von Strategien gegen „Obsoleszenz" [kurz: *UBA 10/2015*], Dessau-Roßlau 2015, S. 31 (32).

In vielen Fällen wird eine klare und eindeutige Zuordnung zu einer der vier o.g. Arten nicht möglich sein. Inhaltlich etwas verkürzt kann man folgende Weichenstellung erkennen: Erstens das Produkt funktioniert nicht mehr so, wie der Nutzer dies aktuell erwartet und/oder zweitens der Nutzer will dieses Gerät nicht mehr haben. Unter den ersten Punkt kann man also die werkstoffliche und die funktionale Obsoleszenz einordnen; die psychologische und die ökonomische Obsoleszenz unterfallen dann dem zweiten Punkt.

II. Ursachen von Obsoleszenz

Deutlich schwieriger als die – wie in Abschnitt B.I. gezeigt, ohnehin schon nicht einfache – Unterscheidung in verschiedene Obsoleszenzarten ist die Frage nach den Ursachen. Geht man davon aus, dass jeder Einwohner in Deutschland[13] wenigstens ein Handy oder Smartphone besitzt, jeder Zweite einen privaten Laptop oder ein Tablet, und jeder Haushalt[14] wenigstens einen Fernseher, so kommen alleine diese drei Gerätetypen auf einen Bestand von über 160 Millionen Einzelgeräten. Geht man nun vereinfacht von einer durchschnittlichen Nutzungsdauer von ca. fünf Jahren pro Gerät aus[15], so beutet dies, dass jährlich ca. 20 % (also etwas mehr als 30 Millionen) dieser Geräte ersetzt werden. Abgesehen von einigen Produktrezensionen (wie z.B. auf Amazon.de) oder anderen Plattformen für Erfahrungsberichte[16], geschieht dies ohne statistisches Erfassung oder Ursachenforschung. Man weiß also nicht so recht, warum im konkreten Einzelfall das Gerät ersetzt wurde, wie alt es mittlerweile war, wie oft es genutzt wurde, usw. Und so nutzt es dann auch nur bedingt etwas, wenn man im Rahmen der Analyse der Fälle von werkstofflicher Obsoleszenz die Ursachen für das Materialversagen oder andere konstruktionsbedingte Gründe detailliert untersucht.

---

13 Einwohnerzahl in Deutschland im Jahr 2016: 82,2 Millionen [Quelle: Statistisches Bundesamt – DESTATIS, www.destatis.de].

14 Anzahl der privaten Haushalte in Deutschland im Jahre 2016: 41,0 Millionen [Quelle: Statistisches Bundesamt – DESTATIS, www.destatis.de].

15 Bei Smartphones liegt die Nutzungsdauer zum Teil nur noch bei zwei Jahren, bei Fernsehern dürfte eine Nutzungsdauer von fünf Jahren hingegen eher die Regel sein.

16 Siehe zum Beispiel: www.murks-nein-danke.de/murksmelden/.

Wenn Hersteller in einigen Fällen offensichtlich Sollbruchstellen o.ä. in die Geräte eingebaut haben[17] und die Geräte deshalb vorzeitig kaputt gehen, so darf man hier ohne Vorbehalte den Begriff der „geplanten Obsoleszenz" verwenden. In anderen Fällen der werkstofflichen Obsoleszenz wäre aber auch das Verhalten des Nutzers (z.B. Studium der Bedienungsanleitung, Pflege und Wartung des Gerätes) interessant. Der Nutzer steht besonders bei der psychologischen Obsoleszenz im Fokus der Betrachtung. Warum wird ein neues, „besseres" Gerät gewünscht? Welche Gerätefunktionen möchte der Nutzer unbedingt haben, und welche Funktionen hatte das bisherige Gerät nicht ohnehin schon? „Neu" ist schließlich nicht immer ein Synonym für „besser". Auch bei der ökonomischen Obsoleszenz gelingt der Kostenvergleich nicht immer. Abgesehen von den finanziellen Aufwendungen, die durch Material und Arbeitszeit eines in Anspruch genommenen Reparaturdienstes entstehen, sind hier auch andere Faktoren zu berücksichtigen, die für den Nutzer eine große Bedeutung haben (man denke nur an die Zeit, in der ein Nutzer sein Smartphone nicht zur Verfügung hat, bzw. an den drohenden Verlust der dort gespeicherten Daten). Insgesamt muss man feststellen, dass die Ursachenforschung im Rahmen der Obsoleszenz bislang nur sehr wenige Erkenntnisse hervorgebracht hat. Entsprechende Forschungsvorhaben laufen derzeit; mit Ergebnissen ist voraussichtlich erst in einigen Jahren zu rechnen. Bis dahin sollte man alle vier o.g. Klassen von Obsoleszenz als gleich wichtig ansehen.

C. Obsoleszenz als ökologisches Problem

Das Phänomen der Obsoleszenz wurde zwar auch schon in der Vergangenheit kritisch gesehen; mittlerweile hat es sich aber zu einem ernst zu nehmenden ökologischen Problem entwickelt. Daran vermögen auch die Idee einer „Green Economy" oder einer vollständigen Kreislaufwirtschaft nichts mehr zu ändern.

---

17 Sofern diese Sollbruchstellen keine sicherheitsrelevante Funktion haben (Schutz vor Überlastung, etc.).

I. Kreislaufwirtschaft, Grundmodell des Life-Cycle (LC)

Der Begriff der Kreislaufwirtschaft beschreibt ein Wirtschaftssystem, in dem Natur- und Sachkapital zyklisch und kaskadisch genutzt werden.[18] Das Ziel ist dabei (ganz im Sinne der Nachhaltigkeit) die Aufrechterhaltung des Bestands an natürlichen Ressourcen, sowie die Minimierung der Emissionen von giftigen, gesundheitsschädlichen oder umweltgefährdenden Stoffen. Die Produkte und ihre Komponenten sollen so gestaltet und aufgebaut sein, dass sie jederzeit – und mit nur geringem finanziellen und energetischen Aufwand – in die Wirtschafts- und Materialkreisläufe zurückgeführt werden können. Soweit die Theorie; die Praxis sieht indes anders aus. Zum einen gelangen gar nicht alle nicht mehr in Gebrauch befindlichen Elektrokleingeräte in ein Recyclingsystem.[19] Es sind aber auch technische und insbesondere wirtschaftliche Hürden, die eine 100%ige Rückgewinnung von Einzelteilen und Rohstoffen verhindern. In der Konsequenz bedeutet dies, dass jedes neu produzierte Elektrogerät den Bestand an Rohstoffen (die sog. „Seltenen Erden" seien hier nur als prominentes Beispiel genannt) minimiert und gleichzeitig das Aufkommen an nicht weiter nutzbarem Müll steigert. Dazu kommen noch der Energieverbrauch für die Produktion, entstandene Immissionen und die durch den Transport verursachten Umweltbeeinträchtigungen (z.B. Abgase und Lärm). Die Problematik wird noch zusätzlich verstärkt, wenn die produzierten Geräte entweder gar nicht genutzt werden (weil sie z.B. als sog. „Ladenhüter" nicht verkauft werden können) oder eben die Nutzungsdauer hinter der Produktlebensdauer zurück bleibt.

Unter dem Begriff „Lebenszyklus" (englisch: Life Cycle) werden im Allgemeinen die drei Phasen Herstellung – Nutzung – Entsorgung eines Produktes verstanden.

---

18 Ellen MacArthur Foundation: Towards the circular economy. Economic and business rationale for an accelerated transition, Isle of Wight: Ellen MacArthur Foundation 2012, S. 21 (26 f.).

19 Nach verschiedenen Schätzungen werden in Deutschland aktuell ca. 22 kg Elektrogeräte pro Person „konsumiert"; nur 8 kg davon werden letztendlich in Recyclingsystemen gesammelt.

II. Beteiligte Akteure

Zur Verringerung von Obsoleszenz sollen von staatlicher Seite Maßnahmen adressiert werden. Dies erfordert daher zunächst einmal die Feststellung, welche Akteure für derartige Maßnahmen überhaupt in Frage kommen. Die Orientierung erfolgt dabei an der oben genannten Phasentrias Herstellung – Nutzung – Entsorgung:

Zum Bereich der Produktherstellung gehört zunächst einmal die Planung des Produkts (Produktplaner). Sodann muss die Finanzierung der Herstellung gesichert sein und es müssen die notwendigen Ressourcen beschafft werden (Rohstofflieferanten). Das Herstellungsverfahren erfolgt in der Regel mit Hilfe mehrerer Zulieferer (Lieferanten) durch den namensgebenden Produzenten (Hersteller). Die Verpackung des Produkts (Verpacker) schließt die Produktionsphase ab, begleitet von markteinführenden Marketingmaßnahmen (Werbetexter).

Da die Produktion vielfach im Ausland (Asien) stattfindet, ist zunächst einmal die Verbringung in das Inland (Importeure) erforderlich. Durch den anschließenden Vertrieb (Händler, Zwischenhändler) gelangt das Produkt schließlich zum Kunden (Nutzer), der das Produkt wiederum ggf. an weitere Nutzer (Zweitnutzer) abgibt. Zur Nutzung gehören auch noch die Wartung, sowie die Reparatur (Reparaturdienstleister) des Produkts.

Die Entsorgung erfolgt (wie bereits beschrieben) auf verschiedenen Wegen, so dass hier auch unterschiedliche Akteure (Entsorger, Verwerter, Recycler) beteiligt sein können.

Eine Besonderheit von Elektrokleingeräten ist die Phase der Entsorgung. Alle Geräte, die kleiner als ein Fernseher sind (also z.B. Handys, Smartphones, Tablets, Drucker) werden von den Nutzern oft über die heimische Restmülltonne entsorgt; teilweise werden die Geräte vorher auch noch bewusst zerstört (z.B. durch mechanische Gewalt mittels eines Schraubendrehers oder eines Hammers). Die Gründe für ein solches Verhalten sind:

1. Angst vor Missbrauch der Daten auf dem Handy / Smartphone / Tablet und Unwissenheit, wie man diese Daten selbst beseitigen kann
2. keine Kenntnis über die Existenz und Örtlichkeit von Sammelstellen
3. keine mit Strafe bedrohte Verpflichtung zur Rückgabe solcher Geräte[20]

---

20 Nach § 10 Abs. 1 Satz 1 ElektroG haben die Besitzer von Altgeräten „diese einer vom unsortiertem Siedlungsabfall getrennten Erfassung zuzuführen"; in den Buß-

4. keine finanziellen Anreize zur Rückgabe des Altgerätes (Regelfall)
5. eine überall vorhandene, bequeme, schnelle und anonyme Entsorgungsmöglichkeit

Gerade die ersten beiden Punkte können durch geeignete Aufklärungsmaßnahmen schnell und dauerhaft beseitigt werden; § 18 des EektroG beschreibt eben solche Informationspflichten gegenüber privaten Haushalten. Als Alternative zu Punkt 4. wäre auch ein allgemeines Pfandsystem für Elektrogeräte (analog zum bestehenden Pfandsystem bei Autobatterien nach § 10 des Batteriegesetzes – BattG) denkbar.

III. Ziel: Verlängerung der Lebensdauer

Die in Abschnitt C.II. aufgezeigte Anzahl an Akteuren eröffnet zwar einerseits eine größere Vielfalt an Möglichkeiten bei der Adressierung von Maßnahmen; andererseits will im Rahmen des Ermessens aber auch gut überlegt sein, wer mit welchen Maßnahmen belastet werden soll. Mit den entsprechenden Maßnahmen möchte man ja eigentlich primär ein Ziel erreichen: die Geräte sollen länger halten. Ausgehend von den o.g. Definitionen stellt sich sodann die Frage, ob damit die Verlängerung der Lebensdauer oder der Nutzungsdauer eines Produktes angestrebt wird. Da die Nutzungsdauer eine Teilmenge der Lebensdauer darstellt, (ökonomisch verhältnismäßige) Reparaturmaßnahmen aber nur in der Lebensdauer Berücksichtigung finden, ist der Verlängerung der Lebensdauer hier der Vorzug zu geben. Positiv formuliert geht es also nicht um die „Vermeidung oder Verringerung von Obsoleszenz", sondern vielmehr um die „Verlängerung der Lebensdauer" von Produkten. Dabei sollte zunächst einmal entscheidend sein, dass die Lebensdauer länger wird; weniger bedeutend (und überdies von Gerätetyp zu Gerätetyp unterschiedlich) ist, um wie viel (Jahre, Prozent) sich die Lebensdauer verlängert.

---

geldvorschriften (§ 45 ElektroG) wird diese Vorschrift jedoch nicht als Ordnungswidrigkeit genannt. Eine strafbare Handlung nach § 326 StGB liegt ebenfalls nicht vor.

D. Rechtliche Aspekte

Will man das Ziel der Verlängerung der Produktlebensdauer erreichen, so kann man dies entweder den Mechanismen des Marktes überlassen, oder aber von staatlicher Seite intervenieren. Der erste Ansatz basiert auf der Überlegung, dass schlechte Qualität nicht dauerhaft nachgefragt wird und der Anbieter deshalb „aus dem Markt fällt". Voraussetzung dafür ist aber, dass die Produkte mit unterschiedlicher Qualität auch den gleichen Preis haben. Kritische Kunden werden sich dann in der Regel für das qualitativ hochwertigere Produkt entscheiden. Allerdings scheinen sich bei der Abwägung zwischen niedrigem Preis und hoher Qualität viele Käufer für den geringeren Kaufpreis zu entscheiden. Die Existenz der sog. „1-Euro-Läden" kann auf diese Weise erklärt werden. Im übrigen würde durch die Produktqualität auch nur die werkstoffliche bzw. die funktionale Obsoleszenz gesteuert werden, nicht hingegen die psychologische und die ökonomische Obsoleszenz. Ein umfassender Eingriff von Seiten des Staates ist damit notwendig. Eine rechtliche Steuerung kann auf drei verschiedenen Arten geschehen:[21]

1. durch die Auferlegung von Pflichten
2. durch die Gewährung von Rechten
3. durch sonstige rechtliche Anreize

Ziel dieser Maßnahmen wäre dann eine Verminderung des Ressourcenverbrauchs, eine Verringerung des Flächenverbrauchs, sowie eine Verringerung des Abfallaufkommens. Die Maßnahmen können sowohl im Bereich des Zivilrechts angesiedelt sein, als auch im öffentlichen Recht. Sie können materiell-rechtlicher Natur sein, oder auch den Bereich der Klagerechte betreffen. Zu beachten sind dabei die das Umweltrecht prägenden Grundprinzipien (Vorsorgeprinzip, Verursacherprinzip, Kooperationsprinzip[22]).

---

21 *Umweltbundesamt* (Hrsg.), Stärkung eines nachhaltigen Konsums im Bereich Produktnutzung durch Anpassungen im Zivil- und öffentlichen Recht [kurz: *UBA 72/2015*], Dessau-Roßlau 2015, S. 35 (39).

22 Zur Vertiefung: *W. Erbguth / S. Schlacke*, Umweltrecht, Baden-Baden 2010, § 3 Rn. 1 (m.w.N.).

I. Stand der Forschung

Nach einer im Jahre 1976 erschienen Dissertation zum Thema „geplanter Verschleiß"[23], sowie einer weiteren im Jahre 1983[24] verlor man in der Juristerei offenbar erst einmal das Interesse an der Thematik und überließ das wissenschaftliche Feld den Wirtschaftswissenschaften.[25] Der Begriff der „Obsoleszenz" taucht dann erst wieder zu Beginn des aktuellen Jahrzehnts in juristischen Publikationen auf[26], zumeist im Zusammenhang mit den Themen „Ressourceneffizienz"[27] oder „nachhaltiger Konsum".[28] Im Jahre 2012 veranstaltete das Umweltbundesamt ein Symposium mit dem Thema „Umweltverträglicher Konsum durch rechtliche Steuerung", in dessen Folge weitere juristische Gutachten erstellt und publiziert wurden.[29] Schwerpunktmäßig wurde zunächst einmal das Zivilrecht erforscht; teilweise auch das öffentliche Recht.[30]

II. Ansätze im Zivilrecht

Im Zivilrecht stehen dem Staat nur bedingt Eingriffsmöglichkeiten zur Verfügung. Grund dafür ist die Vertragsfreiheit, d.h. die Möglichkeit für den Verkäufer und den Käufer einer Ware, die Vertragsinhalte den eigenen Bedürfnissen anzupassen. Die Vorschriften des Bürgerlichen Gesetzbuches (BGB) bilden hierzu lediglich einen Rahmen, der beispielsweise auch

---

23 *B. Röper*, Gibt es geplanten Verschleiß?, Dissertation, Göttingen 1976.
24 *G. Wortmann*, Geplanter Produktverschleiß als Rechtsproblem, Frankfurt am Main / Bern 1983.
25 z.B.: *M. Zalles-Reiber*, Produkt-Veralterung und Industrie-Design, Dissertation, München 1996.
26 *M. Welters*, Obsoleszenz im Zivilrecht – Insbesondere die Pflicht des Herstellers langlebiger technischer Anlagen zur Ersatzteilversorgung, Dissertation, München 2012.
27 z.B.: *F. Reimer* (Hrsg.), Ressourcenffizienz – Leitbild für das Umweltrecht?, Baden-Baden 2016.
28 z.B.: *S. Schlacke / M. Stadermann / M. Grunow*, Rechtliche Instrumente zur Förderung des nachhaltigen Konsums – am Beispiel von Produkten – Gutachten im Auftrag des Umweltbundesamtes, Dessau-Roßlau 2012.
29 z.B.: *T. Schomerus / M. Fabian*, Juristisches Gutachten über die Förderung der Vorbereitung zur Wiederverwendung von Elektro-Altgeräten im Sinne der zweiten Stufe der Abfallhierarchie, Dessau-Roßlau 2014.
30 Siehe dazu nachfolgend die Kapitel D.III. und D.IV.

dann zum Tragen kommt, wenn die Parteien keine besonderen Regelungen treffen. Der Erwerb eines Elektronikgerätes stellt den häufigsten und damit typischen Fall der Besitzerlangung dar; nachfolgend wird daher besonders auf die Regelungen im Kaufrecht (§§ 433 ff. BGB) eingegangen. Die in der Literatur aktuell diskutierten Ansätze betreffen überwiegend das materielle Recht. Nur vereinzelt geht es auch um prozessuale Fragen, d.h. um Fragen der Rechtsdurchsetzung im Rahmen einer (Verbands-)Klage. Neben dem Kaufrecht werden auch Ansätze aus dem Lauterkeitsrecht für erfolgversprechend gehalten. Gerade im Recht des unlauteren Wettbewerbs gibt es bedeutsame Überschneidungen zwischen dem Zivilrecht und dem öffentlichen Recht.[31]

1. Ansätze im Kaufrecht

Das kaufrechtliche Gewährleistungsrecht knüpft die Rechte des Käufers gegenüber dem Verkäufer an das Vorliegen eines Mangels. Der Sachmangel ist in § 434 BGB geregelt. Eine Kaufsache ist nach § 434 Abs. 1 Satz 1 BGB frei von Sachmängeln, wenn sie zum Zeitpunkt der Übergabe die vereinbarte Beschaffenheit hat. Besteht keine Beschaffenheitsvereinbarung, so wird gem. § 434 Abs. 1 S. 2 Nr. 1 BGB auf die durch Vertrag vorausgesetzte Verwendung zurückgegriffen. Hierunter versteht man eine ausdrückliche oder konkludente Übereinkunft über die Verwendung der Sache. Ist auch eine Verwendung durch Vertrag nicht ausdrücklich oder konkludent vorausgesetzt, richtet sich die Sachmangelfreiheit gem. § 434 Abs. 1 S. 2 Nr. 2 BGB danach, ob die Sache für die gewöhnliche Verwendung geeignet ist und die gewöhnliche Beschaffenheit hat. Dieser Sachmangeltatbestand stellt einen Auffangtatbestand dar[32]; bezogen auf Elektrokleingeräte dürfte es in der Praxis der Regelfall sein. Als „gewöhnliche Beschaffenheit" wird diejenige Beschaffenheit der Sache angesehen, die andere Sachen gleicher Art, gleichen Alters, gleichen Typs nach dem aktuellen Stand der Technik aufweisen.

Maßgeblich für den jeweils geltenden Stand der Technik sind auch öffentlich-rechtliche Anforderungen an das Produkt, wie beispielsweise aus

---

31 Zum Beispiel durch öffentlich-rechtliche Informations- und Kennzeichnungspflichten; vgl. *UBA 72/2015* (Fn. 21), S. 88 (101 ff.).
32 *UBA 72/2015* (Fn. 21), S. 119 (119 f.).

dem Produktsicherheitsgesetz (ProdSG)[33], dem EVPG[34] oder den Durchführungsverordnungen zur Ökodesign-Richtlinie[35]. Wie bereits angedeutet ergibt sich dadurch ein wesentlicher Verknüpfungspunkt zwischen öffentlich-rechtlichen Produktanforderungen und kaufrechtlichem Gewährleistungsrecht. Fraglich ist, ob Parameter wie Reparaturfähigkeit und Energieeffizienz vom Mangelbegriff erfasst werden können. Dies gilt auch für den Parameter der Mindestlebensdauer eines Produkts: „Für eine bestimmte Mindestlebensdauer hat die Verkäuferin bzw. der Verkäufer nur einzustehen, wenn sie vereinbart ist oder eine legitime Erwartung der Durchschnittsverbraucherin bzw. des Durchschnittsverbrauchers besteht. (…) Normaler Verschleiß begründet keinen Mangel, auch wenn er innerhalb der zweijährigen Verjährungsfrist auftritt, sofern das Produkt nur bei Gefahrübergang einwandfrei ist. Für vorzeitigen Verschleiß wird dagegen gehaftet. Es stellt sich nicht nur das Problem, wie normaler von vorzeitigem Verschleiß abzugrenzen ist, sondern auch, wie festzustellen ist, ob das Produkt bei Gefahrübergang mangelfrei war. (…) Jedenfalls ist die Mindestlebensdauer eine relevante Beschaffenheit."[36]

Die regelmäßige Verjährungsfrist von Mängelansprüchen beträgt nach § 438 Abs. 1 Nr. 3 BGB bei beweglichen Sachen zwei Jahre. Von den Vertragsparteien können davon abweichende Vereinbarungen getroffen werden; dies jedoch nur bedingt. Gemäß § 475 Abs. 2 BGB wird zwischen dem Kauf von gebrauchten und neuen Sachen sowie in zeitlicher Hinsicht vor und nach Mitteilung eines Mangels unterschieden. Die Rechte von Verbraucherinnen und Verbrauchern, die eine neue Sache kaufen, sind daher stärker geschützt als die von Verbraucherinnen und Verbrauchern, die eine gebrauchte Sache kaufen.[37] Nach § 476 BGB tritt zudem nach sechs Monaten eine Beweislastumkehr ein, d.h. ab diesem Zeitpunkt wird nicht mehr (zu Gunsten des Käufers) vermutet, dass ein Mangel bereits zum Zeitpunkt des Gefahrüberganges (also in der Regel zum Kaufzeitpunkt) vorhanden war. In der öffentlichen Diskussion wird deswegen häufig eine

---

33 Gesetz über die Bereitstellung von Produkten auf dem Markt (Produktsicherheitsgesetz – ProdSG).
34 Gesetz über die umweltgerechte Gestaltung energieverbrauchsrelevanter Produkte (Energieverbrauchsrelevante-Produkte-Gesetz – EVPG).
35 RL 2009/125/EG zur Schaffung eines Rahmens für die Festlegung von Anforderungen an die umweltgerechte Gestaltung energieverbrauchsrelevanter Produkte.
36 *UBA 72/2015* (Fn. 21), S. 119 (124 f.).
37 *UBA 72/2015* (Fn. 21), S. 119 (153).

Verlängerung der gesetzlichen Gewährleistungsfrist verbunden mit einer Verlängerung der sechsmonatigen Beweislastumkehr nach § 476 BGB gefordert. Wegen des Minimalstandardcharakters der Verbrauchsgüterkaufrichtlinie[38] wäre der deutsche Gesetzgeber grundsätzlich befugt, die Verjährungsfrist zu verlängern.[39]

Nach § 437 Nr. 1 BGB steht dem Käufer bei einem Mangel das Recht der Nacherfüllung zu. Aus dem Zusammenhang mit den beiden anderen Anspruchsgrundlagen (§ 437 Nr. 2 BGB: Rücktritt bzw. Minderung und § 437 Nr. 3 BGB: Schadensersatz bzw. Aufwendungsersatz) ergibt sich, dass das Recht auf Nacherfüllung die rechtlich vorrangige Option darstellt. Nach § 439 BGB kann der Käufer damit frei wählen, ob der Mangel durch den Käufer zu beseitigen (d.h. zu reparieren) ist, oder ob er den Austausch der Sache (das bedeutet: die Lieferung einer mangelfreien Sache) vorzieht. Der Käufer wählt somit die für ihn günstigste Variante aus, bei der er die geringst möglichen Kosten (Ausgaben, Wartekosten, Alternativkosten, etc.) hat. Gesamtwirtschaftlich dürfte es sich dabei dann ebenfalls um die bestmögliche Lösung handeln. Wird von den Käufern vorrangig der Austausch des defekten Geräts verlangt, so ist dies aus Sicht der Obsoleszenz problematisch, da hierdurch die Nutzungsdauer zunächst einmal beendet wird.

Herstellergarantien sind vor allem bei technischen Gebrauchsgütern seit langem üblich. Der Hersteller bzw. die Herstellerin verspricht damit die Funktionsfähigkeit der Kaufsache für einen bestimmten Zeitraum. Garantiegeber nach § 443 Abs. 1 BGB kann neben dem Hersteller auch der Verkäufer oder ein sonstiger Dritter sein. In der Praxis wird die Garantie zumeist durch den Hersteller gegeben, z.B. durch die Beigabe einer sog. „Garantieurkunde" in der Verpackung bzw. als Teil der Bedienungsanleitung. Die Garantie (§ 443 BGB) zeichnet sich durch folgende Elemente aus:[40]

- sie ist freiwillig, deshalb sie auch einen beliebigen Inhalt haben darf,
- sie schiebt den Zeitpunkt, zu dem der Kaufgegenstand mangelfrei sein muss, insgesamt oder für einzelne Produkteigenschaften um den Garantiezeitraum (§ 443 Abs. 2 BGB) hinaus,

---

38 RL 1999/44/EG, zuletzt geändert durch RL 2011/83/EU.
39 *UBA 72/2015* (Fn. 21), S. 119 (154) m.w.N.
40 *UBA 72/2015* (Fn. 21), S. 119 (156).

- sie darf nicht an die Stelle der gesetzlichen Gewährleistung des Verkäufers treten, sondern vielmehr nur neben diese.

Aus der Freiwilligkeit folgt, dass auch der Inhalt einer Garantie ins Belieben des Garantiegebers gestellt ist. Es fällt auf, dass sich der Beispielskatalog in § 443 Abs. 1 BGB auf die Rechtsfolgenseite beschränkt; zum Inhalt einer möglichen Garantie schweigt das Gesetz nach wie vor. Dies bezieht sich zum einen auf die Laufzeit. Früher bestand der Werbeeffekt einer Herstellergarantie vor allem darin, dass sie über die bis zum 31.12.2001 geltende sechsmonatige Verjährungsfrist für Gewährleistungsansprüche nach § 477 BGB a.F. regelmäßig hinausging. Nach heutiger Rechtslage müsste die Garantiezeit mehr als zwei Jahre betragen, um den Eindruck zu erwecken, sie sei länger als die gesetzliche Gewährleistungsfrist.[41] Ein Vorschlag in der Literatur lautet so: Der Hersteller bzw. die Herstellerin sollte verpflichtet sein, für eine (durch ihn selbst) festzulegende Mindestlebensdauer seines Produkts, sowie das Vorhandensein eines Reparaturservice einzustehen.[42] Anders als nach geltendem Recht würde damit die zugesagte Mangelfreiheit vom Zeitpunkt der Übergabe auf das Ende der Garantiefrist hinausgeschoben. Die Hersteller sind folglich zu einer deutlichen Angabe der Mindestlebensdauer und des Zeitraums, währenddessen ein Reparaturservice besteht, zu verpflichten. Ggf. müssten sie angeben, dass dieser Zeitraum Null beträgt. Die Mindeststandards einer Herstellergarantie müssen gesetzlich festgelegt werden, damit Verbraucherinnen und Verbraucher nicht durch eine eingeschränkte Garantie irregeführt werden. Entgegen der aktuellen Rechtslage müssen die Nachlieferungen und Rücktritte im Interesse der Ressourcenschonung und der Förderung der Reparaturfreundlichkeit zurückgedrängt werden. Da der Hersteller nach diesem Modell eine Aussage zur Garantiedauer geben muss – und die Erklärung „Leider können wir Ihnen auf dieses Produkt keine Garantie geben" für ihn wenig schmeichelhaft ist – würde es vermutlich im Laufe der Zeit zu einem Gleichklang in der Haftung von Hersteller und Verkäufer kommen. *De lege ferenda* würde somit auch die Haltbarkeit bzw. Lebensdauer von Produkten in die Verantwortung der Hersteller gelegt.

---

41 *UBA 72/2015* (Fn. 21), S. 119 (157).
42 *UBA 72/2015* (Fn. 21), S. 119 (159 ff., S. 180).

2. Ansätze im Lauterkeitsrecht

Gegenstand des Lauterkeitsrechts ist die Phase von Marketing und Werbung. Das Lauterkeitsrecht geht also chronologisch dem Kaufrecht vor; indes hat es in der juristischen Praxis eine weit geringere Bedeutung. Die gesetzliche Regulierung von Werbung erfolgt durch das Gesetz gegen den unlauteren Wettbewerb (UWG), insbesondere in dessen §§ 5 und 5a. Irreführende Angaben in der Werbung werden dabei von § 5 UWG erfasst, während unterlassene Informationen durch § 5a UWG sanktioniert werden. § 5a Abs. 3 Nr. 1 UWG fordert alle wesentlichen Merkmale der Ware oder Dienstleistungen, die in einem für das Kommunikationsmittel und die Ware oder Dienstleistung angemessenen Umfang mitzuteilen sind. Insoweit besteht eine Pflicht, den Verbraucher über alle Bedingungen zu informieren, die für ihn von besonderem Interesse sein können. Maßstab für die „Wesentlichkeit" der Angaben ist, dass sie erforderlich sind, um ein vom Händler gemachtes konkretes Angebot anzunehmen. Nachhaltigkeitsfaktoren werden darunter bislang nicht gesehen. Notwendig wäre daher, die Vorschrift des § 5a Abs. 3 Nr. 1 UWG entsprechend zu ergänzen, so dass auch Nachhaltigkeitsfaktoren (wie die Mindestlebensdauer oder die Vorhaltung von Ersatzteilen und Reparaturmöglichkeiten) nun als wesentliche Merkmale im Sinne dieser Vorschrift gelten. Eine solche Ergänzung wäre auch unionsrechtlich zulässig.[43]

3. Ansätze im Prozessrecht

Gerade die Verletzungen der hier genannten Informationspflichten werden kaum in einem Individualverfahren geltend gemacht. Da dem einzelnen Verbraucher kein nennenswerter wirtschaftlicher Schaden entsteht, fehlt ihm regelmäßig der Anreiz, den Hersteller zu verklagen. Aus diesem Grunde sieht das Recht die Verbandsklagebefugnis vor, die für effektiver gehalten wird, als die Aufsicht durch eine Behörde.[44] Klagebefugt sind Verbraucherverbände, für die insbesondere die Klagebefugnis nach § 1 des

---

43 *K. Tonner / S. Schlacke / M. Alt*, Stärkung eines nachhaltigen Konsums im Bereich der Produktnutzung durch Zivil- und Öffentliches Recht, in: T.Brönneke / A.Wechsler: Obsoleszenz interdisziplinär. Vorzeitiger Verschleiß aus der Sicht von Wissenschaft und Praxis, Baden-Baden 2015, S. 235 (242 f.).
44 *Tonner / Schlacke / Alt*, Konsum (Fn. 43), S. 235 (265).

Unterlassungsklagengesetzes (UKlaG) ein wesentliches Aktionsfeld ist. Diese Klagebefugnis sollte auf umweltrechtliche Vorschriften erstreckt werden, und in einer neuen, in das UKlaG einzustellenden Vorschrift aufgezählt werden. Dazu gehören sollten zumindest das Produktsicherheitsgesetz und das Energieverbrauchsrelevante-Produkte-Gesetz.[45] Für den Bereich des Gewährleistungsrechts (siehe Abschnitt D.II.1) ist eine solche Ausweitung der Klagebefugnis bereits heute entbehrlich. Nach § 398 BGB können Verbände (ohne rechtliche Neuregelung) die an sie von ihren Mitgliedern oder anderen Verbrauchern abgetretenen Ansprüche geltend machen.[46]

4. Zusammenfassung, Bewertung

Der vorstehende Abschnitt konnte nur einen groben Überblick über einige der im Bereich des Zivilrechts diskutierten Ansätze geben. Als besonders sinnvoll erscheint es, den Hersteller von Produkten stärker als bislang in die Verantwortung zu nehmen. Ob die Idee von einer verpflichtenden Herstellergarantie hierzu der richtige Ansatz ist, bleibt strittig. Ginge man rein chronologisch vor, so wäre das Zeitfenster der Kaufentscheidung ein geeignetes Maßnahmenfeld. Hierfür würde zum Beispiel das Lauterkeitsrecht durch die Ergänzung des § 5a Abs. 3 Nr. 1 UWG (siehe Abschnitt D.II.2.) ein rechtliches Instrument bereit halten. Hinweise und Informationen sind jedoch immer nur so wirksam, wie sie von den potentiellen Käufern auch wahrgenommen und verstanden werden.[47] Möchte man die Händler verstärkt in die Pflicht nehmen, so ist sicherlich die Idee einer Verlängerung der Verjährungsfrist bei den Gewährleistungsansprüchen – verbunden mit einem Wegfall der Beweislastumkehr – ein vielversprechender Ansatz. Ob darüber hinaus auch noch Änderungen bzw. Erweiterungen auf der Ebene des Prozessrechts (Stichwort: Verbandsklagebefugnis) notwendig sind, darf hingegen skeptisch gesehen werden. Zum einen

---

45 *Tonner / Schlacke / Alt*, Konsum (Fn. 43), S. 235 (265).
46 *E. Albrecht*, Kommentar zu: Neuregelungen in Kauf-, Miet- und Gesellschaftsrecht als Mittel zur Sicherung der Nachhaltigkeit, in: Umweltbundesamt (Hrsg.), Umweltverträglicher Konsum durch rechtliche Steuerung, Dessau-Roßlau 2013, S. 63 (66).
47 Ein prominentes, historisches Beispiel ist der (ursprünglich als Warnung konzipierte) Hinweis „Made in Germany", der sich in den Jahren nach dem Zweiten Weltkrieg als Qualitätskennzeichen weltweit etablierte.

würde dadurch der Verbraucher ohne erkennbare Not aus seiner Verantwortung gelassen, zum anderen kann auch ein einzelner Prozess (in Form
eines sog. „Musterprozesses") durchaus große mediale Aufmerksamkeit
erzeugen – mit der Folge von aktiven, flächendeckenden Gegenmaßnahmen durch den Hersteller des strittigen Produkts.[48]

Selbst als „Maßnahmenbündel" würden die hier ausgezählten Ansätze
aus dem Bereich des Zivilrechts erst mit einer nicht unerheblichen zeitlichen Verzögerung wirksam werden. Vieles würde weiter dem „freien Spiel
der Kräfte" auf dem Markt überlassen bleiben, und sich anders entwickeln, als geplant. Schon aus diesem Grund erscheint es notwendig und
sinnvoll, auch den Bereich des Öffentlichen Rechts nach geeigneten Maßnahmen zur Eindämmung der Obsoleszenz zu durchforsten.

III. Ansätze im öffentlichen Recht

In Abgrenzung zum Privatrecht (Zivilrecht) regelt das öffentliche Recht
das Verhältnis des Einzelnen zum Staat und den übrigen Trägern öffentlicher Gewalt, sowie das Verhältnis der Verwaltungsträger untereinander.
Neben dem Staats-, Völker- und Kirchenrecht zählen dazu unter anderem
auch das Prozessrecht (Straf- und Zivilprozessrecht), das Strafrecht, sowie
das Steuerrecht.[49] Aus Platzgründen können hier nur einige Rechtsgebiete
des öffentlichen Rechts andiskutiert werden.

1. Ansätze durch die Ökodesign-Richtlinie

Mit der sog. „Ökodesign-Richtlinie"[50] formulierte der europäische Gesetzgeber einen Rahmen zur Festlegung von Anforderungen an die umweltgerechte Gestaltung von Produkten. Die konkreten Vorgaben für die jeweiligen Produkte werden in Durchführungsmaßnahmen festgelegt. Die Um-

---

48 In der Einleitung (Fußnote 8) wurde bereits der Fall von Apple aus dem Jahr 2003
    geschildert.
49 *C. Creifelds*, Rechtswörterbuch, 22.Auflage, München 2016, S. 1063.
50 RL 2009/125/EG („zur Schaffung eines Rahmens für die Festlegung von Anforde-
    rungen an die umweltgerechte Gestaltung energieverbrauchsrelevanter Produkte");
    diese Richtlinie stellt eine Neufassung der RL 2005/32/EG („zur Schaffung eines
    Rahmens für die Festlegung von Anforderungen an die umweltgerechte Gestal-
    tung energiebetriebener Produkte") dar.

setzung durch den deutschen Gesetzgeber in nationales Recht erfolgte 2008 durch das Energieverbrauchsrelevante-Produkte-Gesetz (EVPG), sowie durch die 2013 erlassene „Verordnung zur Durchführung des Gesetzes über die umweltgerechte Gestaltung energieverbrauchsrelevanter Produkte" (EVPG-Verordnung – EVPGV). Mit der Ökodesign-Richtlinie sollen bereits in der Entwicklungsphase Umweltaspekte entlang des ganzen Produktlebenswegs berücksichtigt werden, da davon ausgegangen wird, dass bis zu 80 % der Auswirkungen eines Produktes schon im Produktdesign terminiert werden. Neben der Reduzierung des Energieverbrauches wird angestrebt, das wirtschaftliche Wachstum vom Primärenergieverbrauch zu entkoppeln, um somit sowohl die ökonomische als auch die ökologische Dimension der Nachhaltigkeit zu erhöhen.

Ausgehend von der Erkenntnis, dass der Entstehungszyklus wesentlichen Einfluss auf die Umweltauswirkungen eines Produktes hat, setzt die Ökodesign-Richtlinie auf eine Analyse und Verringerung dieser Auswirkungen während des gesamten Produktlebenszyklus.[51] Die Richtlinie selber benennt diese Ziele explizit in Abs. 13 der Erwägungsgründe. Bei der Ökodesign-Richtlinie handelt es sich um eine Rahmenrichtlinie, die selber keine detaillierten Anforderungen an bestimmte Produkte definiert. Da so unterschiedliche Produkte wie Heizungen und Fernseher nicht mit identischen Vorgaben belegt werden können, werden bei Bedarf produktspezifische Durchführungsmaßnahmen (Art. 15 der Richtlinie) erlassen.

Diese Durchführungsmaßnahmen definieren für eine Produktgruppe, was der Hersteller bereits bei der Entwicklung des Produktes berücksichtigen und dokumentieren muss und können auch Effizienzgrenzen enthalten, die nicht unterschritten werden dürfen. Eine Durchführungsmaßnahme kann spezifische und allgemeine Ökodesign-Anforderungen sowie Bestimmungen zur Produktinformation enthalten. Spezifische Anforderungen werden auf Basis messbarer Größen durch Grenzwerte formuliert. Beispiele hierfür sind: Anforderungen an die Energieeffizienz in Form von Grenzwerten für die Leistungsaufnahme in Watt pro bestimmter Funktion, als Energieeffizienzindex, als Wirkungs- oder Nutzungsgrad, an bestimmte Schadstoffe in Form von Emissionsgrenzwerten, sowie an die Gebrauchstauglichkeit (zum Beispiel Mindestbrenndauer von Lampen).[52]

---

51 *J. Winzer*, Leistungsfähigkeit produktpolitischer Instrumente, Dissertation, Lüneburg 2015, S. 89 (101 ff.).
52 *Winzer,* Instrumente (Fn. 51), S. 89 (107).

Durch die im Volksmund als „Glühbirnenverbot" bekannt gewordene Verordnung (EG) Nr. 244/2009[53] wurden beispielsweise technische Parameter wie der „Lampenlebensdauerfaktor"[54] und die „Lampenlebensdauer"[55] definiert. Der Begriff „vorzeitiger Ausfall" wurde ebenfalls bestimmt[56]. In Anhang II der Verordnung sind in mehreren Tabellen verschiedene Ökodesign-Anforderungen festgeschrieben, die wiederum in verschiedenen zeitlichen Stufen (Art. 3 Abs. 1) zu erreichen waren. Nur bei Erfüllung dieser Anforderungen durfte das Produkt mit der sog. „CE"-Kennzeichnung nach Art. 5 der RL 2009/125/EG versehen werden, wobei nach Art. 9 Abs. 1 dieser Richtlinie eine sog. Konformitätsvermutung für „CE"-gekennzeichnete Produkte besteht. Nur Produkte, welche die in Art. 15 Abs. 2 der RL 2009/125/EG genannten Kriterien erfüllen, können auch Gegenstand einer Durchführungsmaßnahme sein.
Diese sind:

- Das Verkaufs- und Handelsvolumen innerhalb der Gemeinschaft muss mehr als 200.000 Stück pro Jahr betragen; es gilt damit als „erheblich" (Art. 15 Abs. 2 Nr. a).
- Das Produkt muss eine erhebliche Umweltauswirkung haben (Art. 15 Abs. 2 Nr. b).
- Das Produkt muss ein erhebliches Potenzial für eine Verbesserung seiner Umweltverträglichkeit – ohne übermäßig hohe Kosten – bieten, wobei insbesondere große Unterschiede bei der Umweltverträglichkeit der auf dem Markt verfügbaren Produkte mit gleichwertigen Funktionen berücksichtigt werden (sog. „Top-Runner"). Mit Art. 15 Abs. 2 Nr. c Buchst. ii wird dem Gedanken des „Umweltschutz um jeden Preis" also eine klare Absage erteilt. Das in Art. 1 Abs. 1 der RL 2009/125/EG genannte Ziel der Richtlinie bleibt damit unangetastet: die Gewährleistung des freien Warenverkehrs, auch für die energieverbrauchsrelevanten Produkte.

---

53 Diese Verordnung basierte noch auf der Vorgängerrichtlinie 2005/32/EG und trat im April 2009 in Kraft.
54 Anhang I, Ziffer 1, Buchstabe c) der Verordnung (EG) Nr. 244/2009.
55 Anhang I, Ziffer 1, Buchstabe d) der Verordnung (EG) Nr. 244/2009.
56 Ein „vorzeitiger Ausfall" liegt demnach vor, „wenn die Lampe das Ende ihrer Lebensdauer nach einer Betriebszeit erreicht, die kürzer ist als die in den technischen Unterlagen angegebene Bemessungslebensdauer."; Anhang I, Ziffer 2, Buchstabe g) der Verordnung (EG) Nr. 244/2009.

Die EU-Kommission hat für eine Reihe von Produktgruppen sog. Vorbereitungsstudien in Auftrag gegeben, die als Basis für den Erlass der Durchführungsverordnungen gelten (Art. 15 Abs. 4 der RL 2009/125/EG) und auch veröffentlicht werden sollen (Art. 15 Abs. 9). Aktuell existieren knapp 50 solcher Studien, die teilweise auch schon abgeschlossen sind. Aus dem Bereich der Elektrokleingeräte wurden z.B. PCs und Monitore, sowie Drucker untersucht. In beiden Fällen[57] wurde jedoch kein Handlungsbedarf gesehen.

Die Umsetzung in deutsches Recht durch das Energieverbrauchsrelevante-Produkte-Gesetz (EVPG)[58], verleiht z.B. den zuständigen Behörden die Befugnis

- das Inverkehrbringen, die Inbetriebnahme oder die Bereitstellung auf dem Markt zu verbieten (§ 7 Abs. 3 Satz 2 Nr. 5 und 6 EVPG) oder aber
- die Rücknahme oder den Rückruf eines in den Verkehr gebrachten oder in Betrieb genommenen Produktes anzuordnen oder das Produkt sicherzustellen (§ 7 Abs. 3 Satz 2 Nr. 7 EVPG),

sofern die Produkte die Anforderungen nach § 4 EVPG[59] nicht erfüllen. Darüber hinaus enthält das Gesetz in § 13 eine Reihe von Bußgeldvorschriften, die in Einzelfällen zu Geldbußen bis zu 50.000 € führen können. Durch die EVPG-Verordnung (EVPGV)[60] wurde vom Ermächtigungserlass des § 3 EVPG Gebrauch gemacht und spezielle Voraussetzungen für das Inverkehrbringen und die Inbetriebnahme verschiedener energieverbrauchsrelevanter Geräte (wie Haushalts- und Bürogeräte, Fernsehgeräte, Ventilatoren oder Lampen mit gebündeltem Licht) erlassen.

---

57 Lot 3 (PCs und Monitore), Lot 4 (Drucker u.a.).

58 Gesetz über die umweltgerechte Gestaltung energieverbrauchsrelevanter Produkte.

59 Das Produkt muss den in der Durchführungsvorschrift festgelegten Anforderungen an die umweltgerechte Gestaltung für das Inverkehrbringen und die Inbetriebnahme entsprechen (Abs. 1 Satz 1 Nr. 1), sowie mit einer „CE"-Kennzeichnung versehen sein (Abs. 1 Satz 1 Nr. 2).

60 Verordnung zur Durchführung des Gesetzes über die umweltgerechte Gestaltung energieverbrauchsrelevanter Produkte.

2. Ansätze im Abfallrecht

Auf europäischer Ebene wird das Abfallrecht durch die Richtlinie 2008/98/EG[61] bestimmt. Die Richtlinie wurde im Jahre 2012 durch das Kreislaufwirtschaftsgesetz (KrWG)[62] in nationales Recht umgesetzt. Nach Abs. 8 der Erwägungsgründe zur RL 2008/98/EG war dies u.a. deshalb notwendig geworden, um damit „ein Konzept einzuführen, das den gesamten Lebenszyklus von Produkten und nicht nur die Abfallphase berücksichtigt". Der gesamte Abschnitt 2 des KrWG (§§ 7-14) ist folgerichtig der Kreislaufwirtschaft gewidmet. Schlüsselvorschriften des KrWG sind die §§ 6 (Abfallhierarchie) und 23 (Produktverantwortung). Nach § 6 Abs. 1 KrWG ist die Entstehung von Abfall zunächst einmal zu vermeiden (§ 6 Abs. 1 Nr. 1; Definition in § 3 Abs. 20).

Sollte dies nicht möglich sein, kommen nacheinander folgende Maßnahmen in Betracht: Vorbereitung zur Wiederverwendung (§ 6 Abs. 1 Nr. 2; Definition in § 3 Abs. 24), Recycling (§ 6 Abs. 1 Nr. 3; Definition in § 3 Abs. 25), sowie die sonstige Verwertung[63] (§ 6 Abs. 1 Nr. 4; Definition in § 3 Abs. 23). Als letzte Maßnahme kommt die Beseitigung in Betracht (§ 6 Abs. 1 Nr. 5; Definition in § 3 Abs. 26), zu der u.a. die Verbrennung an Land (Anlage 1, Verfahren D10), sowie die Lagerung bis zur Verbrennung an Land (Anlage 1, Verfahren D15) gehören. Nach § 6 Abs. 2 KrWG soll dabei diejenige Maßnahme Vorrang haben, „die den Schutz von Mensch und Umwelt bei der Erzeugung und Bewirtschaftung von Abfällen unter Berücksichtigung des Vorsorge- und Nachhaltigkeitsprinzips am besten gewährleistet.

Für die Betrachtung der Auswirkungen auf Mensch und Umwelt (…) ist der gesamte Lebenszyklus des Abfalls zugrunde zu legen." Das Maß der Schonung an natürlichen Ressourcen ist dabei besonders zu berücksichtigen (§ 6 Abs. 2 Satz 2 Nr. 2 KrWG), dies jedoch alles unter den Einschränkungen der technischen Möglichkeit, der wirtschaftlichen Zumutbarkeit und der sozialen Folgen (§ 6 Abs. 2 Satz 3 KrWG). Nach der Vorschrift des § 23 Abs. 1 KrWG (Produktverantwortung) sind Erzeugnisse möglichst so zu gestalten, dass bei ihrer Herstellung (und ihrem Gebrauch) das Entstehen von Abfällen vermindert wird; ferner muss sichergestellt

---

61 Richtlinie 2008/98/EG des Europäischen Parlaments und des Rates über Abfälle.
62 Gesetz zur Förderung der Kreislaufwirtschaft und Sicherung der umweltverträglichen Bewirtschaftung von Abfällen.
63 Darunter fallen insbesondere die energetische Verwertung und die Verfüllung.

werden, dass die nach ihrem Gebrauch entstandenen Abfälle umweltverträglich verwertet oder beseitigt werden. Diese Produktverantwortung trägt jeder, der Erzeugnisse entwickelt, herstellt, bearbeitet, verarbeitet oder vertreibt (§ 23 Abs. 1 Satz 1 KrWG), wobei den Entwickler und den Hersteller hierbei eine besondere Verpflichtung treffen dürfte. In Absatz 2 des § 23 KrWG wird die Produktverantwortung nämlich nochmals spezifiziert; nach dessen Nr. 1 umfasst sie „insbesondere die Entwicklung, die Herstellung und das Inverkehrbringen von Erzeugnissen, die mehrfach verwendbar, technisch langlebig und nach Gebrauch zur ordnungsgemäßen, schadlosen und hochwertigen Verwertung sowie zur umweltverträglichen Beseitigung geeignet sind".

Das Abfallrecht verknüpft somit den Beginn eines Produktlebens (die Design- und Herstellungsphase) mit dem Ende (der Abfallphase). Nach der Verordnungsermächtigung in § 23 Abs. 4 KrWG werden die davon betroffenen Personen (Verpflichteten), die Erzeugnisse, sowie die Art und Weise der Wahrnehmung von Produktverantwortung näher bestimmt. Konkretisiert werden die Anforderungen an Verbote, Beschränkungen und Kennzeichnungen (in § 24 KrWG), sowie die Anforderungen an Rücknahme- und Rückgabepflichten (in § 25 KrWG).

3. Ansätze im Elektro- und Elektronikgerätegesetz

Das Elektro- und Elektronikgerätegesetz (ElektroG) offenbart seinen eigentlichen Charakter erst in seiner offiziellen Benennung: „Gesetz über das Inverkehrbringen, die Rücknahme und die umweltverträgliche Entsorgung von Elektro- und Elektronikgeräten". Lesenswert sind die in der zugrundeliegenden Richtlinie RL 2012/19/EU[64] aufgeführten 36 Erwägungsgründe, die jedoch an dieser Stelle nicht weiter erörtert werden können.

Nach § 1 ElektroG legt das Gesetz spezielle Anforderungen an die Produktverantwortung nach § 23 KrWG fest, und zwar für Elektro- und Elektronikgeräte. Das Gesetz selber nennt in § 2 Abs. 1 zehn Kategorien von derartigen Geräten[65], sowie eine Beispielsliste („insbesondere", § 2 Abs. 1 Satz 2 ElektroG) von Geräten, die in der Anlage 1 aufgeführt sind. Die

---

64 Richtlinie 2012/19/EU des Europäischen Parlaments und des Rates über Elektro- und Elektronik-Altgeräte.

65 Eine spezielle Unterscheidung zwischen „Elektrogeräten" und „Elektronikgeräten" findet sich hier nicht.

Geräte aus dem Bereich der Informations- und Telekommunikationstechnik (wie z.B. Laptops, Notebooks, Drucker, schnurlose Telefone und Mobiltelefone) finden sich unter der Nummer 3, Radios und Fernseher unter Nummer 4. Die Nummer 5 der Anlage 1 listet eine Reihe von „Beleuchtungskörpern" auf; Glühlampen sind jedoch durch § 2 Abs. 2 Nr. 3 ElektroG vom Anwendungsbereich des Gesetztes explizit ausgeschlossen.

Abschnitt 2 des Gesetzes (§§ 4-9) beschreibt die Pflichten beim Inverkehrbringen von Elektro- und Elektronikgeräten. Neben der bereits erwähnten Verpflichtung zur Entnahmemöglichkeit von Batterien und Akkus haben die Hersteller „ihre Elektro- und Elektronikgeräte möglichst so zu gestalten, dass insbesondere die Wiederverwendung, die Demonatage und die Verwertung von Altgeräten, ihren Bauteilen und Werkstoffen berücksichtigt und erleichtert werden." (§ 4 Abs. 1 Satz 1 EektroG) Daneben sollen die Hersteller grundsätzlich „die Wiederverwendung nicht durch besondere Konstruktionsmerkmale oder Herstellungsprozesse verhindern" (§ 4 Abs. 2 Satz 1 ElektroG). In den Bußgeldvorschriften des § 45 ElektroG wird § 4 jedoch nicht aufgeführt; ein Verstoß gegen die Pflichten bei der Produktkonzeption bleibt somit sanktionslos.[66] Die Abschnitte 3 und 4 des Gesetzes behandeln die Themen „Sammlung und Rücknahme", sowie Behandlungs- und Verwertungspflichten und Verbringung", und konkretisieren somit die in § 1 titulierten „abfallwirtschaftlichen Ziele".

4. Sonstige Ansätze

In der aktuellen Diskussion wird immer häufiger kritisch bemerkt, dass die Kosten für Reparaturdienstleistungen unverhältnismäßig höher ausfallen, als die Lohnkosten bei der Produktion. Als Abhilfemöglichkeit werden daher Steuererleichterungen für Reparaturdienstleistungen ins Gespräch gebracht.[67] Es bleibt abzuwarten, ob dies tatsächlich zu einer Steigerung der Reparaturraten führen wird. Dafür wäre – neben der grundlegenden Bereitschaft des Nutzers, sein Gerät reparieren zu lassen – auch eine Transparenz der Reparaturkosten notwendig.

---

66 Die Vorschrift des § 4 Abs. 1 fällt durch die zweifache Verwendung des Wortes „möglichst" ebenso auf, wie durch die dreifache Verwendung des Wortes „problemlos". Eine Bußgeldbewehrung würde schon von daher Bedenken bzgl. des verfassungsrechtlichen Gebots der Bestimmtheit mit sich bringen.

67 In Schweden wurde dies Ende des Jahres 2016 bereits umgesetzt.

Eine ähnliche Überlegung ist bei allen Ansätzen aus dem Themenbereich der Produktkennzeichnung (bzw. „Labelling") angezeigt. Winzer schlägt beispielsweise vor, die Produktlebensdauer („promised product durability / month") in das bestehende (und damit auch für die Käufer bekannte) Label mit den Energieeffizienzklassen aufzunehmen.[68] In gleicher Größe wie die Verbrauchsangabe (kWh / annum) würde dann beispielsweise die Zahl „36" (für drei Jahre) oder auch „48" (für vier Jahre) auf dem Label stehen. Mit der Energieverbrauchskennzeichnungsverordnung (EnVKV) 2010/30/EU wurde dem Verbraucher europaweit erstmals die Möglichkeit gegeben, sich schnell und übersichtlich über den Stromverbrauch und weitere Leistungswerte eines Produkts zu informieren. Die Kennzeichnung von Geschirrspülern, Kühl- und Gefriergeräten, Waschmaschinen und Fernsehgeräten[69] dürften den meisten Kaufinteressenten vertraut sein. Elektrokleingeräte werden bis dato so nicht gekennzeichnet.

IV. Unter- / Übermaßverbot, kumulative Belastung durch Eingriffe

Jede staatliche Aktivität zur Reduzierung von Obsoleszenz ist mit einer Beeinträchtigung von Grundrechten verbunden. Die Schwierigkeit ist dabei insbesondere, das richtige Maß zu finden, mithin verhältnismäßig zu agieren. Das Übermaßverbot fordert dabei einen grundrechtlichen Maximalstandard an staatlich zulässiger Eingriffsintensität und das Untermaßverbot einen Mindeststandard an staatlich gebotener Schutzintensität. Beide Verbote zusammen strukturieren (in Verbindung mit weiteren Vorgaben) folglich die Abwägung des Gesetzgebers.[70] In der Regel führt eine solche Abwägung zu einer Mischform an Regelungen, die man auch als „Instrumentenmix" bezeichnet. Von dem Einsatz eines Instrumentenmix verspricht man sich insbesondere verfeinerte Steuerungsmöglichkeiten in den Fällen, wo ein einzelnes Instrument bzw. ein Steuerungstyp alleine keine Abhilfe schaffen kann.[71]

---

68 *Winzer,* Instrumente (Fn. 51), S. 292 (295).
69 Verordnungen VO 2010/1059/EG, VO 2010/1060/EG, VO 2010/1061/EG und VO 2010/1062/EG.
70 *E.-K. Lee*, Umweltrechtlicher Instrumentenmix und kumulative Grundrechtseinwirkungen, Tübingen 2013, S. 79 (91).
71 *Lee*, Instrumentenmix (Fn. 70), S. 213 (214).

Dabei ist es möglich, dass einer der Adressaten von mehreren Maßnahmen gleichzeitig getroffen wird; dies bezeichnet man als „Belastungskumulation". Sofern diese Maßnahmen auch Grundrechtsrelevanz besitzen, liegt ein Fall der kumulativen Grundrechtseinwirkung vor, der dann am Maßstab des Übermaßverbotes zu messen ist.[72] Belastungskumulationen können dabei durch Maßnahmen durch oder aufgrund eines Gesetzes entstehen; ferner gibt es exekutiv veranlasste, judizielle und gewaltenübergreifende Belastungskumulationen. Von einer grundrechtsrelevanten Belastungskumulation kann gesprochen werden, wenn ein Grundrechtsträger durch mehrere Maßnahmen mit jeweils eigenständiger Eingriffsqualität zeitgleich in demselben Grundrecht betroffen ist; die kumulierenden Belastungen müssen darüber hinaus auch eine zumindest partielle Zwecküberschneidung aufweisen. Gerade bei einem komplexen Instrumentenmix kann es zu unbeabsichtigten Nebenfolgen der Kumulation kommen; auch diese sind hier zu beachten. Die rechtliche Überprüfung einer Belastungskumulation erfordert schließlich die Betrachtung der Gesamtverhältnismäßigkeit. Dazu gehören: die Legitimität des gemeinsamen, sich überschneidenden Zwecks, die Geeignetheit des Instrumentenmix, die Erforderlichkeit der Kumulation und die Gesamtverhältnismäßigkeit i.e.S.[73]

E. Zusammenfassung, Ausblick

Formuliert man den Titel dieses Beitrags als Frage (also: „Gegen Obsoleszenz – mit Recht?"), so kann man diese auf zweierlei Arten verstehen:

a) Ist ein *Vorgehen* gegen Obsoleszenz überhaupt *berechtigt*, im Sinne von sinnvoll? - und -

b) Kann *das Recht* (Zivilrecht, Öffentliches Recht, Europarecht) hierzu einen relevanten *Beitrag leisten*?

Auch wenn aktuell noch wenige Untersuchungsergebnisse zum Thema „Obsoleszenz" vorliegen, so drängt sich doch der Schluss auf, dass es sich um ein akutes und relevantes ökologisches Problem handelt, das die natürlichen Lebensgrundlagen für künftige Generationen gefährden kann. Sofortiges und wirkungsvolles Handeln ist daher angezeigt. Private Initiativen leisten dazu einen wichtigen Beitrag. Effektiver wären allerdings

---

72 *Lee*, Instrumentenmix (Fn. 70), S. 213 (215).
73 *Lee*, Instrumentenmix (Fn. 70), S. 213 (216 f.).

durch den Staat verordnete Maßnahmen. Durch Art. 20a GG[74] bekennt sich v.a. der Gesetzgeber explizit dazu, das Staatsziel Umweltschutz zu verfolgen. Die Ausführungen in Abschnitt D haben gezeigt, dass hierfür nicht nur verschiedene Rechtsmaterien (Kaufrecht, Lauterkeitsrecht, Ökodesign, Abfallrecht, usw.), sondern auch verschiedene Adressaten in Betracht kommen. Einige der Ansätze sind vielversprechend, werden aber nicht ausreichend sein. Wichtig erscheint in diesem Zusammenhang der Dialog und das Zusammenwirken mit den Akteuren (Transdisziplinarität). Auf Seiten der Wissenschaft ist eine interdisziplinäre Herangehensweise das Mittel der Wahl. Wünschenswerte Zwischenziele wären eine Steigerung der Qualität von Produkten auf der einen Seite, sowie eine größere Wertschätzung für eben diese Produkte. Im B2B[75]-Bereich ist dies bereits Realität; (werkstoffliche) Obsoleszenz kommt hier kaum vor. Für den B2C[76]-Bereich wäre dies schon mal ein guter Ansatzpunkt.

74 Siehe dazu den Beitrag von Patrick Merkle in diesem Tagungsband.
75 Kurzform für „Business to Business", z.B.: Zulieferfirmen für Flugzeugteile.
76 Kurzform für „Business to Customer", also die Direktherstellung für den Endkunden.

Bewertungskriterien von politisch-rechtlichen Instrumenten zur Förderung des nachhaltigen Stromkonsums vor dem Hintergrund der SDGs und der deutschen Nachhaltigkeitsstrategie

Katharina Gapp[*]

A. Einleitung

Dieser Beitrag dient der Herleitung von Bedingungen und Bewertungskriterien zur Evaluation politisch-rechtlicher Instrumente, die das Ziel haben, den durchschnittlichen Stromverbrauch der europäischen Haushalte unter Nachhaltigkeitsaspekten zu beeinflussen.

Die Europäische Kommission benennt vier Hauptziele eines zukunftsfähigen Energiesystems bis 2050: Energieeffizienz, erneuerbare Energien, Atomkraft und Carbon Capture and Storage (CCS).[1] Da Atomkraft und CCS mit unverhältnismäßig hohen Risiken verbunden sind, bedeutet nachhaltiger Stromkonsum einen sinkenden Endenergieverbrauch an Elektrizität und einen höheren Anteil an erneuerbaren Energien zur Deckung des Stromverbrauchs.[2] Der Anteil erneuerbarer Energieträger wird vor allem angebotsseitig gesteuert. Daher beschränkt sich dieser Beitrag auf die Senkung des Stromverbrauchs.

Obwohl in der allgemeinen Debatte erkannt wird, dass der Energieverbrauch insgesamt sinken muss, um einen höheren Anteil mit erneuerbaren Energien zu decken, steigt der Stromverbrauch der europäischen Haushalte kontinuierlich bzw. stagnierte in einzelnen Jahren bestenfalls.[3] Innerhalb der europäischen Union existieren bereits verschiedene Richtlinien

---

[*] Katharina Gapp ist Doktorandin bei Herrn Prof. Dr. Thomas Schomerus (Leuphana Universität Lüneburg) und Herrn Prof. Rogall (Hochschule für Wirtschaft und Recht Berlin) in einem kooperativen Verfahren. Sie ist Gastdozentin für Wissenschaftliches Arbeiten und Allgemeine Betriebswirtschaftslehre mit dem Schwerpunkt Marketing.

[1] European Commission, Energy Roadmap 2050.

[2] *H. Rogall*, 100%-Versorgung mit erneuerbaren Energien, Marburg 2014, S. 75–79 ff.; BMUB, Kurzinfo Energieeffizienz, Berlin 2013.

[3] Eurostat, Versorgung, Umwandlung, Verbrauch – Elektrizität – jährliche Daten. nrg_105a 2017.

und Verordnungen mit dem Ziel, den Stromverbrauch zu senken. Die Öko-Design Richtlinie und die mit ihr verbundenen Verordnungen sollten eigentlich zu einer jährlichen Einsparung von 385 Terra-Watt-Stunden (TWH) (ca. 12% des gesamten Stromverbrauchs) führen.[4] Diese Effizienzgewinne werden aber durch Rebound Effekte überkompensiert. Rebound Effekte meint hier, dass Effizienzsteigerungen bei den Haushalten zwar zu einer (Strom-) Kostensenkung führen, die Haushalte aber das eingesparte Geld nutzen, um mehr Geräte zu kaufen und zu betreiben. Trotz Effizienzsteigerungen kommt es dann nicht zu einem sinkenden Stromverbrauch insgesamt. Um das Ziel zu erreichen, müssen bestehende politisch-rechtliche Instrumente überprüft und ggf. angepasst werden.

Zur Bewertung solcher (umwelt-) politischen Instrumente existieren bereits Kriterienkataloge, die sich jedoch schwerpunktmäßig auf ökonomische Effizienz und (ökologische) Wirksamkeit konzentrieren.[5] Interdependenzen (Wirkungszusammenhänge) zwischen den Zielbereichen der gesellschaftlichen Entwicklung werden dabei höchstens am Rande betrachtet.

Dieser Beitrag schließt diese Lücke. Die Bewertung von politisch-rechtlichen Instrumenten soll sowohl vor dem gesamtgesellschaftlichen Hintergrund der Sustainable Development Goals (SDGs) und ihrer Umsetzung in der Nachhaltigkeitsstrategie der Bundesregierung 2016 erfolgen als auch die Determinanten des durchschnittlichen Stromkonsums berücksichtigen.[6] Diese Faktoren wurden durch eine empirische Analyse von Daten des statistischen Amtes der Europäischen Union (Eurostat) ermittelt und werden in Bezug zu den SDGs gesetzt.

B. Stromkonsum im Überblick

Dieses Kapitel stellt den mengenmäßigen Stromkonsum im Zeitverlauf in Europa und Deutschland vor, um die Problemrelevanz zu verdeutlichen. Die Daten stammen einheitlich von Eurostat. So wird eine Vergleichbar-

---

4 CSES, Evaluation and review of the ecodesign directive (2009/125/EC), Sevenoaks 2012.

5 *J. Winzer*, Leistungsfähigkeit produktpolitischer Instrumente, Lüneburg 2016; *E. Feess/A. Seeliger*, Umweltökonomie und Umweltpolitik, 4. Auflage, München 2013.

6 Bundesregierung, Deutsche Nachhaltigkeitsstrategie, Berlin 11.01.2017.

keit der Daten und auch ein angemessenes Mindestniveau an Datenqualität sichergestellt. Jede Tabelle in der Eurostat-Datenbank hat einen eigenen Code. Über die (sehr komfortable) Suchfunktion können die Daten mit Hilfe des Codes gefunden werden, so dass die Analysen reproduzierbar sind. Im weiteren Verlauf wird daher stets auf den Code verwiesen.

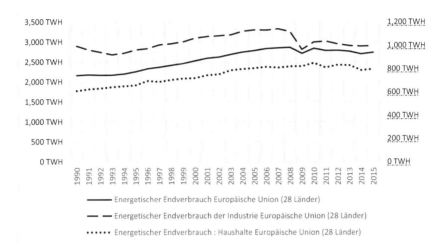

Abbildung 1: Stromverbrauch in Europa, Daten von Eurostat, 2017, Code 105a.

Abbildung 1 stellt den Stromverbrauch insgesamt (durchgezogene Linie, linke Achse) und in den Sektoren Industrie (gestrichelte Linie, rechte Achse) und Haushalte (gepunktete Linie, rechte Achse) im Zeitverlauf von 1990 bis 2015 dar. Um den Verlauf der Werte besser sichtbar zu machen, wurde für die Industrie und die Haushalte eine Sekundärachse auf der rechten Seite gewählt. Der gesamte Stromverbrauch in der Europäischen Union betrug im Jahr 2015 ca. 2.741 TWH. Auf die Industrie entfielen dabei 996 TWH und auf die Haushalte 795 TWH. Industrie und Haushalte sind damit für fast 2/3 des Stromverbrauchs verantwortlich. Die übrigen, hier nicht betrachteten, Sektoren beinhalten Gewerbe und Dienstleistungen, Verkehr sowie den primären Sektor (Betriebe und Unternehmen des produzierenden Gewerbes, wie z.B. Landwirtschaft und Bergbau). Der gesamte Stromverbrauch erreichte im Jahr 2008 mit 2.864 TWH sein bisheriges Maximum. Seither pendelt er um ca. 40 bis 60 TWH jährlich auf und ab. Anhand der Zahlen könnte sich dabei ein leichter Abwärtstrend abzeichnen. Der Stromverbrauch der Haushalte erreichte erst im Jahr 2010 mit 850 TWH sein bisheriges Maximum. Seither unterliegt auch er einer Pendelbewegung. Im Jahr 2015 sind sowohl der gesamte Stromverbrauch als auch der Stromverbrauch der Haushalte leicht angestiegen.[7] Zusammenfassend ist festzuhalten, dass der Stromverbrauch in Europa lediglich stagniert und nicht in ausreichendem Maße abnimmt.

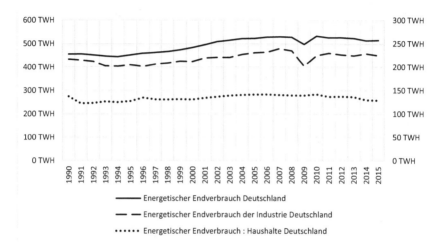

Abbildung 2: Stromverbrauch in Deutschland, Daten von Eurostat, 2017, Code 150a.

Abbildung 2 stellt den Stromverbrauch in Deutschland dar. Der gesamte Stromverbrauch (durchgezogene Linie, linke Achse) in Deutschland betrug im Jahr 2015 ca. 515 TWH. Dabei entfielen in Deutschland 225 TWH auf die Industrie (gestrichelte Linie, rechte Achse) und 129 TWH auf die Haushalte (gepunktete Linie, rechte Achse). Beide Sektoren machen zusammen etwas mehr als 2/3 des Stromverbrauchs in Deutschland aus, wobei der Anteil der Haushalte etwas niedriger ist als im europäischen Vergleich. Der Stromverbrauch der Haushalte in Deutschland scheint bereits längerfristig (im Vergleich zu Europa) stagnierend. Der Maximalwert von 142 TWH wurde sowohl 2006 als auch 2010 erreicht. Der Ausgangswert von 1990 betrug 137 TWH und wurde in den Jahren 2001, 2011 und 2012 wiederholt erreicht. Zwar sinken die Werte seit 2012, allerdings liegt die Verminderung zwischen 2012 und 2015 nur geringfügig über der statisti-

---

7 Eurostat. nrg_105a (Fn. 3).

schen Standardabweichung von 6 TWH.[8] Auch für den Stromverbrauch der deutschen Haushalte bleibt also eine Stagnation festzuhalten.

Zwar sind bereits zahlreiche Maßnahmen bzw. politisch rechtliche Instrumente umgesetzt worden, um den Stromverbrauch zu senken. Da aber die vorgehende Analyse gezeigt hat, dass der Stromverbrauch insgesamt lediglich stagniert, müssen diese Instrumente zielgerichtet überprüft werden. Für die Wirksamkeit der eingesetzten Maßnahmen ist es entscheidend, dass sie die Einflussfaktoren auf den Stromkonsum berücksichtigen. Kapitel C wird daher die Determinanten des Stromkonsums der europäischen Haushalte analysieren.

C. Determinanten des Stromkonsums der europäischen Haushalte

I. Erklärungsmodel des homo heterogenus 2.0

Für den Zweck dieser Analyse wird ein Synthesemodell als Erklärungsansatz genutzt, das maßgeblich auf dem Modell des homo heterogenus und dem Stimulus-Organism-Response Model aus der Konsumentenverhaltensforschung zusammengesetzt ist.[9] Da es sich um eine Weiterentwicklung des ursprünglichen Modells handelt, wird der Begriff *homo heterogenus 2.0* verwendet.

Das Model des homo heterogenus 2.0 geht davon aus, dass menschliches (Konsum-) Verhalten von diversen Einflussfaktoren abhängig ist und fasst diese Faktoren in drei Kategorien zusammen.

---

8 Eurostat. nrg_105a (Fn. 3).
9 *V. Trommsdorff/T. Teichert*, Konsumentenverhalten[8], Stuttgart 2011; *W. Kroeber-Riel/A. Gröppel-Klein*, Konsumentenverhalten, 10. Auflage, München 2013; *I. Balderjahn*, Nachhaltiges Management und Konsumentenverhalten, Konstanz 2013; *H. Rogall/K. Gapp*, Homo heterogenus – das neue Menschenbild der Ökonomie, in: Dierksmeier/Hemel/Manemann (Hrsg.), Wirtschaftsanthropologie. Baden-Baden 2015, S. 99 (107 ff.).

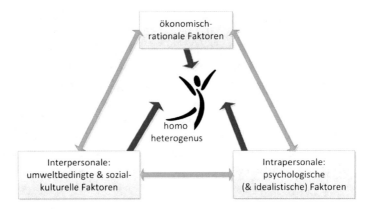

Abbildung 3: Schaubild homo heterogenus 2.0, eigene Darstellung.

Die erste Kategorie bilden die ökonomisch-rationalen Faktoren. Hier greift das Modell auf die Erkenntnisse der (neo-)klassischen, traditionellen Volkswirtschaftslehre zurück. Zu den ökonomisch-rationalen Faktoren gehören im Wesentlichen Preise und Einkommen, aber auch die gesamtwirtschaftliche Situation. Die Faktoren dieser Kategorie stellen in der Regel einen äußeren Einfluss bzw. Reiz für den Konsumenten dar.

Die zweite Kategorie bilden die interpersonalen umweltbedingten und sozial-kulturellen Faktoren. Die Faktoren dieser Kategorie bilden äußere Rahmenbedingungen der physischen und sozial-kulturellen Umwelt. Allgemein sind dies gesellschaftliche Entwicklungen wie demografische Struktur, Schichtzugehörigkeit, das nähere Umfeld (Familien, Nachbarn, Freunde), aber auch Werbung, Mode, Verbraucherinformationen. Diese Faktoren wirken in der (zwischenmenschlichen) Umwelt des Konsumenten und werden daher als interpersonal bezeichnet.

Die dritte Kategorie fasst die intrapersonalen Faktoren zusammen. Diese Einflüsse wirken im inneren des Konsumenten. Zu den intrapersonalen Faktoren zählen Aktivierung, Involvement, Emotion und Motivation.

Um das Konsumentenverhalten gezielt zu beeinflussen, müssen die Einflussfaktoren der einzelnen Kategorien identifiziert werden. Hierbei ist zum einen relevant, in welche Richtung ein Faktor das Verhalten beeinflusst und zum anderen wichtig, in welcher Stärke dies geschieht. Die vorliegende Analyse der Einflussfaktoren erfolgt dabei anhand von Indikatoren für einzelne Teilbereiche, die als aggregierte Daten für die einzelnen Mitgliedstaaten der Europäischen Union bei Eurostat vorliegen. Dies hat den Vorteil, dass eine Vielzahl von Variablen in der Untersuchung berücksichtigt werden kann, ohne dass die Werte neu erhoben werden müssen. Dies begünstigt die Machbarkeit der Untersuchung. Die Analyse erfolgte für die Daten aus dem Jahr 2014, da dieses das jüngste Jahr war, für das alle notwendigen Indikatoren zum Zeitpunkt der Untersuchung vorlagen. Die Auswertung der Daten erfolgte aufgrund der Vielzahl von Indikatoren und der Problematik der Multikollinearität der Indikatoren im Rahmen einer Faktoranalyse. Aus Gründen der Knappheit werden in den folgenden Kapiteln jeweils nur die relevanten Einflussfaktoren vorgestellt. Es erfolgt also keine Abhandlung aller untersuchten Variablen. Ferner wird zugunsten der Lesbarkeit auf die detaillierte Darstellung von Zusammenhangsmaßen und Signifikanzniveaus verzichtet. Um die Nachvollziehbarkeit zu gewährleisten, werden jeweils die Codes der Tabellen der Eurostat-Datenbank angegeben. Hierbei ist es wichtig zu wissen, dass eine Tabelle mehrere Indikatoren enthalten kann. Insgesamt wurden über 90 Variablen in die Untersuchung einbezogen.

II. Ökonomisch-rationale Faktoren

Vorüberlegungen und Stand bisheriger Untersuchungen

Ausgehend von traditionellen ökonomischen Überlegungen sollte aufgrund der Preismechanismen ein höherer Preis grundsätzlich zu einer geringeren Nachfrage führen. Allerdings weisen diverse Untersuchungen darauf hin, dass die Preiselastizität im Strombereich sehr gering ist: Preissteigerungen führen also in der Regel nicht zu einer nennenswerten Verringerung der Nachfrage.[10]

Auch der Einfluss des Einkommens ist bereits in Analysen des individuellen Verhaltens untersucht worden: Zum einen wurde festgestellt, dass die Annahme bzw. der Wechsel hin zu energieeffizienteren Geräten bei Haushalten mit höherem Einkommen schneller erfolgt. *Trotz der besseren Energieeffizienz ihrer Geräte haben Haushalte mit höherem Einkommen aber auch einen höheren Energieverbrauch.* Der prozentuale Anteil, den

---

10 *E. Gawel/A. Purkus*, Die Rolle von Energie- und Strombesteuerung im Kontext der Energiewende, Zeitschrift für Energiewirtschaft 2015, S. 77 ff. (82); Monopolkommission, 49. Sondergutachten: Strom und Gas 2007: Wettbewerbsdefizite und zögerliche Regulierung 2007, S. 27 ff. ff.; *F. Ekardt/S. Klinski/T. Schomerus*, Konzept für die Fortentwicklung des deutschen Klimaschutzrechts, Marburg 2015.

sie für Strom ausgeben, ist hingegen geringer: So geben Haushalte mit einem niedrigen Einkommen um 1.000 € ca. 3% ihres Einkommens für Strom aus. Bei Haushalten mit einem Einkommen um 3.500 € sind es ca. 1,5%.[11]

Ergebnisse der empirischen Analyse

Im Hinblick auf die Preise wurden verschiedene Preiskomponenten (mit und ohne Steuern und Abgaben, jeweils in Kaufkraftparitäten) auf einen Zusammenhang mit dem durchschnittlichen Stromkonsum Haushalte untersucht.[12] Die Komponenten wiesen einen statistisch höchst signifikanten, starken Zusammenhang mit dem durchschnittlichen Stromkonsum auf, sind aber untereinander ebenfalls stark korreliert. Sie wurden daher mittels Faktorenanalyse zu einem Faktor Preis zusammengefasst.

Das Einkommen entspricht dem Bruttoinlandsprodukt (BIP) pro Kopf.[13] Zusätzlich wurden Indikatoren für die Konsumausgaben in der Analyse erfasst.[14] Auch diese Variablen sind untereinander kollinear und wurden mittels Faktoranalyse zu einem Faktor zusammengefasst.

So zeigt die Analyse von Indikatoren zu Beschäftigung folgende statistisch signifikanten Zusammenhänge: Der durchschnittliche Stromverbrauch ist höher in Staaten, in denen der Anteil der Erwerbtätigen höher ist. Er ist auch höher in Staaten, in denen der Anteil mit Menschen höher ist, die einer weiteren Beschäftigung nachgehen. Niedriger hingegen ist der Stromverbrauch bei einem hohen Anteil an Langzeitarbeitslosen unter

---

11 *B. Mills/J. Schleich*, Determinants and distributional implications in the purchase of energy-efficient household appliances, in: Defila/DiGiulio/Kaufmann-Hayoz (Hrsg.), The Nature of Sustainable Consumption and How to Achieve it, München 2012, S. 181.

12 Eurostat, Elektrizitätspreiskomponenten für Haushaltabnehmer, ab 2007 – jährliche Daten. nrg_pc_204_c 2017; Eurostat, Preise Elektrizität für Haushaltabnehmer, ab 2007 – halbjährliche Daten. nrg_pc_204 2017.

13 *P. Samuelson/W. Nordhaus/R. Berger*, Volkswirtschaftslehre⁵, München 2016, S. 586.

14 Eurostat, Kaufkraftparitäten (KKP) und vergleichende Preisniveauindizes für die Aggregate des ESVG 2010. prc_ppp_ind 2017; Eurostat, Konsumausgaben der privaten Haushalte nach Verwendungszwecken (COICOP-Dreisteller). nama_10_co3_p3 2017.

den Arbeitslosen. Ein Zusammenhang mit der Arbeitslosenquote konnte nicht nachgewiesen werden.[15]

Nachweisbare Zusammenhänge gibt es mit Indikatoren der Armutsgefährdung. Insgesamt erscheint ein übergeordneter Zusammenhang zwischen wirtschaftlicher Prosperität und durchschnittlichem Stromkonsum. Dies bedeutet letztlich einen Zielkonflikt zwischen Wachstum und Ressourcenschonung, solange eine Entkopplung nicht gelingt.[16]

Die Ergebnisse werden am Ende des Kapitels in einer Übersicht zusammengefasst.

III. Umweltbedingte und sozial-kulturelle Faktoren

Vorüberlegungen und Stand bisheriger Untersuchungen

Hinsichtlich der physischen Umwelt sind zwei Einflüsse denkbar. Zum einen könnte die geografische Lage mehr Dunkelheit bedingen und so zu höheren Stromverbräuchen führen. Zum anderen beeinflusst die geografische Lage durch die Witterung den Energieverbrauch insgesamt.[17]

Zum Einfluss der sozialen Umwelt haben *B. Mills/ J. Schleich* festgestellt, dass es ein höheres Problembewusstsein in Haushalten mit höherem Bildungsgrad gibt, die in neueren Gebäuden leben.[18] Allerdings führt das höhere Bewusstsein nicht automatisch zu einem entsprechenden Verhalten. Dies wurde auch in den Umweltbewusstseinsstudien des Umweltbundesamtes verdeutlicht: Ein höheres Umweltbewusstsein geht mit einer höheren Bildung einher. Diese beeinflusst aber das Einkommen und auch das Interesse an Fernreisen. Aufgrund dessen geht ein höheres Umweltbe-

---

15 Eurostat, Beschäftigte und Erwerbspersonen nach Alter und Geschlecht – jährliche Daten. lfsi_emp_a 2017; Eurostat, Teilzeitbeschäftigung und befristete Arbeitsverträge – jährliche Daten. lfsi_pt_a 2017; Eurostat, Arbeitslosendaten nach Geschlecht und Alter – Jahresdurchschnitte. une_rt_a 2017; Eurostat, Langzeitarbeitslose nach Geschlecht – Jahresdurchschnitte. une_ltu_a 2017.

16 Eurostat, Quote der von Armut bedrohten Personen nach Armutsgefährdungsgrenze und Beschäftigung im Vorjahr – EU-SILC Erhebung. ilc_li04 2017; Eurostat, Von Armut oder sozialer Ausgrenzung bedrohte Bevölkerung nach Alter und Geschlecht. ilc_peps01 2017.

17 Leider lässt sich anhand der Makrodaten nicht sicher feststellen, zu welchem Anteil Wärmeenergie der Haushalte aus Strom gewonnen wird.

18 *B. Mills/J. Schleich (Fn. 11).*

wusstsein mit einer schlechteren persönlichen Ökobilanz einher.[19] *K. Götz/W. Glatzer/ S. Gölz* stellten weiterhin den Einfluss sozialer Normen des näheren Umfelds fest, z.B. das Heizung und Licht in Norwegen hochgedreht werden, wenn Besuch kommt.[20]

Ergebnisse der empirischen Analyse

Der Einfluss der geografischen Lage kann am ehesten durch den Indikator Heizgradtage ermittelt werden. Hier zeigt sich ein signifikanter, mittlerer Zusammenhang mit dem durchschnittlichen Stromverbrauch.[21]

Die interpersonalen Faktoren werden in verschiedenen Indikatoren abgebildet. Zunächst existieren statistisch signifikante Zusammenhänge mit der demografischen Struktur: Ein höherer Anteil an Männern (Geschlechterverteilung) und eine höhere Gesamtbelastungsquote korrelieren mit einem höheren durchschnittlichen Stromverbrauch.[22] Beide Zusammenhänge scheinen interessant, bieten aber keine unmittelbaren Steuerungsmöglichkeiten.[23]

Der durchschnittliche Stromverbrauch pro Haushalt und auch pro Kopf ist geringer in Ländern, in denen die durchschnittliche Anzahl an Personen pro Haushalt höher ist. Konsistent damit ist, dass der durchschnittliche Stromverbrauch auch bei einem höheren Anteil an Ein-Personen-Haushalten höher ist. Der zunehmenden Vereinzelung müsste also entgegenge-

---

19 *S. Borgstedt/T. Christ/F. Reusswig*, Umweltbewusstsein in Deutschland 2010, Berlin 2011; Bundesministerium für Umwelt, Naturschutz, Bau und Reaktorsicherheit/Umweltbundesamt, Umweltbewusstsein in Deutschland 2016, Berlin, Dessau-Roßlau 03.2017.
20 *K. Götz/W. Glatzer/S. Gölz*, household production and electricity consumption – possibilities for energy savings in private households, in: Defila/DiGiulio/Kaufmann-Hayoz (Hrsg.), The Nature of Sustainable Consumption and How to Achieve it. München 2012, S. 245.
21 Eurostat, Heizgradtage nach NUTS-2-Regionen – jährliche Daten. nrg_esdgr_a 2017.
22 Gesamtbelastungsquote, 2. Variante: Anteil der Bevölkerung unter 20 Jahren und im Alter von 60 und mehr Jahren bezogen auf die Bevölkerung im Alter von 20 bis 59 Jahren.
23 Eurostat, Bevölkerung: Strukturindikatoren. demo_pjanind 2017.

wirkt werden.[24] Auch mit dem Bildungsniveau gibt es einen signifikanten Zusammenhang: So ist der Stromkonsum in EU-Ländern höher, wenn der Anteil von Menschen mit einem postsekundären Abschluss höher ist.[25]

Einen weiteren Zielkonflikt gibt es zwischen Stromkonsum und digitaler Infrastruktur: Je höher der Anteil der Haushalte mit Internetzugang, umso höher auch der durchschnittliche Stromkonsum. Es ist zu vermuten, dass eine bessere Verfügbarkeit auch dazu führt, dass internetfähige Geräte in einer höheren Frequenz betrieben werden.[26]

Ein unerwarteter Zusammenhang konnte zwischen dem Stromkonsum und der Nutzung des ÖPNV nachgewiesen werden: Je höher der Anteil der Menschen, die regelmäßig den ÖPNV nutzen, umso geringer der durchschnittliche Stromkonsum.[27] Denkbar wäre, dass die regelmäßige Nutzung umweltfreundlicher Verkehrsmittel unterbewusst die Einübung stromsparender Verhaltensweisen fördert.[28] Die genaueren Wirkzusammenhänge müssten in Mikrostudien untersucht werden.

Die Deprivation der Unterkunft (Anteil derjenigen, die ihre Wohnung als zu feucht bzw. zu dunkel betrachten) weist inhaltliche Überschneidungen mit den intrapersonalen Faktoren (es geht um die gefühlte Feuchtigkeit/ Dunkelheit) und den ökonomischen Faktoren (Deprivation) auf.[29]

Die Ergebnisse werden am Ende des Kapitels in einer Übersicht zusammengefasst.

---

24 Eurostat, Privathaushalte nach Typ, Wohnbesitzverhältnis und NUTS 2 Regionen. cens_11htts_r2 2017; Eurostat, Durchschnittliche Zahl der Personen pro Haushalt nach Haushaltszusammensetzung, Zahl der Kinder und Alter des jüngsten Kindes. lfst_hhantych 2017.

25 Eurostat, Bevölkerung im Alter von 25-64 nach Bildungsabschluss, Geschlecht und NUTS-2-Regionen (%). edat_lfse_04 2017.

26 Eurostat, Einzelpersonen, die das Internet nutzen, Frequenz der Nutzung und Aktivitäten. isoc_r_iuse_i 2017; Eurostat, Breitband und Konnektivität – Haushalte. isoc_bde15b_h 2017.

27 Eurostat, Personenbeförderung nach Verkehrszweig. tran_hv_psmod 2017.

28 Ein Zusammenhang zwischen den PKW Nutzern und dem durchschnittlichen Einkommen konnte nicht nachgewiesen werden.

29 Eurostat, Totalbevölkerung, die ihrer Unterkunft als zu dunkel betrachtet – EU-SILC Erhebung. ilc_mdho04 2017; Eurostat, Totalbevölkerung, die in einer Wohnung mit durchlaufendem Dach, Feuchtigkeit in den Wänden, in den Böden, im Fundament oder Fäulnis in den Fensterrahmen oder im Boden lebt – EU-SILC Erhebung. ilc_mdho01 2017.

IV. Intrapersonale Faktoren

Es existieren vielfältige Mikroanalysen zu den intrapersonalen Faktoren: Sie beleuchten den Prozess der Konsumentscheidung, aber weniger die Faktoren.

Auf Ebene aggregierter Daten (Durchschnittwerte pro Land) kann mittels Eurostat auf Indikatoren für Vertrauen und Zufriedenheit zurückgegriffen werden. Die Indikatoren geben die durchschnittliche Bewertung der Bevölkerung auf einer Ordinalskala an und werden jeweils in repräsentativen Befragungen erfasst. Im Hinblick auf den durchschnittlichen Stromkonsum können folgende statistisch signifikante Zusammenhänge nachgewiesen werden: Erstens, je höher die durchschnittliche Zufriedenheit, umso höher der durchschnittliche Stromverbrauch. Zweitens, je höher das durchschnittliche Vertrauen, umso höher der durchschnittliche Stromverbrauch.[30]

Die untersuchten Indikatoren der intrapersonalen Faktoren sind hochgradig mit dem BIP pro Kopf korreliert. Diese Zusammenhänge können auch kausal begründet werden. Als Konsequenz muss also eine Entkopplung des Stromkonsums durch ökologische Leitplanken (politisch-rechtliche Instrumente) angestrebt werden. Auf eine Suffizienzdebatte, also die Frage ob ein systematischer Verzicht auf Einkommen und Konsum für das ökologische Gleichgewicht erforderlich ist, wird an dieser Stelle explizit verzichtet, da dies nicht durch den Rechtsrahmen zu lösen ist.

Die Ergebnisse werden ebenfalls am Ende des Kapitels in einer Übersicht zusammengefasst.

V. Zwischenergebnisse

Die nachfolgende Tabelle fasst die Ergebnisse der Analyse im Gesamtüberblick zusammen. Die Spalte ‚Einfluss Stromkonsum' gibt dabei an, in welche Richtung sich der durchschnittliche Stromkonsum entwickelt, wenn der Indikator bzw. der Wert der Maßzahl steigt. Zusätzlich werden für die Indikatoren eine wünschenswerte Entwicklungsrichtung unter dem

---

30 Eurostat, Durchschnittliche Bewertung der Zufriedenheit nach Bereich, Einkommensquintil, Haushaltstyp und Verstädterungsgrad. ilc_pw02 2017; Eurostat, Durchschnittliche Bewertung des Vertrauens nach Bereich, Einkommensquintil, Haushaltstyp und Verstädterungsgrad. ilc_pw04 2017.

Aspekt der nachhaltigen Entwicklung (Optimierungsrichtung) und die Zielbeziehung zum übergeordneten Ziel Senkung des Stromverbrauchs angegeben.[31]

Tabelle 1: Zusammenfassung der Einflussfaktoren

	Einflussfaktor	Maßzahl	Einfluss Stromkonsum	Optimierungsrichtung	Zielbeziehung: Stromkonsum senken
ökonomisch	Preise und Steuern	Preise und Steuern pro Kilo-Watt-Stunde	↘		mgl. Konflikt wenn P ↗
	Einkommen und Konsumausgaben	Einkommen und Ausgaben pro Kopf und Jahr	↗	↑	Konflikt
	Beschäftigung	Anteil Beschäftigte / Anteil Beschäftigte mit mehr als 1 Job / Anteil Langzeitarbeitslose an AL	↗ ↗ ↘	↑ ↑ ↓	Konflikt
	Armutsrisiko	Anteil von Armut und sozialer Ausgrenzung bedrohter	↘	↓	Konflikt
interpersonell	Geschlechter-verteilung	Anteil ♂	↘		
	Gesamtbelastungs-quote	Gesamtbelastungsquote (2. Variante)	↘	↓	Konflikt
	Haushaltsgröße	Anteil Einpersonenhaushalte / durchschn. Haushaltsgröße	↗ ↘		Konflikt
	Bildungsniveau	Anteil postsekundärer Bildung	↘		Konflikt
	Digitale Infrastruktur	Anteil Internetzugang und Nutzung	↗	↑	Konflikt
	Verkehrs-gewohnheiten	Anteil ÖPNV	↗	↑	komplementär
intraperso-nell	Deprivation der Unterkunft	Anteil feuchte dunkle Wohnung (gefühlt)	↘	↓	Konflikt
	Zufriedenheit	durchschnittliche Zufriedenheit (Rating)	↘	↑	Konflikt
	Vertrauen	durchschnittliches Vertrauen (Rating)	↘	↑	Konflikt

31 Die Zielbeziehung ist komplementär, wenn Stromverbrauch sinken würde, wenn sich der Indikator in die gewünschte Richtung entwickelt. Es besteht ein Zielkonflikt, wenn der Stromverbrauch steigen würde, wenn der Indikator sich in die gewünschte Richtung entwickelt.

D. *Politisch-rechtliche Instrumente zur Förderung des nachhaltigen Stromkonsums und bisherige Bewertungskriterien*

Politisch-rechtliche Instrumente können in drei Kategorien unterteilt werden: regulatorische (direkte) Instrumente, indirekte Instrumente und ökonomische Instrumente.[32] Regulatorische Ansätze greifen direkt in die Entscheidungsfreiheit der Akteure ein, zu ihnen werden Nutzungspflichten (Gebote) und Verbote, aber auch Grenzwerte gezählt. Indirekte Instrumente meinen sanfte Anreize, wie Informationskampagnen oder nudges (hierunter versteht man ein Anstubsen zum gewünschten Verhalten, z.B. in dem bei Geschirrspülmaschinen das Eco-Programm vorausgewählt ist).[33] Die ökonomischen Instrumente setzen schließlich einen spürbaren finanziellen Anreiz, zu ihnen zählen Steuern und Abgaben.

Die Bewertung der einzelnen Instrumente und der Kategorien fällt je nach Perspektive sehr unterschiedlich aus. Bei den Bewertungskriterien dominieren in der Literatur einerseits solche, die rein aus der ökonomischen Theorie abgeleitet werden. Diese Untersuchungen berufen sich teilweise ideologisch auf die Überlegenheit des Marktmodells und setzten den Schwerpunkt der Bewertung auf die ökonomische Effizienz.[34] Andererseits steht die ökologische Wirksamkeit im Vordergrund der Untersuchung. In der Regel wird dann aber auch die Verhältnismäßigkeit zwischen ökologischer Wirksamkeit und Aufwand, sprich ein Effizienzkriterium, betrachtet.[35]

Interdependenzen und Zielkonflikte werden bei diesen Kriterien in der Regel nicht, oder nur am Rande betrachtet. Die Evaluation erfolgt dadurch eindimensional. Dies begünstigt eine einseitige Zieloptimierung. Um das Ziel einer nachhaltigen Entwicklung zu erreichen, müssen aber die Zielbeziehungen ebenfalls berücksichtigt werden. Der vorliegende Beitrag leitet daher die Bewertungskriterien ausgehend von den Zielen einer nachhaltigen Entwicklung her. Die Weltgemeinschaft hat mit den Sustainable Development Goals (SDGs) im Jahr 2015 einen Konsens über 17 weltweit relevante Ziele der nachhaltigen Entwicklung erreicht.[36] Diese finden ihre Umsetzung in der Nachhaltigkeitsstrategie der Bundesregierung und dem

---

32 *H. Rogall*, Nachhaltige Ökonomie, 2. Auflage, Marburg 2012, S. Kap. 7 ff.
33 *R. Thaler/C. Sunstein*, Nudge, New York 2009.
34 *E. Feess/A. Seeliger* (Fn. 5).
35 *J. Winzer* (Fn. 5).
36 Vereinte Nationen, Transforming our world, New York, NY 2015.

dazu gehörenden Indikatorenbericht für Nachhaltige Entwicklung in Deutschland.[37] Das nachfolgende Kapitel E stellt die SDGs kurz vor.

E. Sustainable Development Goals und ihre Umsetzung den der deutschen Nachhaltigkeitsstrategie

Im September 2015 einigten sich die 193 Mitgliedstaaten der Vereinten Nationen auf eine Resolution der Agenda 2030 für eine nachhaltige Entwicklung. Diese Resolution beinhaltete die SDGs, die damit die Millenniumsziele der UN ablösen.[38] Die Umsetzung dieser Ziele erfolgte in Deutschland durch die Überarbeitung der Nachhaltigkeitsstrategie der Bundesregierung.[39]

Die erste Nachhaltigkeitsstrategie war 2002 verabschiedet worden. In den Jahren 2004, 2008, 2012 und 2016 wurde sie überarbeitet. Bereits die erste Nachhaltigkeitsstrategie 2002 enthielt 21 Indikatoren, welche die Entwicklungen messbar machen sollten. Über diese Indikatoren wird seit 2006 im 2-Jahres-Rhythmus mit dem Indikatorenbericht für Nachhaltige Entwicklung in Deutschland berichtet. Dieser war bis 2014 in die vier Bereiche Generationengerechtigkeit, Lebensqualität, sozialer Zusammenhalt und internationale Verantwortung gegliedert. Er enthielt 21 Kriterien und insgesamt 38 Indikatoren. Mit der umfassenden Überarbeitung der Nachhaltigkeitsstrategie wurde auch der Indikatorenbericht entsprechend überarbeitet. Zu den 17 SDGs werden nun 63 Indikatoren berichtet.[40]

Abbildung 4 zeigt die Sustainable Development Goals im Überblick. Auf eine detaillierte Abhandlung der Ziele und der dahinterliegenden Indikatoren soll an dieser Stelle verzichtet werden.

---

37 Bundesregierung (Fn. 6); Statistisches Bundesamt, Nachhaltige Entwicklung in Deutschland, Wiesbaden 21.02.2017.
38 Vereinte Nationen (Fn. 36).
39 Bundesregierung (Fn. 6).
40 Statistisches Bundesamt (Fn. 37); Bundesregierung (Fn. 6).

Abbildung 4: *Sustainable Development Goals im Überblick, Quelle: Vereinte Nationen 2015.*

F. Herleitung der Bewertungskriterien aus den SDGs

I. Für den sinkenden Stromkonsum relevante Ziele

Wie in der Einleitung festgehalten, soll ein sinkender Stromkonsum gewährleisten, dass ein höherer Anteil des Strombedarfs mit erneuerbaren Energien gedeckt werden kann. Die beiden SDG *7 Bezahlbare und saubere Energie* und *13 Maßnahmen zum Klimaschutz* beinhalten diese Zielstellung.

Die Indikatoren dieser beiden Ziele sind für die Evaluation politisch-rechtlicher Instrumente zur Förderung des nachhaltigen Stromkonsums in jedem Fall anzuwenden. Im Rahmen der deutschen Nachhaltigkeitsstrategie wird die Zielerreichung des Ziels *7 Bezahlbare und saubere Energie* mit folgenden Indikatoren bewertet:

7.1.a   Endenergieproduktivität
7.1.b   Primärenergieverbrauch
7.2.a   Anteil erneuerbarer Energien am Brutto Endenergieverbrauch
7.2.b   Anteil des Stroms aus erneuerbaren Energiequellen am Bruttostromverbrauch

Da der Anteil erneuerbarer Energie eher angebotsseitig beeinflusst wird, sind für die Bewertung von Instrumenten, die den Stromverbrauch senken sollen, nur die beiden ersten Indikatoren relevant. Die Endenergieproduktivität als Indikator sagt lediglich etwas darüber aus, wie effizient die Energie im Hinblick auf die Wertschöpfung eingesetzt worden ist. Das eigentliche Ziel, die Senkung des (Primär-) Energieverbrauches, kann auch bei verbesserter Energieproduktivität nur erreicht werden, wenn das Nachhaltigkeitsparadigma[41] eingehalten wird.[42]

In der Betrachtung des Primärenergieverbrauchs in Deutschland zwischen 1990 und 2015 fällt auf, dass dieser mit größeren Schwankungen und längeren Stagnationsphasen insgesamt von 333 Mio. TRÖE (Tonnen-Rohöl-Einheiten) auf 293 Mio. TRÖE abgenommen hat. Dies entspricht 12 % in 25 Jahren (ca. ½ Prozent pro Jahr im Durchschnitt). Seit 2008 hat er um 7 % abgenommen.[43] Bis 2020 soll der Primärenergieverbrauch in Deutschland um weitere 13 % (ausgehend von 2008) sinken. Im Jahr 2050 soll der Primärenergieverbrauch nur noch 50 % des Wertes aus 2008 betragen.[44] Dies ist nur mit weiteren Maßnahmen, also dem Einsatz politisch rechtlicher Instrumente erreichbar.

Das Ziel *13 Maßnahmen zum Klimaschutz* wird durch den Indikator Treibhausgasemissionen in CO_2-Äquivalenten gemessen. Zwischen 1990 und 2015 haben die Treibhausgasemissionen insgesamt um 27,2 % abgenommen. Die Treibhausgasemissionen der Verbrennung von Brennstoffen in der öffentlichen Elektrizitäts- und Wärmeerzeugung haben von 1990 bis 2015 lediglich um 10% abgenommen.[45] Wenn die Elektrizitäts- und Wärmeerzeugung ebenfalls einen Beitrag zur Senkung der Treibhausgasemissionen leisten soll, müssen die bestehenden politisch-rechtlichen Instrumente angepasst oder um weitere Instrumente ergänzt werden.

---

41 Das Nachhaltigkeitsparadigma der Nachhaltigen Ökonomie besagt, dass die Ressourcenproduktivität (hier Energieproduktivität) schneller steigen muss als der Output (hier die Wertschöpfung), damit der Ressourcenverbrauch (hier: Energieverbrauch) sinkt.

42 *H. Rogall* (Fn. 32), S. 177.

43 Eurostat, Energieeinsparungen – jährliche Daten. nrg_ind_334a 2017.

44 Statistisches Bundesamt (Fn. 37).

45 Eurostat, Treibhausgasemissionen nach Quellsektor. env_air_gge 2017.

II. Interdependenzen mit den ökonomischen Einflussfaktoren

Ausgehend von den Einflussfaktoren des Stromkonsums der Haushalte (Teil C) sollen im Folgenden Interdependenzen mit den SDGs herausgearbeitet werden. Ziel ist es, die SDGs und Indikatoren herauszuarbeiten, die bei der Evaluation politisch-rechtlicher Instrumente zur Senkung des Stromkonsums berücksichtigt werden müssen, um einseitige Zieloptimierungen zu vermeiden.

Eine Senkung des Stromkonsums könnte durch das ökonomische Instrument der Stromsteuer erreicht werden (vgl. C.II). Da einkommensschwache Haushalte einen höheren prozentualen Anteil ihres Einkommens für den Stromkonsum aufwenden, besteht eine Interdependenz mit dem SDG *1 Keine Armut*. Die Zielerreichung wird in Deutschland anhand der Indikatoren 1.1.a Materielle Deprivation und 1.1.b erhebliche materielle Deprivation als Anteil der Bevölkerung gemessen.[46] Die Indikatoren messen den Anteil der Bevölkerung, der nicht in der Lage ist, für mindestens sieben (materielle Deprivation) bzw. mindestens vier (erhebliche) von neun vordefinierten Grundbedürfnissen finanziell auszukommen. Die Indikatoren überschneiden sich mit den Indikatoren der Armutsgefährdung.[47] Ferner besteht aus ähnlichen Überlegungen eine Interdependenz mit dem SDG *10 Weniger Ungleichheit*, gemessen durch den Indikator 10.2 Gini-Koeffizient der Einkommensverteilung.

Eine Erhöhung der Stromsteuer könnte einkommensschwache Haushalte unverhältnismäßig stark belasten und die materielle Deprivation erhöhen. Insbesondere einkommensstarke Haushalte weisen eine geringe Preiselastizität für Strom auf. Die gewünschten Effekte würden also ausbleiben. Da einkommensstarke Haushalte einen höheren durchschnittlichen Stromkonsum aufweisen (in Kilo-Watt-Stunden), aber einen geringeren Anteil ihres Einkommens dafür verwenden müssen, könnten progressive Elemente dieser Schwierigkeit begegnen.

Die Analyse in Kapitel C.II hat einen Zielkonflikt zwischen sinkendem Stromkonsum und steigendem Einkommen (gemessen als BIP pro Kopf) aufgedeckt. Dies wird im SDG *8 Menschenwürdige Arbeit und Wirt-*

---

46 Statistisches Bundesamt (Fn. 37).
47 Eurostat, Rate der erheblichen materiellen Deprivation nach NUTS-2-Regionen. ilc_mddd21 2017; Eurostat, Rate der materiellen Deprivation – Dimension 'Wirtschaftliche Belastung und langlebige Gebrauchsgüter', nach Anzahl der Posten, die materielle Entbehrung bedeuten – EU-SILC Erhebung. ilc_sip8 2017.

schaftswachstum im Indikator 8.4 abgebildet. Dies betrifft auch den Zusammenhang zwischen Beschäftigung und Stromkonsum. Der Indikator *8.5 Erwerbstätigenquote* spiegelt die Indikatoren zur Beschäftigung hinreichend wieder.

Das Armutsrisiko weist ebenfalls einen Zielkonflikt mit einem sinkenden Stromkonsum auf und wird wie oben erläutert im SDG *1 Keine Armut* abgebildet.

III. Interdependenzen mit den interpersonalen Einflussfaktoren

Zwar erscheint eine Steuerung der Geschlechterverteilung (vgl. C.III) weder sinnvoll, noch ethisch vertretbar, dennoch weist diese Determinante eine Beziehung zum SDG *5 Geschlechtergleichstellung* auf. Vor diesem Hintergrund ist zu untersuchen, warum die Geschlechterverteilung einen Einfluss auf den durchschnittlichen Stromkonsum haben könnte. Es geht um die kausale Wirkungskette. Denkbar wären untenstehende Erklärungsansätze. Nähere Untersuchungen auf Mikroebene können klären, inwiefern diese Ansätze zutreffen. Daraus ergeben sich dann Konsequenzen für den Einsatz indirekte Instrumente:

Kausalzusammenhang: Der Stromkonsum ist bei einem höheren Anteil an Männern ist höher, weil …	Konsequenz für indirektes Instrument
Männer ein höheres pro Kopf Einkommen aufweisen. Es handelt sich also um eine Scheinkorrelation.	
sich das Stromkonsumverhalten von Männern und Frauen aufgrund der sozialen Prägung unterscheidet (Adaption des geschlechtsspezifisch erwarteten Verhaltens).	Anpassungen in der frühkindlichen Erziehung (Bildung für nachhaltige Entwicklung, Einüben von neuen Erwartungen)
sich das Stromkonsumverhalten von Männern und Frauen aufgrund physiologischer/ biologischer/ genetischer Gegebenheiten unterscheidet.	

Die Gesamtbelastungsquote[48] weist eine mittelbare Interdependenz mit dem SDG *8 Menschenwürdige Arbeit und Wirtschaftswachstum* auf, da sie die Bevölkerung im nicht erwerbsfähigen bzw. -tätigen Alter zur Bevölkerung im erwerbsfähigen bzw. -tätigen Alter in Relation setzt.

---

48 Gesamtbelastungsquote, 2. Variante: Anteil der Bevölkerung unter 20 Jahren und im Alter von 60 und mehr Jahren bezogen auf die Bevölkerung im Alter von 20 bis 59 Jahren.

Die Haushaltsgröße weist Interdependenzen mit verschiedenen Indikatoren des SDG *11 Nachhaltige Städte und Gemeinden* auf:

11.1.a Anstieg der Siedlungs- und Verkehrsfläche
11.1.c Siedlungsdichte
11.3 Überlastung durch Wohnkosten

Der Anteil der Einpersonenhaushalte ist seit 1990 von 35 % auf 41 % in 2016 gestiegen. Bei den Zweipersonenhaushalten stieg der Anteil von 30 % auf 34 %.[49] Gelingt es den Trend zur Vereinzelung zu stoppen, bzw. umzukehren, beeinflusst dies den durchschnittlichen Stromkonsum ebenso positiv wie die genannten Indikatoren des *SDG 11*. In einer freiheitlich demokratischen Grundordnung scheint es allerdings nicht vertretbar, dieses Ziel über den Einsatz regulatorische Instrumente erreichen zu wollen. Denkbar sind aber ökonomische und indirekte Anreize in diesen Handlungsfeldern.

Zwischen der Senkung des Stromkonsums und dem SDG *4 Hochwertige Bildung* besteht ebenfalls ein Zielkonflikt. Der Indikator der Bundesregierung *4.1.b 30- bis 34-Jährige mit tertiärem oder postsekundarem nicht-tertiären Abschluss (sic)*[50] entspricht sehr weitgehend der in C.III untersuchten Variable. Ein mittelbarer Zusammenhang besteht auch mit dem Indikator *10.1 Ausländische Schulabsolventinnen* (SDG 10). Für eine nachhaltige Entwicklung kann nicht der Bildungsgrad abgesenkt werden, damit dann eventuell der Stromverbrauch sinkt. Aber: energieverbrauchsrelevantes Verhalten sollte auf allen Ebenen des Bildungssystems zum Pflichtinhalt werden. Dies ist Aufgabe der Bildungspolitik. Allerdings weisen bildungspolitische Maßnahmen im Hinblick auf den Stromkonsum vermutlich eine große zeitliche Wirkungsverzögerung auf. Insofern können sie nur ergänzend sein, sind aber für die spätere Senkung nicht weniger wichtig als sofort wirkende Maßnahmen.

Die digitale Infrastruktur spiegelt sich im SDG *9 Industrie, Innovation und Infrastruktur* wider. Unter Berücksichtigung der Digitalen Agenda der

---

49 Statistisches Bundesamt, Bevölkerung – Haushalte nach Haushaltsgrößen, https://www.destatis.de/DE/ZahlenFakten/Indikatoren/LangeReihen/Bevoelkerung/lrbev05.html.
50 Postsekundär: Weiterbildungsqualifikation nach Abschluss der (dualen) Berufsausbildung;
Tertiär: u.a.Hochschulabschluss.

Bundesregierung überrascht es, dass dies nicht durch einen eigenen Indikator in der Nachhaltigkeitsstrategie widergespiegelt wird.[51]

Gleiches gilt für die Verkehrsgewohnheiten (Anteil derjenigen, die regelmäßig den ÖPNV nutzen): Auch hier wären Indikatoren im SDG *9 Industrie, Innovation und Infrastruktur* zu erwarten, finden sich aber nicht. Lediglich im SDG *11 Nachhaltige Städte und Gemeinden* findet sich der Indikator *11.2.c Erreichbarkeit von Mittel- und Oberzentren mit öffentlichen Verkehrsmitteln.* Ein einschlägiger Indikator zum ÖPNV fehlt in der deutschen Nachhaltigkeitsstrategie. Gleichwohl liegt dennoch eine Interdependenz in Form einer Zielkomplementarität zwischen einem niedrigen durchschnittlichen Stromverbrauch und einem hohen Anteil an ÖPNV Nutzung vor, d.h. die Erreichung des ersten Zieles fördert die Erreichung des zweiten Zieles.

Deprivation der Unterkunft weist Interdependenzen mit den SDGs *1 keine Armut* und *11 Nachhaltige Städte und Gemeinden* (11.3 Überlastung durch Wohnkosten) auf.

IV. Interdependenzen mit den intrapersonalen Einflussfaktoren

Die Indikatoren zur Zufriedenheit und Vertrauen weisen, wie in C.IV erläutert, hohe Interdependenzen mit *8 Menschenwürdige Arbeit und Wirtschaftswachstum* auf.

Insgesamt weisen viele Indikatoren einer nachhaltigen Entwicklung positive Korrelationen mit der wirtschaftlichen Entwicklung auf, gemessen am BIP pro Kopf. Dies gilt generell nicht für die Indikatoren der Ressourcenschonung. Insofern ist eine Entkopplung der gesellschaftlichen Entwicklung vom Ressourcenverbrauch bisher nicht gelungen. Ziele der Ressourcenschonung stehen damit im direkten Zielkonflikt mit solchen, die positiv von der wirtschaftlichen Entwicklung abhängen. Es muss also entweder gelingen, die wirtschaftliche Entwicklung vom Ressourcenverbrauch abzukoppeln oder (bzw. und) die Entwicklung gesellschaftlicher Indikatoren vom Wirtschaftswachstum abzukoppeln. Es geht um angemessene Standards in allen drei Dimensionen, so dass Interdependenzen hinreichend berücksichtigt werden müssen.

---

51 Bundesministerium des Innern/Bundesministerium für Wirtschaft und Energie, Legislaturbericht – Digitale Agenda 2014-2017, Wiesbaden 05.2017.

V. Zusammenfassung der Evaluationsbedingungen

Die Tabelle 3 auf der Folgeseite stellt die Faktoren aus Kapitel C den SDGs in einer Matrix gegenüber. Zielbeziehungen sind jeweils mit einem ‚x' gekennzeichnet. Für jedes SDG ergibt die Anzahl der ‚x' die Relevanz als Bewertungskriterium bzw. der Bedingung für den Einsatz politisch-rechtlicher Instrumente zur Senkung des Stromkonsums. SDGs mit denen keine Interdependenzen vorliegen, sind grau schraffiert, während die beiden Hauptziele *7 Bezahlbare und saubere Energie* sowie *13 Maßnahmen zum Klimaschutz* schattiert sind.

Daraus ergeben sich die nachfolgenden SDGs, deren Indikatoren bei der Evaluation politisch-rechtlicher Instrumente für die Senkung des Stromkonsums berücksichtigt werden müssen:

Tabelle 2: Zielindikatoren für politisch-rechtliche Instrumente zur Strom-verbrauchssenkung

SDG	Relevanz
1 Keine Armut	3
4 Hochwertige Bildung	1
5 Geschlechter Gleichheit	1
7 Bezahlbare und saubere Energie	!
8 menschenwürdige Arbeit und Wirtschaftswachstum	5
9 Industrie, Innovation, Infrastruktur	2
10 weniger Ungleichheit	2
11 nachhaltige Städte und Gemeinden	3
13 Maßnahmen zum Klimaschutz	!

Die Relevanz ergibt sich aus der Anzahl der Interdependenzen mit den Determinanten des Stromkonsums. Sie sollte aber nicht als Gewichtung oder Priorisierung verstanden werden, sondern lediglich als Erinnerungs-posten im Hinblick auf die Abhängigkeiten und die damit verbundene Komplexität. Der Einsatz einzelner Instrumente kann dieser Komplexität und den dargelegten Zielkonflikten in der Regel nicht gerecht werden, sondern erfordert einen aufeinander abgestimmten Instrumentenmix.

Tabelle 3: Ableitung der relevanten Zielindikatoren

Einflussfaktor	Maßzahl	Einfluss Stromkonsum	Optimierungsrichtung	Zielbeziehung: Stromkonsum senken	Keine Armut	Kein Hunger	Gesundheit und Wohlergehen	Hochwertige Bildung	Geschlechter Gleichheit	Sauberes Wasser	Bezahlbare und saubere Energie	Wirtschaftswachstum und menschenwürdige Arbeit	Industrie, Innovation Infrastruktur	weniger Ungleichheit	nachhaltige Städte und Gemeinden	Nachhaltiger Konsum & Produktion	Maßnahmen zum Klimaschutz	Leben unter Wasser	Leben an Land	Frieden, Gerechtigkeit und starke Institutionen	Partnerschaften zur Zielerreichung
Preise und Steuern	Preise und Steuern pro Kilo-Watt-Stunden	↗		Konflikt wenn p↗	x									x							
Einkommen und Konsumausgaben	Einkommen und Ausgaben pro Kopf und Jahr	↗	←	Konflikt																	
Beschäftigung	Anteil Beschäftigte	↗	←																		
	Anteil Beschäftigte mit mehr als einem Job	↗	←	Konflikt																	
	Anteil Langzeitarbeitslose an AL	↗	→	Konflikt				x				x									
Armutsrisiko	Anteil von Armut & sozialer Ausgrenzung bedrohter	↗	→	Konflikt	x																
Geschlechterverteilung	Anteil ♂	↗							x												
Gesamtbelastungsquote	Gesamtbelastungsquote (2. Variante)	↗																			
Haushaltsgröße	Anteil Einpersonenhaushalte	↗		komplementär											x						
	durchschn. Haushaltsgröße	↗		Konflikt																	
Bildungsniveau	Anteil postsekundärer Bildung	↗	←	Konflikt				x					x								
Digitale Infrastruktur	Anteil Internetzugang und Nutzung	↗	←	Konflikt									x								
Verkehrsgewohnheiten (Anteil ÖPNV)		↗	←	komplementär								x			x						
Deprivation der Unterkunft	Anteil feuchte dunkle Wohnung (gefühlt)	↗	→	Konflikt	x							x			x						
Zufriedenheit	durchschnittliche Zufriedenheit (Rating)	↗	←	Konflikt								x		x							
Vertrauen	durchschnittliches Vertrauen (Rating)	↗	←	Konflikt																	
Relevanz					3		1	1	1		!	5	2	2	3		!				

G. Anwendung der Evaluationskriterien im Hinblick auf die Erhöhung der Stromsteuer

I. Anwendung zur Rechtsfolgenabschätzung, Evaluation und Optimierung politisch-rechtlicher Instrumente

Aufgrund der Kürze des vorliegenden Beitrages kann keine vollständige Evaluation politisch-rechtlicher Instrumente mit Hilfe der Zielindikatoren erfolgen. Vielmehr soll die Anwendung der Zielindikatoren sehr knapp an einzelnen Aspekten beleuchtet werden. Kapitel G.II wird dann Chancen und Hemmnisse in der Anwendung der Zielindikatoren ausgehend von den SDGs zusammenfassen.

Da die Wirkzusammenhänge (Interdependenzen) der Zielindikatoren bekannt sind bzw. anhand vorliegender Daten analysierbar sind, können sie vor dem Beschluss einer neuen Rechtsetzung genutzt werden, um die Folgen dieser Rechtssetzung abzuschätzen.

Angenommen, es ist eine Erhöhung der Stromsteuer geplant, um den Stromverbrauch zu senken: Aus der Analyse der Determinanten (geringe Preiselastizität) ergibt sich, dass die Stromsteuer substantiell erhöht werden müsste, damit eine signifikante Wirkung auf die Hauptziele *7 Bezahlbare und saubere Energie* sowie *13 Maßnahmen zum Klimaschutz* prognostiziert werden kann.

Aus der Interdependenz mit *SDG 1 Keine Armut* kann abgeleitet werden, dass eine spürbare Erhöhung der Stromsteuer, sollte sie linear erfolgen, negative Verteilungseffekte erwarten lässt. Dieser Zielkonflikt könnte durch eine progressive Stromsteuer vermieden werden.

Aus den Interdependenzen mit *SDG 4 Hochwertige Bildung* und *5 Geschlechter Gleichheit* lässt sich erkennen, dass neben der neuen progressiven Stromsteuer als ökonomisches Instrument weitere flankierende indirekte Instrumente notwendig sind. Dies wäre die Aufnahme von stromverbrauchsrelevanten Verhaltensweisen in die Rahmenlehrpläne aller Bildungsstufen. Hier können Schwierigkeiten im Hinblick auf die Zuständigkeiten entstehen: Für die Gestaltung einer Stromsteuer wäre der nationale Gesetzgeber zuständig, für die der Rahmenlehrpläne hingegen die einzelnen Bundesländer.

Der Zielkonflikt in der Interdependenz mit dem *SDG 8 menschenwürdige Arbeit und Wirtschaftswachstum* kann durch zwei flankierende Maßnahmen angegangen werden: Einerseits können Informationskampagnen als indirektes Instrument die Akzeptanz einer progressiven Stromsteuer steigern. Andererseits ist die letztendliche Wirkung auf Beschäftigung und Wirtschaftswachstum von der Mittelverwendung abhängig. Bei der Einführung der Stromsteuer im Jahr 1999 im Zuge der ökologischen Steuerreform war es das klare Ziel, Energie zu verteuern und die zusätzlichen Einnahmen zur Senkung der Sozialversicherungsbeiträge zu nutzen.[52] Zur Krisenbewältigung forderte das FÖS 2010 eine Verschärfung der ökologischen Steuerreform.[53]

Im Hinblick auf die Zielharmonie bzgl. *SDG 9 Industrie, Innovation, Infrastruktur* und *SDG 11 nachhaltige Städte und Gemeinden* sind verkehrspolitische Maßnahmen zur Stärkung des ÖPNV anzuraten. Durch den Einsatz von Informationskampagnen (z.B. Plakate im ÖPNV) kann die Zielharmonie weiter gestärkt werden.

II. Chancen und Hemmnisse in der Anwendbarkeit der Zielindikatoren

Die schlaglichtartige Anwendung der Zielindikatoren in G.I lässt Chancen und Hemmnisse bei der Verwendung der aus den SDGs abgeleiteten Zielindikatoren erkennen.

Als Chancen können zusammengefasst werden: (1) Durch die Ableitung der Evaluationskriterien aus der deutschen Nachhaltigkeitsstrategie besteht eine Konsistenz mit übergeordneten gesellschaftlichen Zielstellungen. (2) Es werden Interdependenzen berücksichtigt und somit eine einseitige Zieloptimierung vermieden. (3) Die Analysemethode ist auch auf andere Handlungsfelder (z.B. Mobilität) übertragbar. (4) Da vorhandene Daten genutzt wurden, ist die Analyse und Herleitung der jeweils relevanten Kriterien mit überschaubarem, vertretbarem Aufwand möglich.

Andererseits bleiben eine Reihe von Aspekten unberücksichtigt: (1) Anforderungen zur Bewertung politisch-rechtlicher Instrumente, wie z.B. die Konformität mit höherrangigem Recht, Praktikabilität, Wirkungsverzögerung, Anpassungsfähigkeit und Dynamik, Akzeptanz, aber auch ökonomische Effizienz werden nicht berücksichtigt.[54] Notwendig ist also

---

52 *F. Ekardt/S. Klinski/T. Schomerus* (Fn. 10); Deutscher Bundestag, Drucksache 14/40 – Gesetzentwurf der Fraktionen SPD und BÜNDNIS 90 Die Grünen – Entwurf eines Gesetzes zum Einstieg in die ökologische Steuerreform 17.11.1998.

53 *D. Ludewig/B. Meyer/K. Schlegelmilch*, Nachhaltig aus der Krise, Berlin 2010.

54 *R. Costanza/J. Cumberland/H. Daly/R. Goodland/R. Norgaard/I. Kubiszewskiw/C. Franco*, An introduction to ecological economics², Boca Raton Fla. 2015;

ein sequentielles Bewertungsverfahren: In einer ersten Stufe werden diese Anforderungen an politisch-rechtliche Instrumente geprüft und in einer zweiten Stufe werden die Wirkungen auf die Zielindikatoren geprüft.

Ferner unterbleibt (2) eine zielgerichtete Bewertung in den drei Dimensionen der Nachhaltigkeit, wie sie u.a. das Operationalisierungsschema von *H. Rogall* (2012) vorschlägt. Dort werden übergeordnet in jeder der drei Dimensionen nachhaltigen Wirtschaftens fünf Problemfelder identifiziert. Für die einzelnen Handlungsfelder, in diesem Fall die Energiepolitik, werden dann jeweils handlungsfeldspezifische Ziele und Indikatoren abgeleitet. Dadurch wird gewährleistet, dass alle drei Zieldimensionen angemessen berücksichtigt werden. Eine Verknüpfung dieser Indikatoren mit den Zielindikatoren ist hinsichtlich ihrer Machbarkeit und des zusätzlichen Erkenntnisgewinns vielversprechend und daher zu prüfen.

H. Fazit

Ziel der Untersuchung war es, Kriterien ausgehend von den SDGs zur Bewertung von politisch-rechtlichen Instrumenten für eine Senkung des Stromverbrauchs herauszuarbeiten. Die Untersuchung hat unter Berücksichtigung der Determinanten des Stromverbrauchs der europäischen Haushalte Interdependenzen zu neun SDGs herausgearbeitet, die daher zur Evaluation herangezogen werden sollten. Die Analyse hat ferner klargestellt, dass diese Evaluationskriterien ergänzend zum bereits bekannten Kriterienkatalog angewendet werden sollten. Das Kapitel G.II hat einen Ausblick auf die Verfeinerung der Methodik gegeben.

Die Analyse der Determinanten des Stromverbrauchs der Europäischen Haushalte erfolgte mittels Indikatoren, die bei Eurostat vorliegen. Deutschland ist jeweils aufgrund der entsprechenden europäischen Richtlinien dazu verpflichtet, die entsprechenden Zahlen an Eurostat zu melden und kommt diesen Pflichten auch nach. Umso mehr überrascht es, dass im Indikatorenbericht für nachhaltige Entwicklung in Deutschland (a) andere Kennzahlen, (b) leicht abgewandelte Kennzahlen genutzt werden oder (c) verfügbare und sachgerechte Kennzahlen (z.B. Nutzungsrate des ÖPNV) nicht genutzt werden. Dies erschwert leider die Vergleichbarkeit mit ande-

---

Costanza/Cumberland/Daly/Goodland/Norgaard/Eser (Hrsg.), Einführung in die ökologische Ökonomik (2001); *H. Rogall* (Fn. 32).

ren europäischen Staaten und damit auch die Erfolgsbewertung einer nachhaltigen Entwicklung in Deutschland.

Der Einfluss der EU-Netzkodizes für Elektrizität auf das deutsche Recht und erneuerbare Energien

*Anna Brüning-Pfeiffer**

A. Einleitung

Ab 2018 beginnt nach einem jahrelangen Abstimmungsprozess auf EU-Ebene die Implementierungsphase der Europäischen Netzkodizes für Elektrizität. Sie bilden ein Instrument, das dazu beitragen soll, die grenzüberschreitende Stromübertragung in Europa zu vereinheitlichen und vorhersehbarer zu machen. Sowohl in materieller wie formeller Hinsicht sind diese Kodizes ein Novum,[1] denn zusammen mit den Leitlinien der Europäischen Kommission bilden sie eine neue, sogenannte „tertiäre Regulierung"[2] im Energiebereich. Durch das Komitologie-Verfahren, bei welchem die nationalen Verwaltungs- und Expertenausschüsse innerhalb der Europäischen Union für den Erlass von EU-Rechtsakten verantwortlich sind, werden die Netzkodizes in einem zweiten Schritt als Verordnungen verabschiedet. Somit gibt es erstmals europarechtlich verbindliche Regulierungen für die Harmonisierung der grenzüberschreitenden Stromübertragung.

Bislang wurde die grenzüberschreitende Stromübertragung von den Übertragungsnetzbetreibern (ÜNBs) und deren nationalen Regulierungsbehörden bilateral vertraglich geregelt. Doch indem der grenzüberschreitende Stromhandel auch als Objekt des Binnenmarktes definiert wurde, fällt er seit dem dritten Energiebinnenmarkt-Paket von 2009 nun auch in den Zuständigkeitsbereich der Europäischen Kommission, welche die Sicherung des freien europäischen Wettbewerbs anstrebt.

---

* Anna Brüning-Pfeiffer ist Doktorandin der Leuphana Universität Lüneburg und der Hochschule für Wirtschaft und Recht Berlin. Während ihrer Promotion wird sie durch ein Stipendium des Berliner Chancengleichheitsprogramms (BCP) gefördert.
1 Im Gasbereich wurden ebenfalls Netzkodizes entwickelt, die hier jedoch nicht näher betrachtet werden.
2 *D. Leffler/S. Fischerauer* (Hrsg.), EU-Netzkodizes und Kommissionsleitlinien, Praxishandbuch, Nomos Verlagsgesellschaft Baden-Baden 2017, S. 22.

Argumentiert wird, dass durch die verbesserten Verbindungen zwischen Nachbarstaaten 1. die Netze verlässlicher und Black-outs seltener werden 2. Strom günstiger wird, da weniger Kraftwerke gebaut werden müssten 3. Konsumenten mehr Wahlfreiheit bei den Stromanbietern haben und 4. erneuerbare Energien, insbesondere Wind- und Solarkraft besser ins Netz integriert werden können.[3]

Doch wie die Netzkodizes das deutsche Recht genau beeinflussen, ist derzeit noch nicht eindeutig und wird erst nach Vollendung der Implementierung im Detail sichtbar werden. In der juristischen Literatur wird dies derzeit rege diskutiert.[4] Weniger Beachtung fand bisher die Frage, welche Rolle die EU-Netzkodizes für die erneuerbaren Energien spielen. Dabei ist in diesem Beitrag von besonderem Interesse, welche politische bzw. systemische Gewichtung die Netzkodizes der Integration von erneuerbaren Energien zuschreiben und ob durch die Kodizes eine Benachteiligung oder Förderung von erneuerbaren Energien zu erwarten ist. Dabei spielt zum Beispiel eine Rolle, ob die neuen Verordnungen eher großflächige Erzeugungsanlagen bevorzugen und ob sie die Pluralisierung des Energiesektors, wie sie insbesondere in Deutschland in den letzten Jahren zu beobachten war, sowie kleinere und dezentralere erneuerbare Energieanlagen benachteiligen oder nicht. Beide Fragen werden in dieser Arbeit anhand einer Literaturzusammenfassung bearbeitet und durch Ergebnisse aus Interviews mit Experten der Drafting- und Implementierungsprozesse der Netzkodizes ergänzt.[5] Das Hauptargument dieses Beitrages ist, dass die Europäischen Netzkodizes in der Lage sein sollten, die Pluralisierung der Energieerzeugung und das relativ ausdifferenzierte deutsche Recht der erneuerbaren Energien und des Netzbetriebs in Deutschland zu wahren.

---

3 Europäische Kommission, Connecting power markets to deliver security of supply, market integration and the large-scale uptake of renewables, Fact Sheet, MEMO/ 15/4486, Brüssel, 2015, S. 1.

4 *A. Vallone*, Netzkodex für den Lastanschluss, in: D. Leffler/S. Fischerauer, EU-Netzkodizes und Kommissionsleitlinien – Praxishandbuch, (Fn. 2), S. 87-104.

5 Dieser Beitrag ist ein Exkurs aus einem laufenden Dissertationsprojekt, das den Gestaltungsprozess der EU-Netzkodizes interdisziplinär aus der Perspektive der Rechts- und Politikwissenschaft als auch der Nachhaltigen Ökonomie untersucht.

B. Stand der Forschung

Obwohl Stromnetze und somit auch die grenzüberschreitende Stromüber-tragung in der EU gesellschaftspolitisch hoch relevant sind, wurden sie so-wohl in der sozialwissenschaftlichen Technik- und Umweltforschung, der Nachhaltigkeitsforschung als auch der politikwissenschaftlichen EU-For-schung bisher kaum betrachtet. Zwar gibt es Arbeiten zur Eigentumsent-flechtung, die als ein wichtiger Faktor für die Errichtung des Binnenmark-tes gewertet wird,[6] zur Rolle der Agentur für die Zusammenarbeit der Re-gulierungsbehörden (ACER),[7] oder zum grenzüberschreitenden Stromhan-del,[8] doch sind sie zum Teil veraltet, da es bei ihrer Erscheinung die EU-Netzkodizes noch nicht gab.

Bislang hat sich nur eine kleine Zahl von Arbeiten mit den Netzkodizes selbst auseinandergesetzt. Während einige dieser Arbeiten diese Art der Regulierung als einen schwachen Wandel werten,[9] sehen andere sie als eine „radikale Abkehr" des von-unten-nach-ob Ansatzes des regionalen

---

6 *P. Eikeland,* EU Internal Energy Market Policy: Achievements and Hurdles; in: V. Birchfield/J. Duffield (Hrsg.), Toward a Common European Union Energy Policy – Problems, Progress and Prospects, New York: Palgrave Macmillan, 2011, S. 14-40.

7 *L. Hancher/A. Hauteclocque,* Manufacturing the EU Energy Markets: The Current Dynamics of Regulatory Practice; EUI Working Papers, EUI RSCAS; 2010/01, Robert Schuman Centre for Advanced Studies, 2010.

8 *I. Zenke/R. Schäfer,* Energiehandel in Europa – Öl, Gas, Strom, Derivate, Zertifika-te; 3. Auflage, Verlag C.H. Beck München 2012; Gramlich, L. / Manger-Nestler, C. (Hrsg.), Europäisierte Regulierungsstrukturen und –netzwerke – Basis einer künfti-gen Infrastrukturvorsorge; Schriftenreihe des Arbeitskreises Europäische Integrati-on e.V., Band 74, Nomos Verlagsgesellschaft, 1. Auflage, Baden-Baden 2011; *F. Presser,* Grenzüberschreitender Stromhandel. Die Entwicklung zu einem europä-ischen Binnenmarkt für Strom; Europäische Hochschulschriften, Reihe II Rechts-wissenschaft, Bd./Vol. 5187, Peter Lang Internationaler Verlag der Wissenschaften, 2011, Frankfurt am Main; *B.-M. Zinow,* Rechtsprobleme der grenzüberschreitenden Durchleitung von Strom in einem EG-Binnenmarkt für Energie; Europäische Hoch-schulschriften, Bd. 1139, Reihe II Rechtswissenschaft, Peter Lang Verlag, Frankfurt am Main, Bern, New York, Paris, 1991.

9 *A. Hauteclocque/K. Talus,* Capacity to Compete: Recent Trends in Access Regimes in Electricity and Natural Gas Networks; EUI Working papers, RSCAS 2011/09, Robert Schuman Centre for Advanced Studies, 2011.

Prozesses.[10] Vlachou[11] wertet insbesondere die Abkehr von freiwilliger Kooperation der Übertragungsnetzbetreiber hin zu einer verpflichtenden Zusammenarbeit in der EU als einen zentralen Wandel der Regulierungsstruktur, während Jevnaker[12] vor allem die Zentralisierung der Regulierung durch die ACER, dem Europäischen Netzwerk der Übertragungsnetzbetreiber (ENTSO-E) und der Europäischen Kommission weg von einer intergouvernementalen Ordnung hervorhebt.

Auch in der juristischen Literatur wurde der regulatorische Rahmen der Hochspannungsnetze bislang fragmentarisch aufbereitet und analysiert.[13] So wurden oft punktuelle Fragen wie zur Entflechtung, Anreizregulierung, des Engpassmanagements oder zum Netzanschluss von EE-Anlagen kommentiert.[14] Jedoch gab es auch immer wieder einzelne Veröffentlichungen zum aktuellen Stand der Netzkodizes.[15] Eine erste umfangreiche rechtwissenschaftliche Betrachtung über die Auswirkung der EU-Netzkodizes auf

---

10 *G. Squicciarini/G. Cervigni/D. Perekhodtsev/C. Poletti,* The Integration of the European Electricity Markets at a Turning Point: From the Regional Model to the Third Legislative Package; EUI Working Paper, RSCAS 2010/56, Robert Schuman Centre for Advanced Studies, Florence School of Regulation, Florence, 2010, S. 15.

11 *C. Vlachou,* The Adoption of Network Codes in the Field of Energy: Availability of Judicial Review in a Multi-stage Procedure; EUI Working Papers, 2012/39, Robert Schuman Centre of Advanced Studies, Loyola de Palacio Programme on Energy Policy, European University Institute, Florence, 2012.

12 *T. Jevnaker,* Regulate or else... The EU procedure for harmonizing cross-border network codes for electricity; University of Oslo, The Fridtjof Nansen Institute, Oslo, 2012; *T. Jevnaker,* Pushing administrative EU integration: the path towards European network codes for electricity, Journal of European Public Policy, Volume 22, Issue 7, 2015, S. 927-947.

13 *M. Meister,* Systemdienstleistungen und Erneuerbare Energien – unter besonderer Berücksichtigung des Rechts der Versorgungssicherheit im engeren Sinne und der Entwicklung des Regulierungsrechts, Erich Schmidt Verlag, Berliner Schriften zum Energierecht 1, 2017.

14 *U. Steger/U. Büdenbender/D. Feess/D. Nelles:* Die Regulierung europäischer Netze. Offene Fragen und Lösungsansätze; Ethics of Science and Technology Assessment, Vol. 32, Europäische Akademie zur Erforschung von Folgen wissenschaftlich-technischer Entwicklungen, Springer Verlag, Bad Neuenahr-Arweiler, 2008.

15 *R. Günther/G. Brucker,* Rechtsetzung durch Netzkodizes – Hintergrund und Stand; Recht der Energiewirtschaft, 95(6), 2017, S. 216-224; *H. Weyer,* Europäische Netzkodizes Strom und Gas – zwischen Selbstregulierung und Normsetzung in: Bien, F./Ludwigs, M. (Hrsg.), Das europäische Kartell- und Regulierungsrecht der Netzindustrien – Eine inter- und intradisziplinäre Disziplin, 1. Aufl., Reihe: IUS EUROPAEUM, Bd. 62, Nomos, 2015, S. 123-156.

deutsches Recht bieten jedoch vor allem Leffler und Fischerauer,[16] an deren Einschätzungen dieser Beitrag maßgeblich anknüpft.

C. Rechtsrahmen

Die Regulierung der Stromnetze obliegt nach wie vor den nationalen Regulierungsbehörden; in Deutschland ist dies die Bundesnetzagentur in Bonn zusammen mit den zuständigen Landesregulierungsbehörden. Doch wichtige Impulse zur Regulierung der grenzüberschreitenden Stromübertragung und der Wettbewerbsförderung für die Vollendung des Energiebinnenmarktes wurden auch durch das Völker- und Gemeinschaftsrecht gesetzt.

Das sogenannte Kyoto-Protokoll, das Rahmenübereinkommen der Vereinten Nationen über Klimaänderungen (BGBl. 1993 II S: 1783) wurde 1998 wurde von der Bundesrepublik Deutschland unterzeichnet und daraufhin als Bundesgesetz in nationales Recht übernommen. Somit legt das Kyoto-Protokoll eine Grundlage des Rechts der erneuerbaren Energien und des Klimaschutzes in Deutschland und ermächtigt zu einem Erlass von Rechtsvorschriften über Mechanismen, die sich auf erneuerbare Energieträger beziehen.

Einen besonders starken Einfluss auf das deutsche Energierecht hat das Gemeinschaftsrecht der Europäischen Union. Die Erneuerbare-Energien-Richtlinie (EE-Richtlinie) aus dem Jahr 2009[17] ist eine Novellierung der Richtlinie aus dem Jahre 2001 (2001/77/EG).[18] Jene hatte bereits das Ziel, den Anteil erneuerbarer Energiequellen an der Stromerzeugung im Elektrizitätsbinnenmarkt zu fördern und war der erste Rechtsetzungsakt des Europäischen Parlaments und des Rates, der ausdrücklich auf eine verstärkte Nutzung der erneuerbaren Energien im Stromsektor abzielte. Die EE-Richtlinie aus dem Jahr 2009 ist Teil des Europäischen Klima- und Energiepakets. Mit der Richtlinie wird erstmal eine europäische Gesamtre-

---

16 *D. Leffler/S. Fischerauer* (Fn. 2), S. 22.

17 Richtlinie 2009/28/EG des Europäischen Parlaments und des Rates vom 23.4.2009 zur Förderung der Nutzung von Energie aus erneuerbaren Quellen und zur Änderung und anschließenden Aufhebung der Richtlinien 2001/77/EG und 2003/30/EG, ABl. EG Nr. L 140, S. 16.

18 Richtlinie 2001/77/EG des Europäischen Parlaments und des Rates vom 27.9.2001 zur Förderung der Stromerzeugung aus erneuerbaren Energiequellen im Elektrizitätsbinnenmarkt, ABl. EG Nr. L 283 S. 33.

gelung[19] für alle Bereiche der erneuerbaren Energien eingeführt und ehrgeizige verbindliche Ziele für die EU gesetzt: 20 Prozent des Endenergieverbrauchs aus erneuerbaren Energien sowie ein Mindestanteil von 10 Prozent erneuerbare Energien im Verkehrssektor sollen bis 2020 erreicht werden. Dieser Anteil schließt sowohl Biokraftstoffe als auch Wasserstoff und Strom aus erneuerbaren Quellen ein. Deutschland muss demnach bis 2020 seinen Anteil an erneuerbaren Energien auf 18 Prozent steigern.

Dabei baut die Richtlinie in erster Linie auf die nationalen Förderinstrumente, doch das nationale Ziel kann auch durch länderübergreifende Kooperationen erreicht werden. So können Mitgliedstaaten überschüssige EE-Anteile statistisch an einen anderen Mitgliedstaat transferieren (Art. 6), wobei nicht erforderlich ist, dass die entsprechende Energiemenge auch physikalisch übertragen wird. Zudem können zwei oder mehr Mitgliedstaaten ein gemeinsames Vorhaben zur Erzeugung von Energie aus erneuerbaren Quellen durchführen (Art. 7) und die anteilige Nutzung der hieraus gewonnenen Energiemenge für die Zielerreichung vereinbaren (Art. 8). Nach Art. 9 kann dieses Prinzip auch auf Drittstaaten angewendet werden, wenn es sich um eine neue Anlage handelt und der erzeugte Strom physikalisch in das Gebiet der Europäischen Gemeinschaft eingespeist wird.

Wie bisher Art. 7 Richtlinie 2001/77/EG enthält Art. 16 der Richtlinie aus 2009 umfassende Regelungen über den Netzzugang und den Betrieb von Anlagen und Netzen. Während in der Richtlinie von 2001 nur die Möglichkeit der Mitgliedstaaten begründet wurde, einen vorrangigen Netzanschluss der EE-Anlagenbetreiber vorzusehen, werden sie in der Richtlinie von 2009 nun ausdrücklich dazu verpflichtet. Außerdem sollen die Mitgliedstaaten Schritte einleiten, um die Übertragungs- und Verteilungsnetzinfrastruktur, intelligente Netze sowie Speichersysteme auszubauen.[20]

Die Elektrizitätsbinnenmarktes-Richtlinie 2009/72/EG ersetzt die RL 2003/54/EG und ist Teil des dritten Energiebinnenmarktpakets der Europäischen Union. Sie soll den Rahmen für das Ziel eines gut funktionierenden Binnenmarktes verbessern. Durch die Richtlinie soll einerseits

---

19 Die Strom-Richtlinie 2001/77/EG und Biokraftstoff-Richtlinie 2003/30/EG werden zum 1.1.2012 aufgehoben und durch diese neue umfassende EU-Richtlinie ersetzt.

20 *M. Ohms*, Recht der Erneuerbaren Energien – Klimaschutz im Wirtschaftsverwaltungsrecht; NJW Praxis, Band 88, Verlag C.H.Beck, München 2014, S. 28.

für Unternehmen aller Größen faire Wettbewerbschancen auf dem Zu-
kunftsmarkt gesichert und andererseits für Verbraucher mehr Schutz und
sinkende Energiepreise erreicht werden.[21] Zusätzlich soll durch Anreize
für mehr Energieeffizienz und Investitionen „Nachhaltigkeit" geschaffen
werden. Für kleine Unternehmen, die auf erneuerbare Energien setzen,
soll sich die Wettbewerbssituation durch einen leichteren Marktzugang
verbessern. Mehr Investitionen in Kraftwerke, Übertragungs- und Fernlei-
tungsnetze sollen die Sicherheit der Energieversorgung verbessern und die
Gefahr von Lieferunterbrechungen minimieren. Ein weiterer und wichtiger Punkt ist die Errichtung eines wahren Energiebinnenmarktes durch die
weitergehende Entflechtung von Netzbetrieb, Energieerzeugung und -ver-
sorgung. Den Mitgliedstaaten stehen künftig drei Modelle zur Auswahl,
die von vollständiger Entflechtung (Netzbetrieb erfolgt durch unabhängige
Dritte) über das Modell des Betriebs durch eine unabhängige Gesellschaft
bis hin zum Verbleib der Netze bei den Erzeugern bei unabhängigen Un-
ternehmensteilen reichen.

Die Versorgung eines Kunden mit Strom soll unabhängig davon sein, in
welchem Mitgliedstaat der Lieferant zugelassen ist. Die grenzüberschreitende Zusammenarbeit von Übertragungsnetzbetreibern soll gefördert
werden. Dafür ist die grenzüberschreitende Zusammenarbeit der Regulierungsbehörden sicherzustellen. Konkrete Ziele der Richtlinie sind der weitere Ausbau der grenzüberschreitenden Verbindungsleitungen (Erwägungsgrund 5), die Begünstigung des grenzüberschreitenden Zugang sowohl für neue Stromversorger aus unterschiedlichen Energiequellen als
auch für Stromversorger, die innovative Erzeugungstechnologien anwen-
den (Erwägungsgrund 8) und eine wirksame Entflechtung im Sinne einer
wirksamen Trennung der Versorgung und Erzeugung vom Betrieb der Netze (Erwägungsgründe 9-19). Große Nichthaushaltskunden sollen zur Deckung ihres Energiebedarfs Aufträge an mehrere Anbieter vergeben können (Erwägungsgrund 20). Geschlossene Verteilernetze werden erlaubt
(Erwägungsgrund 30), dezentrale Energieerzeugung und Energieeffizienz
sollen durch eine Modernisierung der Verteilernetze gefördert werden (Erwägungsgrund 27) und nationale Regulierungsbehörden in ihrer Unabhängigkeit gestärkt werden (Erwägungsgrund 33). Außerdem sollen Verbraucher Zugang zu ihren Verbrauchsdaten und den damit verbundenen Prei-
sen und Dienstleistungskosten erhalten (Erwägungsgrund 50). Ferner sol-

---

21 Ebd., S. 29.

len intelligente Messsysteme nach wirtschaftlichen Erwägungen eingeführt werden (Erwägungsgrund 55).

Ergänzt wird die Elektrizitätsbinnenmarkt-Richtlinie durch die Verordnung (EG) Nr. 764/2009 über die Netzzugangsbedingungen für den grenzüberschreitenden Stromhandel, die allen privaten und gewerblichen Verbrauchern in der Gemeinschaft eine echte Wahl ermöglichen, neue Ge-
schäftschancen für die Unternehmen eröffnen und den grenzüberschreitenden Handel fördern sollen. Auf diese Weise sollen Effizienzgewinne, wettbewerbsfähige Preise und höhere Dienstleistungsstandards bewirkt und zu
mehr Versorgungssicherheit und Nachhaltigkeit beigetragen werden. Hierzu fixiert sie in ihrem Anhang I bestimmte Leitlinien für das Management
und die Vergabe verfügbarer Übertragungskapazitäten auf Verbindungsleitungen zwischen nationalen Netzen, insbesondere Engpassmanagement-
methoden, Regelungen zur Koordinierung, einen Zeitplan für den Markt-
betrieb, zur Transparenz und zur Verwendung von Engpasserlösen. Art. 5
schreibt vor, dass alle Übertragungsnetzbetreiber auf Gemeinschaftsebene
im Rahmen der damals noch neu zu gründenden ENTSO-E (Art. 5) sich
auf Netzkodizes festlegen sollen (Art. 6, Art. 8 Abs. 6). Die Arbeit der
ENTSO-E wird dabei durch die ACER überwacht, die der Kommission
Bericht erstattet.[22]

Die Leitlinien für die transeuropäischen Energienetze (TEN-E)[23] listen
die im Rahmen der Ko-Finanzierung der Gemeinschaft förderfähigen Vorhaben zur Entwicklung der europäischen Infrastrukturen. In Anhang 1 der
Verordnung werden hierzu vier vorrangige Stromkorridore beschrieben:
das Offshore-Netz der nördlichen Meere, die Nord-Süd-Stromverbindungsleitungen in Westeuropa, die Nord-Süd-Stromverbindungsleitungen
in Mittel- und Südosteuropa sowie der Stromverbundplan für den Energie-
markt im Ostseeraum. Von allen diesen Stromkorridoren ist Deutschland
betroffen.[24]

Auf nationaler Ebene ist in der Bundesrepublik Deutschland insbesondere das Energiewirtschaftsgesetz zu nennen. Mit der Novellierung des
Energiewirtschaftsgesetzes (EnWG) im Jahre 2005 wurde das Energie-
wirtschaftsrecht einer regulatorischen Umwälzung unterzogen. Zuvor gab

---

22 Ebd., S. 30.
23 Entscheidung Nr. 1364/2006/EG vom 6.9.2006 zur Festlegung von Leitlinien für
     die transeuropäischen Energienetze und zur Aufhebung der Entscheidung
     96/391/EG und der Entscheidung Nr. 1229/2003/EG, Abl, EG Nr. L 262 S. 1.
24 *M. Ohms* (Fn. 20), S. 33.

es das kurz gehaltene EnWG, das in seinen Grundstrukturen noch aus dem Jahre 1935 datiert. Das runderneuerte EnWG besteht aus über 100 Paragrafen, mit mehreren Verordnungen zum Strom- und Gasnetzzugang.[25] Zweck des EnWG ist eine möglichst sichere, preisgünstige, verbraucherfreundliche, effiziente und umweltverträgliche leitungsgebundene Versorgung der Allgemeinheit mit Elektrizität und Gas (§ 1). Es enthält vor allem Vorschriften zur Regulierung des Netzbetriebes (§ 11 ff.) und insbesondere den Anschluss (§ 17 ff.) und den Zugang (§ 20 ff.) zu Energieversorgungnetzen. Zudem bestimmt es die Preiszusammensetzung für elektrische Energie für den Endkunden aus dem Handelspreis für den Strom, dem Netznutzungsentgelt, der Konzessionsabgabe, den Belastungen aus EEG und KWKG, der Stromsteuer und gegebenenfalls der Umsatzsteuer. Es regelt nicht den Handel mit Energie, dieser erfolgt zwischen Elektrizitätsversorgungsunternehmen oder anderen am Strommarkt Beteiligten überwiegend auf Basis bilateraler Verträge und zum Teil auch an der Strombörse in Leipzig. Zudem regelt das EnWG, dass die meisten Energieversorgungsunternehmen ihre Netze als separate Wirtschaftseinheit betreiben und den Netzbetrieb diskriminierungsfrei ausgestalten und abwickeln müssen (Entflechtung, § 6 ff.). Auch die Grundlagen für Netznutzungsentgelte und die Verfahren für deren Festsetzung bzw. Überprüfung (§ 21 ff.) als auch das Erfordernis von Planfeststellungsverfahren für bestimmte Energieinfrastrukturen (§ 43 ff.) werden vom EnWG geregelt. Haushaltskunden räumt es ein Recht auf Grundversorgung ein (§ 36 ff.). Seit 2005 genehmigen die Bundesnetzagentur und die Regulierungsbehörden der Länder die Netznutzungsentgelte nach § 23a EnWG.[26] In dem EnWG spiegelt sich das Ziel einer Liberalisierung und freiem Wettbewerb in den Netzwirtschaften und der damit zusammenhängenden Regulierung wider.[27]

Das Erneuerbare-Energien-Gesetz (EEG) regelt derweil insbesondere das Recht der erneuerbaren Energien im Strombereich und ist somit auch Teil des Umweltenergierechts. Speziellere Normen des EEG verdrängen Teile des EnWG. Weiterhin relevant für das deutsche Energiesystem ist das Gesetzespaket zur Energiewende, das aus verschiedenen einzelnen Gesetzen besteht, wie das dreizehnte Gesetz zur Änderung des Atomgeset-

---

25 *C. Koenig/J. Kühling/W. Rasbach,* Energierecht; Verlag Recht und Wirtschaft GmbH, UTB, Frankfurt am Main, 2006, S. 5.
26 *M. Ohms* (Fn. 20), S. 34.
27 *C. Koenig/J. Kühling/W. Rasbach* (Fn. 25), S. 21.

zes (AtG), das Gesetz zur Neuregelung energiewirtschaftlicher Vorschriften (EnWGÄndG), das Gesetz über Maßnahmen zur Beschleunigung des Netzausbaus Elektrizitätsnetze (NABEG), das Gesetz zur Änderung des Gesetzes zur Errichtung eines Sondervermögens „Energie- und Klimafonds (EKFG-ÄndG) und das Gesetz zur Demonstration und Anwendung von Technologien zur Abscheidung, zum Transport und zur dauerhaften Speicherung von Kohlendioxid (KSpG).

D. Die EU-Netzkodizes für Elektrizität

I. Entwicklungsprozess

Grenzüberschreitende Stromlieferungen werden heute immer notwendiger, insbesondere wenn die Stromnachfrage besonders hoch oder besonders viel Strom aus fluktuierender erneuerbarer Energie erzeugt wird. Darum sind seit dem „Dritten Energiepaket" alle Übertragungsnetzbetreiber (ÜNBs) in der EU dazu verpflichtet, Mitglied im Europäischen Netzwerk der Übertragungsnetzbetreiber zu sein. Dieser Verband ist zuständig für die Kooperation der ÜNBs auf europäischer Ebene. Auch ÜNBs außerhalb der EU können Mitglied werden. Alle Netzwerke im Bereich des Europäischen Verbandes der Übertragungsnetzbetreiber (ENTSO-E) sind auf 50 Hertz, also 50 Schwingungen pro Sekunde, getaktet. Die kleinste Abweichung dieser Frequenz, auch in weniger bedeutsamen Teilen des Netzes, kann ernste Konsequenzen für das gesamte Netzwerk haben und zu regionalen Blackouts führen.[28] Darum sind die Aktivitäten der ÜNBs von besonderem Interesse für die europäische Regulierung. Innerhalb des Liberalisierungsprozess wurden viele Übertragungsnetze privatisiert. Zurzeit werden sie von insgesamt 43 ÜNBs aus 36 Ländern betrieben. ÜNBs sind verantwortlich für die Elektrizitätsübertragung von zentralisierten Kraftwerken zur Haupthochspannungsinfrastruktur und verbinden Energieproduktion mit den Nachfragezentren. Die ÜNBs betreiben, erhalten und expandieren das Hochspannungsnetz, welches sich aus Leitungen und Umspannwerken zusammensetzt. Doch die präzisen Aufgaben, die ihnen per Gesetz zugeordnet sind, unterscheidet sich von Mitgliedstaat zu Mitglied-

---

28 *Kocheise, F.,* Aktuelle Entwicklungen im Energiehandel: Europäische Marktplätze für Stromhandel; 1. Auflage, GRIN Verlag, Norderstedt Germany, 2011, S. 2.

staat.[29] In Bezug auf die Integration von erneuerbaren Energien haben die ÜNBs eine fundamentale Rolle durch die Bereitstellung von grenzüberschreitender Übertragung und der Implementierung von neuen Verbindungsprojekten inne. Doch die Vorbedingung ist, dass sie koordiniert und effizient arbeiten können.[30]

In den letzten Jahren hat das ENTSO-E in Abstimmung mit der Europäischen Kommission und der ACER die EU-Netzkodizes geschrieben. Die Inhalte wurden dabei in einem komplexen Mehrebenen-Verfahren abgestimmt (siehe Abb. 1).

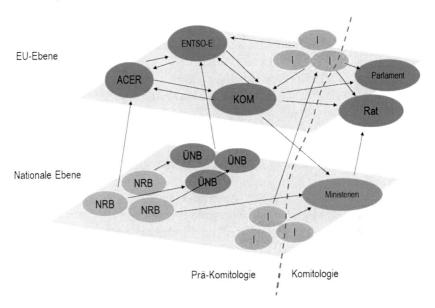

Abbildung 1: Entwicklungsphase der EU-Netzkodizes, beteiligte Akteure

Quelle: A. Brüning-Pfeiffer, laufendes Dissertationsprojekt.

Die Europäische Kommission definiert zunächst die Prioritäten für die Netzkodizes und beauftragt die Agentur ACER (Agentur für die Zusam-

---

29 *C. Riechmann/D. Roberts*, Transmission Management and Pricing; In: Handbook Utility Management, Edt. Andreas Bausch, Burkhard Schwenker, Part 5, Springer-Verlag Berlin Heidelberg, 2009, S. 458.

30 *Europäisches Parlament*, European Renewable Energy Networks; Directorate General for Internal Policies, Economic and Scientific Policy, Industry, Research and Energy, Brüssel, 2012.

menarbeit der Regulierungsbehörden), die Rahmenrichtlinien (framework guidelines) innerhalb von sechs Monaten auszuarbeiten. Die ACER ist somit die Vertreterin der Nationalen Regulierungsbehörden (NRBs) auf EU-Ebene. Danach beauftragt die Europäische Kommission die ENTSO-E mithilfe dieser Rahmenrichtlinien binnen zwölf Monaten den Netzkodex auszuarbeiten. In dem ENTSO-E sind alle ÜNBs organisiert. Das ENTSO-E hat hier eine zentrale Rolle und ist für das Drafting der Kodizes zuständig, weil die ÜNBs auch traditionell auf nationaler Ebene die technischen Regeln erarbeitet haben.[31] Danach sendet die ENTSO-E den Kodex an die ACER, die diesen überprüft und gegebenenfalls an die Kommission und das Komitologie-Verfahren weitergibt. Während der einzelnen Phasen gibt es eine Reihe informeller Treffen sowie Workshops und Feedbackmöglichkeiten für Interessenvertreter (I).

Für eine rechtliche Verbindlichkeit durchlaufen die Netzkodizes das Komitologie-Verfahren, bei welchem Expertengremien in den Mitgliedstaaten – in Deutschland ist dies das Bundesministerium für Wirtschaft und Energie – final darüber abstimmen. Wenn eine qualifizierte Mehrheit der Mitgliedstaaten dafür stimmt, wird der Kodex angenommen und durchläuft noch eine letzte Prüfungsphase beim Europäischen Parlament und dem Rat, die ein Veto-Recht haben. Wird dieses nicht eingesetzt, wird der Kodex in eine Verordnung geschrieben und zur Implementierung an die national zuständigen Organisationen weitergegeben.

Jedoch hat sich die Kommission von vornherein die Möglichkeit offen gelassen, die Kodizes bei verfahrensrechtlicher oder anderer Schwierigkeiten als Leitlinien zu verabschieden. Dies ist im Laufe des Netzkodizes-Verfahren dreimal passiert (beim CACM, FCA und SO). In diesen Fällen beauftragt die Kommission nicht die ACER und die ENTSO-E, einen Kodex zu schreiben, sondern fertigt gemäß Art. 18 direkt selbst eine Leitlinie an, die sie nach Art. 23 direkt an das Komitologieverfahren weitergibt (siehe Abb. 2).

---

31 *C. Vlachou*, The Adoption of Network Codes in the Field of Energy: Availability of Judicial Review in a multi-stage Procedure, EUI Working Papers, RSCAS 2012/39, Robert Schumann Centre for advanced Studies, Loyola de Palacio Programme on Energy Policy, European University Institute, Florenz, 2012, S. 1.

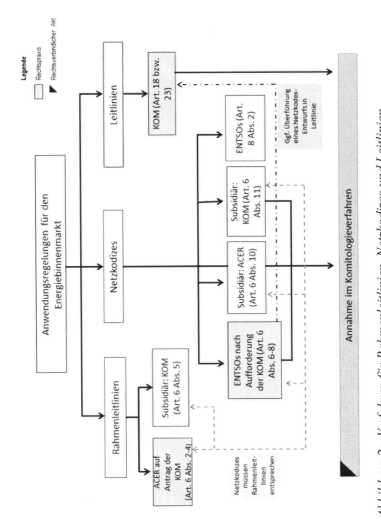

Abbildung 2: Verfahren für Rahmenleitlinien, Netzkodizes und Leitlinien

Quelle: Leffler/Fischerauer 2017: 23.

II. Regelungsbereiche der Kodizes

Ein Netzkodex ist ein Instrument für Anwendungsregelungen. Er beinhaltet spezifische Vorgaben zur Regelung technischer, operationeller und wirtschaftlicher Sachverhalte bei Betrieb und Nutzung grenzüberschreitender Netzinfrastrukturen.[32] Alle Netzkodizes zusammen regeln die Bereitstellung und die Handhabung des konkreten und transparenten Zugangs zu den Übertragungs- und Fernleitungsnetzen über die Grenzen hinweg.[33] Sie sind quasi eine „Software" [34] für die Verschmelzung der unterschiedlich geprägten nationalen und regionalen Strommärkte zu einem integrierten Energiebinnenmarkt. Dabei legen die Kodizes die konkreten Modalitäten des Netzzugangs fest, die zuvor nicht bis ins kleinste Detail geregelt waren. Somit sind sie mit den deutschen Verbändevereinbarungen Strom und Gas vergleichbar. Die Netzkodizes müssen dabei im Regelverfahren nach Art. 6 Abs. 2 bis 4 VO (EG) Nr. 714/2009 bzw. VO (EG) Nr. 715/2009 ausgearbeitet und anschließend im Komitologieverfahren verrechtlicht werden. Sie sollen ein vollständiges Regelwerk für den betreffenden Regelungssachverhalt mit allen notwendigen Detailvorgaben bieten und ohne weitere Umsetzungsmaßnahmen auf nationaler Ebene angewendet werden können.[35] Die Leitlinien müssen diesen Detaillierungsgrad jedoch nicht erreichen, da es bei diesen vor allem um das Erreichen eines Mindestmaßes an Harmonisierung geht.[36] Allerdings sind die Mitgliedstaaten gemäß Art. 21 VO (EG) Nr. 714/2009 bzw. Art. 26 VO (EG) Nr. 715/2009 berechtigt, detailliertere Bestimmungen als in den Leitlinien enthalten, einzuführen.[37]

Die Abbildung 3 bietet einen Überblick über alle EU-Netzkodizes und Leitlinien. Zu Beginn waren insgesamt zehn vorgesehen, im Laufe des Prozess ist die Leitlinie „System Operation" hinzugekommen, sodass es nun elf sind. Insgesamt gibt es drei Marktkodizes (CACM – Kapazitätsallokation und Engpassmanagement; FCA – Kapazitätsvergabe; EB – Regelenergie), drei Verbindungskodizes (RfG – Anforderungen an Produzenten; DCC – Nachfrageverbindung; HVDC – Hochspannungsgleichstromverbindung) und vier Betriebskodizes (OS – Betriebliche Sicherheit; OPS – Betriebliches Planen und Terminierung; Ladefrequenzkontrolle und Reserven; System Operation) und den allgemeinen Sicherheitskodex (Notfall

---

32 *D. Leffler/S. Fischerauer* (Fn. 2), S. 24.

33 VO (EG) Nr. 714/2009 bzw. VO (EG) Nr. 715/2009.

34 Mitteilung der Kommission v. 13. 10.2014, Fortschritte auf dem Weg zur Vollendung des Energiebinnenmarktes, COM (2014) 634 final, S. 7,10 ff.

35 *Europäische Kommission,* Explanatory note on the legal nature of network codes and guidelines in light of the Electricity Regulation (EC) 714/2009, S. 2 f.

36 vgl. Art 18 Abs. 3 VO (EG) Nr. 714/2009 bzw. Art. 23 Abs. 1 VO (EG) NR. 715/2009.

37 *D. Leffler/S. Fischerauer* (Fn. 2), S. 25.

und Wiederherstellung). Dabei sind der CACM, der FCA und der System Operation eigentlich keine Kodizes, sondern Leitlinien.

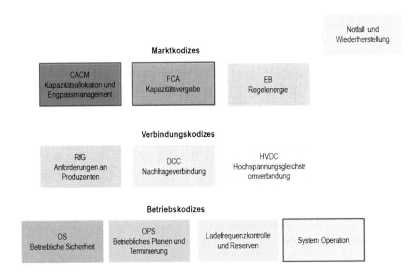

Abbildung 3: Übersicht über die Netzkodizes und Kommissionsleitlinien

Quelle: A. Brüning-Pfeiffer, laufendes Dissertationsprojekt.

Die Regelungsbereiche der Netzkodizes[38] reichen also von der Sicherheit und Zuverlässigkeit des Netzes, einschließlich Regeln für technische Übertragungsreservekapazitäten zur Sicherstellung der Netzbetriebssicherheit über den Netzanschluss und Netzzugang Dritter über den Datenaustausch und Abrechnung, Interoperabilität, Operative Verfahren bei Notfällen, Kapazitätsvergabe und Engpassmanagement, den Handel in Bezug auf die technische und operative Bereitstellung der Netzzugangsdienste und den Austausch von Ausgleichsenergie zwischen Netzen, Transparenz, Austausch von Ausgleichenergie, einschließlich netzbezogener Regeln für die Reserveleistung, harmonisierte Übertragungsentgeltstrukturen und den Ausgleich zwischen Übertragungsnetzbetreibern bis hin zur Energieeffizienz in den Netzen.[39] Somit sind die Netzkodizes keineswegs nur auf technische oder sicherheitsbezogene Fragen des grenzüberschreitenden Netz-

---

38 Art. 8 Abs. 6 VO Nr. 714/2009 bzw. VO (EG) Nr. 715/2009.
39 *D. Leffler/S. Fischerauer* (Fn. 2), S. 25 f.

zugangs beschränkt, sondern enthalten auch Vorgaben zu wirtschaftlichen Aspekten des Netzanschlusses und –zugangs.[40]

III. Die Wirkung der Netzkodizes auf deutsches Recht

Die Netzkodizes sind rechtlich als abgeleitete oder „tertiäre" Regelungen einzuordnen (Art. 6 und 8 VO (EG) Nr. 714 714/2009 bzw. VO (EG) Nr. 715/2009). Das bedeutet, dass bei der Regelsetzung durch sie die in den Verordnungen definierten Grenzen sowie die Vorgaben des europäischen Primärrechts (insbesondere EUV und der AEUV) zu beachten sind. In materieller Hinsicht dürfen Netzkodizes also allein Anwendungsregeln treffen, die in die Regelungsbereiche des Art. 8 Abs. 6 VO (EG) Nr. 714/2009 bzw. VO (EG) Nr. 715/2009 fallen – außerhalb dieser Bereiche ist eine Regelsetzung durch Netzkodizes ausgeschlossen. Somit müssen diese Regelwerke Ergänzungscharakter haben, also die sekundärrechtlichen Vorgaben vervollständigen,[41] zum Beispiel Detailregelungen für die Kapazitätsvergabe und das Engpassmanagement oder die Ausfüllung unbestimmter Rechtsbegriffe. Im räumlichen Geltungsbereich der Netzkodizes ist festgelegt, dass ihre Anwendungsregelungen ausschließlich für Angelegenheiten der grenzüberschreitenden Netze und der Marktintegration gelten.[42]

Der Erwägungsgrund Nr. 6 VO (EG) Nr. 714/2009 bzw. Nr. 15 VO (EG) Nr. 715/2009 deutet darauf hin, dass Netzkodizes grundsätzlich keine rechtsverbindlichen Regelungen enthalten. Zwar „sollten" die Übertragungs- und Fernleitungsnetzbetreiber ihre Netze gemäß der Netzkodizes betreiben; verpflichtet sind sie jedoch nicht. Dies gilt zum einen für solche Netzkodizes, die noch nicht von der Kommission im Komitologieverfahren verrechtlicht worden sind oder die gar nicht verrechtlicht werden sollen, zum Beispiel weil deren Befolgung bereits anderweitig gewährleistet ist, oder weil sie von den Netzkodizes ohne Aufforderung der Kommission erstellt wurden. Die fehlende Rechtsverbindlichkeit bedeutet jedoch nicht, dass solche Netzkodizes keine Wirkung in der Rechtspraxis haben.

Derartige Regelwerke können trotzdem einen Befolgungszwang durch die Androhung von Verrechtlichung bei Nichtbefolgung auslösen. Wenn

---

40 Ebd. S. 26.
41 Ebd. S. 27.
42 Ebd. S. 28.

Netzkodizes von der Kommission über das Komitologieverfahren erlassen werden, besteht ein rechtlicher Befolgungszwang. Durch den Erlass werden die Anwendungsregelungen zu verbindlichen Rechtssätzen, die die Adressaten befolgen müssen und die Regulierungsbehörden bei Zuwiderhandlung durchsetzen können. Netzkodizes werden dabei in Form der Verordnung iSd Art. 288 Abs. 2 AEUV erlassen und entfalten unmittelbare Geltung in den Mitgliedstaaten, ohne dass es eines nationalen Umsetzungsaktes bedarf. Der Erlass von Netzkodizes als Richtlinien kommt praktisch nicht in Betracht, da in diesem Fall in den Mitgliedstaaten unterschiedliche nationale Umsetzungsregelungen drohen würden, wodurch nicht mehr gewährleistet wäre, dass die Ziele des jeweiligen Netzkodizes (Vollendung des Energiebinnenmarkts und die Marktintegration) erreicht werden.[43]

Für das deutsche Recht werden sich, laut der befragten Experten,[44] bei der Implementierung der Verordnungen „keine großen Veränderungen" ergeben, da es in Deutschland schon seit Jahren relativ detaillierte Regelungen des Netzbetriebs gebe. In anderen, insbesondere den osteuropäischen Mitgliedstaaten, gibt es zum Beispiel keine Anwendungsregeln, die durch einen Konsultationsprozess erarbeitet wurden. In Deutschland hingegen gibt es vier Netzbetreiber, die gemeinsam mit dem Forum Netztechnik/ Netzbetrieb im Verband der Elektrotechnik Elektronik Informationstechnik (VdE) unter Einbindung verschiedener Stakeholder im Konsensverfahren geschaffen wurden. Die EU-Netzkodizes stellen zwar nach Ansicht der befragten Experten ein geeignetes Harmonisierungsinstrument dar, doch die deutschen Anwendungsregeln gehen in vielerlei Hinsicht weit darüber hinaus. Natürlich werden im Zuge des Implementierungsprozesses auch die deutschen Regelungen überarbeitet und angeglichen werden müssen, doch eine „komplette Neuerung" bedeute dies nicht.

Neu ist vor allem aus Sicht der Experten, dass erstmalig europaweit auf Übertragungsnetzebene Regeln festgelegt werden, die auch für das europäische Verbundsystem und für eine vorausschauende Entwicklung wichtig seien. Für Deutschland sei es mit Blick auf seine sehr fortgeschrittene Umstrukturierung des Energiesystems wichtig, dass es weiterhin möglich sein muss, dass national detailliertere und teilweise auch über die Kodizes

---

43 Ebd. S. 29-30.
44 Qualitative Befragung von direkt bei der Ausgestaltung der Netzkodizes beteiligten Experten innerhalb des laufenden Dissertationsprojektes der Autorin, Anna Brüning-Pfeiffer.

hinausgehende Anforderungen gestellt werden können. Dies sei insbesondere für Mitgliedstaaten wie Deutschland, die sehr viel Wind und Sonne am Netz haben, wichtig. Bei einigen Anforderungen seien einige der Kodizes sogar bereits veraltet, mahnt eine Expertin, sodass jetzt schon abzusehen sei, dass sie demnächst erneut überarbeitet werden müssten.

In Deutschland ist der VdE durch das Energiewirtschaftsgesetz vom Bundesministerium für Wirtschaft und Energie (BMWI) dazu mandatiert, die Implementierung binnen zwei Jahren in das nationale Regelwerk und das nationale Recht umzusetzen. Dabei gilt die Vermutungsregel, dass, wenn sich an das Vorschriftenwerk des VdE gehalten wird, vermutet wird, dass man sich an die allgemein anerkannten Regeln der Technik halte. Das deutsche Recht wird insofern beeinflusst, als dass die VdE-Anwendungsregeln jetzt einen noch höheren Stellenwert haben, als sie ohnehin schon hatten. Insofern stellt die Implementierung der Netzkodizes eine Bekräftigung der Anwendungsregeln dar, weil nun bestimmte Anforderungen einen Gesetzescharakter haben.

Kritisiert wird von den befragten Experten zum Teil, dass die Netzkodizes einen relativ starken Fokus auf große Kraftwerke haben. Dieses „mache europaweit auch Sinn", da auf den oberen Ebenen eine Harmonisierung und Zusammenarbeit der Netzbetreiber durchaus sinnvoll sei. Allerdings werden durch die Netzkodizes auch für kleinere Anlagen Vorschriften, zum Beispiel zum Netzanschluss gemacht, also zu der Frage, unter welchen Voraussetzungen sich in Zukunft Anlagen an das Netz anschließen dürfen. Hierbei gebe es nach Ansicht einiger Experten noch Verbesserungsbedarf, sodass die Belange der Verteilnetzbetreiber stärker berücksichtigt werden. Diese Kritik ist jedoch auch bereits auf europäischer Ebene hörbar, sodass nun äquivalent zum ENTSO-E in den nächsten Jahren auch ein europäischer Verband der Verteilnetzbetreiber gegründet werden soll. Aus deutscher Sicht wird die Zeitschiene zum Ausarbeiten als auch der Implementierung und sprachlich-technischen Übersetzung der Kodizes zudem als sehr „herausfordernd" eingeschätzt.

IV. Die Wirkung der Netzkodizes auf erneuerbare Energien

Während die Frage nach der Wirkung der Netzkodizes auf deutsches Recht von Experten relativ eindeutig beantwortet werden konnte, schien die Frage nach der Wirkung auf erneuerbare Energien deutlich schwieriger einzuschätzen zu sein. Auch in der wissenschaftlichen Literatur gibt es dazu noch keine Ausarbeitungen.

Die meisten der befragten Experten[45] gaben in den Interviews an, dass sie keine grundlegende Veränderung für die Situation der Erneuerbaren erwarten. Jedoch gäbe es durch die Netzkodizes mehr Planungssicherheit, da für die erneuerbaren Energien nun ähnliche Marktbedingungen gelten würden, wie für die konventionellen Erzeugungsanlagen. Zwar müssten neue EE-Anlagen nun mehr Anforderungen erfüllen, doch, so die Experten, könnten sie so auch besser zur Systemstabilität beitragen. Zwar seien die Netzkodizes technologieneutral, aber sie würden indirekt gewährleisten, dass auch mit einem hohen Anteil erneuerbaren Energien das Netz stabil bleiben könne. So gesehen können die Netzkodizes dazu beitragen, dass ein hoher Anteil erneuerbarer Energien am europäischen Netz möglich werde. Für die Planung der Netzbetreiber sei es vor allem gut zu wissen, dass in anderen Ländern jetzt die gleichen Bedingungen gelten. Auch Hersteller fänden nun ähnliche Marktbedingungen in den anderen Ländern vor und könnten ihre Produkte dort besser verkaufen. Dennoch wird angemerkt, dass weiterhin ein großer Gestaltungsspielraum und Rücksicht auf nationale Besonderheiten gegeben sei. Einige der Experten waren auch der Meinung, dass die Netzkodizes generell nicht unbedingt zu mehr Nachhaltigkeit beitragen. Das läge unter anderem daran, dass während des Ausarbeitungsprozesses sich insbesondere die ÜNBs und Marktteilnehmer hatten durchsetzen können, sodass die Netzkodizes insbesondere deren Handschrift trügen und vor allem deren Interessen widerspiegelten und nicht die der weniger mächtigen Akteure.

E. Fazit

Wie in den vorherigen Abschnitten dargelegt wurde, stellen die EU-Netzkodizes nach ihrer Verabschiedung im Komitologie-Verfahren einen erstmals verbindlichen Rechtsrahmen für die Verbesserung der Systemstabilität in Europa dar. So tragen sie dazu bei, die Zusammenarbeit der europäischen Übertragungsnetzbetreiber zu stärken. Das deutsche Recht wird durch die Implementierung dieser Anwendungsregeln zwar nicht grundlegend verändert, da die deutschen Anwendungsregeln in den meisten Fäl-

---

45 *A. Brüning-Pfeiffer,* laufendes Dissertationsprojekt.

len weit über diese Harmonisierungen hinausgehen. Jedoch werden die deutschen Anwendungsregeln durch die EU-Netzkodizes durchaus bekräftigt und aufgewertet, da nun einige Teile rechtlich verbindlich sind. Erneuerbare Energien werden durch die Netzkodizes explizit nicht gefördert, da die Netzkodizes vom Prinzip her technologieneutral sind. Jedoch können sie als eine Grundvoraussetzung für die Integration höherer Anteile erneuerbarer Energien gewertet werden. Insbesondere diese Frage sollte jedoch weiterhin wissenschaftlich begleitet werden, da sich diese Diskussion vor allem auf „Zukunftsprognosen" beschränkt und es für eine stärkere Aussagekraft weiterer Forschung bedarf.

Teil IV
Aktuelle rechtliche Fragestellungen nachhaltiger Entwicklung

Der Außenbereich – Rechtlicher Schutz und aktuelle gesetzgeberische Gefährdungen einer besonders nachhaltigkeitsrelevanten bauplanungsrechtlichen Gebietskategorie

*Christoph Mayer und Felix Brauckmann**

A. Einführung

Der Außenbereich als Gebietskategorie des nationalen Bauplanungsrechts[1] leistet einen wichtigen Beitrag zur nachhaltigen Entwicklung in der Bundesrepublik Deutschland, begünstigt darüber hinaus aber auch die nachhaltige Entwicklung im internationalen Kontext. Unter anderem deshalb wird der Außenbereich rechtlich geschützt:[2] Das Bauplanungsrecht verfügt sowohl über Instrumente, welche die Überplanung von Außenbereichsflächen im Wege kommunaler qualifizierter (einschließlich vorhabenbezogener) Bebauungsplanung und damit deren gebietskategorische Umwandlung in Bereiche qualifizierter (einschließlich vorhabenbezogener) Planung erschweren, als auch über Instrumente, welche (im Falle nicht vorhandener qualifizierter kommunaler Bebauungsplanung) der Zersiedelung des Außenbereichs durch Einzelvorhaben und somit der Gefahr

---

* Ass. jur. Christoph Mayer, LL.M. ist wissenschaftlicher Mitarbeiter am Lehrstuhl für Öffentliches Recht von RiOLG Prof. Dr. iur. Willy Spannowsky im Fachbereich Raum- und Umweltplanung der Technischen Universität Kaiserslautern und dessen Doktorand am Fachbereich V – Rechtswissenschaft der Universität Trier sowie Lehrbeauftragter an der Verwaltungs- und Wirtschaftsakademie Rheinland-Pfalz, Teilanstalt Kaiserslautern.
Felix Brauckmann ist Student der Raumplanung (B. Sc.) an der Technischen Universität Kaiserslautern und studentischer Mitarbeiter am dortigen Lehrstuhl für Öffentliches Recht.

1 Dieses wird auch als Städtebaurecht bezeichnet und ist im Wesentlichen im BauGB sowie in der auf dessen Grundlage erlassenen BauNVO kodifiziert.

2 Der rechtliche Schutz des Außenbereichs erfolgt auch aus anderen Gründen (z. B. zur Sicherung des Zugangs zu dort stationär vorkommenden Rohstoffen, s. § 35 Abs. 1 Nr. 3 BauGB), die der nachhaltigen Entwicklung u. U. sogar zuwiderlaufen können.

dessen gebietskategorischer Umwandlung in nicht-qualifiziert beplanten Innenbereich entgegenwirken.

Nichtsdestotrotz lag der tägliche Anstieg der Siedlungs- und Verkehrsfläche[3] im Inland, der praktisch vollständig auf Kosten von bauplanungsrechtlich als Außenbereich zu qualifizierenden Flächen geschieht,[4] im Jahr 2014 noch bei jahresdurchschnittlich 63 ha, im Vierjahresdurchschnitt sogar bei 69 ha.[5] Dies entspricht einem Verbrauch an Außenbereichsfläche von mehr als 88 bzw. 96 Fußballfeldern pro Tag.[6] Ungeachtet dieser alarmierenden Zahlen hat der Gesetzgeber des Bauplanungsrechts innerhalb der vergangenen drei Jahre durch verschiedene Neuregelungen den bestehenden gesetzlichen Schutz des Außenbereichs in nicht unerheblichem Umfang gelockert und dadurch den Druck auf die noch vorhandenen Außenbereichsflächen sogar noch erhöht.[7]

Vor diesem Hintergrund untersucht der vorliegende Beitrag, ob in den aktuellen gesetzgeberischen Gefährdungen des bauplanungsrechtlichen Außenbereichs eine Grenze der Förderung nachhaltiger Entwicklung im deutschen Recht im Sinne des dem Tagungsband zugrundeliegenden Themas zu sehen ist. Ausgehend von einer Darstellung des Begriffs des bauplanungsrechtlichen Außenbereichs und dessen besonderer Nachhaltigkeitsrelevanz (B.) werden daher zunächst die außenbereichsschützenden Instrumente des Bauplanungsrechts beschrieben (C.), bevor auf deren

---

3 Zur Siedlungs- und Verkehrsfläche zählen die Nutzungsarten Gebäude- und Freifläche, Betriebsfläche ohne Abbauland, Verkehrsfläche, Erholungsfläche und Friedhöfe; sie ist daher nicht gleichzusetzen mit versiegelter Fläche, vgl. *Die Bundesregierung* (Hrsg.), Deutsche Nachhaltigkeitsstrategie, Neuauflage 2016, Berlin 2017, S. 159.

4 Die Neuinanspruchnahme von Außenbereichsflächen zu Siedlungs- und Verkehrszwecken kann dabei – wie soeben dargestellt – sowohl durch kommunale Bebauungsplanung als auch im Wege von Einzelvorhaben erfolgen.

5 Vgl. *Die Bundesregierung* (Hrsg.), Nachhaltigkeitsstrategie (Fn. 3), S. 158 f.

6 Es wird dabei von einem Fußballfeld mittlerer Größe (Seitenlinie: 105 m, Torlinie: 68 m) ausgegangen.

7 Dementsprechend wird höchstwahrscheinlich auch das in der Nachhaltigkeitsstrategie der Bundesregierung aus dem Jahr 2002 fixierte Ziel, den Anstieg der Siedlungs- und Verkehrsfläche bis 2020 pro Tag auf maximal 30 ha zu begrenzen, vgl. *Die Bundesregierung* (Hrsg.), Perspektiven für Deutschland, Unsere Strategie für eine nachhaltige Entwicklung, Berlin 2002, S. 99, verfehlt. Die Neuauflage der Nachhaltigkeitsstrategie 2016 hat die Erreichung dieses Ziels daher (kommentarlos!) auf das Jahr 2030 verschoben, vgl. *Die Bundesregierung* (Hrsg.), Nachhaltigkeitsstrategie (Fn. 3), S. 159.

jüngste Lockerungen durch den Gesetzgeber eingegangen wird (D.); abschließend werden die gewonnenen Erkenntnisse zusammenfassend bewertet und ein Ausblick auf künftige diesbezügliche Rechtsentwicklungen gewagt (E.).

B. Der Begriff des bauplanungsrechtlichen Außenbereichs und dessen besondere Nachhaltigkeitsrelevanz

Der Außenbereich bildet, wie der Systematik der bauplanungsrechtlichen Zulässigkeitstatbestände der §§ 30 Abs. 1 und 2, 33, 34 sowie 35 Abs. 1 und 2 BauGB[8] zu entnehmen ist, neben dem Bereich qualifizierter (einschließlich vorhabenbezogener) Bebauungsplanung und dem nicht-qualifiziert beplanten[9] Innenbereich die dritte Gebietskategorie des Bauplanungsrechts, die sich anders als die und in Abgrenzung zu den beiden erstgenannten negativ definiert: Eine Fläche ist dem bauplanungsrechtlichen Außenbereich zuzuordnen, wenn sie weder qualifiziert bzw. vorhabenbezogen überplant ist noch dem nicht-qualifiziert beplanten Innenbereich angehört.[10]

Als qualifiziert überplant gilt eine Fläche, wenn sie den Gegenstand eines qualifizierten Bebauungsplans gemäß § 30 Abs. 1 BauGB[11] bildet oder wenn für sie ein vorhabenbezogener Bebauungsplan nach § 12 BauGB[12] besteht. Unter dem nicht-qualifiziert beplanten Innenbereich ist ein im Zu-

---

8 Diese gehören dem Recht der Vorhabenzulassung, einem in den §§ 29-38 BauGB geregelten Teilrechtsgebiet des Bauplanungsrechts, an.

9 Vielfach wird in diesem Zusammenhang auch vom unbeplanten Innenbereich gesprochen. Präziser ist jedoch die hier verwendete Bezeichnung des nicht-qualifiziert beplanten Innenbereichs, da diese Gebietskategorie auch diejenigen Innenbereichsflächen umfasst, die im Sinne des § 30 Abs. 3 BauGB einfach überplant sind, s. § 30 Abs. 3 BauGB („im Übrigen").

10 Vgl. *S. Mitschang/O. Reidt*, in: U. Battis/M. Krautzberger/R.-P. Löhr (Begr.) und U. Battis/S. Mitschang/O. Reidt (Fortf.), Baugesetzbuch, Kommentar, 13. Aufl., München 2016, § 35 Rn. 2 sowie *W. Söfker*, in: W. Ernst/W. Zinkahn/W. Bielenberg (Begr.) und M. Krautzberger (Fortf.), Baugesetzbuch, Kommentar, Loseblatt, Stand: 126 Ergänzungslieferung (August 2017), München 2017, § 35 Rn. 15.

11 S. hierzu weiterführend *C. Tophoven*, in: W. Spannowsky/M. Uechtritz (Hrsg.), Beck'scher Online-Kommentar BauGB, Stand: 39. Edition (1.10.2017), München 2017, § 30 Rn. 4-20.

12 Vertiefend hierzu s. *J. Busse*, in: W. Spannowsky/M. Uechtritz (Hrsg.), BeckOK BauGB (Fn. 11), § 12 Rn. 1 ff.

sammenhang bebauter Ortsteil im Sinne des § 34 Abs. 1 S. 1 BauGB[13] zu verstehen, der einer einfachen Bebauungsplanung gemäß § 30 Abs. 3 BauGB unterliegen kann (aber nicht muss).[14] Die dem bauplanungsrechtlichen Außenbereich zuzurechnenden Flächen zeichnen sich dementsprechend dadurch aus, dass sie oftmals baulich noch kaum oder nur wenig genutzt sind.

Die besondere Nachhaltigkeitsrelevanz des bauplanungsrechtlichen Außenbereichs erschließt sich, wenn man dessen vielfältige Nutzungsmöglichkeiten einschließlich der Möglichkeit dessen bewusster Nichtnutzung in Bezug zu dem Begriff der nachhaltigen Entwicklung und den daraus ableitbaren Nachhaltigkeitszielen setzt. Der hiesigen Untersuchung liegt (wie dem Tagungsband insgesamt) ein von Griggs u. a. geprägter, auf das derzeitige Zeitalter des Anthropozäns bezogener Begriff der nachhaltigen Entwicklung zugrunde. Nachhaltige Entwicklung wird danach verstanden als „[d]evelopment that meets the needs of the present while safeguarding Earth's life-support system, on which the welfare of current and future generations depends"[15], d. h. als Entwicklung, die den Bedürfnissen der Gegenwart dient und dabei die Lebenserhaltungssysteme der Erde sichert, von denen das Wohlergehen dieser und künftiger Generationen abhängt. Zu deren Umsetzung formulieren die Autoren sechs Nachhaltigkeitsziele („Sustainable development goals"): Gedeihliche Leben und Existenzgrundlagen („Thriving lives and livelihoods"), nachhaltige Nahrungsmittelsicherheit („Sustainable food security"), nachhaltige (Trink-)Wassersicherheit („Sustainable water security"), allgemein zugängliche saubere Energie („Universal clean energy"), gesunde und leistungsfähige Ökosysteme („Healthy and productive ecosystems"), an nachhaltigem Zusammenleben ausgerichtete Regierungstätigkeit („Governance for sustainable societies").[16]

Zum Erreichen von vier dieser sechs Nachhaltigkeitsziele vermag der Außenbereich schon in seinen derzeitigen (Nicht-)Nutzungsformen einen unmittelbaren Beitrag zu leisten. Da der Außenbereich aufgrund der Privi-

---

13 S. hierzu weiterführend *W. Spannowsky*, in: W. Spannowsky/M. Uechtritz (Hrsg.), BeckOK BauGB (Fn. 11), § 34 Rn. 17-29.
14 S. § 30 Abs. 3 BauGB („im Übrigen") und oben (sub Fn. 9).
15 *D. Griggs/M. Mark Stafford-Smith/O. Gaffney/J. Rockström/M. Öhman/P. Shyamsundar/W. Steffen/G. Glaser/N. Kanie/I. Noble*, Sustainable development goals for people and planet, in: Nature 2013, S. 305 (306).
16 *D. Griggs* u. a. (Fn. 15), S. 305 (306 f.).

legierungstatbestände des § 35 Abs. 1 Nr. 1 und 2 BauGB[17] stark land- und forstwirtschaftlich sowie gartenbaulich geprägt ist, eignet er sich – die Anwendung entsprechender Anbaumethoden vorausgesetzt – zunächst dazu, die nachhaltige Nahrungsmittelsicherheit zu fördern (zweites Nachhaltigkeitsziel). Ferner ermöglicht der (noch) geringe Versiegelungsgrad von Außenbereichsflächen das ungehinderte Versickern von Niederschlagswasser und verhindert damit Störungen des Wasserkreislaufs, welche sich nachteilig auf das dritte Nachhaltigkeitsziel der nachhaltigen (Trink-)Wassersicherheit auswirken könnten. Weiterhin bietet der Außenbereich, wie die Privilegierungen in § 35 Abs. 1 Nr. 5, 6 und 8 BauGB zeigen, die naturräumlichen Voraussetzungen für die verträgliche Nutzung erneuerbarer Energiequellen (Wind, Wasser, Biomasse, Sonne) als Voraussetzung allgemein zugänglicher sauberer Energie (viertes Nachhaltigkeitsziel). Schließlich beherbergt der weitgehend unbebaute Außenbereich ökologisch wertvolle, teilweise ergänzend naturschutzrechtlich unter Schutz gestellte[18] Natur- und Landschaftsbestandteile von lokaler, regionaler, überregionaler und sogar grenzüberschreitender[19] Bedeutung und begünstigt auf diese Weise die Verwirklichung des fünften Entwicklungsziels in Gestalt gesunder und leistungsfähiger Ökosysteme. Schon der an dieser Stelle nur an ausgewählten Beispielen mögliche Abgleich derzeitiger (Nicht-)Nutzungen des Außenbereichs mit den einleitend dargestellten Nachhaltigkeitszielen verdeutlicht also die wichtige Bedeutung, die dieser bauplanungsrechtlichen Gebietskategorie für die nachhaltige Entwicklung in der Bundesrepublik Deutschland wie auch darüber hinaus zukommt.

C. Außenbereichsschützende Instrumente des Bauplanungsrechts

Im Anschluss an die Darlegung der besonderen Nachhaltigkeitsrelevanz des bauplanungsrechtlichen Außenbereichs werden im Folgenden außenbereichsschützende und damit ihrerseits die nachhaltige Entwicklung för-

---

17 Hierzu unten (sub C.II.2.).
18 Die naturschutzrechtliche Unterschutzstellung von Teilen von Natur und Landschaft erfolgt auf der Grundlage der §§ 20 Abs. 2, 22 ff. BNatSchG i. V. m. den Naturschutzgesetzen der Länder.
19 Ökologisch wertvolle Natur- und Landschaftsbestandteile von grenzüberschreitender Bedeutung stellen beispielsweise diejenigen ergänzend naturschutzrechtlich geschützten Außenbereichsflächen dar, die dem zusammenhängenden europäischen ökologischen Netz „Natura 2000" angehören, s. hierzu §§ 31 ff. BNatSchG.

dernde Instrumente des geltenden Bauplanungsrechts erläutert. Ausschließlich oder jedenfalls auch dem Schutz des Außenbereichs dienende Instrumente des Bauplanungsrechts finden sich dabei insbesondere in zwei bauplanungsrechtlichen Teilgebieten: In dem in den §§ 1-13b BauGB geregelten Recht der Bauleitplanung (I.) sowie im Recht der Vorhabenzulassung, welches in den §§ 29-38 BauGB normiert ist (II.).

I. Außenbereichsschützende Instrumente im Recht der Bauleitplanung

Außenbereichsschützende Instrumente im Recht der Bauleitplanung sind dadurch gekennzeichnet, dass sie die Überplanung von Außenbereichsflächen im Wege kommunaler qualifizierter (einschließlich vorhabenbezogener) Bebauungsplanung und damit deren gebietskategorische Umwandlung in Bereiche qualifizierter (einschließlich vorhabenbezogener) Planung erschweren, indem sie formelle wie auch materielle Anforderungen an die rechtmäßige und damit wirksame bebauungsplanerische Inanspruchnahme des Außenbereichs formulieren. Es lassen sich folglich formelle, insbesondere auf das Verfahren der Bebauungsplanung bezogene Instrumente (1.) und materielle, den Planinhalt betreffende Instrumente (2.) unterschieden.

1. Formelle Instrumente

a) Regelverfahren (§§ 2 ff. BauGB)

Im Regelverfahren der Aufstellung eines Bebauungsplans gemäß der §§ 2 ff. BauGB erweisen sich vor allem die Ermittlung und Bewertung des Abwägungsmaterials nach § 2 Abs. 3 BauGB sowie die Umweltprüfung im Sinne des § 2 Abs. 4 BauGB für den Schutz des bauplanungsrechtlichen Außenbereichs als relevant. Beide Instrumente dienen allerdings, wie die folgenden Ausführungen zeigen, nicht ausschließlich dem Schutz dieser Gebietskategorie.

§ 2 Abs. 3 BauGB verpflichtet die bebauungsplanende Gemeinde[20] bei der Aufstellung eines solchen Bauleitplans[21], das Abwägungsmaterial, also die Belange, die für die planerische Abwägung im Sinne des § 1 Abs. 7 BauGB[22] von Bedeutung sind, zu ermitteln und zu bewerten. Bei der Vorschrift des § 2 Abs. 3 BauGB handelt es sich demnach um die bauleitplanerische Verfahrensgrundnorm, welche die Ermittlung und Bewertung aller von der Planung betroffenen und somit abwägungsrelevanten öffentlichen und privaten Belange vorschreibt, die notwendig sind, um im späteren Verfahren eine im Sinne des § 1 Abs. 7 BauGB materiell-rechtmäßige, abwägungsgerechte Planungsentscheidung zu treffen.[23] Die wichtigsten abwägungsrelevanten Belange enthält der nicht abschließende[24] Katalog des § 1 Abs. 6 BauGB. Dieser wird ergänzt um die Planungsgrundsätze des § 1 Abs. 5 BauGB, denen nach der Rechtsprechung des BVerwG ebenfalls die Bedeutung von Abwägungsbelangen beizumessen ist.[25]

Von den in diesen beiden Vorschriften genannten Abwägungsbelangen weisen verschiedene Außenbereichsbezug auf, wodurch das Augenmerk der planenden Gemeinde schon im Verfahren der Aufstellung eines Bebauungsplans für eine Außenbereichsfläche in Vorbereitung der späteren materiellen Planungsentscheidung auf die Bedeutung dieser bauplanungsrechtlichen Gebietskategorie gerichtet wird. So sieht zunächst der Planungsgrundsatz des § 1 Abs. 5 S. 3 BauGB vor, dass die städtebauliche Entwicklung vorrangig durch Maßnahmen der Innenentwicklung und folg-

---

20 Die Verbandszuständigkeit der Gemeinde für die Aufstellung von Bebauungsplänen als nach § 1 Abs. 2 BauGB verbindlichen Bauleitplänen folgt aus § 2 Abs. 1 S. 1 BauGB. Die diesbezügliche Organzuständigkeit innerhalb der Gemeinde wird bundeslandspezifisch durch das jeweilige Kommunalrecht bestimmt.

21 Zu den Bauleitplänen zählen gemäß § 1 Abs. 2 BauGB neben den Bebauungsplänen als verbindlichen auch die Flächennutzungspläne als vorbereitende Bauleitpläne.

22 Hierzu unten (sub C.I.2.c)).

23 Vgl. *U. Battis*, in: U. Battis./M. Krautzberger/R.-P. Löhr (Begr.) und U. Battis/S. Mitschang/O. Reidt (Fortf.), Baugesetzbuch (Fn. 10), § 2 Rn. 5 sowie *M. Uechtritz*, in: W. Spannowsky/M. Uechtritz (Hrsg.), BeckOK BauGB (Fn. 11), § 2 Rn. 57.

24 S. den Wortlaut des § 1 Abs. 6 BauGB, der davon spricht, dass „insbesondere" die in dieser Vorschrift genannten Belange bei der Aufstellung von Bauleitplänen zu berücksichtigen sind.

25 Vgl. BVerwG NVwZ-RR 2003, S. 171 (171), zu den Planungsgrundsätzen des § 1 Abs. 5 S. 1 und 2 BauGB.

lich nur nachrangig auf Kosten von Außenbereichsflächen erfolgen soll.[26] Ferner nennt § 1 Abs. 6 BauGB die Anforderungen kostensparenden Bauens als Abwägungsbelang mit der Folge, dass Planungsalternativen im Innenbereich aufgrund der wesentlich geringeren Erschließungskosten gegenüber der Inanspruchnahme von Außenbereichsflächen vorzugswürdig erscheinen können. Schließlich hebt § 1 Abs. 6 Nr. 8 lit. b BauGB die Bedeutung der Land- und Forstwirtschaft hervor, die auf die Verfügbarkeit geeigneter Anbau- und Tierhaltungsflächen im Außenbereich angewiesen ist.[27]

In Umsetzung verschiedener Umweltprüfanforderungen des nationalen wie auch des Unionsrechts[28] sieht § 2 Abs. 4 S. 1 Hs. 1 BauGB als Spezialregelung gegenüber § 2 Abs. 3 BauGB für die Ermittlung und Bewertung der in den §§ 1 Abs. 6 Nr. 7 und 1a BauGB aufgeführten Belange des Umweltschutzes einen gesonderten Verfahrensschritt in Gestalt der Umweltprüfung vor, in deren Rahmen die voraussichtlich erheblichen (negativen wie auch positiven) Umweltauswirkungen der Planverwirklichung[29] auf die genannten Umweltschutzbelange ermittelt und in einem Umweltbericht[30] beschrieben und bewertet werden. Die planende Gemeinde legt dazu gemäß § 2 Abs. 4 S. 2 BauGB für jeden Bauleitplan fest, in welchem Umfang und Detaillierungsgrad die Ermittlung der Belange für die Abwägung erforderlich ist. Nach § 2 Abs. 4 S. 3 BauGB hat sich die Umweltprüfung aber stets nur auf das zu beziehen, was nach gegenwärtigem Wissensstand und allgemein anerkannten Prüfmethoden sowie nach Inhalt und

---

26 S. hierzu weiterführend *U. Battis/S. Mitschang/O. Reidt*, Stärkung der Innenentwicklung in den Städten und Gemeinden, NVwZ 2013, S. 961 (962).

27 Vgl. zu dem Umstand, dass gerade ertragreiche Landwirtschaftsflächen trotzdem überproportional von der Umwandlung in Siedlungsflächen betroffen sind und so ihre ursprüngliche Nutzungsmöglichkeit endgültig verlieren *R. Goetzke/C. Schlump /J. Hoymann/G. Beckmann/F. Dosch*, Flächenverbrauch, Flächenpotenziale und Trends 2030, in: Bundesinstitut für Bau-, Stadt- und Raumforschung im Bundesamt für Bauwesen und Raumordnung (Hrsg.), BBSR-Analysen Kompakt 07/2014 – Beiträge zum Siedlungsflächenmonitoring im Bundesgebiet, Bonn 2014, S. 3 (3 f.).

28 Die Umweltprüfung im Sinne des § 2 Abs. 4 S. 1 Hs. 1 BauGB stellt das Trägerverfahren für alle im Rahmen der Bauleitplanung beachtlichen Umweltprüfanforderungen dar. S. hierzu weiterführend *U. Battis* (Fn. 23), § 2 Rn. 6.

29 Da von der Planung selbst noch keine Umweltauswirkungen ausgehen können, ist insoweit auf die Folgen der Planverwirklichung abzustellen.

30 Dieser muss nach § 2 Abs. 4 S. 1 Hs. 2 BauGB über die in Anlage 1 zum BauGB aufgelisteten Bestandteile verfügen.

Detaillierungsgrad des Bauleitplans angemessenerweise verlangt werden kann. Das Ergebnis der Umweltprüfung ist schließlich gemäß § 2 Abs. 4 S. 4 BauGB in der planerischen Abwägung im Sinne des § 1 Abs. 7 BauGB[31] zu berücksichtigen. Die Funktion der Umweltprüfung besteht folglich darin, eine auf die Umweltauswirkungen der Planverwirklichung zentrierte Prüfung unter Berücksichtigung der jeweiligen Wechselwirkungen zu gewährleisten, die es ermöglicht, die Umweltschutzbelange in gebündelter Form herauszuarbeiten, und die dazu beiträgt, eine solide Informationsbasis zu schaffen, da verhindert wird, dass diese Belange in einer atomisierten Betrachtungsweise nicht mit dem Gewicht in der planerischen Abwägung zur Geltung kommen, das ihnen in Wahrheit bei einer Gesamtschau gebührt.[32]

Unter dem hier interessierenden Gesichtspunkt des Schutzes des bauplanungsrechtlichen Außenbereichs vor einer Inanspruchnahme im Wege kommunaler Bebauungsplanung erweist sich zunächst der erst 2017 zur Klarstellung neu in das BauGB eingeführte[33] Umweltbelang der Planungsauswirkungen auf die Fläche nach § 1 Abs. 6 Nr. 7 lit. a Alt. 3 BauGB als bedeutsam, da dieser als Ermittlungs- und Bewertungsgegenstand gerade den planungsspezifischen Flächenverbrauch (einschließlich der Neuinanspruchnahme von Außenbereichsflächen) umfasst.[34] Ferner spielen auch die gemäß § 1 Abs. 6 Nr. 7 lit. b BauGB zu prüfenden Erhaltungsziele und der Schutzzweck der Natura 2000-Gebiete im Sinne des BNatSchG[35] eine große Rolle, befinden sich diese Schutzgebiete doch regelmäßig im Außenbereich.

Aus Gründen des Außenbereichsschutzes weiterhin untersuchungsrelevant erweisen sich die in § 1a Abs. 2 BauGB enthaltenen, gemäß § 1a Abs. 2 S. 3 BauGB abwägungsrelevanten Planungsgrundsätze: Zum einen

---

31 Hierzu unten (sub C.I.2.c)).

32 So zutreffend *M. Uechtritz* (Fn. 23), § 2 Rn. 72 unter Übertragung der Ausführungen des BVerwG zur Umweltverträglichkeitsprüfung nach dem UVPG auf die Umweltprüfung im Sinne des § 2 Abs. 4 BauGB.

33 Durch Art. 2 Nr. 1 lit. b des Gesetzes zur Umsetzung der Richtlinie 2014/52/EU im Städtebaurecht und zur Stärkung des neuen Zusammenlebens in der Stadt vom 4.5.2017, BGBl. I, S. 1057 (1057 ff.).

34 So ausdrücklich die Gesetzesbegründung zu § 1 Abs. 6 Nr. 7 lit. a Alt. 3 in BT-Drs. 18/10942, S. 1 (39).

35 S. § 32 BNatSchG und hierzu weiterführend die diesbezügliche Kommentierung von *T. Lüttgau/N. Kockler*, in: L. Giesberts/M. Reinhardt (Hrsg.), Beck'scher Online-Kommentar Umweltrecht, Stand: 44. Edition (1.8.2017), München 2017.

die Bodenschutzklausel in Satz 1 dieser Vorschrift, der zufolge mit Grund und Boden sparsam und schonend umgegangen werden soll, wobei zur Verringerung der zusätzlichen Inanspruchnahme von Außenbereichsflächen für bauliche Nutzungen die Möglichkeiten der Entwicklung der Gemeinde insbesondere durch Wiedernutzbarmachung von Flächen, Nachverdichtung und andere Maßnahmen zur Innenentwicklung zu nutzen sowie Bodenversiegelungen auf das notwendige Maß zu begrenzen sind; zum anderen die in Satz 2 des § 1a Abs. 2 BauGB verankerte Umwidmungssperre, die gebietet, dass unter anderem landwirtschaftlich und als Wald genutzte Flächen, wie sie im Außenbereich häufig vorkommen, nur im notwendigen Umfang umgenutzt werden sollen. Auch dem Außenbereichsschutz dient schließlich die Umweltprüfung in Bezug auf die durch § 1a Abs. 3 S. 1 BauGB für den Bereich der Bauleitplanung als abwägungserheblich in das BauGB inkorporierte naturschutzrechtliche Eingriffsregelung[36], also hinsichtlich der Vermeidung und dem Ausgleich voraussichtlich erheblicher Beeinträchtigungen des Landschaftsbildes sowie der Leistungs- und Funktionsfähigkeit des Naturhaushalts in seinen in § 1 Abs. 6 Nr. 7 lit. a bezeichneten Bestandteilen, da zu diesen nach § 1 Abs. 6 Nr. 7 lit. a Alt. 3 BauGB auch die Außenbereichsfläche zählt.

b) Beschleunigtes Verfahren (§ 13a BauGB)

§ 13a BauGB eröffnet für Bebauungspläne der Innenentwicklung, zu denen nach der Legaldefinition in Abs. 1 S. 1 dieser Bestimmung Bebauungspläne für die Wiedernutzbarmachung von Flächen, die Nachverdichtung oder andere Maßnahmen der Innenentwicklung zählen, unter bestimmten Voraussetzungen[37] die Möglichkeit, anstelle des in den §§ 2 ff. BauGB vorgesehenen Regelverfahrens der Planaufstellung ein so genanntes beschleunigtes[38] Aufstellungsverfahren durchzuführen. Die Verfahrensbeschleunigung wird dadurch herbeigeführt, dass gemäß § 13a Abs. 2

---

36 S. weiterführend hierzu *F. Dirnberger*, in: W. Spannowsky/M. Uechtritz (Hrsg.), BeckOK BauGB (Fn. 11), § 1a Rn. 11-35.

37 Diese sind in § 13a Abs. 1 S. 2-5 BauGB geregelt; s. weiterführend hierzu *H. Jaeger*, in: W. Spannowsky/M. Uechtritz (Hrsg.), BeckOK BauGB (Fn. 11), § 13a Rn. 4-17. S. in diesem Zusammenhang außerdem § 13a Abs. 3 BauGB.

38 Das beschleunigte Verfahren des § 13a BauGB darf nicht mit dem in § 13 BauGB geregelten vereinfachten Verfahren verwechselt werden. Dessen Anwendungsvoraussetzungen finden sich in § 13 Abs. 1 BauGB.

Nr. 1 BauGB die Vorschriften des vereinfachten Verfahrens nach § 13 Abs. 2 und Abs. 3 S. 1 BauGB auch auf Bebauungspläne der Innenentwicklung Anwendung finden.[39] Diese Vorschriften enthalten neben fakultativen Erleichterungen im Bereich der Öffentlichkeits- und Behördenbeteiligung am Planaufstellungsverfahren nach den §§ 3 und 4 BauGB (Abs. 2) insbesondere einen obligatorischen Dispens von der im Regelverfahren zwingend durchzuführenden Umweltprüfung im Sinne des § 2 Abs. 4 BauGB sowie von weiteren umweltprüfungsbezogenen Verfahrenserfordernissen[40] (Abs. 3 S. 1). Durch die für die Planungspraxis hiermit verbundene erhebliche Einsparung von Planungsaufwand und -zeit (und damit nicht zuletzt auch -kosten) gegenüber dem Regelverfahren sollen die Gemeinden entsprechend der Zielsetzungen der Nachhaltigkeitsstrategie der Bundesregierung in Bezug auf die Reduzierung des Flächenverbrauchs[41] angehalten werden, vorhandene Flächenpotentiale im Innenbereich besser auszuschöpfen, um die gezielte erstmalige Inanspruchnahme von Außenbereichsflächen für Siedlungszwecke weiter zu verringern.[42] In den Vorschriften über das beschleunigte Verfahren finden sonach die außenbereichsschützenden Planungsgrundsätze der §§ 1 Abs. 5 S. 3, 1a Abs. 2 S. 1 BauGB[43] ihren augenscheinlichen Niederschlag, so dass § 13a BauGB als ausschließlich dem Schutz des bauplanungsrechtlichen Außenbereichs dienendes Instrument des Rechts der Bauleitplanung zu qualifizieren ist.

---

39 Neben dieser Verfahrensbeschleunigung sieht § 13a BauGB in seinem Abs. 2 Nr. 2-4 für Bebauungspläne der Innenentwicklungen weitere fakultative wie obligatorische Modifikationen gegenüber den im Regelverfahren aufgestellten Bebauungsplänen vor. Diese sind jedoch materieller Natur und daher hier nicht zu behandeln.

40 Im Einzelnen handelt es sich um den Umweltbericht nach § 2a BauGB, um die Angabe gemäß § 3 Abs. 2 S. 2 BauGB, welche Arten umweltbezogener Informationen verfügbar sind, sowie um die zusammenfassende Erklärung nach § 10a Abs. 1 BauGB. Ferner bedarf es während der späteren Phase der Planverwirklichung auch keines Monitorings der Umweltauswirkungen im Sinne des § 4c BauGB.

41 Hierzu oben (sub A.).

42 S. zu dieser gesetzgeberischen Zielsetzung des § 13a BauGB die Gesetzesbegründung zu dieser Vorschrift in BT-Drs. 16/2496, S. 1 (9).

43 Hierzu oben (sub C.I.1.a)).

2. Materielle Instrumente

Von den materiellen, den Planinhalt betreffenden Instrumenten des Rechts der Bauleitplanung können vor allem der Grundsatz der Erforderlichkeit der Bauleitplanung (a)), einzelne gesetzliche Planungsleitsätze (b)) sowie das Gebot gerechter Abwägung (c)) außenbereichsschützenden Charakter entfalten. Keines dieser Instrumente dient jedoch, wie nachfolgend deutlich wird, ausschließlich dem Schutz dieser bauplanungsrechtlichen Gebietskategorie.

a) Erforderlichkeitsgrundsatz (§ 1 Abs. 3 S. 1 BauGB)

§ 1 Abs. 3 S. 1 BauGB als normative Verankerung des Grundsatzes der Erforderlichkeit der Bauleitplanung besagt, dass die Gemeinden die Bauleitpläne aufzustellen haben, sobald und soweit es für die städtebauliche Entwicklung und Ordnung erforderlich ist. Nach ständiger Rechtsprechung des BVerwG begründet das Merkmal der Erforderlichkeit mit Rücksicht auf die planerische Gestaltungsfreiheit und die entsprechend verminderte Dichte der Ansatzpunkte für eine gerichtliche Kontrolle zwar eine praktisch nur bei groben und einigermaßen offensichtlichen Missgriffen wirksame Schranke der Planungshoheit.[44] Nicht erforderlich ist ein Bauleitplan aber jedenfalls dann, wenn er einer positiven städtebaulichen Planungskonzeption entbehrt und ersichtlich der Förderung von Zielen dient, für deren Verwirklichung die Bauleitplanung nicht bestimmt ist.[45]

Genügt ein Flächen des bauplanungsrechtlichen Außenbereichs beanspruchender Bebauungsplan nicht diesen Grundsätzen, beispielsweise weil es sich bei ihm um eine reine Verhinderungsplanung in Bezug auf die Ansiedelung eines der planenden Gemeinde unerwünschten Außenbereichsvorhaben auf der Grundlage des § 35 BauGB[46] handelt, steht ihm hiernach der Grundsatz der Erforderlichkeit der Bauleitplanung aus § 1 Abs. 3 S. 1 BauGB entgegen.

---

44 Seit BVerwG BRS 24 (1971) Nr. 15, S. 24 (29), in der hier in Bezug genommenen Formulierung seit BVerwG BRS 24 (1971) Nr. 1, S. 1 (4).
45 Vgl. BVerwG NVwZ 1999, S. 1338 (1339).
46 Hierzu unten (sub C.II.).

b) Gesetzliche Planungsleitsätze

Unter den gesetzlichen Planungsleitsätzen, den so genannten Planungs-schranken, sind im Kontext des Außenbereichsschutzes in erster Linie der Natura 2000-Gebietsschutz und das Gebot der Anpassung der Bauleitplä-ne an die Ziele der Raumordnung untersuchungsrelevant.

Soweit die Umweltprüfung[47] ergibt, dass durch einen Bauleitplan (bzw. dessen Realisierung[48]) ein Gebiet im Sinne des § 1 Abs. 6 Nr. 7 lit. b BauGB, also ein Natura 2000-Schutzgebiet im Sinne des BNatSchG[49], in seinen für die Erhaltungsziele oder den Schutzzweck maßgeblichen Be-standteilen erheblich beeinträchtigt werden kann, ordnet § 1a Abs. 4 BauGB die Anwendung der Vorschriften des BNatSchG über die Zulässig-keit und Durchführung von derartigen Eingriffen einschließlich der Einho-lung der Stellungnahme der Europäischen Kommission an, mithin die Durchführung einer Natura 2000-Verträglichkeitsprüfung nach § 36 S. 1 Nr. 2 und S. 2 Alt. 2 BNatSchG in Verbindung mit § 34 Abs. 1 S. 2 und 3, Abs. 2-5 BNatSchG.[50] Bestätigt diese Prüfung die potentiell erheblich be-einträchtigende Wirkung der Planverwirklichung und lassen sich zu deren Gunsten auch keine Ausnahmegründe im Sinne des § 34 Abs. 3 und 4 BNatSchG anführen, verhindert der Natura 2000-Gebietsschutz die ent-sprechende Planung. Die bebauungsplanerische Inanspruchnahme einer als Natura 2000-Schutzgebiet ausgewiesenen Außenbereichsfläche kann demnach an der Planungsschranke des § 1a Abs. 4 BauGB scheitern.

Die Planungsschranke des § 1 Abs. 4 BauGB sieht demgegenüber vor, dass die Bauleitpläne den Zielen der Raumordnung anzupassen sind und gewährleistet damit die Konsistenz innerhalb des Gesamtsystems der räumlichen Gesamtplanung in der Bundesrepublik Deutschland an der Schnittstelle zwischen der Raumordnung als überörtlicher räumlicher Ge-samtplanung[51] und der Bauleitplanung als örtlicher räumlicher Gesamtpla-

---

47 Hierzu oben (sub C.I.1.a)).

48 Da von der Planung selbst noch keine Beeinträchtigungen eines Natura 2000-Ge-biets ausgehen können, ist insoweit auf die Folgen der Planverwirklichung abzu-stellen; s. hierzu auch den Hinweis in Fn. 29.

49 S. § 32 BNatSchG und den weiterführenden Literaturhinweis in Fn. 35.

50 Vertiefend hierzu s. *F. Dirnberger* (Fn. 36), § 1a Rn. 36-40.

51 Diese umfasst neben der Bundesraumordnung als räumliche Gesamtplanung auf Bundesebene die räumliche Gesamtplanung in den Ländern, welche sich wiede-rum in die Landesplanung und die Regionalplanung gliedert (s. § 1 Abs. 1 ROG).

nung[52].[53] Nach der Legaldefinition des § 3 Abs. 1 Nr. 2 ROG sind unter Zielen der Raumordnung verbindliche Vorgaben in Form von räumlich und sachlich bestimmten oder bestimmbaren, vom Träger der Raumordnung abschließend abgewogenen textlichen oder zeichnerischen Festlegungen in Raumordnungsplänen zur Entwicklung, Ordnung und Sicherung des Raums zu verstehen. Enthält ein Raumordnungsplan ein der kommunalen Bebauungsplanung im bauplanungsrechtlichen Außenbereich entgegenstehendes Ziel der Raumordnung, insbesondere in Form eines Mengenziels zur Siedlungsflächenbeschränkung,[54] muss die Überplanung der betreffenden Außenbereichsfläche daher unterbleiben.

c) Abwägungsgebot (§ 1 Abs. 7 BauGB)

Das in § 1 Abs. 7 BauGB enthaltene Gebot gerechter Abwägung erfordert, dass bei der Aufstellung von Bauleitplänen die öffentlichen und privaten Belange untereinander und gegeneinander gerecht abzuwägen sind. Das Abwägungsgebot ist als Ausfluss des Rechtsstaatsprinzips die zentrale Verpflichtung einer den rechtsstaatlichen Anforderungen genügenden Planung.[55] Es verlangt, „da[ss] – erstens – eine Abwägung überhaupt stattfindet [bei Verstoß: Abwägungsfehler in Gestalt des Abwägungsausfalls], da[ss] – zweitens – in die Abwägung an Belangen eingestellt wird, was

---

52 Diese unterteilt sich weiter in die Flächennutzungsplanung als vorbereitende und die Bebauungsplanung als verbindliche Bauleitplanung (s. § 1 Abs. 1 und 2 BauGB).

53 Vgl. *F. Dirnberger* (Fn. 36), § 1 Rn. 60. Das BVerwG ZfBR 2004, S. 171 (175) beschreibt den Regelungszweck des § 1 Abs. 4 BauGB treffend mit der „Gewährleistung umfassender materieller Konkordanz" zwischen der Raumordnung (im entschiedenen Fall in Gestalt der Landesplanung) und der Bauleitplanung.

54 Für die raumordnerische Festlegung derartiger Mengenziele wurde durch die Erweiterung des § 2 Abs. 2 Nr. 6 S. 3 ROG um den Halbsatz „durch quantifizierte Vorgaben zur Verringerung der Flächeninanspruchnahme" durch Art. 1 Nr. 3 lit. d des Gesetzes zur Änderung raumordnungsrechtlicher Vorschriften vom 23.5.2017, BGBl. I, S. 1245 (1245 ff.), nunmehr eine ausdrückliche Rechtsgrundlage geschaffen. S. weiterführend hierzu *P. Runkel*, Gesetz zur Änderung raumordnerischer Vorschriften, in: W. Spannowsky/A. Hofmeister (Hrsg.), Aktuelle Themenfelder der Änderungsnovellen 2017 im Städtebau- und Raumordnungsrecht, Berlin 2017, S. 13 (22).

55 Allgemeine Ansicht, vgl. bereits BVerwG NJW 1969, S. 1868 (1868, 1. Leitsatz und 1869).

nach Lage der Dinge in sie eingestellt werden mu[ss] [bei Verstoß: Abwägungsfehler in Form des Abwägungsdefizits], und da[ss] – drittens – weder die Bedeutung der betroffenen öffentlichen und privaten Belange verkannt [bei Verstoß: Abwägungsfehler in Gestalt der Abwägungsfehleinschätzung] noch der Ausgleich zwischen ihnen in einer Weise vorgenommen wird, die zur objektiven Gewichtigkeit einzelner Belange außer Verhältnis steht [bei Verstoß: Abwägungsfehler in Form der Abwägungsdisproportionalität]. Innerhalb des so gezogenen Rahmens wird das Abwägungsgebot jedoch nicht verletzt, wenn sich die zur Planung ermächtigte Stelle in der Kollision zwischen verschiedenen Belangen für die Bevorzugung des einen und damit notwendig für die Zurückstellung eines anderen entscheidet. Die darin liegende Gewichtung der von der Planung berührten öffentlichen und privaten Belange ist vielmehr im Gegenteil ein wesentliches Element der planerischen Gestaltungsfreiheit und als solches der [aufsichtsbehördlichen wie auch der] verwaltungsgerichtlichen Kontrolle entzogen."[56] Genügt folglich die Berücksichtigung der den bauplanungsrechtlichen Außenbereich betreffenden öffentlichen und privaten, insbesondere flächen- und umweltschutzbezogenen Belange des § 1 Abs. 5 S. 3, Abs. 6 Nr. 2, 7 und 8 sowie des § 1a BauGB[57] im Rahmen der planerischen Abwägung nicht den soeben dargestellten Anforderungen des Abwägungsgebots, steht § 1 Abs. 7 BauGB der Überplanung einer Außenbereichsfläche im Wege kommunaler Bebauungsplanung entgegen.

---

56 Ständige Rechtsprechung seit BVerwG NJW 1975, S. 1373 (1375 f.); *W. Söfker/P. Runkel*, in: W. Ernst/W. Zinkahn/W. Bielenberg (Begr.) und M. Krautzberger (Fortf.), Baugesetzbuch (Fn. 10), § 1 Rn. 185 weisen in diesem Zusammenhang zutreffend darauf hin, dass das BVerwG die Anforderungen des Abwägungsgebots bereits in BVerwG VerwRspr 1970, S. 571 (576) entwickelt hat, jedoch erstmals in der eingangs angeführten Entscheidung (zumindest ausdrücklich) den ersten Teil der dritten Abwägungsanforderung auch auf öffentliche Belange und deren zweiten Teil auch auf private Belange erstreckt hat. S. weiterführend zum Abwägungsgebot des § 1 Abs. 7 BauGB *J. Berkemann*, Zur Abwägungsdogmatik: Stand und Bewertung, in: ZUR 2016, S. 323 ff.

57 Zu diesen oben (sub C.I.1.a)).

II. Außenbereichsschützende Instrumente im Recht der Vorhabenzulassung

Das Wesen der den bauplanungsrechtlichen Außenbereich schützenden Instrumente des Rechts der Vorhabenzulassung besteht im Gegensatz zu denen des Rechts der Bauleitplanung nicht darin, die gebietscharakterändernde Überplanung von Außenbereichsflächen im Wege kommunaler Bebauungsplanung zu verhindern. Ihre Schutzwirkung entfalten sie vielmehr dadurch, dass sie der Zersiedelung des Außenbereichs durch Einzelvorhaben und somit der Gefahr dessen gebietskategorischer Umwandlung in nicht-qualifiziert beplanten Innenbereich entgegenwirken, indem sie in Gestalt von Zulässigkeitstatbeständen die Zulassung von Einzelvorhaben in Abhängigkeit von deren wesensmäßiger Außenbereichszugehörigkeit einerseits und Zersiedelungswirkung andererseits abgestuft limitieren. Während die Mehrzahl der Vorhaben dem strengen Zulässigkeitstatbestand des § 35 Abs. 2 BauGB unterliegt (1.), können lediglich einige wenige Vorhaben nach § 35 Abs. 1 BauGB unter erleichterten Voraussetzungen zugelassen werden (2.). Hierin kommt der die städtebauliche Leitvorstellung des Gesetzgebers für die Beurteilung der Zulässigkeit eines Vorhabens im Außenbereich prägende Grundsatz zum Ausdruck, den Außenbereich von baulichen Anlagen freizuhalten, soweit diese nicht ihrem Wesen nach in den Außenbereich gehören.[58] Beiden Zulässigkeitstatbeständen des § 35 BauGB ist allerdings gemeinsam, dass es sich bei dem im Außenbereich zuzulassenden Bauprojekt um ein Vorhaben im Sinne des § 29 Abs. 1 BauGB, also um die die Errichtung, Änderung oder Nutzungsänderung einer baulichen Anlage[59], oder um eine dem Vorhaben gleichgestellte Tatbestandsalternative des § 29 Abs. 1 BauGB[60] handeln muss, da andern-

---

58 Vgl. *S. Mitschang/O. Reidt* (Fn. 10), § 35 Rn. 1 BauGB und *W. Söfker* (Fn. 10), § 35 Rn. 13.

59 Der gesetzlich nicht näher bestimmte bauplanungsrechtliche Begriff der baulichen Anlage im Sinne des § 29 Abs. 1 BauGB darf nicht mit dem bauordnungsrechtlichen Begriff der baulichen Anlage, wie er in vielen Landesbauordnungen legaldefiniert ist, verwechselt werden. Denn beide Begriffe überschneiden sich aufgrund der unterschiedlichen Zielsetzungen der beiden baurechtlichen Teilgebiete nur partiell. S. weiterführend hierzu sowie zum hier interessierenden bauplanungsrechtlichen Begriff der baulichen Anlage *T. Krämer*, in: W. Spannowsky/M. Uechtritz, BeckOK BauGB (Fn. 11), § 29 Rn. 3-7.

60 Genannt werden Aufschüttungen und Abgrabungen größeren Umfangs sowie Ausschachtungen und Ablagerungen einschließlich Lagerstätten.

falls der Anwendungsbereich des bauplanungsrechtlichen Zulässigkeitsregimes der §§ 30 ff. BauGB, dem die Zulässigkeitstatbestände des § 35 Abs. 1 und 2 BauGB angehören, nicht eröffnet ist.

1. *Zulässigkeit sonstiger Außenbereichsvorhaben (§ 35 Abs. 2 BauGB)*

Alle nicht in § 35 Abs. 1 Nr. 1-8 BauGB enumerativ aufgeführten und daher von § 35 Abs. 2 BauGB als „sonstige Vorhaben" bezeichneten Außenbereichsvorhaben[61] sind nach dieser Vorschrift nur dann zulässig, wenn ihre Ausführung oder Benutzung öffentliche Belange nicht beeinträchtigt und die Erschließung gesichert ist.[62] Ein Katalog mit aus Sicht des Gesetzgebers besonders gewichtigen Formen der Beeinträchtigung öffentlicher Belange findet sich in § 35 Abs. 3 S. 1 BauGB.[63] Da hiernach eine Beeinträchtigung öffentlicher Belange durch das Außenbereichsvorhaben unter anderem schon dann anzunehmen ist, wenn dieses schädliche Umwelteinwirkungen[64] hervorrufen kann oder ihnen ausgesetzt wird (Nr. 3), Belange

---

61 Zu diesen zählen auch die begünstigten sonstigen Außenbereichsvorhaben im Sinne des § 35 Abs. 4 BauGB (s. § 35 Abs. 4 S. 1 BauGB: „Den nachfolgend bezeichneten sonstigen Vorhaben im Sinne des Absatzes 2 …"). Diese unterscheiden sich von den übrigen sonstigen Vorhaben dadurch, dass ihnen die Beeinträchtigung bestimmter öffentlicher Belange des § 35 Abs. 3 BauGB nicht als zulässigkeitsausschließend entgegengehalten werden kann, weshalb sie auch als teilprivilegiert bezeichnet werden. Diese Bezeichnung, die den Begünstigungsgrad dieser Vorhaben zwischen den privilegierten (Abs. 1) und den sonstigen Außenbereichsvorhaben (Abs. 2) zum Ausdruck bringen soll, darf jedoch nicht darüber hinwegtäuschen, dass es sich bei § 35 Abs. 4 BauGB um keinen eigenständigen Zulässigkeitstatbestand und damit auch um kein außenbereichsschützendes Instrument des Rechts der Vorhabenzulassung handelt.

62 Ferner sind diese Vorhaben gemäß § 35 Abs. 5 S. 1 BauGB in einer flächensparenden, die Bodenversiegelung auf das notwendige Maß begrenzenden und den Außenbereich schonenden Weise auszuführen.

63 Darüber hinaus ist für raumbedeutsame Vorhaben (s. zum Begriff des raumbedeutsamen Vorhabens § 3 Abs. 1 Nr. 6 ROG), die zu den sonstigen Außenbereichsvorhaben gemäß § 35 Abs. 2 BauGB zählen, die Raumordnungsklausel des § 35 Abs. 3 S. 2 Hs. 1 BauGB zu beachten. Diese setzt den Widerspruch eines solchen Vorhabens zu den Zielen der Raumordnung im Sinne des § 3 Abs. 1 Nr. 2 ROG mit einer dessen Zulässigkeit ausschließenden Beeinträchtigung öffentlicher Belange gleich.

64 Eine auch für das Bauplanungsrecht gültige Definition dieses Begriffs enthält § 3 Abs. 1 BImSchG.

des Naturschutzes oder der Landschaftspflege, des Bodenschutzes, des Denkmalschutzes oder die natürliche Eigenart der Landschaft und ihren Erholungswert beeinträchtigt oder das Orts- und Landschaftsbild verunstaltet (Nr. 5) oder die Entstehung, Verfestigung oder Erweiterung einer Splittersiedlung befürchten lässt (Nr. 7), können sonstige Vorhaben im Außenbereich regelmäßig nicht zugelassen werden.

2. Zulässigkeit privilegierter Außenbereichsvorhaben (§ 35 Abs. 1 BauGB)

Die in dem Katalog des § 35 Abs. 1 Nr. 1-8 BauGB enthaltenen Außenbereichsvorhaben sind unter weniger strengen Voraussetzungen zulässig als die sonstigen Außenbereichsvorhaben im Sinne des § 35 Abs. 2 BauGB und werden dementsprechend auch privilegierte Vorhaben genannt. Diese Privilegierung beruht nach der Rechtsprechung des BVerwG auf der gesetzgeberischen Entscheidung, dass die Katalogvorhaben des § 35 Abs. 1 BauGB grundsätzlich in den Außenbereich gehören; der Gesetzgeber hat hier sozusagen selbst (anstelle der Gemeinde) geplant.[65] Privilegierte Außenbereichsvorhaben sind deshalb anders als sonstige Außenbereichsvorhaben nach § 35 Abs. 2 BauGB gemäß § 35 Abs. 1 BauGB nicht schon dann unzulässig, wenn sie einen oder mehrere öffentliche Belange beeinträchtigen, sondern erst dann, wenn ihnen ein oder mehrere (beeinträchtigte) öffentliche Belange auch entgegenstehen.[66] Das Entgegenstehen eines öffentlichen Belangs setzt voraus, dass eine nachvollziehende Abwägung zwischen dem Zweck des Vorhabens und dem öffentlichen Belang unter besonderer Berücksichtigung des Gewichts, das der Gesetzgeber der Privilegierung von Vorhaben im Außenbereich beimisst, ein Überwiegen des öffentlichen Belangs ergibt.[67] Da dies nur in seltenen Fällen der Fall sein wird, erweisen sich privilegierte Außenbereichsvorhaben – bei Vorliegen

---

65 Ständige Rechtsprechung seit BVerwG NJW 1968, S. 1105 (1105).
66 Als entgegenstehender (beeinträchtigter) öffentlicher Belang kommt neben den Katalogbelangen des § 35 Abs. 3 S. 1 BauGB und dem Belang der Zielvereinbarkeit nach § 35 Abs. 3 S. 2 BauGB auch der vor allem für die Steuerung der Windenergienutzung bedeutsame Belang der Vorhabenkonzentration an anderer Stelle gemäß § 35 Abs. 3 S. 3 BauGB in Betracht.
67 Ebenfalls ständige Rechtsprechung seit BVerwG NJW 1968, S. 1105 (1106).

der weiteren Zulässigkeitsvoraussetzungen[68] – wesentlich häufiger als sonstige Außenbereichsvorhaben im Sinne des § 35 Abs. 2 BauGB als zulässig.

D. Gesetzgeberische Beschränkungen des Außenbereichsschutzes in jüngster Zeit

Seit dem Jahr 2014 hat der Gesetzgeber des Bauplanungsrechts durch verschiedene Maßnahmen den vorstehend beschriebenen instrumentellen Schutz des Außenbereichs gelockert. Die gesetzlichen Beschränkungen des bauplanungsrechtlichen Außenbereichsschutzes betrafen dabei sowohl das Recht der Bauleitplanung (I.) als auch das Recht der Vorhabenzulassung (II.).

I. Beschränkung des Außenbereichsschutzes im Recht der Bauleitplanung

Im Recht der Bauleitplanung hat der Gesetzgeber durch Art. 1 Nr. 16 des am 13.5.2017 in Kraft getretenen Gesetzes zur Umsetzung der Richtlinie 2014/52/EU im Städtebaurecht und zur Stärkung des neuen Zusammenlebens in der Stadt vom 4.5.2017[69] die Bestimmung des § 13b BauGB mit dem Titel „Einbeziehung von Außenbereichsflächen in das beschleunigte Verfahren" neu eingeführt. Diese sieht in ihrem Satz 1 vor, dass bis zum 31.12.2019[70] die Vorschrift des § 13a BauGB entsprechend gilt für Bebauungspläne mit einer Grundfläche im Sinne des § 13a Abs. 1 S. 2 BauGB von weniger als 10.000 m², durch welche die Zulässigkeit von Wohnnutzungen auf Flächen begründet wird, die sich an im Zusammenhang bebau-

---

68 Hierzu gehören die gesicherte Erschließung nach § 35 Abs. 1 BauGB sowie die beiden bauausführungs- bzw. rückbaubezogenen Anforderungen aus § 35 Abs. 5 S. 1 und 2 BauGB.

69 BGBl. I, S. 1057 (1057 ff.).

70 Maßgeblich ist dabei nach § 13b S. 2 BauGB die förmliche Einleitung des Aufstellungsverfahrens, also der Aufstellungsbeschluss im Sinne des § 2 Abs. 1 S. 2 BauGB (Hs. 1); die Annahme des Bebauungsplans in Gestalt des Satzungsbeschlusses nach § 10 Abs. 1 BauGB kann danach noch bis zum 31.12.2021 erfolgen (Hs. 2).

te Ortsteile anschließen.[71] Auf der Grundlage des § 13b BauGB werden daher Arrondierungsbebauungspläne für Wohnnutzungen auf Außenbereichsflächen dem beschleunigten Verfahren des § 13a BauGB unterworfen. Anders als in dessen originärem Anwendungsbereich für Bebauungspläne der Innenentwicklung[72] stellt die Geltung des beschleunigten Verfahrens für Bebauungspläne auf Außenbereichsflächen aber gerade kein diesbezügliches Schutzinstrument dar. Vielmehr entbindet das beschleunigte Verfahren die planende Kommune gemäß § 13b S. 1 BauGB in Verbindung mit den §§ 13a Abs. 2 Nr. 1, 13 Abs. 3 S. 1 BauGB von der Durchführung der Umweltprüfung im Aufstellungsverfahren sowie nach § 13b S. 1 BauGB in Verbindung mit den §§ 13a Abs. 2 Nr. 4, 1a Abs. 3 BauGB von der Berücksichtigung der naturschutzrechtlichen Eingriffsregelung in der planerischen Abwägung nach § 1 Abs. 7 BauGB. Somit dispensiert § 13b BauGB von zwei oben[73] für den Schutz des bauplanungsrechtlichen Außenbereichs als bedeutsam identifizierten Instrumenten im Recht der Bauleitplanung und führt damit für die von ihm erfassten Bebauungspläne zu einer Beschränkung des gesetzlichen Außenbereichsschutzes.

---

71 S. zu den zahlreichen rechtlichen Fragestellungen des § 13b BauGB *A. Hofmeister/C. Mayer*, Die Erstreckung des beschleunigten Verfahrens auf die Überplanung von Außenbereichsflächen für Wohnnutzungen gemäß § 13b BauGB 2017 – Anwendungsvoraussetzungen, Rechtsfolgen und ausgewählte Anwendungsprobleme, in: ZfBR 2017, S. 551 (551 ff.), ferner – mit einem stärker planerischen Fokus – *A. Hofmeister/C. Mayer*, Bebauungsplanung im Außenbereich ohne Umweltprüfung und Eingriffsausgleich? – Eine rechtliche Analyse der Anwendungsvoraussetzungen und Rechtsfolgen der neuen Verfahrensregelung des § 13b Baugesetzbuch, in: UVP-report 2017, S. 224 (224 ff.). Speziell umweltunionsrechtliche Fragestellungen des § 13b BauGB werden behandelt bei *C. Mayer*, Die neue EuGH-Rechtsprechung betreffend den SUP-Befreiungstatbestand des Art. 3 Abs. 3 Alt. 1 RL 2001/42/EG und ihre Auswirkungen auf das nationale Bauplanungsrecht – Zugleich Anmerkung zu Gerichtshof der Europäischen Union, Urteil vom 21.12.2016, C-444/15 (Associazione Italia Nostra Onlus./. Commune di Venezia u. a.), in: NuR 2017, S. 687 (687 ff.). Eine Erörterung der Nachhaltigkeitswirkung des § 13b BauGB findet sich schließlich bei *C. Mayer*, § 13b BauGB – Überlegungen zur ökologischen Nachhaltigkeit einer jungen Rechtsnorm, in: ZfU 2018 (im Erscheinen).

72 Hierzu oben (sub C.I.1.b)).

73 Sub C.I.1.a) und 2.c).

II. Beschränkungen des Außenbereichsschutzes im Recht der Vorhabenzulassung

Die gesetzgeberischen Beschränkungen des Außenbereichsschutzes im Recht der Vorhabenzulassung erfolgten zum einen durch eine gestufte Erweiterung des Anwendungsbereichs des § 35 Abs. 4 S. 1 BauGB in Form der Einbeziehung weiterer Bauprojekte in den Kreis der teilprivilegierten Außenbereichsvorhaben, zum anderen durch die Schaffung eines „Notausnahmetatbestands"[74] in Gestalt einer subsidiär anwendbaren, umfassenden Abweichungsmöglichkeit von den Anforderungen (unter anderem) der Zulässigkeitstatbestände des § 35 BauGB.

1. Erweiterung des Anwendungsbereichs des § 35 Abs. 4 S. 1 BauGB (§ 246 Abs. 9, 13 BauGB)

Zur Erweiterung des Anwendungsbereichs des § 35 Abs. 4 S. 1 BauGB in Form der Einbeziehung weiterer Bauprojekte in den Kreis der teilprivilegierten Außenbereichsvorhaben[75] fügte der Gesetzgeber zunächst durch Art. 1 Nr. 4 des am 26.11.2014 in Kraft getretenen Gesetzes über Maßnahmen im Bauplanungsrecht zur Erleichterung der Unterbringung von Flüchtlingen vom 20.11.2014[76] die Bestimmung des § 246 Abs. 9 BauGB in die BauGB-Schlussvorschriften ein. Diese regelt, dass bis zum 31.12.2019 die Rechtsfolge des § 35 Abs. 4 S. 1 für Vorhaben entsprechend gilt, die der Unterbringung von Flüchtlingen oder Asylbegehrenden dienen, wenn das Vorhaben im unmittelbaren räumlichen Zusammenhang mit nach § 30 Abs. 1 BauGB oder § 34 BauGB zu beurteilenden bebauten Flächen innerhalb des Siedlungsbereichs erfolgen soll.[77] Hierdurch wird die Errichtung von Unterkünften für Flüchtlinge und Asylbegehrende in außenbereichszugehörigen Siedlungsrandbereichen erleichtert, da diesen grundsätzlich nach § 35 Abs. 2 BauGB zu qualifizierenden sonstigen Vorhaben begünstigend nunmehr die in § 35 Abs. 4 S. 1 BauGB genannten Belange nicht mehr als beeinträchtigt entgegengehalten werden können. Dies hat zur Folge, dass diesen Vorhaben nicht mehr die bauplanungs-

---

74 So *W. Spannowsky* (Fn. 13), § 246 Rn. 19.

75 Zu diesen oben (sub C.II.1.).

76 BGBl. I, S. 1748 (1748 ff.).

77 S. weiterführend hierzu *S. Mitschang/O. Reidt* (Fn. 10), § 246 Rn. 17 ff.

rechtliche Unzulässigkeit als außenbereichsschützende Regelfolge des Zulässigkeitstatbestands des § 35 Abs. 2 BauGB[78] droht.

Nur knapp ein Jahr später vergrößerte der Gesetzgeber den Kreis der teilprivilegierten Außenbereichsvorhaben gegenüber den §§ 35 Abs. 4 S. 1, 246 Abs. 9 BauGB nochmals beträchtlich, um auch mobile Unterkünfte sowie Nutzungsänderungen zulässigerweise errichteter Gebäude im Außenbereich der Unzulässigkeit als Regelfolge des insoweit einschlägigen Zulässigkeitstatbestands des § 35 Abs. 2 BauGB zu entziehen. Art. 6 Nr. 2 des insoweit am 24.10.2015 in Kraft getretenen Asylverfahrensbeschleunigungsgesetzes vom 20.10.2017[79] erweiterte die Schlussvorschrift des § 246 BauGB unter anderem um einen Absatz 13, dessen Satz 1 wie folgt lautet: „Im Außenbereich gilt unbeschadet des § 246 Abs. 9 bis zum 31.12.2019 die Rechtsfolge des 35 Abs. 4 S. 1 BauGB entsprechend für die auf längstens drei Jahre zu befristende Errichtung mobiler Unterkünfte für Flüchtlinge oder Asylbegehrende (Nr. 1) sowie für die Nutzungsänderung zulässigerweise errichteter baulicher Anlagen, auch wenn deren bisherige Nutzung aufgegeben wurde, in Aufnahmeeinrichtungen, Gemeinschaftsunterkünfte oder sonstige Unterkünfte für Flüchtlinge oder Asylbegehrende, einschließlich einer erforderlichen Erneuerung oder Erweiterung (Nr. 2).“[80]

2. „Notausnahmetatbestand" (§ 246 Abs. 14 BauGB)

In Anlehnung an die Vorschrift des § 37 BauGB betreffend bauliche Maßnahmen des Bundes und der Länder schuf der Gesetzgeber ebenfalls durch Art. 6 Nr. 2 des Asylverfahrensbeschleunigungsgesetzes mit § 246 Abs. 14 BauGB einen „Notausnahmetatbestand" in Gestalt einer subsidiär anwendbaren, umfassenden Abweichungsmöglichkeit von den Anforderungen (unter anderem) der Zulässigkeitstatbestände des § 35 BauGB. Dieser sieht vor, dass soweit auch bei Anwendung des § 246 Abs. 8-13 BauGB dringend benötigte Unterkunftsmöglichkeiten im Gebiet der Gemeinde, in

---

78 Hierzu oben (sub C.II.1.).

79 BGBl. I, S. 1722 (1722 ff.).

80 Weitere tatbestandliche Voraussetzungen des § 246 Abs. 13 BauGB finden sich in den Sätzen 2-4. dieser Vorschrift. Vertiefend zu allen tatbestandlichen Voraussetzungen des § 246 Abs. 13 BauGB s. *S. Mitschang/O. Reidt* (Fn. 10), § 246 Rn. 40 ff.

der sie entstehen sollen, nicht oder nicht rechtzeitig bereitgestellt werden können, bei Aufnahmeeinrichtungen, Gemeinschaftsunterkünften oder sonstigen Unterkünften für Flüchtlinge oder Asylbegehrende bis zum 31.12.2019 von den Vorschriften des BauGB oder den aufgrund des BauGB erlassenen Vorschriften in erforderlichem Umfang abgewichen werden kann.[81] Kommt für eine der genannten Unterbringungsmöglichkeiten im Gebiet einer Gemeinde nur ein Außenbereichsstandort in Betracht und lässt sich die Vorhabenzulässigkeit nicht bereits durch Anwendung der zulässigkeitserleichternden Regelungen des § 246 Abs. 9 und 13 BauGB erreichen, gestattet § 246 Abs. 14 BauGB folglich die für die Vorhabenzulassung notwendigen Abweichungen von den Zulässigkeitstatbeständen des § 35 BauGB und damit die Beschränkung bis hin zur völligen Aufhebung der Schutzwirkung dieser oben als außenbereichsschützend qualifizierten Instrumente des Rechts der Vorhabenzulassung.

E. Zusammenfassende Bewertung und Ausblick

Mit Blick auf die einführend aufgeworfene Untersuchungsfrage, ob in den soeben beschriebenen aktuellen gesetzgeberischen Gefährdungen des bauplanungsrechtlichen Außenbereichs eine Grenze der Förderung nachhaltiger Entwicklung im deutschen Recht im Sinne des Generalthemas des Tagungsbands zu sehen ist, ist zunächst Folgendes festzuhalten: Alle Beschränkungen des Außenbereichsschutzes wurden durch den Gesetzgeber zwar engen räumlichen oder/und sachlichen sowie zeitlichen Anwendungsvoraussetzungen unterworfen, eine häufige und kumulative Anwendung der Lockerungstatbestände führt jedoch trotzdem zu einer mit dem dieser Untersuchung zugrunde gelegten, eingangs erläuterten Begriff der nachhaltigen Entwicklung unvereinbaren erheblichen Steigerung der Inanspruchnahme noch vorhandener Außenbereichsflächen. Dies zeigen vor allem erste Praxisberichte zur Anwendung des § 13b BauGB, denen zufolge viele Kommunen derzeit Aufstellungsbeschlüsse „auf Vorrat" treffen, um sich die aus ihrer Sicht vorteilhaften befristeten Planungserleichterungen des beschleunigten Verfahrens zu sichern.[82]

---

81 Weitere tatbestandliche Voraussetzungen des § 246 Abs. 14 BauGB finden sich in den Sätzen 5-9 dieser Vorschrift. S. hierzu weiterführend *S. Mitschang/O. Reidt* (Fn. 10), § 246 Rn. 46 ff.
82 S. zu dieser Befürchtung bereits *A. Hofmeister/C. Mayer* (Fn. 71), S. 551 (560).

Im Übrigen ist zwischen den Beschränkungen des Außenbereichsschutzes im Recht der Bauleitplanung und im Recht der Vorhabenzulassung zu differenzieren. Die Einführung der den Außenbereichsschutz lockernden vorhabenzulassungsbezogenen Vorschriften des § 246 Abs. 9, 13 und 14 BauGB stellte eine Reaktion des Gesetzgebers des Bauplanungsrechts auf den Bedarf an Unterkünften für die große Zahl der insbesondere im Jahr 2015 nach Deutschland gekommenen Geflüchteten und Asylbegehrenden dar. Die Zahl der nach Deutschland kommenden Menschen ist zwischenzeitlich jedoch wieder stark gesunken, so dass es voraussichtlich keiner Verlängerung des zeitlichen Anwendungsbereichs dieser Vorschriften über den 31.12.2019 hinaus bedarf. Weiterhin ist in diesem Zusammenhang zu berücksichtigen, dass die Zurverfügungstellung von Unterkunftsmöglichkeiten für geflüchtete Menschen, die sich kurzfristig oftmals nur durch Neubauten im Außenbereich realisieren lassen, aufgrund der grundrechtlichen Schutzpflicht des Staates aus Art. 2 Abs. 2 S. 1 GG geboten ist. Nicht zuletzt dient die Unterbringung von Geflüchteten ihrerseits einem aus dem hier zugrunde gelegten Nachhaltigkeitsbegriff abgeleiteten Nachhaltigkeitsziel – der Gewährleistung gedeihlicher Leben und Existenzgrundlagen. Dementsprechend kann in den vorhabenzulassungsbezogenen Beschränkungen des Außenbereichsschutzes durch § 246 Abs. 9, 13 und 14 BauGB – trotz der damit verbundenen zeitweisen Gefährdung der positiven Nachhaltigkeitswirkungen des bauplanungsrechtlichen Außenbereichs – keine Grenze der Förderung nachhaltiger Entwicklung im deutschen Recht gesehen werden.

Anders verhält es sich demgegenüber mit der den Schutz des bauplanungsrechtlichen Außenbereichs lockernden bauleitplanungsbezogenen Bestimmung des § 13b BauGB. Deren Einführung beruht nicht auf Sachzwängen, insbesondere solchen humanitärer Art, sondern auf politischen Gründen: Ohne sachliche Rechtfertigung wird hier nämlich für Arrondierungsbebauungspläne von – im stets möglichen! – Regelverfahren der Bebauungsplanung einzuhaltenden außenbereichsschützenden Anforderungen dispensiert. Es ist deshalb auch nicht zu erwarten, dass der zeitliche Anwendungsbereich des § 13b BauGB, wie derzeit noch vorgesehen, zum 31.12.2019 endet, sondern es steht vielmehr zu befürchten, dass diese Vorschrift in ihrem zeitlichen Anwendungsbereich verlängert oder sogar in das Dauerrecht überführt wird. Hierfür spricht nicht zuletzt, dass der Gesetzgeber § 13b BauGB trotz seines derzeitigen Übergangscharakters nicht – wie beispielsweise § 246 BauGB – in die Schlussvorschriften des BauGB aufgenommen hat, sondern ihn in den einschlägigen Regelungskontext des Dauerrechts gestellt hat. So muss § 13b BauGB als dem Recht der Bauleitplanung zugehörige Beschränkung des Außenbereichsschutzes letztlich als Grenze der Förderung nachhaltiger Entwicklung im deutschen Recht qualifiziert werden.

Die Vereinbarkeit privater Nachhaltigkeitsstandards mit WTO-Recht

Sven Stumpf[*]

A. *Die Diskussion um Nachhaltigkeitsstandards privater Akteure in globalen Lieferketten als Handelshemmnisse*

Durch globale Lieferketten sind heute Lebensmittel weltweit saisonunabhängig verfügbar. Dies betrifft nicht nur exotische Früchte, sondern auch Grundnahrungsmittel oder die globale Fisch- und Fleischproduktion. Gleichzeitig mit der Nachfrage nach Lebensmitteln wachsen auch die Anforderungen, die an diese gestellt werden. Immer mehr Lieferketten sollen nachhaltig ausgerichtet werden bzw. einen Beitrag auch zur nachhaltigen Entwicklung in den Ländern leisten. Der Markt für ökologische und fair gehandelte Lebensmittel ist ein Wachstumsmarkt.[1] Ein Element dieses Marktes sind private Standards, die z.B. über für Konsumenten sichtbare Label zeigen sollen, dass ein Produkt bestimmte, dem Standard entsprechende, Bedingungen erfüllt. Dabei handelt es sich meist um soziale oder ökologische Nachhaltigkeitsbedingungen. Die privaten Standards und ihre Label lösen damit ein Problem, das besonders in globalen Lieferketten mit großen Entfernungen zwischen Produzent und Verbraucher auftritt: Konsumenten können im Laden nur die sogenannten Sucheigenschaften des Produkts testen, z.B. den Preis, teilweise die Qualität bzw. Frische. Für die Kaufentscheidung wiederrum sind gerade im Lebensmittelbereich mittlerweile auch andere Eigenschaften des Produkts wichtig, z.B. Informationen über die Herkunft und die Produktionsbedingungen, die jedoch wegen der großen Entfernung nicht persönlich überprüft werden können. Diese sogenannten Vertrauenseigenschaften sind dem Produkt nicht anzusehen und auch kaum von den Konsumenten nachzuprüfen. Hier greifen die Label

---

[*] Sven Stumpf ist Doktorand bei Prof. Dr. Markus Krajewski, Lehrstuhl für Öffentliches Recht und Völkerrecht, Friedrich-Alexander-Universität Erlangen-Nürnberg.

[1] *Fairtrade International.* https://de.statista.com/statistik/daten/studie/171401/umfrage/umsatz-mit-fairtrade-produkten-weltweit-seit-2004/ (zugegriffen am 7. November 2017).

ein, die bestimmte Eigenschaften oder Herstellungsbedingungen garantieren sollen. Private Standards, die z.B. faire Löhne, Vereinigungsfreiheit der Arbeiter oder auch den schonenden Umgang mit Pestiziden zum Schutz der Umwelt in einem Label abbilden und so den Kunden gegenüber transparent machen, können damit dazu beitragen, dass die globalen Lieferketten nachhaltiger werden bzw. einen Beitrag zur nachhaltigen Entwicklung leisten.

Eine staatliche Pflicht, solche Standards zu nutzen, besteht aber nicht. Diese Standards können aber de facto verbindlich werden, wenn sie eine Marktzugangsbedingung werden, d.h. dadurch, dass die Kunden nur noch zertifizierte Produkte kaufen wollen, fordert der Einzelhandel die Erfüllung des Standards von seinen Zulieferern als Bedingung. Dann werden diese privaten, de jure freiwilligen Standards, zum Thema für das Welthandelsrecht. Vor allem Länder des globalen Südens erheben den Vorwurf der Marktabschottung und die Frage, ob damit die internationalen Bemühungen der Staaten, einheitliche internationale Standards zu schaffen, die nicht als Handelsbarriere wirken, von den privaten Akteuren konterkariert werden, denn durch die hohen Anforderungen der privaten Standards können gerade Zulieferer aus diesen Ländern ihre Absatzmärkte verlieren.[2] In der Folge entsteht durch private Nachhaltigkeitsstandards auch ein Konflikt zwischen dem Ziel, Produkten aus Ländern des globalen Südens den freien Zugang zu globalen Märkten zu gewährleisten auf der einen Seite und auf der anderen Seite dem Ziel, eine nachhaltige Entwicklung dergestalt zu fördern, dass Produkte nachhaltig hergestellt und vertrieben werden. Wenn private Nachhaltigkeitsstandards zu Handelsbarrieren im Sinne des WTO-Rechts werden, steht dies einem durch private Akteure forcierten Wandel hin zu nachhaltiger Entwicklung entgegen.

Im Jahr 2005 erhob St. Vincent und die Grenadinen beispielsweise eine Handelsbeschwerde bei der WTO im SPS-Komitee, das die Handelsprobleme im Anwendungsbereich des Übereinkommens über die Anwendung gesundheitspolizeilicher und pflanzenschutzrechtlicher Maßnahmen (SPS-Abkommen) erörtert: Die Bananenexporteure des Landes hätten zunehmend Schwierigkeiten, ihre Produkte in die EU zu exportieren, da sie Probleme mit der Erfüllung einer Zertifizierung hätten. Da diese zu einer Vorrausetzung für die Belieferung britischer Supermärkte geworden war, sei-

---

2 WTO, *SPS Committee*, Summary of the Meeting held on 29-30 June 2005, G/SPS/R/37, para. 20.

en die Exporteure nun vom britischen Markt ausgeschlossen. Jamaika berichtete Ähnliches.[3] Die Erfüllung des Standards würde wegen der hohen Kosten vor allem Kleinbauern benachteiligen.[4] Bei der Zertifizierung handelte es sich um EurepGAP. Eurep ist die Euro-Retailer Produce Working Group, eine private Vereinigung der großen Supermarktketten aus Großbritannien und anderen europäischen Ländern, die Abkürzung GAP steht für Good Agricultural Practice. Nachdem dieser Standard weltweite Verbreitung gefunden hat, wurde der Name in GlobalGAP geändert.[5]

Die Anforderungen von GlobalGAP beziehen sich auf verschiedene Bereiche, die teilweise dem Nachhaltigkeitsbereich zugeordnet werden können, wie z.B. Schutz der Biodiversität, Arbeitssicherheit, Gesundheitsschutz von Arbeitern oder Tierschutz, aber auch auf Anforderungen an die Lebensmittelsicherheit und entsprechende Hygienemanagementsysteme[6], welche eher keine klassischen Nachhaltigkeitsthemen sind. Damit stellt GlobalGAP einen besonders interessanten Grenzfall dar, der Nachhaltigkeitsaspekte mit Nicht-Nachhaltigkeitsthemen vermischt[7] und durch seine weite Verbreitung große Bedeutung[8] erlangt hat. Im SPS-Komitee wird seit 2005 über die Behandlung privater Standards für Lebensmittel bzw. über eine Definition dafür diskutiert[9] ohne eine Einigung zu finden.[10] Sollte sich dabei die Ansicht einiger Länder des globalen Südens durchsetzen, dass es sich z.B. bei GlobalGAP um eine Handelsbeschränkung im Sinne des WTO-Rechts handelt, könnten auch viele andere Zertifizierungen und Siegel als Handelshemmnisse eingestuft werden und müssten dann auf ihre Rechtfertigung hin überprüft werden, denn ohne diese wären sie dann WTO-rechtswidrig.

3　*A.a.O.*, para. 16 ff.

4　WTO, *SPS Committee*, Communication from St. Vincent and the Grenadines, Private Industry Standards, G/SPS/GEN/766.

5　*C. Hemler*, Private Standards im Recht der Welthandelsorganisation, Baden-Baden 2016, S. 116f m.w.N.

6　Siehe die Aufzählung auf http://www.globalgap.org/de/for-producers/globalg.a.p./ aufgerufen am 18.8.2017.

7　WTO, SPS *Committee*, Private Standards and the SPS Agreement Note by the Secretariat, G/SPS/GEN/746, para 18 f.

8　*Hemler*, Private Standards, (Fn. 5), S. 116 m.w.N.

9　WTO, SPS *Committee*, Review of the Operation and Implementation of the SPS Agreement, 6 November 2014, G/SPS/W/280/Rev. 2, para 14.7.

10　WTO, SPS *Committee*, Report (2016) on the Activities of the Committee on Sanitary and Phytosanitary Measures, 7 November 2016, G/L/1164, para. 1.11.

Dieser Beitrag diskutiert, ob und in wieweit private Nachhaltigkeits-standards im Lebensmittelbereich eine Verletzung des Welthandelsrechts darstellen und ob bzw. unter welchen Bedingungen sie dann zu rechtfertigen sind. Die Literatur und Judikatur der WTO sind in diesem Bereich bisher nicht eindeutig; letztere ist noch weniger vorhersehbar.

Zunächst muss geklärt werden, was in diesem Rahmen ein privater Nachhaltigkeitsstandard im Lebensmittelbereich ist und wie er sich von anderen privaten Standards im Lebensmittelbereich unterscheidet. Die Definition erfolgt aus der Entstehung der Standards heraus deskriptiv (B). Anschließend wird die Anwendbarkeit des Welthandelsrechts für private Nachhaltigkeitsstandards diskutiert (C). Dabei müssen grundsätzlich sowohl das SPS-Abkommen und das Übereinkommen über technische Handelshemmnisse (TBT-Abkommen) als auch spezielle Abkommen und natürlich die allgemeinen Normen des GATT, berücksichtigt werden. Im Anschluss werden dann die Folgen einer möglichen Anwendbarkeit aufgezeigt (D), bevor ein zusammenfassendes Ergebnis (E) den Beitrag abschließt.

B. Private Standards im Lebensmittelbereich und ihre Entstehung

Die Entstehung von privaten Standards im Lebensmittelbereich ist auf drei verschiedene Entwicklungen zurückzuführen: Die Liberalisierung des Weltmarkts und die folgenden Entwicklungen auf dem Einzelhandelsmarkt spielen ebenso eine Rolle wie die Reaktionen auf die Lebensmittelskandale durch Politik und Einzelhändler und das gestiegene Interesse der Verbraucher an den Herstellungsbedingungen und der Verbreitung der Zertifizierungen dafür.

Die heutigen globalen Lieferketten wären unmöglich ohne die Liberalisierung der Märkte, die maßgeblich von der WTO mit betrieben wurde. Dabei spielt der Fakt, dass die WTO sich auf Handelsfragen beschränken sollte und Umwelt, Arbeitsbedingungen, etc. ausklammert, eine wesentliche Rolle.[11] Davon gefolgt veränderte sich die Struktur des Lebensmittelmarktes auf der Welt. Gerade die großen Supermarktketten expandierten

---

11 *L. Busch*, Quasi-states? The unexpected rise of private food law, in: B. M.J. van der Meulen (Hrsg.), Private Food Law, Wageningen Academic Publishers 2011, S. 54.

nun auch über Ländergrenzen hinweg.[12] Deshalb nahm die Marktkonzentration gerade bei den Einzelhandelsketten zu.[13] Dazu kam die Veränderung der Organisationsabläufe in den Supermarktketten hin zum Management der gesamten Wertschöpfungskette, was insgesamt zu einer Machtverschiebung von den Lebensmittelherstellern zu den Einzelhandelsketten führte.[14]

Auch verlagerte sich die Haftung in Folge der Lebensmittelskandale in den 1990ern von den Herstellern auf die Einzelhändler. Die privaten Standards sind auch eine Reaktion darauf. Zum Schutz vor Schadenersatzansprüchen und Imageschäden richteten die Supermarktketten interne Expertengruppen ein, die ihre Zulieferer und Produzenten überwachen sollten. Daraus wurden firmeneigene Prüfsysteme, die weiter zu Zertifizierungssystemen entwickelt wurden, die von externen Dritten überprüft werden. Diese wurden ein Teil der Grundlage der europaweiten privaten Standards.[15] Auch die Verbraucher stellen immer höhere Anforderungen an die Lebensmittel, einerseits hinsichtlich der Sicherheit, aber auch bzgl. der Produktionsbedingungen.[16]

Die Entwicklungen im Lieferkettenmanagement und die Veränderungen der Haftungssituation trafen auf schon länger existierende private Nachhaltigkeitsinitiativen und ihre Zertifizierungen. Bestimmte Anforderungen an die Produktionsbedingungen und Zertifizierungen dafür gibt es schon seit der ersten Hälfte des 20 Jhds., als die ersten lokalen Biozertifizierungen entstanden. Diese verbreiteten sich weiter, sodass 1972 eine internationale Vereinigung, die International Federation of Organic Agriculture Movements, gegründet wurde. Die Standards, die in den 1990ern gegründet wurden, z.B. das Marine Stewardship Council, die Rainforest Alliance u. a., rückten die internationalen Zusammenhänge mehr in den Vordergrund. Gleichzeitig nahm die Anzahl von Standards zu, die ökologische oder soziale Aspekte der Produktion abdecken. Im Jahr 2002 gründeten acht verschiedene Organisationen aus verschiedenen Sektoren die International Social and Environmental Accreditation and Labelling Alliance

---

12 A.a.O., S. 56 m.w.N.

13 *L. Busch, C. Bain*, New! Improved? The transformation of the global agrifood system, Rural Sociology 2004, S. 321 (Table 1 auf S. 330).

14 *Busch*, Quasi-states? (Fn 11), S. 56 ff.

15 Vgl. *G. C.-H. Lee*, Private Food Standards and their Impacts on Developing Countries, Europäische Kommission 2006, S. 8.

16 *Hemler*, Private Standards, (Fn. 5), S. 106 m.w.N.

(ISEAL Alliance).[17] Als Meta-Standard ist es eine Hauptaufgabe der ISE-AL Alliance, Bedingungen für Nachhaltigkeitsstandards zu entwickeln, die zu einer weiteren Anerkennung und Verbreitung beitragen. Solche Gründungen und dass auch große Unternehmen begannen, ihre Wertschöpfungsketten nach bestimmten ökologischen und sozialen Aspekten zertifizieren zu lassen, verhalf diesen Standards zu weiterer Akzeptanz und Bekanntheit auf Massenmärkten.[18]

Diese drei Entwicklungen führten gemeinsam dazu, dass es auf dem Markt für Lebensmittel eine Vielzahl an verschiedenen Standards und Zertifizierungen gibt. Dabei meint ein privater Standard zunächst einmal nur, dass bestimmte Anforderungen an das Produkt oder die Produktionsbedingungen von einem nicht staatlichen Akteur gestellt werden. Dieser Akteur kann ein einzelnes Unternehmen, ein nationaler oder internationaler Unternehmensverband, eine Multi Stakeholder-Initiative oder auch eine NGO sein. Die Erfüllung dieses Standards ist gesetzlich nicht zwingend. Zu einem Nachhaltigkeitsstandard im Lebensmittelbereich wird der Standard dadurch, dass er Nachhaltigkeit fördernde Anforderungen an das Lebensmittel oder dessen Produktionsbedingungen stellt, wie z.B. die Einhaltung bestimmter ILO-Kernarbeitsnormen, langfristige Abnahmevereinbarungen und -preise oder den geringen und umweltschonenden Einsatz von Dünger und Pflanzenschutzmittel. Das können auch Maßnahmen gegen den Klimawandel oder bzgl. der Ressourceneffizienz sein. Standards, die hauptsächlich auf die Lebensmittelsicherheit ausgerichtet sind, werden in diesem Beitrag explizit ausgeschlossen.

Im Folgenden werden die Grundstrukturen und diejenigen Normen des WTO-Rechts vorgestellt, mit denen solche privaten Nachhaltigkeitsstandards kollidieren können.

---

17 Vgl. *K. Komives, A. Jackson*, Introduction to Voluntary Sustainability Standard Systems, in: C. Schmitz-Hoffman, M. Schmidt, B. Hansmann, D. Palekhov (Hrsg.), Voluntary Standard Systems – A Contribution to Sustainable Development, Berlin 2014, S. 3 (6 f).

18 *D.O. Jeria, M. Araque Vera*, Evolution of VSS: From Niche to Mainstream, in: C. Schmitz-Hoffman, et al. (Hrsg.), Voluntary Standard Systems (Fn. 17.), S. 49 (54 f).

C. Private Nachhaltigkeitsstandards im Welthandelsrecht

Die WTO ist das institutionelle Gerüst des freien Welthandels und besteht aus verschiedenen Abkommen, die unterschiedliche Aspekte des Handels regeln. Die Grundlage ist dabei das GATT, das die Liberalisierung des globalen Warenhandels regelt. Dabei sollte die Liberalisierung kein Selbstzweck sein, sondern dazu dienen, die in den Erwägungsgründen des Abkommens zur Errichtung der WTO niedergelegten Ziele zu erfüllen. Diese sind nach dem ersten Abschnitt der Präambel die Erhöhung des Lebensstandards, Vollbeschäftigung, ein hohes und steigendes Realeinkommen und die Ausweitung der Produktion sowie des Handels. Auch eine optimale Ressourcennutzung im Einklang mit nachhaltiger Entwicklung und eine Steigerung des Anteils von Entwicklungsländern am internationalen Handel sind Ziele der WTO.[19] Erst im dritten Abschnitt der Präambel werden als Mittel, um diese Ziele zu erreichen, der Abbau von Zöllen und anderen Handelsschranken genannt, der damit ein Instrument zur globalen Wohlstandssteigerung sein soll.[20]

Das Verhältnis von GATT, SPS- und TBT-Abkommen zu einander ist für die Frage, ob private Nachhaltigkeitsstandards eine handelsbeschränkende Maßnahme im Sinne des Welthandelsrechts sind, als erstes zu klären, da die Anforderungen der Abkommen an Maßnahmen, die unter das Abkommen fallen, unterschiedlich sind. Prinzipiell gelten beide Übereinkommen jeweils auch neben dem GATT, das das Kernregelwerk der WTO enthält. Allerdings gibt es im Falle eines Widerspruches zwischen dem GATT und einem der beiden Abkommen die Auslegungsregel in Anhang 1A des WTO-Rahmenübereinkommens, die besagt, dass diejenige Vorschrift, die nicht Bestandteil des GATT, also üblicherweise spezieller ist, gilt.

Die Literatur ist sich bzgl. des SPS-Abkommens weitestgehend einig, dass private Nachhaltigkeitsstandards keine Maßnahmen im Sinne des SPS-Abkommens darstellen, weil sie, sofern sie überhaupt unter den sachlichen Anwendungsbereich fallen, die Formbedingung aus Annex A Nr. 1

---

19 Vgl. Abschnitt 1 und 2 der Präambel zum Übereinkommen zur Errichtung der Welthandelsorganisation (WTO) vom 15. April 1994 (BGBl. II S. 1625).

20 *F. Ekardt, E. Henning, L. Steffenhagen*, Nachhaltigkeitskriterien für Bioenergie und das WTO-Recht, Jahrbuch des Umwelt- und Technikrechts 2010, S. 151 (156 m.w.N.).

S. 2 SPS-Abkommen nicht erfüllen.[21] Die Verpflichtung der WTO-Mitglieder aus Art. 13 SPS-Abkommen, sicherzustellen, dass auch nichtstaatliche Stellen sich an die Regeln des Abkommens halten, wird von der Literatur als Verpflichtung zum Handeln gesehen; die Regelung statuiert aber keine Erfolgspflicht.[22] Deshalb konzentriert sich dieser Beitrag von hier an auf das TBT-Abkommen.

Grundsätzlich unterscheidet das WTO-Recht bei der Beurteilung einer Maßnahme zwischen produktbezogenen und produktionsbezogenen Maßnahmen, wobei letztere auch „process and production measure" (PPM) genannt werden. In den meisten Fällen werden gerade Nachhaltigkeitsstandards, die weniger die Eigenschaften des Produkts betreffen als vielmehr bestimmte Aspekte der Produktion und Herstellung regeln, als solche PPMs zu sehen sein. Sind solche Herstellungsmethoden noch nach der Herstellung im Produkt zu erkennen, dann spricht das WTO-Recht von produktbezogenen PPMs, während es andererseits von nichtproduktbezogenen PPMs spricht, wenn der Herstellungsprozess sich nicht auf die Eigenschaften des Produkts auswirkt.[23] Gerade sozialökonomische Anforderungen aus Nachhaltigkeitsstandards fallen in diese Kategorie, aber auch viele ökologische Vorgaben zählen dazu, wenn sie nicht an die Lebensmittelsicherheit anknüpfen, also z.B. bestimmte, gesundheitsgefährdende Pestizidbelastungen der Produkte o.ä. verbieten. Damit erfüllen diese Nachhaltigkeitsstandards genau ihren Zweck, denn sie sollen Umstände sichtbar machen, die der Verbraucher im Laden nicht erkennen kann, die aber für seine Kaufentscheidung wichtig sind. Als nächstes wird die Anwendbarkeit des TBT-Abkommens auf private Nachhaltigkeitsstandards diskutiert.

---

21 *Hemler*, Private Standards (Fn. 5), S. 163 f. m.w.N.
22 Ausführlich dazu: *Hemler*, Private Standards (Fn. 5), S. 182-253 m.w.N.
23 Vgl. *C. Struck*, Product Regulations and Standards in WTO Law, Wolters Kluwer 2014, S. 81ff. Für eine generelle Diskussion über nicht produktbezogene PPMs siehe: *S. Charnovitz*, The Law of Environmental "PPMs" in the WTO: Debunking the Myth of Illegality, Yale Journal of International Law 2002, S. 59.

I. Die Anwendbarkeit des TBT-Abkommens auf private Nachhaltigkeitsstandards

Das TBT-Abkommen erfasst freiwillige wie gesetzliche technische Vor-schriften und Normen für alle Produkte.[24] Für den Anwendungsbereich verweist Art. 1 Abs. 2 des Übereinkommens auf den Annex 1, denn dort werden verschiedene Begriffe definiert, die Maßnahmen im Sinne des TBT-Abkommens darstellen:

Einerseits wird dort in Nr. 1 eine technische Vorschrift definiert, wäh-rend Nr. 2 eine Norm definiert. Der wesentliche Unterschied zwischen den Definitionen ist, dass eine technische Vorschrift verbindlich ist und eine Norm nicht. Ob „verbindlich" einen nur de facto bindenden privaten Nachhaltigkeitsstandard meinen könnte, der dann vielleicht sogar eher eine technische Vorschrift wäre, lässt das TBT-Abkommen offen und rele-vante Fälle dazu gab es noch nicht.[25] Grundsätzlich scheint die WTO-Rechtsprechung jedoch der Auffassung zu sein, dass es, um die Bedin-gung „verbindlich" zu erfüllen, ein Bezug zu staatlichem Handeln braucht und eine reine de facto Bindung nicht ausreicht.[26]

Bevor die Frage geklärt wird, ob private Nachhaltigkeitsstandards eine technische Vorschrift oder eine Norm im Sinne der Definitionen in Annex 1 des TBT-Abkommens sind, stellt sich die Frage, ob das TBT-Abkom-men überhaupt PPMs, bzw. nicht-produktbezogene PPMs im Besonderen, erfasst.

1. Die Anwendbarkeit des TBT-Abkommens auf PPMs

Für produktbezogene technische Vorschriften oder Normen ist das TBT-Abkommen sicher anwendbar. Ob es auch auf PPMs anwendbar ist, ist je-doch umstritten.

---

24 *Struck*, Product Regulations (Fn. 23), S. 311 m.w.N.
25 *T. Włostowski*, Selected Observations on Regulation of Private Standards by the WTO, in: XXX Polish Yearbook of International Law, Wydawnictwo Naukowe Scholar 2010, S. 205 (219), Available at SSRN: https://ssrn.com/abstract=2173009.
26 Vgl. *M. Joshi* – Are Eco-Labels Consistent with the World Trade Organization Agreements, Journal of World Trade 2004, S. 69 (80) sowie *S. Bernstein, E. Han-nah*, Non-State Global Standard Setting and the WTO: Legitimacy and the Need for Regulatory Space, Journal of International Economic Law 2008, S. 575 (586).

Eine Ansicht argumentiert, jedenfalls bezüglich einer technischen Vorschrift, dass es merkwürdig wäre, wenn die nicht sehr transparenten PPMs nicht unter das TBT-Abkommen fielen und dann nach Art. XX GATT möglicherweise zu rechtfertigen wären, während die transparenteren produktbezogenen Maßnahmen hingegen darunter fielen. Darüber hinaus seien Anforderungen an Label für Produktionsmethoden klar vom TBT-Abkommen erfasst. Der Panel-Report im Fall US-Tuna II scheint diese Sichtweise zu stützen, denn dort heißt es bzgl. Annex 1 Nr. 1:

> *„[...] the terms of the second sentence make it clear that the subject-matter of a technical regulation may be confined to one of the items enumerated in the second sentence."*[27]

Da im zweiten Satz von Annex 1 Nr. 1 *„Beschriftungserfordernisse"* (*„labelling requirements"*) explizit genannt werden und sich solch eine Anforderung wohl selten auf die erkennbaren Produkteigenschaften auswirkt, würden Beschriftungserfordernisse, und somit solche nicht-produktbezogenen PPMs, unter das TBT-Abkommen fallen.

Zwar bezieht sich der Panel Report auf eine technische Vorschrift und nicht auf eine Norm, allerdings ist der Unterschied in der Verbindlichkeit für diese Argumentation nicht relevant.

Eine andere Ansicht argumentiert, dass nur produktbezogene PPMs unter das TBT-Abkommen fallen. Dazu wird auf den Wortlaut der Nr. 2 des Annexes 1 zum TBT-Abkommen abgestellt, wo definiert ist, was eine Norm ist:

> *„Ein von einer anerkannten Stelle angenommenes Dokument, das zur allgemeinen und wiederholten Anwendung Regeln, Richtlinien oder Merkmale für ein Produkt oder die* ENTSPRECHENDEN *Verfahren oder Produktionsmethoden festlegt, deren Einhaltung nicht zwingend vorgeschrieben ist. Es kann unter anderem oder ausschließlich Festlegungen über Terminologie, Bildzeichen sowie Verpackungs-, Kennzeichnungs- oder Beschriftungserfordernisse für ein Produkt, ein Verfahren oder eine Produktionsmethode enthalten".*
>
> (Hervorhebung durch den Autor)

Die Argumentation knüpft hier am Wort *„entsprechenden"* (*„related"*) an. Die Verfahren und Produktionsmethoden müssen einem Produkt entsprechen bzw. in einem engen Bezug dazu stehen. Faire Löhne, Rücksicht auf

---

27 Panel Report *US – Tuna II*, WT/DS381/R, para 7.79.

die Biodiversität oder das Klima fallen wohl nicht darunter. Demnach wären zumindest PPMs, die nicht-produktbezogen sind, vom TBT-Abkommen ausgeschlossen. Unterstützt wird diese Argumentation auch durch Hinweise auf die Verhandlungsgeschichte des TBT-Abkommens.[28]

Wenn nach dieser Ansicht gar keine Norm im Sinne des TBT-Abkommens vorläge, müssten sich diese Nachhaltigkeitsstandards nur noch am GATT messen lassen, sofern sie nicht unter den Begriff der technischen Vorschrift fallen, was angesichts ihrer Freiwilligkeit und der bisherigen WTO-Rechtsprechung dazu unwahrscheinlich ist.[29]

Allerdings erscheint dies wenig überzeugend, wenn die privaten Nachhaltigkeitsstandards Beschriftungserfordernisse beinhalten, da diese im Satz 2 der Definitionen von technischer Vorschrift und Norm explizit mit aufgeführt sind. Für diese Sichtweise spricht auch die Interpretation des Panels im Fall US-Tuna II.[30] Viele private Nachhaltigkeitsstandards machen mit Siegeln und Zertifizierungen PPMs, vor allem nicht-produktbezogene PPMs, den Verbrauchern gegenüber transparent. Dadurch sind sie als *„Beschriftungserfordernis"* einzustufen.[31] Diese sind vom TBT Übereinkommen erfasst, genauso wie private Nachhaltigkeitsstandards, die direkt an Produkteigenschaften anknüpfen, wenn auch privatrechtlich organisierte Standardsetzer eine Norm im Sinne des TBT-Abkommens setzen können. Diese Frage wird im Folgenden diskutiert.

2. *Private Akteure als Standardsetzer im TBT-Abkommen*

In der Definition einer Norm bzw. technischen Vorschrift ist nicht klar bestimmt, wer diese erlässt. Eine genaue Definition einer Normenorganisa-

---

28 Vgl. *Joshi* – Eco-Labels (Fn. 26), S. 75.

29 Vgl. *P. C. Mavroidis, R. Wolfe*, Private Standards and the WTO: Reclusive No More, World Trade Review 2017, S. 1 (7).

30 *A. Arcuri*, The TBT Agreement and private standards, in: T. Epps; M. J. Trebilcock (Hrsg.), Research handbook on the WTO and technical barriers to trade, Cheltenham, UK, Edward Elgar 2013, S. 485 (504).

31 So auch *P. Van den Bossche, N. Schrijver, G. Faber*, Unilateral Measures Addressing Non-Trade Concerns. A study on WTO Consistency, Relevance of other International Agreements, Economic Effectiveness and Impact on Developing Countries of Measures concerning Non-Product-Related Processes and Production Methods, 2007, The Hague: The Ministry of Foreign Affairs of The Netherlands, S. 145 f.

tionen fehlt im TBT-Abkommen, jedoch verweist der Annex 1 zu Beginn darauf, dass die Definitionen des ISO/IEC Guide 2 von 1991 verwendet werden sollen, soweit nichts anderes geregelt ist. Danach ist eine Normenorganisation jede Körperschaft, die im Bereich Standardisierung aktiv ist. Etwas weiter präzisiert wird dies durch die Nr. 8 im Annex I des TBT-Abkommens. Dort ist eine *„nichtstaatliche Stelle"* wie folgt definiert:

> *„Eine Stelle, die keine Stelle einer Zentralregierung und keine Stelle einer lokalen Regierung oder Verwaltung ist, einschließlich einer nichtstaatlichen Stelle, die* DURCH GESETZ ERMÄCHTIGT *ist, eine technische Vorschrift* DURCHZUSETZEN. *"*
>
> (Hervorhebung durch den Autor)

Dies ist eine sehr weite Definition. Ein Setzer eines privaten Nachhaltigkeitsstandards könnte daher unter den Begriff nichtstaatliche Stelle fallen. Aus der Verhandlungsgeschichte des TBT-Abkommens lässt sich ableiten, dass eine Einschränkung der Definition, die technische Spezifikationen eines einzelnen Unternehmens für die eigenen Produktion oder den eigenen Verbrauch[32] ausgeschlossen hätte, zwar verhandelt, aber nicht in das Übereinkommen übernommen wurde.[33] Dies spräche für eine direkte Bindung von privaten Standardsetzern, allerdings verfügen sie dabei gerade über keine Möglichkeiten ihre Standards rechtlich bindend durchzusetzen, sondern die privaten Nachhaltigkeitsstandards beruhen gerade auf der, zumindest rechtlich freiwilligen, Annahme. Dies ist keinesfalls eine durch Gesetz ermächtigte Durchsetzung. Die privaten Standardsetzer übernehmen auch keine Aufgaben von der Regierung oder handeln irgendwie in Absprache mit ihr. Sie haben vielmehr üblicherweise weder bei der Standarderstellung noch bei der Durchsetzung eine Verbindung zu staatlichen Stellen oder sind dazu durch ein Gesetz ermächtigt.[34]

---

32 WTO, *SPS Committee*, Private Voluntary Standards within the WTO Multilateral Framework, Submission by the United Kingdom to the *Committee* on Sanitary and Phytosanitary Measures – A Report Prepared by D. Gascoigne and O'Connor and Company (9 October 2007), G/SPS/GEN/802, S. 75.

33 *Ebd.*

34 *Hemler*, Private Standards (Fn. 5), S. 218 f.

Allerdings kann *„einschließlich"* auch meinen, dass die Definition in Nr. 8 des Annexes I des TBT-Abkommens nicht abschließend gemeint ist.[35]

Die Gegenansicht zu dieser Meinung stützt sich auf das Panel im Fall US-Poultry, welches für die Frage, ob etwas vom Begriff „Maßnahme" umfasst ist, einen Nebensatz zu interpretieren hatte, der mit *„einschließlich"* begann: Danach muss es sich zumindest um vergleichbare Arten der Maßnahme handeln. Übertragen auf die Frage, ob ein privater Standardsetzer als Nichtstaatliche Stelle zu klassifizieren ist, heißt das, dass es zumindest vergleichbar damit sein muss, dass dieser in der Lage ist, eine technische Vorschrift rechtlich durchzusetzen.[36] Für die wenigen Fälle, wo private Nachhaltigkeitsstandards de facto verbindlich sind und als Marktzutrittsbedingung gelten können, ist zwar das Ergebnis ähnlich, ansonsten ist aber die fehlende rechtliche Durchsetzbarkeit ein entscheidender Unterschied von den privaten Nachhaltigkeitsstandards zu anderen Normen und technischen Vorschriften. Damit fielen ein großer Teil der privaten Nachhaltigkeitsstandards nicht unter das TBT-Abkommen, lediglich für die de facto als Marktzugangsbedingung wirkenden Nachhaltigkeitsstandards könnte dies angedacht werden.

Aus wirtschaftlicher Sicht erscheint diese Argumentation durchaus sinnvoll, denn es macht keinen Unterschied, ob ein Standard erfüllt werden muss, weil eine gesetzliche Verpflichtung dazu besteht oder eine faktische. Auch angesichts des Regelungsinteresses des TBT-Abkommens, Marktzugangsbedingungen bestimmten Anforderungen zu unterwerfen, ist es gut möglich, dass ein Panel in einem Fall zu einer ähnlichen Einschätzung käme. Bislang fehlt dazu aber noch Judikatur.

Als weiteres Argument gegen die Einbeziehung der privaten Nachhaltigkeitsstandards unter das TBT-Abkommen wird mit Bezug auf die Definition einer Norm im Annex 1 zum TBT-Abkommen gesagt, dass es sich bei den Setzern der privaten Nachhaltigkeitsstandards nicht um *„anerkannte Stellen"* handle, da eine wie auch immer geartete Anerkennung fehle. Im Gegensatz zum sonstigen Text des Übereinkommens spricht die Definition nämlich davon die Norm müsse *„angenommen"* (*„approved"*) werden, während überall sonst im TBT-Abkommen von der *„Übernah-*

---

35 *N. Mizulin, H. Zhu*, Non-tariff Barriers and Private Conduct: The Case of Labelling, in: C. Herrmann, M. Krajewski, J. P. Terhechte (Hrsg.), European Yearbook of International Economic Law 2015, Berlin 2015, S. 137 (150).

36 *Hemler*, Private Standards (Fn. 5), S. 216 m.w.N.

me" (*„adoption"*) der Norm die Rede ist. Dies deutet darauf hin, dass es sich dabei um unterschiedliche Sachverhalte handelt.[37] Diese Differenzierung ist für private Nachhaltigkeitsstandards nicht ganz treffsicher, denn private Nachhaltigkeitsstandards werden üblicherweise nur vom Standardsetzer entwickelt und dann auf, de jure, freiwilliger Basis von den Unternehmen übernommen. Eine Genehmigung oder Bestätigung des Standardinhalts außerhalb des Standardsetzers findet, jedenfalls solange es sich nicht um Meta-Standards handelt, nicht statt, außer durch die Verwendung. Diese stellte damit eine implizite Anerkennung durch Unternehmen und Verbraucher dar, wobei dabei natürlich zu berücksichtigen wäre, dass nicht jeder Verbraucher durch den Kauf eines zertifizierten Produkts den damit zusammenhängenden Standard anerkennt, sondern nur dann, wenn der Standard für die Kaufentscheidung eine Rolle spielte. Allerdings würde ein so weites Verständnis der Anerkennung von Standards zu weit gehen,[38] denn ob der Standard eine Rolle bei der Kaufentscheidung spielte, ist nur schwierig eindeutig nachweisbar, sodass dies als Anerkennungskriterium ungeeignet ist. Nichtsdestotrotz verwendet die Definition zwei verschiedene Begriffe. Wenn dies nicht völlig leer laufen soll, braucht es auch für private Nachhaltigkeitsstandards eine Anerkennung, die eben nicht einfach durch die Übernahme des Standards geschehen kann.

Für die allermeisten privaten Standards fehlt so etwas, was bedeutet, dass die privaten Nachhaltigkeitsstandards wohl nicht unter das TBT-Abkommen fielen. Für Standards jedoch, die sich zu einer Zugangsbedingung für einen Markt entwickelt haben, ließe sich eine Anerkennung eher annehmen, denn bei diesen seltenen Fällen ist die faktische Anerkennung durch die Verwender und die Öffentlichkeit offensichtlich. Solche Standards als nicht anerkannt zu bezeichnen, wegen einer formal fehlenden Anerkennung, stellte den Sinn des TBT-Abkommens tatsächlich in Frage, denn gerade Marktzugangsbarrieren sollten damit ja harmonisiert und an bestimmte Bedingungen geknüpft werden.

Damit bleibt als Ergebnis festzuhalten, dass, außer den privaten Nachhaltigkeitsstandards, die eine Marktzugangsbedingung darstellen, die anderen privaten Nachhaltigkeitsstandards vermutlich gar keine Normen i.S.d. TBT-Abkommens sind und somit die Vorschriften darüber aus dem TBT-Abkommen nicht auf sie anwendbar sind. Auch die Literatur geht

---

37 Vgl. *Wlostowski*, Selected Observations (Fn. 25), S. 220 f.
38 *Mizulin, Zhu*, Non-tariff Barriers and Private Conduct (Fn. 35), S. 152.

hinsichtlich privater Nachhaltigkeitsstandards, wie sie oben definiert wurden, eher davon aus, dass sie nicht unter das TBT-Abkommen fallen, da der Anwendungsbereich nicht eröffnet sei.[39]

Jedoch kennt das WTO-Recht eine Konstruktion, in der einem Mitglied das Handeln von privaten Akteuren zugerechnet wird.[40] Darum könnte es sein, dass das Handeln privater Standardsetzer einem Mitglied als Maßnahme zugerechnet würde.

3. Die Zurechnung von privatem Handeln zu WTO-Mitgliedern

Es wird argumentiert, eine solche Zurechnung sei in zwei Konstellationen möglich: Einerseits könnte der Staat den privaten Standard in seine Regulierungen inkorporieren.[41] Außerdem könnte ein Staat die Einfuhr von Produkten genehmigen, die nach einem privaten Standard zertifiziert sind, der aber höhere als die gesetzlichen Anforderungen verlangt.[42] Generell kann wohl gesagt werden, dass es eine staatliche Einflussnahme geben muss, die sich tatsächlich auswirkt und der Standard damit nicht mehr als privatautonome Maßnahme gelten kann. Eindeutige Kriterien gibt es jedoch aktuell nicht dafür.[43]

Streitig ist bisher, ob das reine „Standard setzen lassen" auch als Verhalten des Mitgliedes gewertet werden kann. Die Frage lautet also, ob auch ohne staatliche Anreize der in Frage stehende Standard entstanden wäre bzw. ob dem Mitglied wegen Unterlassung die Entstehung zugerechnet werden kann.[44] Dabei könnte es bspw. um eine gesetzliche Haftungsverschärfung gehen, z.B. für Verletzungen von Arbeiterrechten in Lieferketten, die einen solchen Anreiz darstellen könnte. Aus wirtschaftlicher Perspektive wäre dies zweifelsohne so, rechtlich führte dies jedoch zu dem Paradoxon, dass das Unternehmen zwar für etwas haftbar gemacht würde, was es aber ohne einen Standard kaum sinnvoll überprüfen könnte. Die privaten Nachhaltigkeitsstandards verdanken ihre Existenz letztlich genau

---

39 *Hemler*, Private Standards (Fn. 5), S. 254f. m.w.N.
40 *Hemler*, Private Standards (Fn. 5), S. 164 f.
41 *Mizulin, Zhu*, Non-tariff Barriers and Private Conduct (Fn. 35), S. 139.
42 *J. Wouters, D. Geraets*, Private Food Standards and the World Trade Organization: Some legal Considerations, World Trade Review 2012, S. 479, 485 f.
43 *Hemler*, Private Standards (Fn. 5), S. 177.
44 Vgl. *Mavroidis, Wolfe*, Private Standards and the WTO (Fn. 29), 11 f.

der Tatsache, dass sie Informationen über die Produktionsumstände bereitstellen, die Unternehmen und Verbraucher anders nicht bekommen können. Kurz, die Nachhaltigkeitsstandards korrigieren ein Marktversagen, das letztlich erst durch die fehlende staatliche Regelung in diesem Bereich entstanden ist. Wenn diese fehlende staatliche Regelung nun zum Anknüpfungspunkt für eine Zurechnung im WTO-Recht wird, würde das Marktversagen durch das WTO-Recht wieder hergestellt. Da die WTO aber für die Erreichung ihrer Ziele, den gesamten Wohlstand global zu steigern, auf funktionierende Märkte als Mittel setzt, wäre es geradezu absurd, wenn die WTO durch ihre Regeln ein Marktversagen produzierte. Deshalb ist eine Zurechnung, die an ein Unterlassen eines Verbots des privaten Nachhaltigkeitsstandards anknüpft, nicht sinnvoll.

Allerdings gibt es im TBT-Abkommen durchaus Vorschriften, die sich mit privaten Standards beschäftigen, diese werden nun analysiert.

4. Vorschriften für die WTO-Mitglieder mit Bezug zu privaten Nachhaltigkeitsstandards

Im Gegensatz zum SPS-Abkommen hat das TBT-Abkommen die Existenz von nichtstaatlichen Standardsetzern erkannt und dazu Regelungen aufgenommen, die sich an das Mitglied richten. Weil eine Einstufung eines privaten Nachhaltigkeitsstandards als technische Vorschrift mangels der Verbindung zum Mitglied unwahrscheinlich ist, wird im Folgenden dargestellt, welche Pflichten die Mitglieder in Bezug auf Normen treffen. Diese sind in Art. 4 TBT-Abkommen geregelt.

Nach Art. 4 Abs. 1 TBT-Abkommen sind die Mitglieder wie folgt verpflichtet:

> „Sie treffen die ihnen zur Verfügung stehenden geeigneten Maßnahmen, um sicherzustellen, dass [...] nichtstaatliche Normenorganisationen [...], den Verhaltenskodex annehmen und einhalten."

Außerdem dürfen sie keine Handlungen unternehmen, die Standardsetzer dazu bringt gegen den Verhaltenskodex (VK) zu handeln. Es spielt keine Rolle, ob die nichtstaatliche Organisation den VK, der als bindender Annex 3 des TBT-Abkommens niedergelegt ist, angenommen und implementiert hat oder nicht. Die Verpflichtung trifft das WTO-Mitglied unabhängig davon.[45] Die Möglichkeit der Annahme des VK durch verschiedene Standardsetzer ist explizit in Annex 3 B TBT-Abkommen vorgesehen. Die Verpflichtungen nach diesem VK ähneln denen aus Art. 2 TBT-Abkommen für die technische Vorschrift bis auf einen kleinen Unterschied: In Art. 2.2 TBT-Abkommen wird, im Gegensatz zum Annex 3, explizit davon gesprochen, dass eine technische Vorschrift den Handel nicht mehr als nötig beschränken soll. Dieser Passus fehlt in Annex 3 TBT-Abkommen, Normen sollen nach Annex 3 E keine unnötigen Handelsbarrieren darstellen.[46] Ansonsten gelten in beiden Fällen das Meistbegünstigungs- und das Inländerprinzip. Auch werden Anforderungen an die Transparenz gestellt und es wird gefordert, dass die Entscheidungen auf Konsens beruhen. Weiter sollen Standardsetzer „internationale Normen" nutzen, sofern es welche gibt und dies nicht unangemessen oder ineffektiv ist, bspw. wegen unterschiedlicher klimatischer Bedingungen.[47]

Allerdings wird auch hier argumentiert, dass „nichtstaatlich" keinesfalls gleichbedeutend zum Begriff „privat" ist.[48] Damit eine standardsetzende Organisation vom Begriff der *„nichtstaatlichen Stelle"* erfasst sei, brauche es eine Verbindung zum WTO-Mitglied, die bis zur Übertragung von Hoheitsgewalt reiche.[49] Dementsprechend fänden auch diese Vorschriften keine Anwendung auf die meisten privaten Akteure, die Nachhaltigkeitsstandards setzen.

Falls man jedoch zu einem anderen Schluss käme und den privaten Nachhaltigkeitsstandard als Norm im Sinne des TBT-Abkommens betrachtet, bleibt noch die Frage, was mit *„zur Verfügung stehenden geeigneten Maßnahmen"* gemeint ist. Das ein Mitglied nur eine Verpflichtung insoweit hat, als es die dafür nötige Handlung auch durchführen kann, sie also *„zur Verfügung steht"*, ist logisch.[50] Was jedoch *„geeignet"* (*„reasonable"*) ist, ist bisher noch unklar. Eine vergleichbare Formulierung in Art.

---

45 Art. 4.1 Satz 4 TBT-Abkommen.

46 *E. P. Bartenhagen,* The Intersection of Trade and the Environment: An Examination of the Impact of the TBT Agreement on Ecolabeling Programs, Virginia Environmental Law Journal 1997, S. 51 (71).

47 Vgl. *Bernstein, Hannah*, Non-State Global Standard Setting and the WTO (Fn. 26), S. 587.

48 *Hemler*, Private Standards (Fn. 5), S. 256.

49 *T. Epps*, Demanding perfection: private food standards and the SPS Agreement, In: M. Kolsky-Lewis, S. Frankel (Hrsg.), International Economic Law and National Autonomy, Cambridge Univ. Press 2010, 73 (92).

50 *Mizulin, Zhu*, Non-tariff Barriers and Private Conduct (Fn. 35), S. 154.

XXIV Abs. 12 GATT ist von den Panels unterschiedlich ausgelegt worden.[51] Hinsichtlich einer technischen Vorschrift stellte das Panel in US-Tuna II fest, dass die Verpflichtung aus Art. 3 Abs. 1 TBT-Abkommen sich von derjenigen aus Art. 2 Abs. 1 TBT-Abkommen unterscheidet.[52] Während in Art. 3 Abs. 1 auch von „treffen [...] geeignete Maßnahmen" die Rede ist, heißt es in Art. 2 Abs. 1 „stellen sicher". Dass es hier eine Abstufung gibt, ist klar, wie diese jedoch zu bestimmen ist, hingegen nicht. Hinsichtlich des Umfangs der Verpflichtung der Mitglieder für die nichtstaatliche Stellen wird argumentiert, dass dieser ein anderer sei, als derjenige für „*Normenorganisationen der Zentralregierung*" des Mitgliedes, auch wenn die genauen Unterschiede weniger groß seien, als dies auf den ersten Blick scheine, denn andernfalls würden WTO-Mitglieder, die ihre Standards zentralisiert setzen gegenüber solchen mit vielen „*Normenorganisationen einer lokalen Regierung*" und „*nichtstaatliche Normenorganisationen*" benachteiligt.[53] Das erscheint grundsätzlich nachvollziehbar, hilft aber bei der konkreten Bestimmung dessen, was „*geeignete Maßnahmen*" sind, nicht weiter.

Damit ist eine klare Aussage hinsichtlich des Umfangs der Verpflichtung aus Art. 4 Abs. 1 TBT-Abkommen nicht möglich. Überwiegend sieht die Literatur die Pflicht des Mitglieds richtigerweise als Verhaltenspflicht und nicht als Erfolgspflicht,[54] allerdings wird auch argumentiert, dass die Mitglieder mehr als bisher tun müssten.[55]

Betrachtet man die bisherigen Auswirkungen von privaten Nachhaltigkeitsstandards, soweit diese untersucht sind, zeigt sich ein gemischtes Bild. Neben der möglichen Wirkung als Handelshemmnis gibt es durchaus auch positive Effekte, z.B. kann ein solcher Standard zur Produktdiversifizierung beitragen und Märkte öffnen. Für allgemeine Aussagen dazu sind die privaten Nachhaltigkeitsstandards zu verschieden und es fehlen noch empirische Erkenntnisse zu vielen, aber erste Fallstudien belegen ein paar

---

51 Vgl. Panel Report *US – Malt Beverages*, DS23/R adopted 19 June 1992, wo das Panel der Ansicht war, dass damit alle verfassungsgemäßen Mittel gemeint seien, während im Panel Report *Canada – Gold Coins*, L/5863, 17 September 1985, unadopted, „reasonable" als Einschränkung verstanden wurde.

52 Panel Report, *US Tuna II*, WT/DS381/R, para 7.277.

53 *M. Koebele, G. Lafortune*, in: R. Wolfrum, T. Stoll, A. Seibert-Fohr (Hrsg.), WTO – Technical Barriers and SPS Measures, Leiden, Nijhoff 2007, Art. 4 TBT-Abkommen Rn. 31 ff.

54 *Hemler*, Private Standards (Fn. 5), S. 250 f. m.w.N.

55 *Mizulin, Zhu*, Non-tariff Barriers and Private Conduct (Fn. 35), S. 157.

negative aber auch viele positive Effekte, gerade auch für Kleinbauern.[56] Vor diesem Hintergrund erscheint eine restriktive Regulierung von privaten Nachhaltigkeitsstandard nicht angezeigt.

5. Ergebnis zur Anwendbarkeit

Zusammenfassend ist die Frage nach der Anwendbarkeit des TBT-Abkommens auf private Nachhaltigkeitsstandards nur an wenigen Stellen klar zu beantworten. Das liegt einerseits daran, dass die Regeln des TBT-Abkommens an einigen Stellen durch Unklarheiten Raum für verschiedene Interpretationen lassen. Weiter versuchen manche Vorschriften sowohl staatliche wie nichtstaatliche Standardsetzer gleich zu behandeln, was im Ergebnis aber nicht passt, denn bspw. funktioniert eine Anerkennung, wie sie bei staatlichen Normen möglich ist, für freiwillige, private Normen nicht. Andererseits liegt es aber auch daran, dass diese Lücken bislang nicht durch Rechtsprechung gefüllt werden konnten, da es bisher keine Fälle gibt und eine politische Einigung in der WTO ist nicht in Sicht.[57]

Letztendlich wird es eine Einzelfallentscheidung sein, da die Unterschiede zwischen den privaten Nachhaltigkeitsstandards enorm sind, nicht nur was die Inhalte und Reichweite angeht, sondern auch, wie sie zustande kommen oder auch was die Organisation, die den Standard setzt, angeht. Bislang überwiegt die Einschätzung, dass die privaten Nachhaltigkeitsstandards eher nicht unter das TBT-Abkommen fallen. Dies ist aber umstritten und auch Gegenstand politischer Diskussionen.[58] Am ehesten könnten große private Nachhaltigkeitsstandards, die von Organisationen gesetzt werden, die nur diesen Zweck haben[59] und deren Standard durch weite Verbreitung und Anerkennung zu einer de facto Marktzugangsbedingung geworden ist, unter das TBT-Abkommen fallen, ebenso wie die Lage sich natürlich verändert, wenn Regierungen anfangen auf den Stan-

---

56 Vgl. zu den Auswirkungen von Fair Trade bspw.: *R. Dragusanu, D. Giovannucci, N. Nunn*, The Economics of Fair Trade, Journal of Economic Perspectives 2014, S. 217-236, *R. S DeFries et al.*, Is voluntary certification of tropical agricultural commodities achieving sustainability goals for small-scale producers? A review of the evidence, Environmental Research Letters 2017.

57 Vgl. WTO, *TBT Committee*, Minutes of the Meeting of 15-16 June 2016, G/TBT/M/69, para. 3.372 ff.

58 Vgl. *Ebd.*

59 *Mizulin, Zhu*, Non-tariff Barriers and Private Conduct (Fn. 35), S. 154.

dard Bezug zu nehmen oder ihn im Rahmen von nachhaltiger Beschaffung zu verwenden. Einige große Organisationen haben auch schon vorsorglich auf die Kritik an ihnen reagiert, so hat bspw. die ISEAL Alliance erklärt dem VK freiwillig zu folgen[60] und auch von anderen privaten Standardsetzern sind ähnliche Bestrebungen bekannt.[61] Dies ergibt insbesondere Sinn, wenn man die Folgen für eine mögliche Rechtfertigung betrachtet, wie die folgenden Überlegungen zeigen. Könnten diese Standards möglicherweise gerechtfertigt werden und damit sogar im Einklang mit dem TBT-Abkommen stehen?

D. Folgen der Anwendbarkeit

Angenommen, dass der in Frage stehende Nachhaltigkeitsstandard als Norm im Sinne von Art. 4 Abs. 1 TBT-Abkommen gesehen wird, dann ist festzuhalten, dass daraus nicht der private Standardsetzer selber verpflichtet wird, sondern das WTO-Mitglied, in dessen Territorium er seinen Sitz hat. Dieses muss darauf hinarbeiten, dass der Standardsetzer die Regeln des VK anerkennt und anwendet. Dazu müsste der Standard die folgenden Anforderungen des VK erfüllen.

I. Die Anforderungen des Verhaltenskodex

Die Kernbestimmungen des VK sind dort in den Abschnitten D bis I geregelt und ähneln sehr den Regelungen des TBT-Abkommens zu technischen Vorschriften. Hier werden nur die Anforderungen analysiert, an denen private Nachhaltigkeitsstandards wegen ihres Inhalts oder der privaten Natur des Standardsetzers scheitern könnten, denn nur insofern unterscheiden sie sich von Normen, die von nichtprivaten Stellen gesetzt werden.

Einen Punkt, der für die privaten Nachhaltigkeitsstandards sehr relevant ist, regelt Abschnitt D VK, der, parallel zu Art. 2 Abs. 1 TBT-Abkommen, fordert, dass das Meistbegünstigungs- und das Inländerprinzip angewandt werden müssen.[62] Dies berührt die Frage, ob ein nicht dem Standard ent-

---

60 https://www.isealalliance.org/online-community/blogs/iseals-response-to-seafoodc om-article zuletzt aufgerufen am 29.08.2017.

61 *Wouters, Geraets*, Private Food Standards (Fn. 42), S. 488 m.w.N.

62 *Koebele, Lafortune* (Fn. 53), Art. 4 TBT-Abkommen Rn. 8.

sprechendes Produkt mit einem dem Standard entsprechenden Produkt vergleichbar ist. Wenn diese beiden Produkte als gleichartig betrachtet würden, dann dürfte an den Standard keine unterschiedliche Behandlung angeknüpft werden, also z.B. keine unterschiedliche Verpackung bzw. ein entsprechendes Labelling.

Ein Vergleich der bisherigen Rechtsprechung zu dem Konzept der Gleichartigkeit von Produkten ist in diesem Fall etwas schwieriger, da der Appellate Body im Fall EC-Asbestos darauf hinwies, dass die Kriterien nicht einfach automatisch übertragen werden dürften.[63] Dem Sinn der Regelung nach dürfte aber ein Verständnis, wie es aus Art. III Abs. 4 GATT spricht, auch auf das TBT-Abkommen und den VK übertragbar sein. Es gibt in der WTO-Rechtsprechung hierzu einige Kriterien, die in EC-Asbestos in vier Kategorien eingeordnet wurden:

> *„(i) the properties, nature and quality of the products; (ii) the end-uses of the products; (iii) consumers' tastes and habits – more comprehensively termed consumers' perceptions and behaviour – in respect of the products; and (iv) the tariff classification of the products."*[64]

Sie stellen jedoch keine abschließende Liste der Kriterien zur Beurteilung der Gleichartigkeit eines Produkts dar.[65] Bei privaten Nachhaltigkeitsstandards wird regelmäßig Punkt (iii) relevant werden. Ein Preisunterschied könnte durchaus in Kategorie (i) eingeordnet werden. Je nach Ergebnis, kann es im Einzelfall sein, dass ein privater Nachhaltigkeitsstandard als Diskriminierung bewertet wird.

Neben der Anforderung der Nichtdiskriminierung und Meistbegünstigung sind in Abschnitt E des VK *„unnötige Hemmnisse für den internationalen Handel"* verboten. Insofern entspricht er Art. 2 Abs. 2 TBT-Abkommen, allerdings fehlen im VK die weiteren Ausführungen, die im Art. 2 Abs. 2 zur Rechtfertigung von Einschränkungen zu finden sind, sowie, dass die Maßnahme nicht *„nicht handelsbeschränkender als notwendig"* sein muss. Ob es also im Rahmen des VK überhaupt eine Rechtfertigung für Einschränkungen gibt, bedarf eines genaueren Blicks auf die Rechtfertigungsmöglichkeiten (D.II).

---

63 Vgl. Appelate Body Report *EC—Asbestos*, WT/DS135/AB/R, S. 34, Fn. 60.
64 A.a.O., para. 101.
65 A.a.O., para. 102.

Als weitere Kernforderung des VK wird in Abschnitt F verlangt, dass Normen, wo möglich, auf „*internationale Normen*" zurückgreifen sollen oder diese als Basis für die eigene Norm zu verwenden, außer dort, wo dies nicht sinnvoll ist. Umfassende internationale Normen zum Thema Nachhaltigkeit gibt es aber von staatlichen Stellen nicht, vielmehr muss gefragt werden, ob einige private Nachhaltigkeitsstandards nicht vielleicht internationale Normen im Sinne des TBT-Abkommens sein könnten. Gerade bei einer weiten Verbreitung des Nachhaltigkeitsstandards und einer Argumentation, die zulässt, dass eine faktische Anerkennung durch die Standardnehmer und Verbraucher ausreicht, könnten manche der privaten Nachhaltigkeitsstandards als internationale Norm gesehen werden. Dafür müsste die Organisation, die die internationale Norm setzt, für alle relevanten standardsetzenden Organisationen der WTO offen sein und ihrerseits natürlich den VK anerkennen und umsetzen.[66] Bislang haben jedoch nur recht wenige, große private Nachhaltigkeitsstandards erklärt, dem VK zu folgen; eine formale Anerkennung hat bisher jedoch noch nicht stattgefunden.[67]

Der VK enthält noch einige Anforderungen mehr, allerdings sind diese eher prozeduraler Natur und knüpfen weniger am Inhalt der Norm oder der Rechtsnatur, Organisation und Staatsnähe des Standardsetzers an. Jedoch ist hier nochmals festzuhalten, dass die Mitglieder verpflichtet sind, die privaten Standardsetzer zur Erfüllung dieser Anforderungen zu bewegen, sofern der private Nachhaltigkeitsstandard überhaupt unter das TBT-Abkommen fällt.

Fällt der Standardsetzer jedoch darunter und erkennt die Regelungen des VK an und befolgt sie, hat dies nach Art. 4 Abs. 2 TBT-Abkommen die Folge, dass dieser Standardsetzer von allen Mitgliedern der WTO als in Übereinstimmung mit den Bestimmungen des TBT-Abkommen angesehen werden soll. Es gibt also eine widerlegbare Vermutung, dass der private Nachhaltigkeitsstandard dann keine unzulässige Handelsbeschränkung ist.

Als Nächstes wird beleuchtet, wie die gerade skizzierten Anforderungen erfüllt bzw. Einschränkungen gerechtfertigt werden können.

---

66 Vgl. *P. Delimatsis*, Sustainable Standard-Setting, Climate Change and the TBT Agreement, TILEC Discussion Paper DP 2016-003, S. 26 m.w.N., abrufbar unter http://ssrn.com/abstract=2723373.

67 Vgl. https://tbtcode.iso.org/sites/wto-tbt/list-of-standardizing-bodies.html zuletzt abgerufen am 02.07.2018.

II. Rechtfertigungsmöglichkeiten nach dem Verhaltenskodex

Weil es in Art. 2 Abs. 1 TBT-Abkommen keine generelle Rechtfertigungsmöglichkeit wie in Art XX GATT gibt, sieht die Frage der Gleichartigkeit der Produkte nach einer hohen Hürde für private Nachhaltigkeitsstandards aus. Allerdings sind sowohl in der Präambel des TBT-Abkommens als auch in Art. 2 Abs. 2 und Abs. 4 Rechtfertigungsmöglichkeiten gegeben, die mitberücksichtigt würden.[68] Dies sollte umso mehr gelten, wenn es sich um eine freiwillige Norm handelt, denn wenn schon für eine verbindliche technische Vorschrift solche Rechtfertigungsmöglichkeiten gegeben sind, sollte das für freiwillige und damit per se weniger handelshemmende Normen auch möglich sein. Da in diesem Fall dann dieselben Rechtfertigungsgründe gelten, wie auch für Abschnitt E VK, soll zunächst noch auf den Abschnitt E eingegangen werden, ehe die legitimen Gründe, die eine Einschränkung möglich machen könnten, diskutiert werden.

In Abschnitt E VK werden zwar keine legitimen Ziele aufgezählt, bei deren Erfüllung es zu Handelsbeschränkungen kommen kann, wenn diese nicht unnötig und nicht schwerer als nötig sind, in der Literatur wird dies aber nicht als Grund dafür angesehen, einen fundamentalen Unterschied zwischen den Anforderungen an eine Rechtfertigung nach Art. 2 Abs. 2 TBT-Abkommen oder Abschnitt E VK zu machen.[69] Somit wird die Liste der legitimen Gründe aus Art. 2 Abs. 2 TBT-Abkommen, die auch derjenigen aus der Präambel des TBT-Abkommens entspricht, auch für die Abschnitte D und E als Rechtfertigungsgründe angesehen. Bezüglich des Abschnitts E VK sind zwei verschiedene Fragen für eine mögliche Rechtfertigung relevant.

Erstens, wie wird bestimmt, ob eine Norm unnötig ist. Das spielt in der WTO-Rechtsprechung im Rahmen von Art. XX b. und d. schon lange eine Rolle. Mittlerweile findet dabei eine Verhältnismäßigkeitsprüfung statt.[70] In den Fällen, wo es nur eine praktikable Möglichkeit gibt, ist die Frage der Notwendigkeit schnell geklärt, aber es gibt auch Fälle, in denen eine Maßnahme als notwendig eingestuft wird, obwohl es andere Möglichkei-

---

68 *L. Tamiotti*, in: R. Wolfrum, et al. (Hrsg.), WTO – Technical Barriers and SPS Measures, (Fn. 53), Art. 2 TBT-Abkommen Rn. 14.

69 *Koebele, Lafortune* (Fn. 53), Art. 4 TBT-Abkommen Rn. 9.

70 WTO, *Committee on Trade and Environment*, GATT/WTO Dispute Settlement Practice relating to GATT Art. XX, Paragraphs (b), (d) and (g), Note by the Secretariat, 8 März 2002, WT/CTE/W/203, para 42.

ten gibt.[71] Unter Abwägung von verschiedenen Kriterien, wie dem möglichen Beitrag, den der Nachhaltigkeitsstandard zur Durchsetzung seines Ziels leistet, der Wichtigkeit der durch den Standard geschützten Werte und gemeinsamen Interessen und schließlich das Ausmaß der Behinderung von Importen und Exporten durch den Nachhaltigkeitsstandard, wird eine Einzelfallentscheidung getroffen.[72]

Das führt zur zweiten Frage, die auch für Abschnitt D relevant ist, nämlich der nach den legitimen Zielen des privaten Nachhaltigkeitsstandards. Die Liste der legitimen Gründe in Art. 2 Abs. 2 TBT-Abkommen ist nicht abschließend.[73] Genannt werden in dieser Liste die nationale Sicherheit, die Prävention gegen betrügerisches Handeln, der Schutz des menschlichen Lebens und seiner Gesundheit und auch des tierischen und pflanzlichen Lebens und deren Gesundheit sowie der Umwelt. Dieser letzte Punkt ist damit der Ansatzpunkt für alle Nachhaltigkeitsstandards, die Anforderungen in puncto Umweltschutz stellen. Für eine Rechtfertigung käme es dann darauf an, dass der Nachhaltigkeitsstandard nach den oben genannten Kriterien möglichst einen starken Beitrag zu einem allgemein anerkannten und wichtigem Ziel der Allgemeinheit leistet und dabei möglichst wenig den internationalen Handel behindert. Nachhaltigkeitskriterien, die an internationale Verträge, wie z.B. das Klimaschutzabkommen oder die ILO-Kernarbeitsnormen anknüpfen, hätten wohl mit dem wichtigen Ziel keine größeren Probleme. Für die Frage, wie groß der Beitrag zur Erreichung des Ziels ist und in wie weit dafür der Handel beeinträchtigt werden darf, liefe es wohl auf eine Abwägung heraus, die umso eher zu Gunsten des Nachhaltigkeitsstandards ausgeht, je mehr sich dieser bemüht, die negativen Handelseffekte gering zu halten, z.B. indem er Kleinbauern bei der Erfüllung des Standards unterstützt oder Verhandlungen mit den Betroffenen des Standards führt und ihre Belange berücksichtigt. Als weitere legitime Ziele sind Verbraucherschutz, Markttransparenz und ein fairer Wettbewerb im Fall EC–Sardines nicht in Frage gestellt worden.[74]

Diese legitimen Interessen geben gerade für private Nachhaltigkeitsstandards Hoffnung, dass ihre Ziele seitens der WTO als legitim anerkannt werden könnten. Die höhere Hürde stellt wohl die Notwendigkeit des Standards dar, da dazu die Effektivität des Standards bewiesen werden

---

71 *Tamiotti* (Fn. 68), Art. 2 TBT-Abkommen Rn. 17.
72 Vgl. A.a.O., Rn 18.
73 *A.a.O.,* Rn. 21.
74 Panel Report *EC—Sardines*, WT/DS231/R, paras 7.113, 7.122.

muss und ob es weniger handelshemmende, gleich effektive Mittel gibt. Allerdings handelt es sich bei den privaten Nachhaltigkeitsstandards üblicherweise um freiwillige Standards, diese werden als eine eher handelsfreundliche Maßnahme angesehen. Bei de facto verbindlichen Standards sähe dies schon wieder etwas anders aus, hier wären die Anforderungen wohl höher, sowohl an den Beitrag, den der Standard zur Erreichung des legitimen Ziels leistet als auch an die Überlegung, ob das nicht auch mit milderen Mitteln zu bewerkstelligen gewesen wäre, aber dies käme maßgeblich auf die Umstände des Einzelfalls und die Abwägung der Kriterien gegeneinander an.

Eine wichtige Frage für die Rechtfertigung ist auch, ob den Betroffenen des Standards die Möglichkeit gegeben wird, den Inhalt mit zu verhandeln bzw. versucht wird ihre Nachteile zu kompensieren. Zum Beispiel suchen Standardsetzer den Dialog mit den WTO-Mitgliedern in den Komitees, um Möglichkeiten auszuloten die Standards effektiv, aber möglichst wenig handelsbeschränkend zu gestalten. Die ISEAL Alliance geht genau diesen Weg und versucht durch Kommunikation und proaktives Handeln Dispute gar nicht erst entstehen zu lassen.[75] Ob dies erfolgreich ist und gleichzeitig die Nachhaltigkeitsziele der ISEAL Alliance fördert, wird sich zeigen, vor allem da dieser Prozess auch damit verbunden ist, dass ISEAL Mitglieder versuchen ihre Standards in die öffentliche Beschaffung mit einzubringen.[76]

Eine weitere Möglichkeit könnte die Weiterentwicklung von Meta-Standards sein, die die einzelnen, unabhängigen privaten Standards vergleichbar machen. Das würde auch Kleinbauern Märkte öffnen, denn mit einem erfüllten, anerkannten Standard könnten sie auch in Lieferketten einsteigen, die einen anderen, aber vergleichbaren Standard nutzen und somit die Kosten für mehrfache Überprüfungen sparen. So würden die globalen Lieferketten für Lebensmittel einen Beitrag zu nachhaltiger Entwicklung leisten bzw. diesem Ziel nicht entgegengesetzt wirken. Diese Entwicklung geht normalerweise auch schneller als dasselbe durch den

---

75 *Bernstein, Hannah*, Non-State Global Standard Setting and the WTO (Fn. 26), S. 581.
76 Ebd.

politischen Einigungsprozess bei den staatlichen Standardsetzungsgremien zu erreichen.[77]

Bestes Beispiel für die Schwierigkeiten der staatlichen Gremien ist das TBT-Komitee. Dort hat China im Juni 2016 vorgeschlagen *„Best Practice Guidelines regarding Private Standards"* zu entwickeln, die Reaktionen darauf waren sehr unterschiedlich. Während einige Länder des globalen Südens dies begrüßen, sind die USA und die EU eher skeptisch und verweisen darauf, dass ihrer Meinung nach das TBT-Abkommen für private Standards nicht gelte und somit das TBT-Komitee nicht zuständig sei.[78] Ob dies so ist oder ob es angesichts der weiteren Verbreitung und Entwicklung der privaten Nachhaltigkeitsstandards so bleibt, wird die Zukunft zeigen, jedenfalls wird das Thema weiter relevant bleiben, gerade im Hinblick auf die schon angesprochenen Kooperationen mit einigen Staaten.[79]

E. Ergebnis und Ausblick

Im Ergebnis ist es somit sehr schwierig eine allgemeine Aussage zur Rechtfertigung eines privaten Nachhaltigkeitsstandards zu machen, außer, dass die erste Hürde, die Anwendbarkeit des TBT-Abkommens bzw. des VK, wohl mit der Rolle des Staates bei der Standardsetzung und auch danach zusammen hängt. Die überwiegende Auffassung in der Literatur ist jedenfalls, dass rein private Nachhaltigkeitsstandards, die keine Verbindung zu staatlichem Handeln haben, nicht unter das TBT-Abkommen fallen. Schwieriger sieht es mit privaten Standards aus, die sich zu einer Marktzugangsbedingung entwickelt haben. Bei diesen wenigen Nachhaltigkeitsstandards könnte es sein, dass das Mitglied entsprechend Art. 4 Abs. 1 TBT-Abkommen Maßnahmen unternehmen muss, um Handelshemmnisse abzubauen. Allerdings ist dies wohl eher eine Handlungs- als eine Erfolgspflicht, eine Rechtfertigung des Standards wäre möglich und einzelfallabhängig.

---

77 Vgl. *S. Henson*, The Role of Public and Private Standards in Regulating International Food Markets, Journal of International Agricultural Trade and Development 2008, S. 63 (76).
78 WTO, *TBT Committee*, Meeting of 15-16 June 2016, (Fn. 57), para. 3.372 ff.
79 Vgl. ITC, The Interplay of Public and Private Standards, Literature Review Series on the Impacts of Private Standards – Part III, 2011, S. 20.

Es könnte grundsätzlich noch geprüft werden, ob private Nachhaltigkeitsstandards unter das GATT fallen. Das GATT ist ein völkerrechtlicher Vertrag, der erstmal nur die Mitglieder der WTO bindet und grundsätzlich neben dem TBT-Abkommen anwendbar. Eine TBT-konforme Maßnahme ist nicht automatisch GATT-konform.[80] Eine Verantwortlichkeit für Private könnte vielleicht im Wege einer due-diligence Pflicht der Mitglieder diskutiert werden, allerdings hat das Panel im Fall Argentina–Hides and Leather eine due-diligence Pflicht eines Mitglieds negative Handelsbeschränkungen zu beseitigen, abgelehnt.[81] Auch erfordert der Maßnahmenbegriff im GATT ein irgendwie geartetes staatliches Handeln oder die Möglichkeit den Staaten die Handlungen privater Akteure zuzurechnen.[82] Die Bedingungen dafür wurden oben bereits diskutiert, ohne eine solche Zurechnung wäre das GATT auf rein private Nachhaltigkeitsstandards nicht anwendbar.

Ob es in Zukunft Klagen bei der WTO gegen private Nachhaltigkeitsstandards geben wird, wird sich zeigen. Die weitere Verbreitung der privaten Nachhaltigkeitsstandards und deren Weiterentwicklung, gerade die Zusammenarbeit mit den Staaten, wie z.B. private Nachhaltigkeitsstandards als Grundlage für staatliche Förderungen oder in Beschaffungsregeln zu übernehmen, ist aus Sicht der Förderung der nachhaltigen Entwicklung wünschenswert und entspricht auch dem UN Guiding Principle Nr. 6, wonach die Staaten bei ihren privatwirtschaftlichen Handelspartnern auf die Achtung der Menschenrechte hinwirken sollen, jedoch könnte es dabei zu Konflikten mit dem WTO-Recht kommen.

---

80 *M. Krajewski*, Wirtschaftsvölkerrecht, Heidelberg 2017, Rn. 387.
81 Panel Report *Argentina – Hides and Leather*, WT/DS/155/R, para 11.52.
82 *Hemler*, Private Standards, (Fn. 5), S. 254.